GARTNER • RISS • WOLFINGER (HRSG.)

Praxishandbuch zum
Bauträgervertragsgesetz

AUMANN • BÖHM • BRUNAR • GARTNER • KALLINGER • KOHLMAIER • LUNZER
MEZERA • RISS • ROSIFKA • SHAH • STEINBATZ • TEMBLER • WOLFINGER

Edition ÖVI Immobilienakademie

Copyright und Medieninhaber
Österreichischer Verband der Immobilientreuhänder, Wien 2008
1040 Wien, Favoritenstraße 24/11
Telefon: +43(1) 505 48 75, Fax: +43(1) 505 48 75-18
E-Mail: office@ovi.at, Internet: www.ovi.at

Herausgeber und Verleger
Edition ÖVI Immobilienakademie – ÖVI Immobilienakademie Betriebs-GmbH
1040 Wien, Favoritenstraße 24/11
Telefon: +43(1) 505 32 50, Fax: +43(1) 505 32 50-18
E-Mail: immobilienakademie@ovi.at, Internet: www.immobilienakademie.at

Alle Rechte, insbesondere das Recht der Vervielfältigung und Verbreitung sowie der Übersetzung, vorbehalten. Reproduktion in jedweder Form oder Verarbeitung, Speicherung, Vervielfältigung und Verbreitung unter Anwendung elektronischer Medien ist nur mit ausdrücklicher schriftlicher Genehmigung gestattet.

Alle Informationen und Definitionen in diesem Buch wurden sorgfältig erstellt, dennoch kann keine wie immer geartete Garantie für die inhaltliche Richtigkeit übernommen werden. Eine Haftung für Personen-, Sach- oder Vermögensschäden ist ausgeschlossen.

Stand Juni 2008

Visuelle Konzeption, Gestaltung und Satz
Bernhard Jobst – visionmedia. Büro für Grafik & digitale Medien, Wien
Druck und Bindung
Grasl Druck und Neue Medien GmbH, Bad Vöslau
Fotografie
Bernhard Jobst

ISBN 978-3-902266-15-6

Vorwort der Herausgeber

Die Idee für dieses Praxishandbuch ist gegen Ende des Sommers 2007 entstanden – als eine Folge der vom Bundesministerium für Justiz einberufenen Arbeitsgruppe zur Novellierung des BTVG.

Im Zuge dieser Gesprächsrunden hatten die Vertreter der Wirtschaft und der rechtsberatenden Berufe ebenso wie jene des Konsumentenschutzes einige »Aha-Erlebnisse« und bekannten anschließend ganz offen, die Sorgen bzw. Zwänge des Vis-à-vis nun weit besser zu verstehen. Trotz dieses Verständnisses klaffte freilich da und dort eine beträchtliche Lücke zwischen den Standpunkten. Doch konnte beispielsweise für die Bankgarantie nach § 8 BTVG in einem sehr konstruktiven Dialog eine Lösung erarbeitet werden, die einige alte Streitpunkte bereinigt und der von allen Beteiligten eine Verbesserung gegenüber der bisherigen Rechtslage attestiert wurde.

Ergebnis der Gespräche war ebenso ein über weite Strecken »gemeinsames« Verständnis des Gesetzestextes. Die dabei gewonnen Erkenntnisse in einem an Praktiker gerichteten Handbuch festzuhalten, war die Zielsetzung der Herausgeber und Autoren des vorliegenden Werks. Dementsprechend war es das Hauptanliegen der Herausgeber, einige der maßgeblichen Teilnehmer der vom Bundesministerium für Justiz einberufenen Arbeitsgruppe als Autoren zu gewinnen. Es sind dies (in alphabetischer Reihenfolge) Dr. Reinhard Aumann, ao. Univ.-Prof. Dr. Helmut Böhm, Dr. Winfried Kallinger, öffentlicher Notar Dr. Michael Lunzer, Mag. Walter Rosifka, Mag. Nadja Shah, mas und Dr. Ulrike Tembler.

Weitere ausgewiesene Experten waren schnell bereit, zu sonstigen Kernpunkten der BTVG-Novelle ebenfalls detaillierte Darstellungen zu verfassen. Dabei wurde ganz bewusst Wert darauf gelegt, einzelne Fragestellungen aus unterschiedlichen Blickwinkeln zu beleuchten. So bietet das vorliegende Handbuch etwa Kommentierungen des neuen Ratenplans sowohl aus Sicht des Bauträgers als auch aus jener des Erwerbers und schließlich auch aus der Warte der finanzierenden Bank.

Gerade von dieser »unterschiedlichen beruflichen Heimat« der Autoren soll der Leser des Handbuchs profitieren. Soweit Autoren vereinzelt unterschiedliche Interpretationen vertreten, wird darauf hingewiesen. Jedenfalls war es den Herausgebern im Zuge ihrer begleitenden Betreuung ein Anliegen, dem Leser mehr Antworten anzubieten als offene Fragen bestehen zu lassen. Dass dennoch – wie bei jedem Gesetz – Interpretationsspielräume in Kauf und zur Kenntnis genommen werden müssen, kann naturgemäß keinesfalls den Autoren oder gar dem Gesetzgeber zum Vorwurf gemacht werden.

Mit Blick auf die BTVG-Novelle 2008 ist ganz besonders Herrn Sektionschef Hon.-Prof. Dr. Georg Kathrein sowie Herrn StA Mag. Michael Aufner zu danken, die die Genese dieser Gesetzesänderung im Bundesministerium für Justiz federführend betreut haben. Sie haben in die legistischen Arbeiten viel mehr als bloß das notwendige Engagement investiert und es mit ungeheuer viel Zeit und Mühe auf sich genommen, sämtliche

VORWORT

alten wie auch neuen Fragestellungen aus Praxissicht zu durchdringen. Sektionschef HON.-PROF. DR. GEORG KATHREIN hat überdies in den Gesprächen beispielhafte Rahmenbedingungen geschaffen und damit Interessenvertretern die Möglichkeit eröffnet, für die Mehrheit der anstehenden Probleme einvernehmliche Lösungsansätze zu erarbeiten.

Schließlich danken die Herausgeber all jenen sehr herzlich, die zum pünktlichen Erscheinen dieses Handbuches beigetragen haben. Die Zeit zwischen dem Beschluss der Novelle durch den Gesetzgeber und ihrem Inkrafttreten erwies sich für die Finalisierung eines umfassenden Buchprojekts als überaus kurz bemessen. Die knappe Zeit mag hie und da zu Lücken oder auch Fehlern geführt haben. Sollte der Leser auf solche stoßen, nehmen wir diese – wie auch jede andere Art von Kritik – gerne entgegen, um im Zuge einer möglichen Neuauflage Anregungen für Vertiefungen und Korrekturen bearbeiten zu können.

Allen Anwendern des Bauträgervertragsgesetzes ist eine reibungslose, erfolgreiche und zufriedenstellende Abwicklung Ihrer Projekte zu wünschen. Wenn das vorliegende Handbuch dazu einen Beitrag leisten kann, freut uns dies umso mehr.

Herbert Gartner, Olaf Riss & Klaus Wolfinger
Wien, im Juni 2008

Vorwort des Leiters der
Zivilrechtssektion im Bundesministerium für Justiz

Die mit 1. Juli 2008 in Kraft tretende Novelle zum Bauträgervertragsgesetz kann auf eine längere Vorgeschichte zurückblicken. Insgesamt hat es mehr als fünf Jahre gedauert, bis die Novelle dem Nationalrat vorgelegt und im Parlament einstimmig verabschiedet worden ist. Für diese doch eher längere Dauer des Gesetzgebungsprozesses lassen sich verschiedene Gründe anführen. Vor allem hat es eben seine Zeit gebraucht, um den notwendigen Konsens herbeizuführen. Die Autoren der einzelnen Beiträge wissen, wovon die Rede ist. Den Lesern und Nutzern des Handbuchs muss aber erklärt werden, dass selbst Regelungen, die sich auf dem Papier nahezu von selbst verstehen, bisweilen auf eine längere Vorgeschichte zurückblicken können. Fast könnte man sagen: je kürzer und prägnanter die Bestimmung, desto umfangreicher und länger war deren Vorbereitung.

Das Bundesministerium für Justiz ist in die Arbeiten an der Novelle mit drei rechtspolitischen »Vorsätzen« gegangen: Zum ersten sollte die rechtliche Position der Erwerber von Wohnungen und anderen »Vertragsobjekten« dort verbessert werden, wo sich in der Praxis Defizite gezeigt hatten. Zum zweiten sollte das ohnehin komplizierte Bauträgervertragsrecht nicht noch komplizierter werden. Und zum dritten sollten sich die Mehrkosten auf Grund der angepeilten Verbesserungen im Rahmen halten. Diese Ziele können einander bisweilen widersprechen, und sie lassen sich nicht samt und sonders zu 100 % verwirklichen. Ich meine aber doch, dass die Novelle den Erwerberschutz substanziell verstärkt, das Gesetz nicht allzu sehr überfrachtet und auch nicht zu nennenswerten Kostenschüben führen wird.

Ich möchte die Gelegenheit nutzen, den Herausgebern und Autoren des Handbuchs für ihre Bemühungen und Anstrengungen zu danken. Viele von Ihnen haben ja schon an den Beratungen der Arbeitsgruppe im Bundesministerium für Justiz teilgenommen, sie können über die Absichten und Intentionen des Gesetzgebers aus erster Hand berichten. Ich habe es in den nun schon mehr als 20 Jahren, die ich in der Zivilrechtssektion des Bundesministeriums für Justiz tätig bin, selten einmal erlebt, dass derart konstruktiv und redlich um Lösungen gerungen wird, die von allen Beteiligten getragen werden. Man kann den Verbrauchervertretern, der Bauwirtschaft, den Kreditinstituten, den Treuhändern und allen anderen in das Bauträgervertragsgeschäft Involvierten nur wünschen, dass dieser »Geist der Zusammenarbeit« auch in der alltäglichen Praxis Platz greift. Das vorliegende Handbuch wird dazu jedenfalls seinen Teil beitragen.

Georg Kathrein
Wien, im Juni 2008

Inhalt

Vorwort 3

Die Autoren 11

Abschnitt I: **Gesetzesteil**

RISS
Hinweise zur Benützung des Gesetzesteils 19

Allgemeiner Teil der Erläuternden Bemerkungen zur Stammfassung
(BGBl I 1997/7) – EB RV 312 BlgNR XX. GP 19

Allgemeiner Teil der Erläuternden Bemerkungen zur BTVG-Novelle 2008
(BGBl I 2008/56) – EB RV 432 BlgNR XXIII. GP 27

RISS
Gesetzestext i. d. F. BTVG-Novelle 2008 (BGBl I 2008/56)
samt Anmerkungen und Erläuternden Bemerkungen 33
§ 1   Geltungsbereich 33
§ 2   Begriffsbestimmungen 33
§ 3   Form des Vertrags 41
§ 4   Vertragsinhalt 43
§ 5   Gesetzliches Rücktrittsrecht des Erwerbers 55
§ 6   Vertragliche Rücktrittsrechte des Bauträgers 63
§ 7   Sicherung des Erwerbers 66
§ 8   Schuldrechtliche Sicherung 78
§ 9   Grundbücherliche Sicherstellung 84
§ 10   Zahlung nach Ratenplan 92
§ 11   Pfandrechtliche Sicherung 99
§ 12   Bestellung eines Treuhänders 102
§ 13   Feststellung des Baufortschritts, Bewertung des Pfandrechts 110
§ 14   Rückforderungsansprüche des Erwerbers bei vorzeitiger Zahlung 114
§ 15   Haftung des Bauträgers für Rückforderungsansprüche des Erwerbers ... 117
§ 16   Abtretung von Ansprüchen auf Grund mangelhafter Leistung 119
§ 17   Strafbestimmungen 122
§ 18   Inkrafttreten, Verweisungen und Vollziehungsklausel 123

INHALT

Abschnitt II: **Beiträge zu den wichtigsten Problemstellungen**

KALLINGER
Die Entstehungsgeschichte des BTVG 127

BÖHM
Schutzlücken im BTVG 1997 129
Allgemeines – Vorgeschichte 129
Die wichtigsten Schutzlücken und die Reaktion
des Novellengesetzgebers auf sie im Einzelnen 131

LUNZER • ROSIFKA
Die notwendigen Inhalte des Bauträgervertrages nach § 4 Abs. 1 BTVG 143
Einleitung 143
Der Vertragsinhalt gemäß § 4 BTVG 144
Der Inhalt des Bauträgervertrages und andere Rechtsnormen 158

WOLFINGER
Der Haftrücklass nach § 4 Abs. 4 BTVG 165
Vorbemerkung 165
Wesensgehalt des Sicherungsbehelfes Haftrücklass 166
Konkrete Ausgestaltung des Haftrücklasses 167
Handhabung in der Praxis 172
Empfehlungen für die Vertragsgestaltung 176
Mögliche Komplikationen 181
Ausblick auf Konsequenzen 183

KOHLMAIER
Die Rücktrittsrechte nach §§ 5 und 6 BTVG 185
Zur Abgrenzung: Rücktrittsrechte nach dem
ABGB und nach KSchG und deren Voraussetzungen 185
Überlegungen und Hintergründe betreffend die
Rücktrittsrechte zum Zeitpunkt der Einführung des BTVG 193
Judikatur und typische Problemfälle seit Inkrafttreten des BTVG 196
Überlegungen im Zuge der gegenständlichen Novelle und Ergebnis 198

TEMBLER
Der neue Ratenplan und die Zusatzsicherung nach § 9 Abs. 4 201
Welche Probleme traten in der Vergangenheit auf? 201
Warum dennoch festhalten am Modell? 202
Angedachte Lösungsmöglichkeiten 203
Realisierte Lösung 203

Ratenplan B ... 204
Ratenplan A ... 205
Welches Modell ist dem Erwerber zu empfehlen? ... 206
Resümee ... 206

KALLINGER
Der neue Ratenplan im Vergleich zu den anderen Sicherungsmodellen ... **207**
Sicherstellung durch »Sperrkontomodell« gemäß § 7 Abs. 6 Z 2 ... 207
Sicherung durch »Bonitätserklärung« (§ 7 Abs. 6 Z 3 BTVG) ... 209
Die Sicherstellung durch Garantie (§ 8 BTVG) ... 211
Sicherstellung durch Ratenplan (§ 9 i. V. m. § 10 BTVG) ... 212

WOLFINGER
Tabellen: Änderung Ratenplan durch die Novelle 2008 ... **214**

STEINBATZ • MEZERA
Die Verkehrsauffassung zu den Leistungsfortschritten des Ratenplanes ... **217**
Aus rechtlicher Sicht ... 217
Aus technischer Sicht ... 226

AUMANN
Der Bauträger und sein Finanzierungspartner ... **237**
Einleitung ... 237
Grundsätzliche Bemerkungen zur Projektfinanzierung ... 237
Sicherungsmodelle ... 240
Kombinationsmöglichkeiten von Sicherungsmodellen ... 278
Finanzierung des Erwerbers ... 279

BRUNAR
Treuhandschaft und Bauträgerkonkurs ... **281**
Einleitung ... 281
Die grundbücherliche Sicherung in Verbindung mit der Zahlung nach Ratenplan ... 282
Das Wahlrecht des Masseverwalters (§ 21 KO) ... 285
Auswirkung der Änderung des BTVG auf den Bauträgerkonkurs ... 296

SHAH
Schematischer Überblick über das BTVG ... **297**

INHALT

Abschnitt III: **Kommentierte Vertragsmuster**

GARTNER
Einleitung 311

GARTNER
Kaufvertrag 314
Präambel 314
Gegenstand 316
Kaufpreis, Zahlung nach Ratenplan gemäß § 10 BTVG 319
Ausstattung 332
Baubeginn, Bauzeit, Übergabe 333
Änderungen und Zusatzaufträge 335
Gewährleistung 338
Nutzungsrecht 339
Wohnungseigentum 341
Teilungsverzicht 342
Aufsandung 342
Diverses 343
Vollmacht 346
Verwaltung 347

GARTNER
Auftrag und Honorarvereinbarung 348

GARTNER
Muster für eine Belehrung nach § 12 BTVG 349
Informationen 350
Rechtsgrundlagen 351
Vertragsabwicklung 352
Das Sicherungssystem 352
Insolvenz des Bauträgers in der Bauphase 354
Haftrücklass 354
Sonderwünsche 355
Information über die schuldrechtliche Sicherheit 355

Literaturverzeichnis 357

Abkürzungsverzeichnis 358

Stichwortverzeichnis 360

Die Autoren

Dr. Herbert Gartner (Hrsg.)
Studium der Rechtswissenschaften an der Universität Wien.

Seit 25 Jahren als Rechtsanwalt mit Spezialisierung auf Liegenschaftsrecht, Bauträgerrecht und Bauvertragsrecht tätig.
Vertreter der österreichischen Rechtsanwaltschaft in der Expertenkommission des Bundesministeriums für Justiz zur Beratung und Ausarbeitung der BTVG-Novelle.
Mitglied im Fachgremium des österreichischen Normungsinstituts zur Überarbeitung der BTVG-ÖNORM B 2120.
Vortrags- und Publikationstätigkeit zu fachjuristischen Themen.

Dr. Olaf Riss, LL. M. (Hrsg.)
Studium der Rechtswissenschaften an der Universität Wien.

Von 2005 bis 2006 Geschäftsführer der Forschungsgesellschaft für Wohnen, Bauen und Planen (FGW).
Seit 2001 Assistent am Institut für Zivilrecht der Universität Wien sowie seit 2006 wissenschaftlicher Mitarbeiter an der Forschungsstelle für Europäisches Schadenersatzrecht der Österreichischen Akademie der Wissenschaften.
Publikations- und Vortragstätigkeit im Zivilrecht insbesondere im Bereich des Wohnrechts, des Schadenersatzrechts und des materiellen Insolvenzrechts sowie Lehrbeauftragter der Universität Wien und der Fachhochschule Wiener Neustadt.

Mag. Klaus Wolfinger (Hrsg.)
Studium der Rechtswissenschaften an den Universitäten Wien und Salzburg.

Geschäftsführer und Gesellschafter der Kallco Bauträger GmbH in Wien.
Als Vizepräsident des Österreichischen Verbandes der Immobilientreuhänder vertritt er im Verband die Interessen des Bauträger und nahm in dieser Rolle vom Sommer 2007 bis Anfang 2008 an den Gesprächen der vom Bundesministerium für Justiz einberufenen Arbeitsgruppe zur Vorbereitung und Beratung der BTVG Novelle teil.
Mitglied des Fachverbandsausschusses der Immobilien und Vermögenstreuhänder in der Wirtschaftskammer Österreich, Delegierter bei der UEPC (Europäischer Bauträgerverband).
Lektorate an den Fachhochschulen Kufstein und Wiener Neustadt

DIE AUTOREN

Dr. Reinhard Aumann
Studium der Rechtswissenschaften an der Universität Wien.

Verschiedene rechtsberatende Tätigkeiten bei Versicherungen und Banken sowie Richteramtsanwärter am OLG Wien.
Seit 1993 Abteilungsleiter, Bereichsleiter bzw. Vertriebsdirektor bei der Wohnbau Erste Bank sowie seit 2000 auch Geschäftsführer einer gemeinnützigen Bauvereinigung.
Lektor an der Fachhochschule Wiener Neustadt, Mentor an der Fachhochschule Wien und der Technischen Universität Wien.

ao. Univ.-Prof. Dr. Helmut Böhm
Studium der Rechtswissenschaften an der Universität Wien.

Verschiedene Assistenztätigkeiten an der Rechtswissenschaftlichen Fakultät der Universität Wien.
Derzeit ao. Universitätsprofessor am nunmehrigen Fachbereich Privatrecht an der Rechtswissenschaftlichen Fakultät der Universität Salzburg.
Diverse Lehraufträge an den Universitäten Salzburg, Graz und Padova.
Expertentätigkeit in parlamentarischen Ausschüssen und ministeriellen Gremien insbesondere zu wohnrechtlichen Reformvorhaben.
Publikations- und Vortragstätigkeit insbesondere zu Fragen des allgemeinen Zivilrechts, des Miet- und Wohnrechts, des Bauträgervertragsrechts, sowie des Maklerrechts.

Mag. Reinhard Brunar
Studium der Rechtswissenschaften an der Universität Wien.

Seit 1999 als Anwalt in Österreich zugelassen.
Tätigkeitsschwerpunkte: Allgemeines Vertragsrecht; Immobilienrecht; Baurecht; IT/E-Business Law; Immaterialgüterrecht, insb. Marken-, Musterrecht; Wettbewerbsrecht (UWG- und Kennzeichenrecht).
Vortrags- und Seminartätigkeit zu verschiedenen Themen, z. B. Gesetz gegen den unlauteren Wettbewerb (UWG), wettbewerbsrechtliche Schranken mit Augenmerk auf die Biotechnologie- und Pharmabranche, Kooperationsverträge im Bereich Forschung und Entwicklung, Immobilien- und Liegenschaftsrecht und Vertragsgestaltung.

Dr. Winfried Kallinger
Studium der Rechtswissenschaften an der Universität Wien.

Seit 1969 verschiedene Funktionen in Bauträger-Unternehmen.
Seit 1987 geschäftsführender Gesellschafter der Kallco Bauträger GmbH sowie der Kallco Immobilienverwaltung GmbH.
Wissenschaftliche Tätigkeiten insbesondere zu Themen wie Analyse, Projektmanagement, Organisationsstruktur und Kostenbewertung im Zusammenhang mit Immobilienprojekten.
Publikations- und Vortragstätigkeit zu immobilienbezogenen Themen wie z. B. Bauträger und Immobilienprojektentwicklung.
Lehrbeauftragter an der Donauuniversität Krems und Dozent an der Fachhochschule Immobilienwirtschaft Wien.

Dr. Katharina Kohlmaier
Studium der Rechtswissenschaften an der Universität Wien sowie Zertifizierung als Immobiliensachverständige nach EN-ISO/IEC 17024.

Leiterin der Rechtsabteilung der Bundesimmobiliengesellschaft m. b. H.
Lehrtätigkeit als Visiting Professor an der Donau Universität Krems sowie an der Technischen Universität Wien, der Fachhochschule Wiener Neustadt und in diversen Fachseminaren zu Themen aus dem Immobilienrecht.
Publikationstätigkeit zu immobilienrelevanten Themen.

Dr. Michael Lunzer
Studium der Rechtswissenschaften an der Universität Wien.

Seit 1982 Mitglied des Notariatskollegiums für Wien, NÖ und Burgenland.
Öffentlicher Notar in Wien seit 2000 sowie Leiter des Uwe Kirschner Forschungsinstitutes der Österreichischen Notariatskammer.
Vortragender der Österreichischen Notariatsakademie und Autor juristischer Fachaufsätze.
Mitglied der Österreichischen Juristenkommission sowie Mitglied des Österreichischen Juristentages.

DIE AUTOREN

DI Dr. Karl Mezera
Doktor der technischen Wissenschaften. Staatlich befugter und beeideter Ziviltechniker und allgemein beeideter und gerichtlich zertifizierter Sachverständiger sowie Europäischer Ingenieurpädagoge (ING-PAED IGIP).

Seit 1987 Professor an der Pädagogischen Hochschule Wien.
Verschiedene Lektoratstätigkeiten an den Fachhochschulen Campus Wien (geschäftsführender Gesellschafter) und Wiener Neustadt sowie diverse Vortrags- und Beratungstätigkeiten im Bildungsbereich.
Darüber hinaus geschäftsführender Gesellschafter der Meka Consulting OEG, der ATM Architektur & Technik Dr. Mezera ZT GmbH und der Imarea ZT GmbH.

Mag. Walter Rosifka
Studium der Rechtswissenschaften an der Universität Wien.

Seit 1991 Mitarbeiter der Kammer für Arbeiter und Angestellte für Wien mit Spezialgebiet Immobilienrecht, insbesondere Betreuung von Musterprozessen und Verbandsklagen, konzeptionelle und beratende Tätigkeit auf den Gebieten des Wohnrechtes und der Wohnungspolitik.
Publikations- und Vortragstätigkeit zu Makler-, Miet-, Wohnungsgemeinnützigkeits-, Wohnungseigentums-, und Bauträgervertragsrecht.
Mitglied der Arbeitsgruppe »Wohnrecht« im Bundesministerium für Justiz, Mitarbeiter in Fachnormenausschüssen und Arbeitsgruppen des Österreichischen Normungsinstitutes sowie Ersatzmitglied des Kuratoriums und des Beirates des Wiener Bodenbereitstellungs- und Stadterneuerungsfonds.

Mag. Nadja Shah, MAS
Studium der Rechtswissenschaften an der Universität Wien sowie weiterführende Ausbildungen an der TU Wien (MAS Real Estate and Facility Management) und Zusatzausbildung für die Zulassung für das Gewerbe »Immobilentreuhänderin« (eingeschränkt auf den Bereich Verwaltung).

Seit 1994 juristische Tätigkeiten bei der Mietervereinigung Österreich.
Seit 2008 Bundesgeschäftsführerin der Mietervereinigung Österreich.
Fachberaterin im Immobilienwesen in verschiedenen Gremien (z. B. Bautenausschuss des Parlaments, Arbeitskreis Wohnrecht des Justizministeriums, Arbeitskreis »konsumentenpolitisches Forum« des Konsumentenschutzministeriums sowie Vorsitz-Stellvertretung in diversen Ausschüssen des Normungsinstituts).
Vortrags- und Publikationstätigkeiten auf dem Gebiet des Miet- und Wohnrechts insbesondere Wärmekostenabrechnung.

Mag. Gerda Steinbatz
Studium der Rechtswissenschaften an der Universität Wien.

Nach Absolvierung des Gerichtspraktikums in Wien verfassungsrechtliche Mitarbeiterin am Verfassungsgerichtshof.
Absolvierung des Grundausbildungslehrgangs an der Verwaltungsakademie sowie Tätigkeit als Rechtsreferentin eines Bauträgers.
Seit 2006 als Anwältin in Österreich zugelassen.

Dr. Ulrike Tembler
Studium der Rechtswissenschaften an den Universitäten Freiburg im Breisgau, Lausanne und Heidelberg.

Tätigkeit als Rechtsanwältin und Richterin in Deutschland.
Seit 1995 Leiterin der Rechts- und Konsumentenpolitischen Abteilung der Kammer für Arbeiter und Angestellte für Tirol sowie seit 2006 Mitglied im Aufsichtsrat des Vereins für Konsumenteninformation sowie von 2001 bis 2004 Kuratorin der Zukunftsstiftung des Landes Tirol.

Die Arbeitsschwerpunkte der Herausgeber verteilten sich wie folgt:

Dr. Olaf Riss Abschnitt I und Lektorat aller Abschnitte
Mag. Klaus Wolfinger Abschnitt II
Dr. Herbert Gartner Abschnitt III

Abschnitt I
Gesetzesteil

RISS	
Hinweise zur Benützung des Gesetzesteils	19
Allgemeiner Teil der Erläuternden Bemerkungen zur Stammfassung (BGBl I 1997/7) – EB RV 312 BlgNR XX. GP	19
Allgemeiner Teil der Erläuternden Bemerkungen zur BTVG-Novelle 2008 (BGBl I 2008/56) – EB RV 432 BlgNR XXIII. GP	27
RISS	
Gesetzestext i. d. F. BTVG-Novelle 2008 (BGBl I 2008/56) samt Anmerkungen und Erläuternden Bemerkungen	33

Hinweise zur Benützung des Gesetzesteils

Der folgende Abschnitt enthält die aktuelle Fassung des BTVG in der Fassung der Novelle 2008 (BGBl I 2008/56), der um die einschlägigen Gesetzesmaterialien zur Stammfassung sowie den bisher in Kraft getretenen Novellen ergänzt wurde. Aus Gründen der Handhabbarkeit orientiert sich die Wiedergabe der Materialien am Aufbau des Gesetzes, so dass zuerst jeweils der »Allgemeine Teil« der Erläuterungen und sodann deren »Besonderer Teil« im Anschluss an die jeweilige Bestimmung abgedruckt sind. Zum Zweck der besseren Übersicht weist der hier abgedruckte Text der Materialien überdies Hervorhebungen im Fettdruck auf, die im Original nicht enthalten sind. Auch wurden die Erläuterungen zur Novelle farblich hervorgehoben. Ferner sind dem Text der Erläuternden Bemerkungen weiterführende Hinweise – insbesondere auf eine inzwischen geänderte Rechtslage – in Fußnotenform hinzugefügt. Um die Zitierfähigkeit sicherzustellen, wurde außerdem die Paginierung in den Beilagen zu den Stenographischen Protokollen des Nationalrats im Fließtext durch Angabe der (neuen) Seitenzahl in eckigen Klammern (z. B. [2]) an der Stelle des jeweiligen Seitenumbruchs ersichtlich gemacht.

Ergänzt wird die Darstellung durch einen bewusst knapp gehaltenen Anmerkungsapparat, der lediglich die wesentlichsten Punkte der Gesetzesauslegung, die über die Ausführungen in den Gesetzesmaterialien hinausgehen, behandelt. Aus Gründen der Übersichtlichkeit schließen die Anmerkungen unmittelbar an den Gesetzestext an.

Allgemeiner Teil der Erläuternden Bemerkungen zur Stammfassung
(BGBl I 1997/7) – EB RV 312 BlgNR XX. GP

Vorblatt

Problem

[9] In Verträgen mit Bauträgern verpflichten sich Erwerber meist zu hohen Vorauszahlungen. Nach der geltenden Rechtslage ist der Bauträger nicht verpflichtet, die Erwerber gegen einen möglichen Verlust dieser Zahlungen sicherzustellen.

Ziel

Schutz der Erwerber vor dem Verlust ihrer Vorleistungen – vor allem im Fall der Insolvenz des Bauträgers.

Inhalt

Ansprüche auf Zahlungen eines Erwerbers vor Fertigstellung des Vertragsobjekts sollen von Gesetzes wegen erst dann fällig sein, wenn der Bauträger den Erwerber gegen den Verlust seiner Zahlungen sichergestellt hat. Diese Sicherung kann durch eine schuldrechtliche Verpflichtung wirtschaftlich potenter Dritter (Banken, Gebietskörperschaften oder Versicherungen), durch die grundbücherliche Sicherstellung des Erwerbers in Verbindung mit einer etappenweisen Fälligkeit der Zahlungen nach Baufortschritt oder durch die Bestellung eines ausreichende Deckung bietenden Liegenschaftspfandrechts erfolgen. Ein vom Bauträger zu bestellender Treuhänder hat die Erfüllung dieser Sicherungspflichten zu überwachen.

Von den Bestimmungen des Gesetzes soll nicht zum Nachteil von Verbrauchern abgegangen werden können.

Alternativen

Beibehaltung der unbefriedigenden Rechtslage, die höchstens durch verstärkte Information und Warnung der Erwerber, keine risikoträchtigen Bauträgerverträge einzugehen, etwas entschärft werden könnte.

Auswirkungen auf den Bundeshaushalt

Keine greifbaren.

Konformität mit EU-Recht

Ist gegeben.

Erläuterungen

Allgemeiner Teil

Einleitung

[10] Die Erfahrungen der vergangenen Jahre haben auch in Österreich gezeigt, daß der Bauträgervertrag für den Erwerber besonders risikoreich ist. Ein Programmpunkt des für diese Gesetzgebungsperiode geschlossenen Koalitionsübereinkommens ist daher die Ausarbeitung eines Bauträgervertragsgesetzes.

Der Erwerber steht in der Regel einem Unternehmer gegenüber, der nicht nur die Aufschließung und die Bebauung des Grundstücks, sondern auch die Finanzierung des Bauvorhabens organisatorisch abwickelt. Der Bauträger ist daran interessiert, schon vor der endgültigen Fertigstellung des Bauwerks möglichst hohe Zahlungen des Erwerbers zu erhalten, um auf diese Weise das Bauvorhaben günstiger zu finanzieren. Ohne ausreichende Sicherheit läuft der Erwerber dabei **Gefahr, daß seine Vorleistungen verloren gehen;** diese Gefahr kann sich besonders drastisch bei Eröffnung des Konkurses über das Vermögen des Bauträgers realisieren, im schlimmsten Fall noch lange vor Fertigstellung des Bauwerks.

Der Gesetzesentwurf sieht daher für Verträge, mit denen das Eigentum oder Nutzungsrechte an noch nicht fertiggestellten Objekten erworben und dabei Vorauszahlungen geleistet werden, eine Reihe von besonderen Schutzbestimmungen zu Gunsten der Erwerber vor:

Zum einen soll ein – für Verbraucher **zwingender – Mindeststandard** für die Gestaltung des Bauträgervertrags festgelegt werden. Dabei orientiert sich der Entwurf an den allgemeinen Grundsätzen im privatrechtlichen Konsumentenschutz, insbesondere am Bestreben zur ausgewogenen und fairen Verteilung der Risken und Lasten sowie am Transparenzgebot. Zum anderen schlägt der Entwurf verschiedene Systeme zur Sicherung der vom Erwerber geleisteten Vorauszahlungen vor.

Der Anwendungsbereich des Gesetzes soll sich grundsätzlich auf alle Bauträgerverträge erstrecken, auch auf solche, die von einer Gebietskörperschaft oder einem gemeinnützigen Bauträger geschlossen werden. Eine solche »horizontale Lösung« erscheint sowohl aus Gründen des Wettbewerbs als auch aus Gründen des Verbraucherschutzes unumgänglich. Nur dort, wo ein Schutzbedürfnis nicht besteht, trägt der Entwurf dem in flexibler Art und Weise Rechnung.

Die im Entwurf vorgesehenen Verbesserungen der Rechtsstellung des Erwerbers werden dazu beitragen, das Niveau des österreichischen Verbraucherschutzes auch in diesem Segment auf das europäische Niveau anzuheben, zumal in den größten westeuropäischen Staaten (ebenso wie übrigens auch in Australien und in den USA) gesetzliche Regelungen zum Schutz des Erwerbers bei Bauträgermodellen bestehen.

Bisheriger Erwerberschutz in Österreich

Dem in Österreich bislang mangelnden gesetzlichen Schutz des Erwerbers kann zwar vielfach durch eine umsichtige **Vertragsgestaltung** und durch die Einschaltung eines Treuhänders bei der finanziellen Abwicklung von Bauträgerprojekten Rechnung getragen werden. Ein einheitlicher, gesetzlich vorgezeichneter Standard des Erwerberschutzes fehlt aber. Die verschiedenen Schutzbestimmungen sind verstreut und regeln jeweils nur ganz spezifische Bereiche. Gesetzliche Vorkehrungen für die Gestaltung von Bauträgerverträgen fehlen überhaupt.

Im einzelnen sei auf folgende Regelungen eingegangen:

Das **Wohnungseigentumsgesetz** (WEG) 1975 kann Wohnungseigentumsbewerbern ein (allerdings nur lückenhaftes) Sicherheitsnetz bieten: So dient vor allem der mit dem Insolvenzrechtsänderungsgesetz 1982, BGBl. Nr. 370, eingefügte § 24 a WEG 1975 samt der nach dessen Abs. 2[1] möglichen Anmerkung der Einräumung von Wohnungseigentum dem Schutz der Bewerber in einer Insolvenz des Wohnungsei-[11]gentumsorganisators. Die Bestimmung kann die Bewerber aber nicht vor vorrangigen Pfandrechten schützen.

Der im Zuge des 3. Wohnrechtsänderungsgesetzes 1993, BGBl. Nr. 800, eingefügte § 23 Abs. 1a WEG 1975[2] untersagt es dem Wohnungseigentumsorganisator, die mit dem Wohnungseigentumsbewerber vereinbarten Leistungen entgegenzunehmen, bevor die Anmerkung der Einräumung von Wohnungseigentum bewirkt ist. Dieses – nicht näher sanktionierte – **Verbot der Entgegennahme von Zahlungen vor einer grundbücherlichen Sicherung** des Erwerbers setzt jedoch voraus, daß keine Förderungen aus öffentlichen Mitteln für den Wohnbau oder die Wohnhaussanierung gewährt werden. Die Bestimmung kann daher als bloß fragmentarischer Vorgriff auf ein allgemeines Bauträgervertragsgesetz verstanden werden (siehe auch TADES / STABENTHEINER, Das 3. Wohnrechtsänderungsgesetz, ÖJZ 1A/1994, 1A 33). Ein Schutzbedürfnis besteht überdies nicht nur für den Wohnungseigentumsbewerber, sondern auch dann, wenn dem Erwerber – etwa bei einzeln parzellierten (Reihen-)Häusern – Alleineigentum eingeräumt werden soll oder wenn der Bauträgervertrag den Erwerb von Miet- oder sonstigen Nutzungsrechten zum Gegenstand hat und größere Vorauszahlungen vom Erwerber zu leisten sind.

Das in Art. X Insolvenzrechtsänderungsgesetz 1982, BGBl. Nr. 370, verankerte **gesetzliche Pfandrecht des Wohnungsinteressenten** zur Sicherung seiner Rückzahlungsforderung entsteht bei Eröffnung eines Insolvenzverfahrens über das Vermögen des Bauträgers. Auch hier ist der Erwerber nur bedingt gesichert, zumal dem gesetzlichen Pfandrecht – ähnlich wie im Fall des § 24a WEG 1975[3] – vorrangige Pfandrechte vorgehen.

In diesem Zusammenhang sollen letztlich die **Wohnbauförderungsbestimmungen** der Länder nicht außer acht gelassen werden. Teilweise werden nämlich auch dort Mechanismen vorgesehen, die einerseits unmittelbar der Sicherung der von den Ländern gewährten Mittel und andererseits – meist mittelbar – dem Schutz der Förderungswerber dienen. Diese Schutzbestimmungen sind in den einzelnen Ländern aber überaus unterschiedlich: Auch aus diesem Grund ist es unter dem Gesichtspunkt des zivilrechtlichen Verbraucherschutzes geboten, ein einheitliches Regime zu schaffen.

Entstehungsgeschichte des Entwurfs

Im Bewußtsein der unbefriedigenden Gesetzeslage setzte die Berufsvertretung der gewerblichen Bauträger, die Bundesinnung für Immobilien- und Vermögenstreuhän-

---

[1] Vgl. nunmehr § 40 Abs. 2 WEG 2002.
[2] Vgl. nunmehr § 37 Abs. 1 WEG 2002.
[3] Vgl. nunmehr § 40 WEG 2002.

der, eine Arbeitsgruppe ein und beauftragte in deren Rahmen Univ.-Prof. Dr. Herbert Hofmeister mit der Ausarbeitung eines Gesetzesentwurfs. Dieser Entwurf wurde im Frühjahr 1993 dem Bundesministerium für Justiz präsentiert; in Entsprechung einer bei der parlamentarischen Behandlung des 3. Wohnrechtsänderungsgesetzes verabschiedeten Entschließung des Nationalrats setzte das Bundesministerium für Justiz daraufhin eine Arbeitsgruppe ein.

In den folgenden Gesprächsrunden mit Vertretern der beteiligten Ressorts und der Sozialpartner manifestierte sich eine grundsätzlich positive Haltung zu dem Vorhaben. Nach Ausarbeitung eines Vorentwurfs und nach eingehenden Diskussionen in der Arbeitsgruppe wurde der Entwurf für ein Bauträgervertragsgesetz im August 1995 zur allgemeinen Begutachtung versandt.

Im Begutachtungsverfahren ist das Vorhaben allgemein freundlich aufgenommen worden. Der vorliegende Gesetzesentwurf ist nach Auswertung der Stellungnahmen und nach einer eingehenderen Untersuchung der landesrechtlichen Förderungsbestimmungen auf Grund weiterer Besprechungen in der genannten Arbeitsgruppe ausgearbeitet worden; den Beratungen sind insbesondere auch Vertreter der gemeinnützigen Wohnungswirtschaft beigezogen worden.

Inhalt des Entwurfs

Das Bauträgervertragsgesetz soll für Verträge über den Erwerb des Eigentums und den Erwerb von Nutzungsrechten an erst zu errichtenden bzw. zu erneuernden Gebäuden und Wohnungen gelten. Das Gesetz soll den Erwerber vor allem vor dem Verlust seiner Vorleistungen schützen. Die hiefür vorgesehenen Bestimmungen sollen im Verbrauchergeschäft zwingend sein. Der Entwurf führt damit in diesem Segment zu einem effektiven **Konsumentenschutz**. Er trägt aber auch dem Interesse der Bauträger Rechnung, indem die **Vorfinanzierung** durch den Erwerber (als oft wichtige Voraussetzung für eine wirtschaftlich rentable Unternehmertätigkeit) grundsätzlich weiterhin zugelassen wird. Die damit bewirkte Verringerung der Finanzierungskosten kommt letztlich auch dem Erwerber zugute.

Die Schutzbestimmungen sollen schon vor der Eingehung eines Bauträgervertrags einsetzen. Der Vertrag soll gemäß § 3 des Entwurfs rechtswirksam nur schriftlich zustande kommen. Der notwendige [11] Inhalt des Vertrags wird im § 4 des Entwurfs festgelegt. Wichtigstes Element der Präventivkontrolle ist § 5 Abs. 1 des Entwurfs, wo dem Erwerber ein Rücktrittsrecht zugebilligt wird, wenn er nicht eine Woche vor seiner verbindlichen Vertragserklärung alle wesentlichen Informationen über den Vertragsinhalt schriftlich erhalten hat; eine Überrumpelung oder zumindest unüberlegte rechtsgeschäftliche Bindung des Erwerbers soll damit hintangehalten werden.

Ein weiteres Kernstück des Entwurfs sind die in den §§ 7 ff. zur Auswahl gestellten **Sicherungsmodelle:**

Das in § 8 des Entwurfs vorgeschlagene erste Modell beruht auf der Sicherstellung des Erwerbers durch **schuldrechtliche Verpflichtungen Dritter.** Rückforderungsansprüche sollen durch Bürgschaft[4], Garantie oder geeignete Versicherung gesichert werden. Als Bürgen oder Garanten sollen dabei nur Kreditinstitute, Versicherungen oder Gebietskörperschaften in Betracht kommen.

Das Modell einer **grundbücherlichen Sicherstellung** (§§ 9 und 10) beruht auf dem Konzept, daß der Erwerber letztlich grundbücherlicher Eigentümer eines Liegenschaftsanteils oder – bei einzeln parzellierten Häusern – Alleineigentümer werden soll. Es kann daher nicht angewendet werden, wenn dem Erwerber ein Miet- oder sonstiges Nutzungsrecht eingeräumt werden soll; in diesen Fällen müssen seine Vorauszahlungen durch das schuldrechtliche oder das pfandrechtliche Modell (§ 8 bzw. § 11) des Entwurfs gesichert werden. Im Rahmen der grundbücherlichen Sicherstellung wird weiters verlangt, daß die Leistungen des Erwerbers an den Bauträger nur etappenweise nach Baufortschritt fällig werden (vgl. den Ratenplan nach § 10 des Entwurfs). Zusätzlich muß – durch entsprechende Vereinbarung mit vorrangigen Pfandgläubigern – sichergestellt werden, daß die Liegenschaft oder der Liegenschaftsanteil des Erwerbers von nicht zu übernehmenden Pfandrechten freigestellt wird. Bei diesem Modell ist daher die Bestellung eines Treuhänders unverzichtbar, der die Einhaltung der Sicherungspflichten des Bauträgers zu überwachen hat.

Im Vergleich zu dem zur Begutachtung versandten Entwurf neu ist das Modell der **pfandrechtlichen Sicherung** nach § 11 des Entwurfs. Diese Regelung soll insbesondere denjenigen Bauträgern, die über Liegenschaftsvermögen verfügen, einen kostengünstigen Einsatz dieses Kapitals zu Gunsten der Erwerber ermöglichen. Das pfandrechtliche Sicherungsmodell ist für die Sicherung von Vorauszahlungen beim Erwerb des Eigentums, des Wohnungseigentums oder des Baurechts und auch beim Erwerb von bloß obligatorischen Nutzungsrechten geeignet.

Als flankierende Maßnahmen für die Einhaltung dieser Sicherungspflichten werden weiters ein besonderer Rückforderungsanspruch des Erwerbers bei vorzeitiger Zahlung (§ 14) und eine Verwaltungsstrafbestimmung (§ 17) vorgesehen.

Ziel des Entwurfs ist also die **Sicherstellung des Erwerbers gegen das Risiko des Verlusts der Vorauszahlung.** Dementsprechend soll möglichst wenig in Bestimmungen des allgemeinen Vertragsrechts eingegriffen und auch kein Sondergewährleistungsrecht[5] für Bauträgerverträge normiert werden.

---

4 Die Möglichkeit der schuldrechtlichen Sicherung durch Bürgschaft wurde durch die Novelle 2008 abgeschafft.
5 Vgl. nunmehr aber § 4 Abs. 4 und § 10 Abs. 2 i. d. F. der Novelle 2008, wonach dem Erwerber zwingend ein Haftrücklass zur Sicherung allfälliger Ansprüche auf Grund mangelhafter Leistung einzuräumen ist.

Im Rahmen der grundbücherlichen wie auch der pfandrechtlichen Sicherung des Erwerbers muß ausnahmslos ein **Treuhänder** bestellt werden. Da dieser vor allem vertrags- und grundbuchsrechtliche Fragen zu beurteilen hat, empfiehlt es sich, die Angehörigen der Freien Rechtsberufe, also Rechtsanwälte und Notare, als Treuhänder vorzusehen. Das Bundesministerium für Justiz geht dabei davon aus, daß bei diesen beiden Berufsgruppen durch eine straffe berufsrechtliche Aufsicht und entsprechende Versicherungen für eine möglichst weitgehende Sicherheit des Erwerbers gegen eine Verletzung der Treuepflichten gesorgt werden wird.

Der Entwurf schlägt auch Änderungen des Wohnungseigentumsgesetzes 1975 vor: Der neue § 24 c[6] soll eine rangwahrende Anmerkung zu Gunsten künftiger Wohnungseigentumsbewerber ermöglichen.

Unabhängig von den Zielsetzungen des BTVG soll durch die Novellierung weiterer Bestimmungen des WEG 1975 die Begründung von Wohnungseigentum – insbesondere durch die Änderung der Voraussetzungen für die Einverleibung des Wohnungseigentums – wesentlich vereinfacht werden.

Nicht verwirklichte Vorschläge

Im Begutachtungsverfahren ist verschiedentlich die Forderung erhoben worden, auch sogenannte »**unternehmensbezogene Sicherungsinstrumente**« (vor allem eine Mindestkapitalausstattung oder ein zweckgebundenes Sondervermögen) zuzulassen. Im Insolvenzfall können solche Modelle – ohne weitere Regelungen – allerdings keinen zuverlässigen Erwerberschutz bieten, sie sind nicht »konkursfest«. Ein [12] weitergehender punktueller Eingriff des Gesetzgebers würde insolvenzrechtlichen Prinzipien, vor allem dem Grundsatz der Gleichbehandlung der Gläubiger, widersprechen.

Nicht aufgegriffen wird die von manchen Institutionen geforderte obligate **Fertigstellungsgarantie**. Die Kosten für eine auch die Fertigstellung umfassende Sicherstellung des Erwerbers dürften sich nach Schätzungen auf mehrere Prozentpunkte belaufen; dies würde zu einer deutlich spürbaren Verteuerung von Bauträgerobjekten führen. Der Entwurf läßt es aber zu, daß im Rahmen der sogenannten »schuldrechtlichen Sicherung« nicht die Rückforderungsansprüche der Erwerber, sondern ihr Anspruch auf Fertigstellung durch eine entsprechende Garantie gesichert werden. (In aller Regel wird diese Fertigstellungsgarantie auch allfällige Rückforderungsansprüche der Erwerber umfassen.)

Die Verwirklichung verschiedener Forderungen von Verbraucherschützern würde zu einer unangemessenen Einschränkung der Privatautonomie sowie teilweise auch zur Verteuerung der Bauvorhaben führen. Aus diesem Grund wird z. B. davon abgesehen, die ohnehin schon hohen Anforderungen an den Bauträgervertrag weiter zu verschärfen oder eine obligate Fertigstellungsgarantie einzuführen. Weiters erscheint es angezeigt, das Gesetzesvorhaben auf den Schutz der Erwerber zu beschränken und es

---

6 Vgl. nunmehr § 42 WEG 2002.

nicht mit der Verwirklichung anderer Anliegen (zum Beispiel mit einem Sondergewährleistungsrecht) zu überfrachten.[7]

Die Forderung der Wirtschaft, nicht nur den Erwerbern, sondern auch den **bauausführenden Unternehmern Schutz vor einer Insolvenz des Bauträgers** zu bieten, läßt sich im vorliegenden Zusammenhang ebenfalls nicht verwirklichen.[8] Die am Bauvorhaben beteiligten Unternehmer bedürfen nicht des Schutzes durch zwingendes Recht, ihr Schutz kann der Privatautonomie überlassen bleiben.

Kompetenz des Bundes

Die Zuständigkeit zur Erlassung eines Bauträgervertragsgesetzes stützt sich auf Art. 10 Abs. 1 Z 6 B-VG (»Zivilrechtswesen«) und zu § 17 des Entwurfs auch auf Art. 10 Abs. 1 Z 8 B-VG (»Angelegenheiten des Gewerbes und der Industrie«).

Kosten

Im Rahmen der hoheitlichen Tätigkeit wird die öffentliche Hand infolge des vorgeschlagenen Bauträgervertragsgesetzes keine greifbaren budgetären Belastungen zu tragen haben.

Konformität mit EU-Recht

Die privatrechtliche Regelung des Bauträgervertragsrechts ist dem nationalen Recht der Mitgliedstaaten überlassen.

---

7 Vgl. nunmehr aber § 4 Abs. 4 und § 10 Abs. 2 i. d. F. der Novelle 2008, wonach dem Erwerber zwingend ein Haftrücklass zur Sicherung allfälliger Ansprüche auf Grund mangelhafter Leistung einzuräumen ist.
8 Diesem Schutzbedürfnis der bauausführenden Unternehmer wurde durch die mit 01. 01. 2007 in Kraft getretene so genannte »Bauhandwerkersicherung« des § 1170 b ABGB (eingefügt durch das HaRÄG BGBl I 2005/120) Rechnung getragen.

Allgemeiner Teil der Erläuternden Bemerkungen zur BTVG-Novelle 2008
(BGBl I 2008/56) – EB RV 432 BlgNR XXIII. GP

Vorblatt

Problem

[1] Das Bauträgervertragsgesetz soll die Erwerber von Wohn- und Geschäftsräumen vor dem Verlust ihrer Vorauszahlungen in der Insolvenz des Bauträgers schützen. Dieses Bundesgesetz steht mittlerweile mehr als zehn Jahre in Kraft. Es hat sich in der Praxis vielfach bewährt. In einzelnen Fällen sind Verbrauchern aber trotz der Schutzmechanismen des Gesetzes Nachteile entstanden.

Ziele

Der rechtliche Schutz der Erwerber soll verbessert werden. Die damit allenfalls verbundenen Mehrkosten sollen sich in einem angemessenen Rahmen halten.

Inhalt

Die Verpflichtungen der Bauträger, Vorauszahlungen der Erwerber von Wohn- oder Geschäftsräumlichkeiten abzusichern, sollen im Interesse der Verbraucher optimiert werden. Vor allem gilt das für die Zahlung nach der Ratenplanmethode, bei der die dem Erwerber aus einer Baueinstellung drohenden finanziellen Nachteile vermieden werden sollen. Weiter sollen bestimmte Sicherungsinstrumente, die für die Erwerber Risiken in sich bergen, nicht mehr zugelassen werden. Darüber hinaus sollen die Bauträger verpflichtet werden, das Gewährleistungsrisiko der Erwerber besser und effektiver als nach dem geltenden Recht abzusichern. Zudem soll allfälligen Fehlvorstellungen der Verbraucher durch eine transparentere Vertragsgestaltung und durch erweiterte Aufklärungspflichten der bestellten Treuhänder vorgebeugt werden. Die Rücktrittsrechte der Erwerber sollen ausgebaut werden. Letztlich sollen mit dem Entwurf einige in der Praxis aufgetauchte Zweifelsfragen geklärt werden.

Alternativen

Die unveränderte Beibehaltung des geltenden Rechts würde aller Voraussicht nach dazu führen, dass die Interessenten an Wohn- und Geschäftsräumlichkeiten vom Erwerb im Wege eines Bauträgervertrags absehen, weil sie dieser Finanzierungsform auf Grund der »Schutzlücken« des Gesetzes nicht mehr trauen können. Das läge aber weder im Interesse der Kunden noch im Interesse der Bauwirtschaft.

Eine im Vergleich zum vorliegenden Entwurf weiter gehende Verschärfung der Schutzbestimmungen zugunsten der Erwerber wäre mit unangemessenen Mehrkosten verbunden.

Kompetenz

Der Entwurf betrifft eine Angelegenheit des Zivilrechts, das in Gesetzgebung und Vollziehung Bundessache ist (Art. 10 Abs. 1 Z 6 B-VG).

Finanzielle Auswirkungen

Die Novelle wird nicht zu personellen oder finanziellen Belastungen des Bundes und der anderen Gebietskörperschaften führen. Bei den Gerichten ist nicht mit einem Mehranfall zu rechnen.

Auswirkungen auf den Wirtschafts- und Beschäftigungsstandort

Die vorgesehenen Änderungen werden gewisse Mehrkosten im Baugeschäft verursachen. Diese können aber der Höhe nach nicht näher quantifiziert werden. Auch kann seriöserweise nicht gesagt werden, ob und inwieweit diese Aufwendungen auf die Erwerber überwälzt werden. Den möglichen Verteuerungen steht aber der den Erwerbern erwachsende Nutzen gegenüber, nämlich ein Mehr an Sicherheit. Daher wird sich das Vorhaben in einer Gesamtschau auf den Wirtschafts- und Beschäftigungsstandort nicht negativ auswirken.

Auswirkungen auf Verwaltungslasten von Unternehmen

Der Entwurf enthält keine Informationspflichten, die zu Verwaltungskosten oder -lasten von Unternehmen führen können, zumal er nur die vertraglichen Verpflichtungen der Bauträger und der Angehörigen der Rechtsberufe bei der Belehrung der Verbraucher präzisiert.

Besonderheiten des Normerzeugungsverfahrens

Keine.

Verhältnis zum Gemeinschaftsrecht

Das Bauträgervertragsgesetz fällt nicht in den Anwendungsbereich des Gemeinschaftsrechts.

Erläuterungen

Allgemeiner Teil

Entstehungsgeschichte des Entwurfs

[2] Das Bundesgesetz, mit dem Regelungen über den Erwerb von Rechten an Gebäuden und Wohnungen von Bauträgern getroffen werden (Bauträgervertragsgesetz – BTVG), BGBl. I Nr. 7/1997, steht seit mehr als zehn Jahren in Kraft. Das Gesetz soll die Erwerber von Wohn- und Geschäftsräumen, die Vorauszahlungen an den Bauträger leisten, vor dem Verlust dieser Zahlungen in der Insolvenz ihres Vertragspartners schützen. Zum einen enthält es bestimmte Vorgaben an die Vertragsgestaltung, auch stehen dem Erwerber besondere Rücktrittsrechte zu. Zum anderen muss der Bauträger die Vorauszahlungen der Erwerber durch geeignete Sicherungsinstrumente absichern. Der Anwendungsbereich des Gesetzes umfasst Verbraucher ebenso wie Unternehmer, die an den Bauträger Vorauszahlungen entrichten.

In der wirtschaftlichen und rechtlichen Praxis hat sich das Gesetz in den vergangenen Jahren vielfach bewährt. In einigen Insolvenzverfahren hat sich jedoch auch gezeigt, dass der vom Gesetz intendierte **Schutz der Erwerber nicht lückenlos** ist.

Auf Grund der Probleme von Verbrauchern durch Konkurse von Bauträgern in Tirol beauftragte die Arbeiterkammer Tirol UNIV.-PROF. DR. HELMUT BÖHM vom Fachbereich Privatrecht der Rechtswissenschaftlichen Fakultät der Universität Salzburg mit einer rechtswissenschaftlichen Prüfung dieses Gesetzes. UNIV.-PROF. DR. BÖHM hat in seiner Untersuchung »Lücken im Erwerberschutz beim Wohnungskauf?« (2004) einige Schwachstellen ausgemacht, die nach den Forderungen der Verbrauchervertreter geschlossen werden sollten. Das Regierungsprogramm für die 23. Gesetzgebungsperiode sieht denn auch im Kapitel Zivilrecht Änderungen des Bauträgervertragsrechts zum Schutz der Konsumenten vor. Solche Änderungen hatte bereits der Nationalrat in der in der vergangenen Legislaturperiode einstimmig verabschiedeten Entschließung E 110/22. GP eingefordert.

Das Bundesministerium für Justiz hat die erwähnte Studie von UNIV.-PROF. DR. BÖHM in einer **Arbeitsgruppe** mit Vertretern der Verbraucher, der Bau- und Immobilienwirtschaft, der Sozialpartner, der rechtsberatenden Berufe sowie der Rechtswissenschaft beraten. Auf Grund der Ergebnisse dieser Besprechungen hat das Bundesministerium für Justiz einen Gesetzentwurf verfasst, der neuerlich in der Arbeitsgruppe diskutiert worden ist und dann zur Begutachtung versendet worden ist. Im Begutachtungsverfahren ist das Vorhaben trotz mancher Kritik im Detail (vgl. IRO / RISS, Der Haftrücklass im Bauträgervertrag – Anmerkungen zum Begutachtungsentwurf einer Novelle zum Bauträgervertragsgesetz, wobl 2007, 266; VONKILCH, Anmerkungen zum Ministerialentwurf einer BTVG-Novelle, wobl 2007, 277) weitgehend positiv bewertet worden. Das Projekt ist nach der Auswertung des Begutachtungsverfahrens und der Überarbeitung des Entwurfs noch einmal in der erwähnten Arbeitsgruppe diskutiert worden. Der vorliegende

Entwurf bildet das Ergebnis dieser Vorarbeiten. Er trachtet danach, die Rechte der Erwerber im Bauträgergeschäft mit angemessenen Mitteln und zu vertretbaren Mehrkosten zu verbessern.

Ziele und wesentliche Inhalte des Entwurfs

Auf Grund der bisherigen praktischen Erfahrungen mit dem Bauträgervertragsgesetz und der wissenschaftlichen Kritik an einigen Teilen dieses Gesetzes soll die rechtliche und wirtschaftliche Position der Erwerber ausgebaut werden. An den wesentlichen Zielen des Gesetzes, nämlich der Schaffung möglichst transparenter Vertragsbeziehungen und der wirtschaftlichen oder rechtlichen Absicherung der Vorauszahlungen, soll festgehalten werden. Allfällige »Schutzlücken« sollen aber geschlossen werden.

Das betrifft zum ersten die gesetzlich vorgegebenen Vertragsinhalte. Die Änderungen in den **Mindestanforderungen an Bauträgerverträge** sollen in der Praxis zu verständlicheren Verträgen beitragen. Dabei soll im Besonderen klargestellt werden, welche Zahlungen des Erwerbers an dritte Professionisten dem Regime des Gesetzes unterliegen. Zudem sollen die den Erwerbern zustehenden Rücktrittsrechte verbessert werden, indem unter anderen die Rücktrittsfristen auf 14 Tage verlängert werden.

Zum zweiten sollen die **Sicherungsinstrumente,** mit denen die Vorauszahlungen des Erwerbers gegen das Insolvenzrisiko des Bauträgers abgesichert werden, verfeinert werden. Vor allem gilt das für die Zahlung nach Ratenplan. Hier soll den wirtschaftlichen Risiken und **»Reibungsverlusten«,** die aus einem Baustopp in der Insolvenz des Bauträgers entstehen können, begegnet werden. Die Raten nach dem Ratenplan sollen so gestaltet werden, dass diese Risiken möglichst nicht den Erwerber treffen. Dabei sollen den [3] Vertragsteilen zwei Alternativen zur Verfügung stehen: Im Ratenplan A wird der Bauträger verpflichtet, das verbleibende »Restrisiko« des Erwerbers durch eine Zusatzsicherheit abzusichern, sofern es um die Befriedigung eines dringenden Wohnbedürfnisses geht. Im Ratenplan B sollen die Raten so gestaltet werden, dass derartige »Reibungsverluste« weitgehend abgefangen werden können. Zudem sollen bestimmte Sicherungsinstrumente, die sich in der Praxis nicht durchgesetzt haben, abgeschafft bzw. modifiziert werden. Das gilt insbesondere für die Bürgschaft und die »gleichwertige Sicherung« durch eine Gebietskörperschaft im Rahmen der Wohnbauförderung (§ 7 Abs. 6 Z 3 BTVG).

Zum dritten soll der Schutzzweck des Gesetzes in einem für den Erwerber wichtigen Punkt erweitert werden: Der Bauträger soll künftig zur **Absicherung bestimmter Gewährleistungsrisiken** verhalten werden. Auch damit entspricht der Entwurf praktischen Bedürfnissen und den Erwartungen der Verbraucher.

Nicht verwirklichte Überlegungen

Die vorgeschlagenen Änderungen können Mehrkosten im Vergleich zum geltenden Recht bewirken. Die Bauträger werden versuchen, diese Aufwendungen auf ihre Kunden zu überwälzen, soweit dies der Wettbewerb zulässt. Im Interesse beider Seiten gilt es daher, diese Mehrkosten in einem angemessenen Rahmen zu halten und so unverhältnismäßige Verteuerungen von Bauvorhaben zu vermeiden. Der Entwurf sieht in diesem Sinn davon ab, sämtliche in der Wissenschaft und von den Vertretern der Konsumenten diagnostizierten Probleme des Bauträgervertragsgesetzes zu lösen. Er beschränkt sich vielmehr auf die wichtigsten »Brennpunkte«.

Wie bereits erwähnt, soll der Schutzzweck des Gesetzes mit dem Vorschlag, künftig auch das Gewährleistungsrisiko abzusichern, ausgedehnt werden. Von noch größeren Erweiterungen dieses Schutzbereichs, etwa durch die Einführung einer Verpflichtung des Bauträgers zur Absicherung von **Treuhandrisiken** oder des **Insolvenzrisikos der finanzierenden Bank,** sieht der Entwurf ab. Das hängt nicht zuletzt mit seinem Ziel zusammen, die Mehrkosten der Novelle in einem angemessenen Rahmen zu halten. Die mit solchen Maßnahmen verbundenen Aufwendungen stünden außer Verhältnis zu den damit verfolgten Zielen. Zudem werden Treuhandrisiken durch die von den Standesvertretungen der Notare und der Rechtsanwälte entwickelten Mechanismen abgefangen. Eine isolierte gesetzliche Regelung des Problems nur im Bauträgervertragsgesetz wäre letztlich verfehlt.

Die Verpflichtung des Bauträgers, die Zahlungen der Erwerber abzusichern, soll nicht substanziell erweitert werden. Sie soll – ebenfalls aus Kostengründen – nach wie vor mit der Sicherung der Erlangung der vereinbarten Rechtsstellung und nicht mit deren Verschaffung enden.

Zahlungen des Erwerbers, die er zwar nach der Fertigstellung des Objekts, aber vor der Übergabe und der Verschaffung der vereinbarten Rechtsstellung leistet, sollen entgegen den Anliegen mancher Verbrauchervertreter nicht in den Anwendungsbereich des Bauträgervertragsgesetzes fallen. Für solche Fälle können sich die Erwerber durch die Einschaltung eines Notars oder Rechtsanwalts als Treuhänder ausreichend absichern.

Der Forderung, das Modell der grundbücherlichen Sicherung in Verbindung mit der Zahlung nach Ratenplan überhaupt abzuschaffen, folgt der Entwurf ebenfalls nicht. Zwar kann es bei dieser Art der Sicherung, die nicht unmittelbar die Vorauszahlungen des Erwerbers deckt, sondern ihm den wirtschaftlichen Gegenwert für seine Vorauszahlungen sichern soll, zu »Reibungsverlusten« bei einer Unterbrechung oder einem gänzlichen Stopp des Bauvorhabens kommen. Solche Probleme können aber nicht einfach durch die Abschaffung dieses in der Bau- und Vertragspraxis häufig verwendeten und funktionierenden Sicherungsmodells begegnet werden. Vielmehr sollte das Gesetz – durch eine Änderung der maximal zulässigen Raten und die erwähnte Zusatzsicherung – danach trachten, die erwähnten »Reibungsverluste« zu minimieren.

Kompetenz

Die Novelle betrifft eine zivilrechtliche Angelegenheit, die in Gesetzgebung und Vollziehung Bundessache ist (Art. 10 Abs. 1 Z 6 B-VG).

ERLÄUTERNDE BEMERKUNGEN − NOVELLE

Finanzielle Auswirkungen

Der Entwurf wird nicht zu personellen oder finanziellen Mehrbelastungen der öffentlichen Haushalte führen. Zudem wird sich die Anzahl der gerichtlichen Verfahren, in denen es um das Bauträgervertragsgesetz geht, weiterhin in engen Grenzen halten.

Auswirkungen auf den Wirtschafts- und Beschäftigungsstandort

Die vorgeschlagenen Änderungen sind vielfach kostenneutral. So werden etwa die geänderten Mindestanforderungen an Verträge, die Verlängerung der Rücktrittsfristen, die Streichung bestimmter, in der Praxis kaum gebräuchlicher Sicherungsinstrumente und die Klarstellung einiger Zweifelsfragen wie [4] auch andere Vorschläge des Entwurfs weder den Unternehmern noch den Erwerbern nennenswerte zusätzliche Kosten bereiten. Einzelne Vorschläge des Entwurfs könnten dagegen doch mit einem Mehraufwand verbunden sein. Das gilt vor allem für die geplante Absicherung des Gewährleistungsrisikos und die vorgeschlagenen Änderungen im Ratenplan. Die Höhe dieser Kosten lässt sich nicht annähernd abschätzen. Ihnen steht aber der dem Erwerber daraus erwachsende Nutzen gegenüber, nämlich ein Mehr an Sicherheit. Insgesamt wird sich das Vorhaben also auf den Wirtschafts- und Beschäftigungsstandort nicht negativ auswirken. Es soll im Gegenteil dazu beitragen, den Bauträgervertrag, der eine anerkannte Form der Finanzierung von Bauvorhaben ist, auf Grund einiger Konkurse vor Bauträgern aber »ins Gerede« geraten ist, besser auszugestalten. Das sollte seine Akzeptanz fördern und damit wieder den Unternehmen wie den Verbrauchern nützen.

Auswirkungen auf Verwaltungslasten von Unternehmen

Der Entwurf enthält keine Informationspflichten, die zu Verwaltungskosten oder -lasten von Unternehmen führen können, zumal er nur die vertraglichen Verpflichtungen der Unternehmen im Bauträgergeschäft und der Angehörigen der Rechtsberufe bei der Belehrung der Verbraucher präzisiert. Das Vorhaben unterläuft damit nicht die Bestrebungen, die Verwaltungslasten von Unternehmen durch gesetzliche Informationspflichten zu reduzieren.

Besonderheiten des Normerzeugungsverfahrens

Der Entwurf unterliegt weder im Nationalrat noch im Bundesrat besonderen verfassungsrechtlichen Beschlusserfordernissen. Da die Novelle rein zivilrechtliche Aspekte regelt, wird auch die Vereinbarung über den Konsultationsmechanismus nicht tangiert.

Verhältnis zum Gemeinschaftsrecht

Das Bauträgervertragsrecht behandelt Aspekte, die nicht das Gemeinschaftsrecht betreffen. Der Entwurf sieht auch sonst keine Bestimmungen vor, die in das Primär- oder Sekundärrecht der Gemeinschaft eingreifen.

Gesetzestext i.d.F. BTVG-Novelle 2008
(BGBl I 2008/56)
samt Anmerkungen und Erläuternden Bemerkungen

§ 1 Geltungsbereich

(1) Dieses Bundesgesetz ist auf Bauträgerverträge anzuwenden, bei denen der Erwerber vor der Fertigstellung vereinbarungsgemäß Zahlungen von mehr als 150 Euro pro Quadratmeter[Rz1] Nutzfläche (§ 2 Abs. 7 und § 7 WEG 2002) an den Bauträger oder an Dritte entrichten muss. Dabei sind auch solche Zahlungen an den Bauträger oder an Dritte zu berücksichtigen, die der Erwerber für vom Bauträger angebotene oder vorgegebene Sonder- oder Zusatzleistungen[Rz2] entrichten muss.

(2) Andere Vorschriften, die für den Erwerber günstiger sind, bleiben unberührt.[Rz3] Die Bestimmungen dieses Bundesgesetzes können nicht zum Nachteil des Erwerbers abbedungen werden, wenn dieser Verbraucher (§ 1 Abs. 1 Z 2 KSchG) ist.

§ 2 Begriffsbestimmungen

(1) Ein Bauträgervertrag ist ein Vertrag über den Erwerb des Eigentums, des Wohnungseigentums, des Baurechts, des Bestandrechts oder eines sonstigen Nutzungsrechts einschließlich Leasings an zu errichtenden oder durchgreifend zu erneuernden[Rz4] Gebäuden, Wohnungen oder Geschäftsräumen.

(2) Bauträger ist, wer sich verpflichtet, einem Erwerber die in Abs. 1 genannten Rechte einzuräumen.

(3) Erwerber ist, wem Ansprüche auf den Erwerb der in Abs. 1 genannten Rechte gegen den Bauträger zustehen sollen.

(4) Ein Bauträgervertrag (Abs. 1) liegt auch dann vor, wenn zwar der Erwerber sein Recht an der Liegenschaft von einem Dritten erwirbt, dieser Vertrag aber mit dem Vertrag über die Errichtung oder durchgreifende Erneuerung des Gebäudes, der Wohnung oder des Geschäftsraums eine wirtschaftliche Einheit bildet.[Rz5]

Anmerkungen

Rz 1

Ist nur ein **Teil des Entgelts** vom Erwerber **vor der Fertigstellung** des Objektes zu entrichten, so hängt die Anwendbarkeit des BTVG davon ab, ob dieser Teil den gesetzlich festgelegten Grenzwert von 150 Euro / m² Nutzfläche übersteigt.[9]

Zwar gibt der Gesetzeswortlaut keine Auskunft darüber, ob auch **Umsatzsteuerbeträge** bei der Prüfung der 150 Euro-Grenze des § 1 Abs. 1 in Anschlag zu bringen sind, doch halten die Erläuterungen[10] zur Novelle 2008 fest, dass auch »Abgaben und Steuern« für die Beurteilung des Anwendungsbereichs des BTVG relevant sind. Man wird somit auch Umsatzsteuerbeträge zu berücksichtigen haben.[11]

Rz 2

Nach den Erläuterungen[12] sind **Sonder- und Zusatzleistungen** dann nicht miteinzubeziehen, wenn sich der Erwerber die Leistungen oder auch den Professionisten frei aussuchen kann. Daraus könnte im Umkehrschluss abzuleiten sein, dass Leistungen eines vorgegebenen Professionisten, die aber nicht vom Bauträger angeboten werden, nicht zu berücksichtigen sind. Gegen ein solches Verständnis spricht allerdings, dass die Erläuterungen in eben demselben Absatz bereits das alternative Vorliegen einer der beiden Voraussetzungen für die Beachtlichkeit der Sonder- und Zusatzleistungen genügen lassen.

Rz 3

Vorschriften, die dem Erwerber einen **über das BTVG hinausgehenden Schutz** gewähren, enthalten – wie auch die Erläuterungen[13] betonen – insbesondere das **KSchG** und das WEG. Hinzuweisen ist dabei zum einen auf den Klauselkatalog des § 6 Abs. 1 und 2 KSchG, das Transparenzgebot des § 6 Abs. 3 KSchG und die Unabdingbarkeit von Gewährleistungsrechten des Verbrauchers nach § 9 KSchG.

Daneben sieht auch der 9. Abschnitt des WEG 2002 (§§ 37 ff.) spezifische Schutzmechanismen vor (die wohlgemerkt nicht an das Vorliegen eines Verbrauchergeschäftes anknüpfen[14]); hieraus sind etwa hervorzuheben das Annahmeverbot vor Anmerkung der Einräumung von Wohnungseigentum nach § 40 Abs. 2 WEG 2002 (§ 37 Abs. 1 WEG 2002), Ansprüche auf Übergabe der Wohnung und Begründung von Wohnungseigentum (§ 37 Abs. 2 WEG 2002), Unwirksamkeit von Vereinbarungen, die geeignet sind, die dem Wohnungseigentumsbewerber oder Wohnungseigentümer zustehenden

---

[9] Engin-Deniz: BTVG² § 1 Rz 1.
[10] EB RV 432 BlgNR XXIII. GP 5.
[11] Im Ergebnis ebenso Engin-Deniz: BTVG² § 1 Rz 4 und Würth in Rummel: ABGB³ § 1 BTVG Rz 1.
[12] EB RV 432 BlgNR XXIII. GP 5.
[13] EB RV 312 BlgNR XX. GP 12.
[14] Vgl. etwa OGH 5 Ob 159/04 z in wobl 2005, 178/50 mit Anm. Call; Vonkilch in Hausmann / Vonkilch: WohnR Vor §§ 37–44 WEG Rz 4.

Rechte auszuheben oder unbillig zu beschränken (§ 38 WEG 2002), Einschränkung des Rücktrittsrechts des Wohnungseigentumsorganisators wegen Zahlungsverzugs (§ 39 WEG 2002).

Rz 4

Eine **durchgreifende Erneuerung** liegt nach den Materialien[15] vor, wenn die Sanierungs- bzw. Umbaumaßnahmen am Vertragsobjekt in einer Bauphase ansetzen, die in etwa mit dem Stadium nach Fertigstellung des Rohbaus und des Dachs eines erst zu errichtenden Objekts verglichen werden kann. Diese Kriterien wurden auch bereits von der Rechtsprechung[16] zugrunde gelegt. Nach WÜRTH[17] wird der Begriff der durchgreifenden Erneuerung in praxi zumeist mit der »Sanierung größeren Umfangs« im Sinne des § 20 a WGG zusammenfallen.

Rz 5

Dem Bauträgervertrag gleichgestellt werden **Vertragsgeflechte**, in denen der Erwerber zwei formal selbständige Verträge über den Erwerb der Liegenschaft (bzw. eines Miteigentumsanteils) **mit einem Dritten** einerseits und über die Errichtung (bzw. durchgreifende Erneuerung) mit dem Bauträger andererseits abschließt. Vorraussetzung dafür ist, dass beide Rechtsgeschäfte eine wirtschaftliche Einheit bilden. Damit trifft auch den Dritten der Mangel der Schriftform (§ 3) und der Rücktritt des Erwerbers (§ 5 Abs. 5). Wurden an den Dritten Zahlungen vor Fälligkeit (§ 7 Abs. 4) entrichtet, so trifft den Bauträger die Rückzahlungspflicht (§ 15).

Erläuternde Bemerkungen

EB RV 312 BlgNR XX. GP (Stammfassung)

Zu den §§ 1 und 2 des Entwurfs

[12] Der Entwurf soll verschiedene Vertragstypen, die die entgeltliche Herstellung und Überlassung von Wohnungen und Gebäuden zum Gegenstand haben, erfassen. Ein Regelungsbedarf zum Schutz der Erwerber besteht überall dort, wo das zu erwerbende **Objekt erst errichtet oder zumindest durchgreifend erneuert** werden muß. Damit ist die Gefahr verbunden, daß es – aus welchen Gründen immer – nicht zum Bau bzw. zur Fertigstellung kommt. Den Erwerber trifft allerdings nur dann ein besonderes Risiko, wenn er schon vor Beginn der Nutzung, insbesondere in einem frühen Projektstadium, Zahlungen an den Bauträger leistet, die – wie Beispiele der jüngeren Vergangen-

---

[15] EB RV 312 BlgNR XX. GP 13.
[16] OGH 8 Ob 113/04 g in wobl 2006, 59/14 mit Anm. PITTL = MietSlg LVII/7 = NZ 2007/34.
[17] In RUMMEL: ABGB³ § 2 BTVG Rz 2.

heit zeigen – im Fall der Eröffnung eines Konkurses über das Vermögen des Bauträgers verloren gehen können.

Unter **Fertigstellung** (§ 1 Abs. 1) ist die Herstellung des vertraglich vereinbarten Bauzustands zu verstehen. Die Fertigstellung muß sich nicht immer mit der Bezugsfertigkeit decken, zumal bisweilen vereinbart wird, daß Erwerber auch selbst bei der abschließenden Ausgestaltung des Vertragsobjekts Hand anlegen können. Festgehalten sei in diesem Zusammenhang auch, daß der Begriff der Fertigstellung im Zweifel auch die Fertigstellung der der gemeinsamen Benützung dienenden Anlagen (einschließlich der »Außenanlagen«) umfaßt

Wie bereits mehrfach erwähnt, liegt das spezifische Risiko des Bauträgervertrags im Verlust der vom Erwerber geleisteten Vorauszahlungen. Da ein Abstellen auf die Entrichtung von »größeren Zahlun- [13] gen« vor Fertigstellung allein ein unscharfes Abgrenzungskriterium wäre, ist es zweckmäßig, eine ziffernmäßige Konkretisierung vorzunehmen. Schon bei Schließung des Vertrags muß Klarheit darüber bestehen, ob er dem Bauträgervertragsgesetz unterliegt oder nicht. In § 1 Abs. 1 wird daher ein Betrag von **2.000 S pro m² Nutzfläche**[18] vorgesehen. Dieser Betrag wird in der Regel deutlich über den Kosten der Vertragserrichtung selbst und sonstigen administrativen Nebenkosten liegen.

Die Schutzbestimmungen des Bauträgervertragsgesetzes werden meist über die in anderen Gesetzen vorgesehenen Schutznormen hinausgehen, bisweilen aber auch hinter diesen zurückbleiben. Daher soll im ersten Satz des § 1 Abs. 2 klargestellt werden, daß **weitergehende Schutzvorschriften** zu Gunsten des Erwerbers unberührt bleiben. Als solche weitergehende Schutzbestimmungen kommen beispielsweise § 24 Abs. 1 Z 5 WEG[19], § 14 WGG und die §§ 6 und 9 KSchG in Betracht.

Das Bauträgervertragsgesetz soll für alle Erwerber gelten, sowohl für Verbraucher als auch für Unternehmer. Im ersten Fall kann der Entwurf in weiten Bereichen als **Sonderverbraucherschutzrecht** verstanden werden, seine Bestimmungen sollen **zwingend** sein (vgl. § 2 Abs. 2 KSchG; der Bauträger wird praktisch immer Unternehmer sein).

Schließt der Erwerber den Bauträgervertrag nicht als Verbraucher, so soll größere Vertragsfreiheit zu Gunsten des Bauträgers bestehen; diese findet allerdings in den allgemeinen Vorschriften (z. B. § 879 ABGB) ihre Grenze. Bei der Beurteilung, inwieweit einem Unternehmer gegenüber eine vom Bauträgervertragsgesetz abweichende Vertragsgestaltung nach allgemeinen Grundsätzen zulässig ist, wird besonders auf die den Erwerber in diesem Bereich treffenden Risken Bedacht zu nehmen sein.

§ 2 Abs. 1 sieht eine **Legaldefinition des Bauträgervertrags** vor: Der Entwurf soll alle Vertragstypen erfassen, die dem Erwerber das Eigentum (auch Miteigentum), das

---

18 Die Novelle 2008 hat den Grenzwert auf 150 Euro pro m² Nutzfläche angehoben.
19 Vgl. nunmehr § 38 Abs. 1 Z 5 WEG 2002.

Wohnungseigentum, das Baurecht, ein Miet- oder Pachtrecht oder ein anderes Nutzungsrecht (etwa ein dingliches Wohnrecht oder Fruchtgenußrecht) verschaffen. Der Bauträgervertrag muß den Erwerb der genannten Rechte zum Inhalt haben. Ein Bauträgervertrag soll daher **nicht** vorliegen, wenn jemand **auf eigenem Grund** ein Gebäude errichten oder ein bereits in seinem Eigentum oder Besitz stehendes Gebäude bzw. eine solche Wohnung oder Geschäftsräumlichkeit durchgreifend erneuern läßt.

Objekt des Vertrags ist ein erst zu errichtendes oder umfassend zu sanierendes Gebäude oder eine derartige Wohnung bzw. Geschäftsräumlichkeit.

Von einer **»durchgreifenden Erneuerung«** von Wohnungen, Geschäftsräumen oder Gebäuden wird auszugehen sein, wenn die Sanierungs- bzw. Umbaumaßnahmen am Vertragsobjekt in einer Bauphase ansetzen, die in etwa mit dem Stadium nach Fertigstellung des Rohbaus und des Dachs eines erst zu errichtenden Objekts verglichen werden kann. Als weiterer Anhaltspunkt für eine »durchgreifende Erneuerung« können die Kosten der Renovierung herangezogen werden: erreichen diese die Hälfte der gesamten Neuherstellungskosten, so wird der Vertrag als Bauträgervertrag zu qualifizieren sein.

Handelt es sich um ein bereits **fertiggestelltes Vertragsobjekt** (sodaß Zahlungen des Erwerbers mit dem Beginn der Nutzung zeitlich zusammenfallen), so wird kein Bauträgervertrag, sondern – beispielsweise – ein »normaler« Kauf- oder Mietvertrag vorliegen. Daher kann es bei einem Vorhaben durchaus vorkommen, daß zunächst Bauträgerverträge geschlossen werden, später über bereits fertiggestellte Objekte aber – um im Beispiel zu bleiben – »normale« Kauf- oder Mietverträge.

Von der im Begutachtungsverfahren geforderten Erweiterung des Geltungsbereichs durch Einbeziehung des **Baubetreuungsvertrags** (vgl. dazu Krejci in Rummel, ABGB² Rz 24 zu § 1165) sieht der Entwurf ab, da sich Funktion, Rechtsstellung und Vertragspflichten des Bauträgers von den Aufgaben des Baubetreuers doch erheblich unterscheiden. Allfälligen Versuchen, die Schutzbestimmungen des Bauträgervertragsgesetzes durch die Konstruktion von Baubetreuungsverträgen zu unterlaufen, wird im Einzelfall nach den für **»Umgehungsgeschäfte«** entwickelten Grundsätzen zu begegnen sein.

§ 2 Abs. 2 stellt klar, daß **Bauträger** jede natürliche oder juristische Person ist, die sich dazu verpflichtet, die in Abs. 1 genannten Rechte zu übertragen oder einzuräumen. Dabei ist es unerheblich, in welcher Rechtsform der Bauträger tätig wird und ob es sich um einen gemeinnützigen oder einen »privaten« Unternehmer handelt. Ferner soll es nicht darauf ankommen, ob der Bauträger gewerbsmäßig tätig ist oder ob er Unternehmer im Sinn des § 1 Abs. 1 Z 1 und Abs. 2 KSchG ist.

Der in der Gewerbeordnung 1994 in § 226 Abs. 1 genannte Bauträger deckt sich nicht mit dem Begriff des Bauträgers im Sinn dieses Entwurfs:[20] Die Gewerbeordnung stellt auf die bewilligungspflichtige Tätigkeit des Bauträgers ab, der auch als Bauorga-

---

20 Vgl. auch OGH 7 Ob 272/99 x (nicht abgedruckt in ecolex 2000, 504/206 mit Anm. Wilhelm).

nisator und Baubetreuer bezeichnet wird. Sie um- [14] schreibt dessen Tätigkeit als die »organisatorische und kommerzielle Abwicklung von Bauvorhaben (Neubauten, durchgreifende Sanierungen) auf eigene oder fremde Rechnung«; die Gewerbeordnung will in erster Linie sichern, daß der Bauträger die erforderlichen technischen und kaufmännischen Kenntnisse hat.[21]

Der Begriff des Bauträgers nach diesem Entwurf deckt sich auch nicht mit dem des **Wohnungseigentumsorganisators** nach § 23 Abs. 1 WEG:[22] Anders als der Wohnungseigentumsorganisator kann der Bauträger dem Erwerber zum Beispiel auch das Alleineigentum oder Mietrechte verschaffen; umgekehrt ist Wohnungseigentumsorganisator – im Gegensatz zum Bauträger – auch, wer das Wohnungseigentum an bereits fertiggestellten Objekten verschafft.

Da der Vertragspartner des Bauträgers von diesem ein Recht erwirbt, soll er konsequenterweise auch »Erwerber« (und nicht »Bewerber« wie im Wohnungseigentumsgesetz) genannt werden (§ 2 Abs. 3[23]).

Das Bauträgervertragsgesetz soll schließlich nach § 2 Abs. 4 auch dann anzuwenden sein, wenn der Erwerber nicht vom Bauträger selbst, sondern von einem Dritten Rechte an der Liegenschaft erwirbt und dieser Vorgang mit dem Vertrag über die Errichtung (Erneuerung) eines Gebäudes, einer Wohnung oder eines Geschäftsraumes eine wirtschaftliche Einheit bildet. Im besonderen erstreckt sich die Wirkung eines Rücktritts nach § 5 Abs. 4 auch auf den mit dem Dritten geschlossenen Vertrag. Die Sicherungspflicht des Bauträgers (vgl. § 7) muß weiters auch Zahlungen des Erwerbers an diesen Dritten umfassen. Schließlich sei hier noch auf § 15 verwiesen, wonach sich Rückforderungsansprüche des Erwerbers auch dann gegen den Bauträger richten, wenn mit seiner Zustimmung Zahlungen an Dritte geleistet wurden.

---

21 Dazu eingehend TREFIL: Der Bauträger nach der Gewerbeordnung 1994, wobl 2007, S. 153.
22 Vgl. nunmehr § 2 Abs. 6 WEG 2002.
23 Vgl. nunmehr § 2 Abs. 6 WEG 2002.

EB RV 432 BlgNR XXIII. GP (BTVG-Novelle 2008)

Zu Z 1 (§ 1 Abs. 1 des Entwurfs)

[5] § 1 Abs. 1 BTVG über den Anwendungsbereich des Gesetzes soll geändert und präzisiert werden: Zunächst soll die Schwelle, ab der Vorauszahlungen des Erwerbers zur Anwendung des Gesetzes führen, von 145 Euro auf **150 Euro pro Quadratmeter** angehoben werden. Damit berücksichtigt der Entwurf zum Teil die seit der letzten Änderung dieses Betrags anlässlich der Euro-Umstellung eingetretene Geldentwertung. Zudem erleichtert der vorgeschlagene »runde« Betrag die Prüfung, ob das Gesetz anwendbar ist oder nicht.

Weiter soll die in der Praxis durchaus strittige Frage, welche Zahlungen des Erwerbers hier zu berücksichtigen sind, geklärt werden. Die Änderungen sollen gewissen Tendenzen vorbeugen, die durch eine mehr oder weniger geschickte Gestaltung der Zahlungsflüsse auf eine »Flucht aus dem BTVG« hinauslaufen. § 1 Abs. 1 des Entwurfs stellt auf die Perspektive des Erwerbers ab. Wenn er vereinbarungsgemäß vor der Fertigstellung insgesamt mehr als 150 Euro pro Quadratmeter leisten muss, soll das Gesetz greifen. Dabei soll es nicht darauf ankommen, ob diese **Vorauszahlungen an den Bauträger oder an einen Dritten** gehen und ob sie beim Bauträger selbst ein bloßer »Durchlaufposten« sind oder diesem verbleiben. Maßgebliches Kriterium für die Einbeziehung der Zahlungen des Erwerbers ist es, dass diese auf dem Vertrag (»vereinbarungsgemäß«) beruhen. Unter dieser Voraussetzung sind damit nicht nur die schon nach geltendem Recht dem Gesetz unterliegenden Zahlungen an einen dritten Liegenschaftsverkäufer (§ 2 Abs. 4 BTVG), sondern beispielsweise auch Aufschließungskosten, Gebühren, Abgaben und Steuern sowie auch die Kosten der Vertragserrichtung und -abwicklung für die Beurteilung des Anwendungsbereichs des Bauträgervertragsgesetzes relevant.

Nach dem vorgeschlagenen zweiten Satz des § 1 Abs. 1 des Entwurfs sollen auch Vorauszahlungen des Erwerbers, mit denen **Sonder- oder Zusatzleistungen** abgegolten werden, für die Beurteilung der Anwendung des Gesetzes herangezogen werden. Unter dem Ausdruck Sonderleistungen versteht der Entwurf Änderungen in dem vom Bauträger an sich vorgesehenen Leistungspaket, unter dem Ausdruck Zusatzleistungen Ergänzungen desselben. Solche Vorauszahlungen des Erwerbers sollen aber nur dann beachtlich sein, wenn die damit abgegoltenen Sonder- oder Zusatzleistungen vom Bauträger selbst angeboten oder von ihm »vorgegeben« werden, wenn sie also – vereinfacht gesagt – in einem unmittelbaren Konnex mit dem Bauträgervertrag stehen und der Bauträger davon weiß oder zumindest wissen sollte. Dabei ist es unerheblich, ob die Zahlungen für solche Sonder- und Zusatzleistungen unmittelbar über den Bauträger oder mit den diese Leistungen erbringenden Professionisten abgerechnet werden, zumal er sie selbst »vorgegeben«, also vorbestimmt hat, sei es, dass er dem Erwerber die Person des dritten Professionisten vorgeschrieben hat, sei es, dass er die mögliche Qualität oder Quantität dieser Leistungen vorgeschrieben hat. Das soll im Vergleich zu dem zur Begutachtung versendeten Entwurf im Gesetz selbst klargestellt werden.

Wenn sich der Erwerber aber derartige Sonder- oder Zusatzleistungen oder auch den Professionisten frei aussuchen kann, sollen die hiefür anstehenden Zahlungen für die Beurteilung des Anwendungsbereichs des Bauträgervertragsgesetzes nicht relevant sein.

Die redaktionellen Änderungen des Wortlauts des § 1 Abs. 1 (die **Vorauszahlungen sind »zu entrichten«** statt – wie im bisherigen Gesetzestext – »zu leisten«) sollen am Anwendungsbereich des Gesetzes nichts ändern. Das Bauträgervertragsgesetz soll in diesem Sinn nicht nur dann greifen, wenn der Erwerber Vorauszahlungen tätigt oder Verbindlichkeiten übernimmt (vgl. § 10 Abs. 5 BTVG), sondern auch in denjenigen Fällen, in denen der Bauträger vereinbarungsgemäß von sich aus Leistungen des Erwerbers abruft, etwa indem er eine vom Erwerber gestellte Bankgarantie abruft.

Letztlich soll in § 1 Abs. 1 auch der Verweis auf die **Nutzfläche** an das Wohnungseigentumsgesetz 2002 angepasst werden. Inhaltlich ändert sich dadurch ebenfalls nichts.

§ 3 Form des Vertrags

(1) Der Bauträgervertrag[Rz 1] bedarf der Schriftform.[Rz 2]

(2) Auf den Mangel der Form kann sich nur der Erwerber bis zum Ende der Sicherungspflicht (§ 7 Abs. 5) berufen.[Rz 3]

Anmerkungen

Rz 1
Nicht nur Bauträgerverträge, sondern auch die diesen gleichgestellten **Verträge mit Dritten** (§ 2 Abs. 4) und ebenso Vorverträge[24] bedürfen der Schriftform.

Rz 2
Das Schriftformerfordernis des § 3 ist im Lichte des § 886 ABGB auszulegen und verlangt somit **Schriftlichkeit und Unterschriftlichkeit.**[25] Das Formgebot ist ferner nur dann erfüllt, wenn sämtliche Inhaltserfordernisse von der Schriftlichkeit gedeckt sind. Nicht einheitlich beantwortet wird, ob dem Formgebot entsprochen ist, wenn die Vertragserklärung per Fax abgegeben wird.[26] Orientiert man sich an der Rechtsprechung des OGH[27] zum Schriftlichkeitserfordernis der Bürgschaft (§ 1436 ABGB), so wird von einem Formmangel auszugehen sein.

Rz 3
Dem Schutzzweck der Formvorschrift entsprechend (Übereilungsschutz auf Seiten des Erwerbers) begründet der Formmangel bloß **relative Nichtigkeit,** es kann sich also nur der Erwerber auf die Nichtigkeit wegen fehlender Form berufen. Sie **heilt** überdies mit dem Ende der Sicherungspflicht (anders noch die RV zur Stammfassung, die im Justizausschuss abgeändert wurde).

Eine Verletzung des Formgebots stellt überdies eine **Verwaltungsübertretung** nach § 17 Z 1 dar, die mit Geldstrafe bis zu 14.000 Euro zu bestrafen ist.

---

24 EB RV 312 BlgNR XX. GP 14.
25 Würth in Rummel: ABGB³ § 3 BTVG Rz 1.
26 Vgl. Langer: BTVG § 3 Rz 10; Engin-Deniz: BTVG² § 3 Rz 1.
27 1 Ob 515/95 in ÖBA 1996, 73 mit Anm. Rummel. Krit. dazu allerdings das überwiegende Schrifttum: P. Bydlinski: Telefaxbürgschaft: OGH folgt BGH, RdW 1996, S. 196; Gamerith in Rummel: ABGB³ § 1346 Rz 8; Koziol: ÖBA 1996, S. 478 f.

Erläuternde Bemerkungen

EB RV 312 BlgNR XX. GP (Stammfassung)

Zu § 3 des Entwurfs

[14] Das hier aufgestellte **Formgebot der Schriftlichkeit** soll den Erwerber vor allem vor übereilten und unüberlegten Vertragsschließungen über Objekte, deren nähere Ausgestaltung ihm noch nicht bekannt ist, abhalten. Auch ein **Vorvertrag** könnte daher nur schriftlich geschlossen werden (vgl. DITTRICH / TADES, ABGB[34] [1994] § 936 E 9).

Der Entwurf sieht davon ab, das Formerfordernis eines Notariatsakts zu statuieren. Ausschlaggebend dafür sind die Überlegungen, daß bei Einschaltung eines **Treuhänders** aus dem Kreis der Rechtsanwälte und Notare eine ausreichende Beratung und Belehrung des Erwerbers gesichert erscheint (vgl. § 12 Abs. 3 Z 1) und daß auch die in § 5 Abs. 1 vorgesehene Rücktrittsmöglichkeit den Erwerber vor einer unüberlegten Vertragserklärung schützt.

Ein Verstoß gegen das Schriftformgebot soll **heilbar** sein, sofern ein Vertrag zustandegekommen ist, bei dem die übrigen Voraussetzungen für einen gültigen, das heißt vor allem hinreichend bestimmten Vertrag vorliegen. Diese Regelung soll dem Schutz des betroffenen Erwerbers dienen. Sie kann aber auch dem Interesse des gesamten Bauvorhabens – also auch dem Interesse anderer Erwerber – dienen. Abs. 2 knüpft hiefür einerseits an eine den Anspruch des Erwerbers sichernde Grundbucheintragung an; dies wird beim Wohnungseigentum regelmäßig die Anmerkung der Einräumung von Wohnungseigentum gemäß § 24 a Abs. 2 WEG 1975[28] sein. Die Heilung des Formmangels soll andererseits bei realer Übergabe des fertiggestellten Objekts eintreten. Ab der Fertigstellung wäre definitionsgemäß ein Bauträgervertrag auch nicht mehr möglich, zumal dieser auf den Erwerb eines erst zu errichtenden oder durchgreifend zu sanierenden Vertragsgegenstands gerichtet sein muß.

JAB 450 BlgNR XX. GP (Stammfassung)

Zu § 3 des Entwurfs

[1] Die Neuformulierung trägt dem Gedanken Rechnung, daß das Formgebot der Schriftlichkeit primär zum Schutz des Erwerbers aufgestellt wird, der sich **bis zum Ende der Sicherungspflicht** des Bauträgers (§ 7 Abs. 5) auf die Unwirksamkeit des Rechtsgeschäftes berufen können soll. Eine ähnliche Formulierung ist auch im Entwurf eines Teilzeitnutzungsgesetzes vorgesehen.

---

28 Vgl. nunmehr § 40 Abs. 2 WEG 2002.

§ 4 Vertragsinhalt

(1) Der Bauträgervertrag muss jedenfalls [Rz 1] folgende Punkte enthalten:

1. das Gebäude, die Wohnung oder den Geschäftsraum samt Zugehör (eigentlicher Vertragsgegenstand) und die vom Erwerber gewöhnlich nutzbaren Teile der Gesamtanlage, wobei das Ausmaß, die Lage und die Widmung des eigentlichen Vertragsgegenstandes und der Anlage jeweils bestimmt zu bezeichnen und aussagekräftige Pläne, Baubeschreibungen sowie eine Beschreibung der Ausstattung und ihres Zustandes zu Grunde zu legen und zu übergeben sind;
2. den Hinweis, dass der eigentliche Vertragsgegenstand oder die Gesamtanlage in einer wildbach- oder lawinenbedingten Gefahrenzone oder einem Hochwasserabflussgebiet liegt oder die betreffende Liegenschaft im Verdachtsflächenkataster geführt oder im Altlastenatlas ausgewiesen wird;
3. den Preis [Rz 2] und die vom Erwerber jeweils für Sonder- und Zusatzleistungen zu entrichtenden Beträge (§ 1 Abs. 1), wobei über alle damit verbundenen Abgaben und Steuern sowie die Kosten der Vertragserrichtung und -abwicklung zu informieren ist; [Rz 3]
4. die Fälligkeit der Zahlungen des Erwerbers;
5. den spätesten Termin der Übergabe des eigentlichen Vertragsgegenstandes und der Fertigstellung der vom Erwerber gewöhnlich nutzbaren Teile der Gesamtanlage;
6. vom Erwerber allenfalls zu übernehmende dingliche oder obligatorische Lasten;
7. die Art der Sicherung des Erwerbers (§ 7);
8. das Konto des Bauträgers, auf das der Erwerber die Zahlungen bei einer Sicherung durch Garantie oder Versicherung zu entrichten hat, wobei der Erwerber über die damit verbundenen Rechtsfolgen (§ 8 Abs. 5) zu informieren ist, sowie
9. den Treuhänder, sofern ein solcher zu bestellen ist (§ 12).

(2) Liegt bei Abschluß des Bauträgervertrags noch keine rechtskräftige Baubewilligung vor, so kann vereinbart werden, daß den Bauträger aus der verspäteten Übergabe keine Verzugsfolgen treffen und der Erwerber an den Vertrag gebunden bleibt, sofern die Verzögerung auf die für den Bauträger nicht vorhersehbare und durch ihn nicht abwendbare lange Dauer des baubehördlichen Verfahrens zurückzuführen ist und ein Jahr nicht übersteigt. [Rz 4]

(3) Ist der Preis nicht als Fixpreis bestimmt, so kann – ausgehend von einem Basispreis – ein von bestimmten Kostenfaktoren abhängiger Preis vereinbart werden. Eine solche Vereinbarung ist nur wirksam, wenn die Kostenfaktoren genau festgelegt sind und eine Obergrenze bestimmt ist oder diese Festlegung des Preises nach dem Wohnungsgemeinnützigkeitsgesetz zulässig ist. Ist die Vereinbarung unwirksam, so gilt der Basispreis als Preis.[Rz 5]

(4) Bei einem Vertrag über den Erwerb des Eigentums, des Wohnungseigentums oder des Baurechts hat der Bauträger dem Erwerber zur Sicherung allfälliger Gewährleistungs- und Schadenersatzansprüche auf Grund mangelhafter Leistung für die Dauer von drei Jahren ab der Übergabe des eigentlichen Vertragsgegenstandes einen Haftrücklass im Ausmaß von zumindest zwei vom Hundert des Preises einzuräumen oder eine Garantie oder Versicherung eines der in § 8 Abs. 3 genannten Rechtsträgers beizubringen.[Rz 6]

Anmerkungen

Rz 1

§ 4 legt den **zwingenden Mindestinhalt** von Bauträgerverträgen fest, die **nach dem 30. Juni 2008** abgeschlossen werden (§ 18 Abs. 6). Hinsichtlich der Rechtsfolgen, die an eine Verletzung des § 4 Abs. 1 knüpfen, ist zu unterscheiden:

Die nach Z 1 (eigentlicher **Vertragsgegenstand** und Gesamtanlage) und Z 3 (**Preis**) geforderten Vertragsbestandteile stellen essentialia negotii (§ 869 ABGB) dar[29], so dass eine diesbezüglich fehlende Bestimmbarkeit dem Zustandekommen eines Vertrages generell im Wege steht; auch eine Heilung durch Erfüllung ist diesfalls ausgeschlossen.[30] Entsprechen die vertraglichen Angaben hingegen den allgemeinen (und weniger strikten) Anforderungen des § 869 ABGB, nicht aber den Kautelen des § 4 Abs. 1, liegt bloß relative Nichtigkeit vor, die der Erwerber – in entsprechender Anwendung des § 3 Abs. 2 – bis zum Ende der Sicherungspflicht (§ 7 Abs. 5) geltend machen kann. Für die Verletzung der speziellen Anforderungen an die Vereinbarung eines flexiblen Preises sieht Abs. 3 eine besondere Regelung bereit.

Unterbleibt der Hinweis auf die Lage des Vertragsgegenstandes in einer **Gefahrenzone** (Z 2), wird dies dem Erwerber regelmäßig die Möglichkeit der Irrtumsanfechtung geben, weil der Irrtum über einen Umstand, über den nach gesetzlichen Vorschriften

---

[29] Vgl. in diesem Sinn wohl auch die EB RV 312 BlgNR XX. GP 14.
[30] LANGER: BTVG § 4 Rz 17; WÜRTH in RUMMEL: ABGB³ § 4 Rz 1.

aufzuklären gewesen wäre, als beachtlicher Geschäftsirrtum zu beurteilen ist (§ 871 Abs. 2 ABGB).

Fehlt es an den nach Z 4 (Fälligkeit), Z 5 (Übergabetermin), Z 7 (Sicherungsmodell), Z 8 (Konto des Bauträgers) und Z 9 (Treuhänder) zu vereinbarenden Vertragspunkten, so führt auch dies zur befristeten relativen Nichtigkeit des Bauträgervertrages.[31]

Wurde entgegen Z 6 nicht auf schon bestehende **zu übernehmende dingliche und obligatorische Lasten** hingewiesen, so kann der Erwerber die Einräumung einer unbeschränkten Rechtsstellung verlangen (vgl. auch die Regelung der so genannten Depurierungspflicht in § 928 Satz 2 ABGB). Erst einzuräumende Lasten müssen jedenfalls im Bauträgervertrag vereinbart werden.

Überdies stellt ein nicht den Anforderungen des § 4 Abs. 1 entsprechender Bauträgervertrag eine **Verwaltungsübertretung** nach § 17 Z 1 dar.

Rz 2

In der Rechtsprechung[32] vor der Novelle 2008 wurde mehrfach ausgesprochen, dass zur Gegenleistung des Erwerbes, die nunmehr – in der Fassung der Novelle 2008 – als **Preis** bezeichnet wird (bisher »Entgelt«), nur solche Bestandteile zu zählen sind, die typischerweise zum Bereich der geschuldeten Leistung gehören, demnach wirtschaftlich gesehen beim Bauträger verbleiben und zur Abgeltung seiner eigenen Leistungen bestimmt sind; demnach sollen etwa Kosten der Vertragserrichtung, gerichtliche Verbücherungskosten, Kosten der Parifizierung, behördlich vorgeschriebene Bauabgaben oder an Dritte zu zahlende Kosten für die Aufschließung des zu bebauenden Grundstücks (Herstellung von Kanalisation, Strom-, Wasser- und Fernwärmeanschluss, Gehsteigerrichtung im behördlich vorgeschriebenen Umfang) nicht darunter fallen. Wie Z 3 nunmehr allerdings – unter anderem durch einen Verweis auf § 1 Abs. 1 – klarstellt, ist vom Bauträger unter diesem Titel auch über Zahlungen an Dritte zu informieren, insbesondere solche für Sonder- und Zusatzleistungen, Abgaben und Steuern sowie für Kosten der Vertragserrichtung und -abwicklung.

Das **Baugrundrisiko,** also die Gefahr, dass die Beschaffenheit des Grundstücks einen erhöhten Aufwand bei der Errichtung des Bauwerks erforderlich macht, trägt beim Bauträgervertrag – anders als beim Werkvertrag – grundsätzlich der Bauträger[33], weil die Beschaffung des Grundstücks, die Bewertung seiner Lage und die Prüfung seiner Eignung für den gewünschten Bauzweck sowie das Abschätzen der Bodenbeschaffenheit zu den typischen Leistungen des Bauträgers gehören.[34]

---

31 So für die fehlende Vereinbarung eines Sicherungsmodells H. Böhm / Pletzer in Schwimann: ABGB² § 4 BTVG Rz 2; Engin-Deniz: BTVG² § 3 Rz 5; OGH 8 Ob 113/04 g in wobl 2006, 59/14 mit Anm. Pittl.
32 OGH 4 Ob 56/03 v in JBl 2003, 640 mit Anm. Staudegger; 1 Ob 101/03 v in EvBl 2003/169; 2 Ob 270/03 z = wobl 2004, 377/99 mit Anm. Vonkilch = immolex 2004, 220/120 = NZ 2006, 305/75 = KRES 3/119.
33 Engin-Deniz: BTVG² § 4 Rz 1.
34 Kallinger: Definition, Rechte und Pflichten des Bauträgers, immolex 2002, S. 259; ihm folgend OGH 2 Ob 270/03 z in wobl 2004, 220/99 mit Anm. Vonkilch.

Rz 3

Im Zusammenhang mit dem **verbraucherschutzrechtlichen Transparenzgebot** (§ 6 Abs. 3 KSchG) ist anzumerken, dass die Rechtsprechung[35] im Anschluss an das Schrifttum[36] im Bauvertragsrecht eine gewisse Mindestkundigkeit des Verbrauchers unterstellt und daher die Anforderungen an Verständlichkeit und Klarheit gegenüber dem allgemeinen Maßstab etwas reduziert; so wurde etwa die Verwendung des Begriffes »Aufschließungskosten« Erwerber als unbedenklich beurteilt.

Rz 4

Abs. 2 räumt die Möglichkeit ein, das **gesetzliche Rücktrittsrecht** des Gläubigers (= Erwerbers) **wegen Schuldnerverzugs** (§ 918 ABGB) durch Vereinbarung auszuschließen, für den Fall, dass der Verzug auf die unvorhersehbare und unabwendbare Dauer des baubehördlichen Verfahrens zurückzuführen ist (»[...] der Erwerber an den Vertrag gebunden bleibt«).

Was unter den sonstigen, von § 4 Abs. 2 angesprochenen »**Verzugsfolgen**« zu verstehen sein soll, die den Bauträger »aus der verspäteten Übergabe treffen« und die ausgeschlossen werden können, erscheint unklar. Schadenersatzansprüche kommen ohnehin nicht in Betracht, soweit der Verzug auf unvorhersehbare und unabwendbare Umstände zurückzuführen ist. Denkbar wäre allenfalls, dass eine Vereinbarung über den Übergang der Preisgefahr möglich sein soll. Grundsätzlich geht die Preisgefahr mit dem Zeitpunkt der vereinbarten Übergabe auf den Gläubiger (= Erwerber) über, jedoch ist allgemein[37] anerkannt, dass davon im Schuldnerverzug ein Ausnahme besteht: Der Schuldner, der sich im Verzug befindet, trägt weiterhin – auch nach dem Zeitpunkt der bedungenen Übergabe – die Preisgefahr. Auch die fortgesetzte Tragung der Preisgefahr durch den Schuldner (Bauträger) stellt damit eine Verzugsfolge dar, die somit nach dem Wortlaut des § 4 Abs. 2 wohl ausgeschlossen werden könnte. Allerdings ist zu bedenken, dass auch die Änderung der Gefahrtragungsregeln nach zutreffender Ansicht im Verbrauchergeschäft nicht zulässig ist (§ 9 KSchG per analogiam)[38] und gem. § 1 Abs. 2 für den Erwerber günstigere Vorschriften vom BTVG jedenfalls unberührt bleiben.

In der Frage der **Vorhersehbarkeit** wird dabei der objektivierte Sorgfaltsmaßstab eines Sachverständigen (§ 1299 ABGB) anzulegen sein.

Rz 5

§ 4 Abs. 3 i. d. F. der Novelle 2008 sieht wie zuvor § 4 Abs. 1 Z 2 die Möglichkeit vor, einen **veränderlichen Preis** zu vereinbaren, wenn die Kostenfaktoren genau festgelegt sind und eine Obergrenze bestimmt ist oder wenn die Festlegung des Preises nach dem WGG zulässig ist. Neu ist das Erfordernis, dass in diesem Fall ein Basispreis festzulegen ist, der bei Fehlen der sonstigen Voraussetzungen als Fixpreis gilt. Damit wird

---

35 OGH 4 Ob 56/03v in JBl 2003, 640 mit Anm. STAUDEGGER.
36 KREJCI in RUMMEL: ABGB³ § 6 KSchG Rz 210.
37 KOZIOL / WELSER: Bürgerliches Recht¹³ II 53 m. w. H.
38 PERNER: ABGB-Gefahrtragungsregeln zugunsten von Verbrauchern zwingend, RdW 2005, S. 590.

der Judikatur[39] Rechnung getragen, die bei Nichtvorliegen dieser Voraussetzungen den in der Vereinbarung genannten Absolutbetrag als Fixpreis beurteilt hat[40], hingegen Unbestimmtheit des Vertrages und damit Nichtigkeit (§ 869 ABGB) des Vertrages angenommen hat, wenn kein Absolutbetrag genannt war.

Zu betonen ist, dass bei der Vereinbarung eines veränderlichen Preises nicht allein die Vorgaben des Abs. 3 sondern auch die Kautelen des § 6 Abs. 1 Z 5 KSchG (»kleines Transparenzgebot«) zu beachten sind (vgl. § 1 Abs. 2): Danach kann der Unternehmer sein Entgelt nur dann erhöhen, wenn

a) der Vertrag bei Vorliegen der vereinbarten Voraussetzungen für eine Entgeltänderung auch eine Entgeltsenkung vorsieht,
b) die für die Entgeltänderung maßgebenden Umstände im Vertrag umschrieben und sachlich gerechtfertigt sind sowie
c) ihr Eintritt nicht vom Willen des Unternehmers (= Bauträgers) abhängt.

Rz 6

Mit der Novelle 2008 neu eingeführt wurde die zwingende – und in dieser Form dem Verbraucherrecht sonst völlig unbekannte[41] – Verpflichtung des Bauträgers, dem Erwerber zur Sicherung seiner Ansprüche auf Grund mangelhafter Leistung einen **Haftrücklass** einzuräumen. Ziel dieser Regelung, die ihr Vorbild in der Vertragspraxis der Baubranche hat (vgl. insb. Pkt. 5.48.3 ÖNORM B 2110), ist es, den Erwerber auch noch nach Übergabe des Vertragsobjekts vor den Nachteilen einer Insolvenz des Bauträgers zu schützen. Eine konkursfeste Sicherheit kann dem Erwerber dabei sowohl durch einen Haftrücklass als auch durch eine entsprechende Garantie oder eine Versicherung verschafft werden.[42] Hervorzustreichen ist, dass es die Erläuterungen[43] ausdrücklich für zulässig erklären, die Inanspruchnahme der Garantie oder Versicherung von bestimmten Bedingungen abhängig zu machen; beispielhaft wird der Nachweis der Einhaltung eines im Bauträgervertrag festgelegten Prozederes zur Abwicklung der Gewährleistungs- bzw. Schadenersatzansprüche des Erwerbers genannt. Zu denken wäre aber wohl ebenso an die Möglichkeit, die Zahlungspflicht des Garanten bzw. der Versicherung von der Vorlage bestimmter Dokumente (etwa Sachverständigengutachten) abhängig zu machen:[44] Derartige Zahlungsvoraussetzungen stünden wohl nicht in Widerspruch mit dem vom Gesetz verfolgten Zweck, wonach der Erwerber lediglich vor der Insolvenz des Bauträgers geschützt werden soll. Dass dem Erwerber auch die sonst für die Geltendmachung von Ansprüchen auf Grund mangelhafter Leistung er-

---

[39] OGH 2 Ob 270/03z in wobl 2004/99 mit zust. Anm. VONKILCH.
[40] a. A. wohl H. BÖHM / PLETZER in SCHWIMANN: ABGB² § 4 BTVG Rz 15, die jedenfalls von Nichtigkeit des Vertrages ausgehen.
[41] Dazu vgl. IRO / RISS: Der Haftrücklass im Bauträgervertrag, wobl 2007, S. 266 (S. 268 f.).
[42] Zur Konkursfestigkeit im Einzelnen siehe RISS: Sicherung von Gewährleistungsansprüchen in der Insolvenz des Werkunternehmers, ÖBA 2008, S. 18.
[43] EB RV 432 BlgNR XXIII. GP 7.
[44] Vgl. in diesem Sinne zur Parallelfrage in Zusammenhang mit der Bauhandwerkersicherung nach § 1170 b ABGB, REBHAHN / KIETAIBL in SCHWIMANN: ABGB³ ErgBd § 1170 b Rz 17.

forderlichen Nachweise abgenommen werden müssten (die Zahlung also bereits auf erstes Anfordern zu erbringen sein müsste), erscheint von der ratio des Gesetzes nicht gefordert. Anderes gilt allerdings nach § 8 Abs. 5[45] für die Garantie zur Sicherung allfälliger Rückforderungsansprüche.

Erläuternde Bemerkungen

EB RV 312 BlgNR XX. GP (Stammfassung)

Zu § 4 des Entwurfs

[14] Die Bestimmung sieht bestimmte Erfordernisse bei der Ausgestaltung des Bauträgervertrags vor. Sie ist von dem Bestreben getragen, dem Erwerber ausreichende **Informationen über** das von ihm in Aussicht genommene **Vertragsobjekt** zu verschaffen. Die Statuierung eines solchen Mindeststandards ist gerade im Bauträgergeschäft zur Erreichung eines einigermaßen effizienten Erwerberschutzes unerlässlich, zumal der zu errichtende oder zu erneuernde Vertragsgegenstand noch nicht besichtigt werden kann.

Die Z 1 und die Z 2 des Abs. 1 betreffen die Hauptpunkte eines Vertrags, die aber hier besonders bestimmt zu vereinbaren sind. So ist der Vertragsgegenstand gemäß Z 1 durch genaue Pläne und Baubeschreibungen sowie durch die Umschreibung der Ausstattung und ihres Zustands zu konkretisieren. Die Genauigkeit der Pläne wird etwa der von Einreichplänen zu entsprechen haben. Die **Pläne sowie die Bau- und Ausstattungsbeschreibung** müssen allerdings nicht in den Vertragstext einbezogen sein, sie können dem Vertrag auch als Beilage angeschlossen sein.

Das vom Erwerber dem Bauträger zu zahlende **Entgelt** kann – vorbehaltlich anderer gesetzlicher Preisbildungsvorschriften – entweder als **Fixpreis** vereinbart oder von anderen Umständen, z. B. den eige- [15] nen Kosten des Bauträgers, abhängig gemacht werden (Z 2). Wird kein Fixpreis festgelegt, so sind jedenfalls bestimmte Kostenfaktoren (etwa ein Baupreisindex oder Lohnsteigerungsraten) und eine Obergrenze zu vereinbaren, zumal nicht das gesamte unternehmerische Risiko des Bauträgers auf den Erwerber überwälzt werden soll. Ist überhaupt kein zahlenmäßig bestimmtes Entgelt vereinbart und fehlt es an der Obergrenze oder den bestimmten Kostenfaktoren, so liegt kein hinreichend bestimmter Vertrag vor (§ 869 ABGB); wird dagegen ein **veränderliches**, aber zahlenmäßig bestimmtes **Entgelt** ohne Obergrenze und ohne Nennung bestimmter Kostenfaktoren vereinbart,[46] so können keine Erhöhungen verlangt werden (auch wenn die Voraussetzungen des § 6 Abs. 1 Z 5 KSchG vorliegen).

---

[45] Vgl. dazu auch EB RV 432 BlgNR XXIII. GP 10.
[46] Vgl. nunmehr § 4 Abs. 3 i. d. F. der Novelle 2008, wonach im Fall der Vereinbarung eines veränderlichen Preises ein Basispreis vereinbart werden muss. Siehe dazu auch oben Rz 5.

Der Bauträgervertrag muß eine Aussage zum **Übergabetermin** enthalten (Z 3). Dies kann auch in Form einer Zeitspanne mit einem Endtermin geschehen. Es muß jedenfalls festgelegt werden, ab welchem Zeitpunkt der Bauträger in Verzug gerät (siehe dazu auch § 4 Abs. 2). Ein davon abweichender Beginn des Annahmeverzugs des Erwerbers kann vereinbart werden. Z 3 stellt auf die Übergabe ab und nicht auf die Fertigstellung, da es hier um die Übergabe des Vertragsgegenstands im vereinbarten Zustand geht und nicht um die Fertigstellung der gesamten Anlage (vgl. dazu auch § 10 Abs. 2 Z 2).

In Z 4 wird die **Aufklärungspflicht** des Bauträgers konkretisiert (über das hinaus, was schon nach allgemeinen Regeln bei einem Liegenschaftskauf für einen hinreichend bestimmten Vertrag erforderlich ist). Die Verletzung dieser Pflicht kann nach allgemeinen Bestimmungen Schadenersatzansprüche des Erwerbers auslösen. Damit soll möglichst verhindert werden, daß derartige Lasten »unter den Tisch fallen«. Auch der Treuhänder sollte diesem Punkt besonderes Augenmerk widmen. Für den Erwerber relevant sind allerdings nur Lasten, die auch nach der Fertigstellung des Objekts noch wirksam sind. Jene **Lasten,** die sich aus bau- oder gewerbebehördlichen Aufträgen mit dinglicher Wirkung ergeben und die nur für die Bauphase relevant sind, müssen hier nicht angeführt werden.

Für zu übernehmende **Geldlasten** ist auf § 10 Abs. 5 und die Erläuterungen dazu hinzuweisen.

Von großer Bedeutung für den Erwerber ist die Frage, wie der Bauträger die nach diesem Gesetzesentwurf geforderte **Sicherung** bewerkstelligen will (Z 5). Der Bauträger kann hiefür gemäß § 7 Abs. 2 eine schuldrechtliche Sicherung, eine grundbücherliche Sicherstellung oder eine pfandrechtliche Sicherung des Erwerbers vorsehen; diese Sicherungsmöglichkeiten können nach § 7 Abs. 3 auch nebeneinander eingesetzt oder später einvernehmlich ausgetauscht werden. Von der Art der gewählten Sicherung hängt es ab, ob ein Treuhänder bestellt werden muß (vgl. § 12 Abs. 1).

Falls ein **Treuhänder zu bestellen** ist, muß dies spätestens bei der Vertragsunterfertigung geschehen. Daher muß schon im Bauträgervertrag der Treuhänder genannt sein. Obwohl der Treuhänder in der Regel vom Bauträger ausgewählt wird, zielen die in diesem Bundesgesetz vorgezeichneten Pflichten auf den Schutz der Interessen des Erwerbers ab; der Treuhänder wird in aller Regel auch zum Erwerber in eine vertragliche Beziehung treten. Die Auswahl des Treuhänders durch den Bauträger ergibt sich aus praktischen Erwägungen, um die Abwicklung des Projekts möglichst von Anfang an bei einem Treuhänder zu konzentrieren.

In der Praxis wird der **Treuhänder** auch andere Aufträge sowohl für die Parteien des Bauträgervertrags als auch **für Dritte** übernehmen. So wird er oft vom Bauträger, von den Erwerbern und von den das Projekt oder die Erwerber finanzierenden Banken zur treuhändigen Kreditabwicklung herangezogen werden. Im Einvernehmen der Beteiligten können aber bei der finanziellen und bücherlichen Abwicklung eines Projekts auch mehrere Treuhänder tätig sein.

Mit der in Abs. 2 vorgeschlagenen Regelung soll der Situation eines Bauträgers Rechnung getragen werden, der im Zeitpunkt der Vertragsschließung **noch nicht** über eine **rechtskräftige Baubewilligung** verfügt. Da die Dauer des Bewilligungsverfahrens oft nicht vorhersehbar ist und vom Bauträger nur eingeschränkt beeinflußt werden kann, soll er mit dem Erwerber vereinbaren können, daß ein auf die Dauer dieses Verfahrens zurückzuführender **Leistungsverzug** zu keinen nachteiligen Rechtsfolgen führen soll, insbesondere den Erwerber also nicht zum Rücktritt nach § 918 ABGB berechtigen soll. Um den Erwerber nicht unzumutbar lange zu binden, ist die Möglichkeit einer sanktionslosen Verzögerung auf ein Jahr zu beschränken (womit die allgemeine Regel über die zeitliche Beschränkung der Bindung an einen Vertrag in § 6 Abs. 1 Z 1 KSchG für den Bauträgervertrag präzisiert wird).

JAB 450 BlgNR XX. GP (Stammfassung)

Zu § 4 Abs. 1 Z 2 BTVG

[2] Durch den neuen letzten Halbsatz wird berücksichtigt, daß das Wohnungsgemeinnützigkeitsgesetz die Festlegung des Entgelts (§§ 13 bis 15 a) für gemeinnützige Bauträger besonders regelt.

EB RV 432 BlgNR XXIII. GP (BTVG-Novelle 2008)

Zu Z 2 (§ 4 Abs. 1 des Entwurfs)

[5] Die inhaltlichen Mindestanforderungen an Bauträgerverträge sollen präzisiert werden. Der Entwurf will damit zu einer **transparenteren Vertragsgestaltung** beitragen. Die recht allgemein gehaltenen Vorgaben des § 4 Abs. 1 BTVG haben in der Praxis bisweilen zur Folge gehabt, dass die Erwerber mit unübersichtlichen Vertragskonvoluten konfrontiert worden sind. Die gesetzlichen Vertragsinhalte sollten aber nicht zu einer »Überinformation« der Konsumenten beitragen, sondern die für den einzelnen Vertrag wesentlichen Punkte in einer für den verständigen Erwerber verständlichen Art und Weise vorschreiben. Keine Bedenken bestehen dagegen, die Mindestinhalte an den Vertrag nach dem Vorbild der ÖNORM B 2120 – Mindesterfordernisse für einen Bauträgervertrag (oder deren Nachfolgerin) auszugestalten. Der Entwurf sieht aber davon ab, eine solche Norm verpflichtend einzuführen, um die Vertragspraxis nicht allzu sehr einzuschränken.

[6] § 4 Abs. 1 Z 1 des Entwurfs enthält die inhaltlichen Mindestanforderungen an die vertragliche Umschreibung des dem Erwerber zustehenden **Vertragsobjekts**. Die vorgeschlagene Bestimmung unterscheidet zwischen dem **»eigentlichen Vertragsgegenstand«,** unter dem sie das Gebäude, die Wohnung oder den Geschäftsraum (vgl. § 2 Abs. 2 BTVG) versteht, und der **»Gesamtanlage«,** zu der die allgemeinen Teile des relevanten Gebäudes und der relevanten Liegenschaft gehören. Relevant sind jene all-

gemeinen Teile des Gebäudes oder der Liegenschaft, die der Erwerber üblicherweise nützen kann. Außer den allgemeinen Teilen des Gebäudes, in dem eine Wohnung oder ein Geschäftslokal liegt, werden dazu beispielsweise Spielplätze, Park- und Abstellflächen, Hobbyräume, Zu- und Durchgangswege, Geschäftslokale sowie die dem betreffenden Gebäude zugeordneten Grünflächen gehören. Teile der Gesamtanlage, an denen der Erwerber bei objektiver Betrachtung kein Interesse hat und haben kann (etwa die räumliche Innengestaltung eines weiteren Gebäudes in einem mehrere Abschnitte oder »Stiegen« umfassenden Großprojekt), müssen dagegen nicht in seinen Vertrag einbezogen werden.

Das **Ausmaß,** die **Lage** und die **Widmung** des Vertragsgegenstands müssen im Vertrag bestimmt bezeichnet werden. Ferner sind die **Pläne** sowie die Beschreibungen des Bauvorhabens, der Ausstattung und ihres Zustandes dem Vertrag zu Grunde zu legen. Sie müssen aber nicht in dem Sinn »einbezogen« werden, dass sie in jedem Fall der Vertragsurkunde »physisch anzuschließen« sind. Diese Unterlagen können damit auch abgesondert von der eigentlichen Vertragsurkunde – in Schriftform (also von den Vertragspartnern unterschrieben) unter Bezugnahme auf den einzelnen Vertrag – errichtet werden. Diese Änderung dient der Erleichterung der elektronischen Erfassung der Verträge, ohne die legitimen Interessen der Erwerber zu beeinträchtigen. Ihnen sind diese Unterlagen nämlich zu übergeben.

Nach § 4 Abs. 1 Z 2 muss der Bauträgervertrag einen Hinweis darauf enthalten, dass der eigentliche Vertragsgegenstand oder die Gesamtanlage in einer bestimmten **Gefahrenzone** liegt. Das umfasst in Lawinen- oder Hochwasserzonen oder Hochwasserabflussgebieten gelegene Liegenschaften sowie Liegenschaften, die im Verdachtsflächenkataster geführt oder im Altlastenatlas ausgewiesen werden. Die Aufzählung ist taxativ. Diese Ergänzung geht auf eine Entschließung des Salzburger Landtags zurück, der sich für eine entsprechende Anpassung des Bauträgervertragsgesetzes ausgesprochen hat.

Nach § 4 Abs. 1 Z 3 des Entwurfs muss der Vertrag den **Preis** (das Entgelt) für den Erwerb des gegenständlichen Rechts enthalten. Dabei sind auch die vom Erwerber an den Bauträger oder an Dritte zu entrichtenden Beträge anzuführen, die nach § 1 Abs. 1 des Entwurfs für die Bestimmung des Anwendungsbereichs maßgeblich sind (und im Zeitpunkt des Vertragsabschlusses der Höhe nach bekannt sind). In den Vertrag muss ferner ein (schriftlicher) Hinweis auf die mit seinem Abschluss und seiner Abwicklung verbundenen **Abgaben und Steuern** (einschließlich der Gerichtsgebühren) sowie auf die Kosten des beigezogenen Notars oder Rechtsanwalts aufgenommen werden. Wenn solche **»Nebenkosten«** schon im Preis des Vorhabens enthalten sind, wie es etwa bei einer Fixpreisvereinbarung nach dem Wohnungsgemeinnützigkeitsgesetz der Fall sein kann, müssen sie aber nicht gesondert angeführt werden.

Weiter muss der Bauträger den Erwerber so wie nach geltendem Recht auch über die **Fälligkeit** seiner Zahlungen informieren (§ 4 Abs. 1 Z 4 des Entwurfs).

Nach § 4 Abs. 1 Z 5 des Entwurfs ist der Erwerber nicht nur über den spätesten Termin der **Übergabe des Gebäudes,** der Wohnung oder des Geschäftsraums, sondern auch über den spätesten Termin der **Fertigstellung der für ihn relevanten Gesamt-**

anlage zu informieren. Dieser Zeitpunkt kann für seine Dispositionen ebenfalls wichtig sein.

§ 4 Abs. 1 Z 6 des Entwurfs stellt klar, dass sämtliche vom Erwerber zu übernehmenden **dinglichen und obligatorischen Lasten** im Vertrag anzuführen sind. Öffentlich-rechtliche Lasten im Zusammenhang mit der Bauführung sind dann im Vertrag anzuführen, wenn sie der Erwerber übernehmen muss.

§ 4 Abs. 1 Z 7 des Entwurfs entspricht geltendem Recht.

§ 4 Abs. 1 Z 8 des Entwurfs verpflichtet den Bauträger für den Fall der Sicherung der Rückforderungsansprüche des Erwerbers durch eine Garantie oder eine geeignete Versicherung, schon im Vertrag das **Konto anzugeben,** auf das der Erwerber seine Zahlungen zu entrichten hat. Zugleich muss der Bauträger den Erwerber auf die mit einer Verletzung dieser Verpflichtung verbundenen Rechtsfolgen nach dem vorgeschlagenen § 8 Abs. 5, insbesondere auf die Befugnis zur Verweigerung der gesicherten Leistung, hinweisen. Diese Regelung soll in Verbindung mit der eben genannten Bestimmung dazu beitragen, dass die garantierende Bank oder die Versicherung, die in aller Regel zugleich das Vorhaben finanziert, die Zahlungen des Erwerbers überwachen kann.

§ 4 Abs. 1 Z 9 des Entwurfs entspricht wieder geltendem Recht. Von der Einführung einer Verpflichtung, auch bei einer bloß schuldrechtlichen Sicherung einen Treuhänder nach Bauträgervertragsgesetz zu bestellen, sieht der Entwurf aus Kostengründen ab.

Zu Z 3 (§ 4 Abs. 3 und 4 des Entwurfs)

[7] Der vorgeschlagene Abs. 3 entspricht im Wesentlichen dem § 4 Abs. 1 Z 2 zweiter Halbsatz BTVG. Zur besseren Verständlichkeit des Gesetzes soll dieser Sonderfall aber in einem eigenen Absatz geregelt werden. Den Vertragsparteien steht es nach wie vor frei, entweder einen Fixpreis oder einen von **bestimmten Kostenfaktoren abhängigen Preis** zu vereinbaren. In diesem Fall soll der Bauträger aber im Interesse der Transparenz verpflichtet werden, einen fixen Basispreis anzugeben, aus dem sich der flexible Preis ableiten lässt. Wenn die Vereinbarung eines flexiblen Preises unwirksam ist, weil die Kostenfaktoren nicht exakt festgesetzt werden, weil die Vereinbarung keine Obergrenze enthält oder weil das Wohnungsgemeinnützigkeitsgesetz im Einzelfall diese Preisfestlegung nicht zulässt, soll nach dem vorgeschlagenen letzten Satz der Bestimmung der Basispreis als Preis gelten. Damit soll der Einwand, dass der gesamte Vertrag mangels ausreichend bestimmten Preises unwirksam ist, abgeschnitten werden. Soweit nicht die Preisbildungsvorschriften des Wohnungsgemeinnützigkeitsrechts anzuwenden sind, gelten auch hier die allgemeinen Schranken von Preisbildungsklauseln.

Der vorgeschlagene Abs. 4 verpflichtet den Bauträger zur **Absicherung von Gewährleistungsrisiken** des Erwerbers. Schwerpunkt des Bauträgervertragsgesetzes ist nach seinem geltenden Stand die rechtliche oder wirtschaftliche Absicherung der Vorauszahlungen des Erwerbers; seine Gewährleistungs- und Schadenersatzansprüche aufgrund mangelhafter Leistungen des Bauträgers werden derzeit nur am Rande, nämlich durch den Anspruch auf Abtretung der Gewährleistungs- und Schadenersatzansprüche des Bauträgers gegen dritte Professionisten (§ 16 BTVG), geschützt. Die damit dem Erwerber verheißene Sicherheit ist freilich trügerisch, weil es dem Professionisten unbenommen bleibt, dem auf den Erwerber übergegangenen Anspruch des Bauträgers seine Forderungen gegen diesen einzuwenden.

Die Verbesserung der Rechtsposition des Erwerbers in diesem Bereich ist dem Entwurf ein wichtiges Anliegen. Aufgrund struktureller Bedingungen erscheint das Baugeschäft ganz generell »fehleranfällig«. Die daraus für den Erwerber resultierenden zusätzlichen Nachteile sollen durch die Verpflichtung des Bauträgers, dem Erwerber einen **Haftrücklass** einzuräumen, verringert werden. Dabei handelt es sich um ein Instrument, das im unternehmerischen Baugeschäft üblich ist und sich dort auch bewährt hat. Diese Verpflichtung soll allerdings nur für den Erwerb des Eigentums, des Wohnungseigentums oder des Baurechts vorgesehen werden. Für Gewährleistungsansprüche aus Bestandverträgen soll es dagegen bei den allgemeinen Gewährleistungsansprüchen, namentlich der Preisminderung nach § 1096 ABGB, verbleiben. Die gesetzliche Regelung eines solchen Haftrücklasses empfiehlt sich auf Grund der besonderen Gegebenheiten im Bauträgergeschäft, in dem der Erwerber zur Gänze vorauszahlungspflichtig ist. In anderen Verträgen und Vertragsarten bedarf es einer solchen Regelung nicht. Daher bildet die Bestimmung des § 4 Abs. 4 des Entwurfs auch keinen Präzedenzfall für allgemeine Gewährleistungsfragen.

Der Haftrücklass soll für die Dauer von **drei Jahren** ab der Übergabe des eigentlichen Vertragsgegenstandes eingeräumt werden. Alternativ dazu soll dem Bauträger die Möglichkeit offenstehen, solche Ansprüche des Erwerbers für diesen Zeitraum durch die **Garantie** eines Kreditinstituts, eines Versicherungsunternehmens oder einer inländischen Gebietskörperschaft (§ 8 Abs. 3 BTVG) zu sichern. Es genügt aber nicht, wenn sich der Bauträger verpflichtet, die ihm von dritten Professionisten eingeräumten Garantien an den Erwerber »durchzureichen«.

Alternativ zu einer Garantie kann der Bauträger auch eine entsprechende geeignete **Versicherung** beibringen.

Es steht dem Bauträger hier (anders als nach § 8 Abs. 5 erster Satz des Entwurfs) auch frei, die Inanspruchnahme der Garantie oder Versicherung an bestimmte **Bedingungen** zu knüpfen, etwa an ein im Vertrag vereinbartes Procedere zur Abwicklung der gesicherten Gewährleistungs- und Schadenersatzansprüche des Erwerbers. Die Ansprüche selbst kann er aber jedenfalls im Verbrauchergeschäft nicht einschränken (§ 9 Abs. 1 erster Satz KSchG).

Der Haftrücklass oder die Garantie (Versicherung) muss (in allen Sicherungsmodellen) allfällige **Gewährleistungs- und Schadenersatzansprüche** auf Grund einer mangelhaften, also im Verständnis der §§ 922 ff. ABGB vertragswidrigen, Leistung des Bauträgers umfassen. Er muss nicht nur Mängel am Vertragsgegenstand, sondern auch Mängel an der Gesamtanlage und insbesondere den allgemeinen Teilen des Gebäudes abdecken. Der Haftrücklass oder die Garantie (Versicherung) muss der Höhe nach mindestens 2 % des Preises betragen. Das entspricht auch dem nach der ÖNORM B 2110 maßgeblichen Prozentsatz. **Bemessungsgrundlage** ist der Preis des Vertragsgegenstandes einschließlich der für Sonder- und Zusatzleistungen im Verständnis des § 1 Abs. 1 anfallenden Entgelte, jedoch abzüglich der Abgaben und Steuern sowie der Kosten der Vertragserrichtung und -abwicklung. Den Vorschlägen im Begutachtungsverfahren, hier allein auf die Planungs- und Errichtungskosten abzustellen, folgt der [8] Entwurf aber nicht, zumal der Vertrag in der Regel den Erwerb des Eigentums an der Liegenschaft umfasst und auch daraus Gewährleistungs- und Schadenersatzansprüche resultieren können.

Bei der grundbücherlichen Sicherung und der Zahlung nach **Ratenplan** ist auf den Haftrücklass Bedacht zu nehmen, indem die Fälligkeit des letzten Teiles der Raten entsprechend hinausgeschoben wird. Wenn der Bauträger die allfälligen Gewährleistungs- und Schadenersatzansprüche des Erwerbers dagegen durch eine **Garantie oder Versicherung** sichert, soll ihm der letzte Teil der ausstehenden Zahlungen schon vor Ablauf der dreijährigen Frist zukommen (s. näher § 10 Abs. 2 Z 1 lit. g und Z 2 lit. g des Entwurfs).

Weitergehende Ansprüche und Rechte des Erwerbers aus einer vertragswidrigen Leistung des Bauträgers bleiben selbstverständlich unberührt (§ 1 Abs. 2 erster Satz BTVG).

§ 5 Gesetzliches Rücktrittsrecht des Erwerbers

(1) Der Erwerber kann von seiner Vertragserklärung oder vom Vertrag zurücktreten,[Rz1] wenn ihm der Bauträger nicht spätestens eine Woche vor Abgabe der Vertragserklärung schriftlich Folgendes mitgeteilt hat:[Rz2]
1. den vorgesehenen Vertragsinhalt (§ 4),[Rz3]
2. wenn die Sicherungspflicht nach § 7 Abs. 6 Z 2 erfüllt werden soll, den vorgesehenen Wortlaut der Vereinbarung mit dem Kreditinstitut;
3. wenn die Sicherungspflicht nach § 7 Abs. 6 Z 3 erfüllt werden soll, den vorgesehenen Wortlaut der Bescheinigung nach § 7 Abs. 6 Z 3 lit. c;
4. wenn die Sicherungspflicht schuldrechtlich (§ 8) ohne Bestellung eines Treuhänders erfüllt werden soll, den vorgesehenen Wortlaut der ihm auszustellenden Sicherheit;
5. wenn die Sicherungspflicht des Bauträgers durch grundbücherliche Sicherstellung (§§ 9 und 10) erfüllt werden soll, gegebenenfalls den vorgesehenen Wortlaut der Zusatzsicherheit nach § 9 Abs. 4.

(2) Der Rücktritt kann bis zum Zustandekommen des Vertrags oder danach binnen 14 Tagen erklärt werden. Die Rücktrittsfrist beginnt mit dem Tag, an dem der Erwerber die in Abs. 1 genannten Informationen sowie eine über das Rücktrittsrecht schriftlich erhält, frühestens jedoch mit dem Zustandekommen des Vertrags. Das Rücktrittsrecht erlischt spätestens sechs Wochen nach dem Zustandekommen des Vertrags.

(3) Darüber hinaus kann der Erwerber von seiner Vertragserklärung zurücktreten, wenn eine von den Parteien dem Vertrag zugrunde gelegte Wohnbauförderung[Rz4] ganz oder in erheblichem Ausmaß[Rz5] aus nicht bei ihm gelegenen Gründen[Rz6] nicht gewährt wird.[Rz7] Der Rücktritt ist binnen 14 Tagen zu erklären. Die Rücktrittsfrist beginnt, sobald der Erwerber vom Unterbleiben der Wohnbauförderung informiert wird und gleichzeitig oder nachher eine schriftliche Belehrung über das Rücktrittsrecht erhält. Das Rücktrittsrecht erlischt jedoch spätestens sechs Wochen nach Erhalt der Information über das Unterbleiben der Wohnbauförderung.

(4) Der Erwerber kann den Rücktritt dem Bauträger oder dem Treuhänder gegenüber erklären. Für die Rücktrittserklärung gilt § 3 Abs. 4 KSchG sinngemäß. Rechte des Erwerbers, die Aufhebung oder Änderung des Vertrags nach anderen Bestimmungen zu verlangen, bleiben unberührt.[Rz8]

(5) Der Rücktritt gilt im Fall des § 2 Abs. 4 auch für den mit dem Dritten geschlossenen Vertrag.

Anmerkungen

Rz 1

Gemäß § 1 Abs. 2 können die Rechte eines Verbrauchers aus dem BTVG, also auch die Aufhebungsmöglichkeiten nach § 5, **nicht abbedungen** werden. Daraus folgt auch, dass Beschränkungen dieser Rechte, etwa durch die Vereinbarung eines Reugelds, einer Konventionalstrafe oder sonstiger Schadenersatzansprüche für den Fall der Ausübung des Rücktrittsrechts, unwirksam sind.[47] Gleiches gilt für zum Nachteil des Erwerbers vom Gesetz abweichende Regelung der Rücktrittsfristen.

Zur Abbdingbarkeit des Rücktrittsrechts nach Abs. 3 (Nichtgewährung einer Wohnbauförderung) siehe aber unten Rz 7.

Rz 2

Unter der Überschrift »Gesetzliches Rücktrittsrecht des Erwerbers« regelt § 5 Abs. 1 vor allem auch umfangreiche **Informationspflichten,** die dem Übereilungsschutz des Erwerbers dienen sollen. Werden diese Informationspflichten verletzt, steht dem Erwerber das Recht zur Aufhebung des Vertrages zu.

Die **Behauptungs- und Beweislast** für die Voraussetzungen des Rücktritts trifft den Erwerber.[48]

Rz 3

Enthält zwar die dem Erwerber rechtzeitig erteilte Information gemäß Abs. 1 Z 1 den nach § 4 Abs. 1 vorgesehenen Vertragsinhalt, sind jedoch in dem dann tatsächlich abgeschlossenen Vertrag **zwingende Inhaltserfordernisse** verletzt, besteht kein Bedarf, nach der Ausübung eines Rücktrittsrechts (für das die zeitlichen Schranken des Abs. 2 gelten). Vielmehr kann der Erwerber die relative Nichtigkeit des Bauträgervertrages geltend machen.[49]

Rz 4

Nach Abs. 3 kommt ein Rücktritt nicht nur im Fall der Nichtgewährung einer **Subjektförderung** in Betracht, sondern kann auch dann schlagend werden, wenn eine dem Vertrag zugrunde gelegte **Objektförderung** ausbleibt und sich daher das vom Erwerber zu leistende Entgelt erhöht.[50]

Rz 5

Die in Abs. 3 festgelegte **Erheblichkeitsschwelle** für den Rücktritt wegen Nichtgewährung einer Wohnbauförderung bereitet naturgemäß Auslegungsschwierigkeiten. Nach-

---

[47] EB RV 312 BlgNR XX. GP 17.
[48] OGH 6 Ob 85/04 z in JBl 2005, S. 182 = wobl 2005, 100/34 mit zustimmender Anm. Ess = KRES 1b/66.
[49] H. Böhm / Pletzer in Schwimann: ABGB² § 5 BTVG Rz 8.
[50] H. Böhm / Pletzer in Schwimann: ABGB² § 5 BTVG Rz 22.

dem jedoch eine Verwandtschaft dieser Regelung zu § 3a Abs. 1 KSchG offensichtlich ist,[51] wird man den Meinungsstand zu dieser Bestimmung ohne weiteres heranziehen können:[52] Demnach liegt Erheblichkeit jedenfalls dann vor, wenn sich die finanzielle Belastung des Verbrauchers um mehr als 10 Prozentpunkte erhöht.[53] Im Schrifttum[54] wird darüber hinaus vertreten, dass ein Rücktrittsrecht unabhängig vom Erreichen der (objektiven) 10%-Schwelle auch dann zusteht, wenn die Nichtgewährung für den konkreten Erwerber subjektiv erheblich ist, also der Förderungsausfall den Erwerb unfinanzierbar macht.

Rz 6
Gründe, die beim Erwerber gelegen sind und daher ein **Rücktrittsrecht** nach Abs. 3 ausschließen, liegen etwa dann vor, wenn dieser falsche Angaben gemacht oder die rechtzeitige Antragstellung unterlassen hat.[55]

Rz 7
Nach den Materialien[56] soll die »**vertragliche Ausschaltung** dieser Geschäftsgrundlage [...] zulässig sein«. Dem ist insofern beizupflichten, als es dem Bauträger selbstverständlich frei steht, die Gewährung einer Wohnbauförderung von vornherein nicht zur Geschäftsgrundlage zu machen; in diesem Fall fehlt es bereits an einer Tatbestandsvoraussetzung des Abs. 3.[57] Dass die Gewährung der Förderung nicht Geschäftsgrundlage sein soll, wird wohl generell immer dann anzunehmen sein, wenn der Vertrag für den Fall ihrer Nichtgewährung das Rücktrittsrecht ausschließt.

Rz 8
Abs. 4 Satz 2 wiederholt den bereits in § 1 Abs. 2 Satz 1 festgelegten Grundsatz, wonach für den Erwerber **günstigere Bestimmungen unberührt** bleiben.[58] Hier ist insbesondere das Rücktrittsrecht wegen Schuldnerverzugs (§ 918 ABGB, vgl. aber § 4 Abs. 2) und das Wandlungsrecht wegen nicht geringfügigen Mangels (§ 932 Abs. 4 ABGB) in Betracht zu ziehen. Ferner kann es nach allgemeinen Regeln auch zu einer Anfechtung des Vertrages wegen Irrtums (§ 871 ABGB; vgl. dazu auch oben § 4 Rz 1) und Verkürzung über die Hälfte (§ 934 ABGB) kommen. Eine Vertragsaufhebung ist schließlich auch im Wege der schadenersatzrechtlichen Naturalrestitution (§ 1323 ABGB) wegen Verletzung vorvertraglicher Aufklärungspflichten denkbar.

Darüber hinaus können auch die gesetzlichen Rücktrittsrechte des **KSchG** relevant werden: So ist ein Rücktritt vom Immobiliengeschäft möglich, wenn der Verbraucher

---

51 JAB 450 BlgNR XX. GP 2.
52 H. Böhm / Pletzer in Schwimann: ABGB² § 5 BTVG Rz 24.
53 EB RV 311 BlgNR XX. GP 17; Kathrein in KBB, ABGB² § 3a KSchG Rz 1. a. A. Langer: BTVG § 5 Rz 27.
54 H. Böhm / Pletzer in Schwimann: ABGB² § 5 BTVG Rz 24.
55 H. Böhm / Pletzer in Schwimann: ABGB² § 5 BTVG Rz 25.
56 EB RV 312 BlgNR XX. GP 16.
57 Vgl. H. Böhm / Pletzer in Schwimann: ABGB² § 5 BTVG Rz 26.
58 Vgl. dazu H. Böhm / Pletzer in Schwimann: ABGB² § 5 BTVG Rz 31 ff.

die Vertragserklärung am selben Tag abgibt, an dem er den Vertragsgegenstand das erste Mal besichtigt hat (§ 30 a KSchG); dass der Vertragsgegenstand bei der Besichtigung noch nicht fertiggestellt ist, schadet der Anwendbarkeit des § 30 a KSchG nicht.[59] Sofern ein Verbrauchergeschäft vorliegt, ist zudem auch ein Rücktritt wegen Nichteintritts maßgeblicher Umstände nach § 3 a KSchG möglich.

Erläuternde Bemerkungen
EB RV 312 BlgNR XX. GP (Stammfassung)

Zu § 5 des Entwurfs

[15] Zum **Schutz vor übereilten Vertragsschlüssen** soll eine endgültige Bindung des Erwerbers an seine Vertragserklärung nur dann bestehen, wenn er zumindest eine Woche davor **alle Vertragsunterlagen** erhalten hat und ihm auf solche Art und Weise Gelegenheit gegeben worden ist, sich eingehend mit dem [16] Vertragsinhalt (Abs. 1 Z 1) auseinanderzusetzen sowie auch die Frage einer notwendigen Fremdfinanzierung zu prüfen. Ein weiterer für die Entscheidung zum Vertragsschluß wesentlicher Punkt ist die Frage der Sicherstellung der vom Erwerber zu leistenden Vorauszahlungen. Schon nach § 4 Abs. 1 Z 5[60] ist die »Art der Sicherung des Erwerbers« ein in den Bauträgervertrag aufzunehmender Punkt. Wenn nun kein Treuhänder bestellt wird und allfällige Rückforderungsansprüche des Erwerbers durch eine schuldrechtliche Verpflichtung Dritter gesichert werden, oder wenn die Sicherungspflicht des Bauträgers überhaupt entfällt, so muß die Frage der Sicherung schon vor Vertragsschluß näher präzisiert werden, um dem Erwerber eine gute, vielleicht durch die Einholung fachkundigen Rates untermauerte, Entscheidungsgrundlage zu bieten. Es ist daher in den Z 2 bis 4 vorgesehen, daß der Erwerber den Wortlaut jener Erklärungen oder Vereinbarungen kennen soll, die für die Frage seiner Sicherung relevant sind. Alternativ ist die Bekanntgabe des vorgesehenen Wortlautes einer dem Erwerber im Rahmen der schuldrechtlichen Sicherung nach § 8 einzuräumenden Sicherheit oder der Haftungserklärung einer inländischen Gebietskörperschaft nach § 7 Abs. 6 Z 1 zweiter Fall[61] oder aber einer mit einem Kreditinstitut vom Bauträger zugunsten des Erwerbers geschlossenen Vereinbarung über die Kontoführung auf Rechnung des Bewerbers gemäß § 7 Abs. 6 Z 2 gefordert. Aus der Wendung »vorgesehener Wortlaut« ergibt sich, daß der Bauträger mit dem jeweiligen Dritten zu Gunsten des Erwerbers eine diesem Wortlaut entsprechende Vereinbarung schließen muß, um Zahlungen des Erwerbers fällig stellen zu können (Abs. 1 Z 2) oder um seine Sicherungspflicht nicht entstehen zu lassen (Abs. 1 Z 3 und Z 4); der

---

59 Krejci in Rummel: ABGB³ § 30 a KSchG Rz 12.
60 Nunmehr § 4 Abs. 1 Z 7.
61 Die Möglichkeit der Sicherung durch Haftungserklärung einer inländischen Gebietskörperschaft wurde mit der Novelle 2008 abgeschafft.

Wortlaut der künftigen Erklärung des Dritten ist somit Teil des Bauträgervertrags. Die Erklärung muß aber nicht schon zum Zeitpunkt der Schließung des Bauträgervertrags vorliegen (dies wird vor allem bei der Bankgarantie aus Kostengründen relevant sein), eine wirksame Erklärung des Dritten zu Gunsten des Erwerbers ist aber Voraussetzung für die Fälligkeit von Leistungen des Erwerbers an den Bauträger.

Wenn der Erwerber eine bindende Vertragserklärung ohne diese Vorinformation abgegeben hat, soll er – nach Erhalt einer Ablichtung oder einer Zweitschrift seiner Vertragserklärung mit allen wesentlichen Informationen über den Vertragsinhalt und über die Frage seiner Sicherung sowie der Belehrung über das Rücktrittsrecht – binnen einer Woche[62] von seinem Vertragsantrag oder vom Vertrag **zurücktreten** können. Um diesen Schwebezustand nicht allzu lange aufrechtzuerhalten, wird im letzten Satz des Abs. 2 eine absolute Frist von einem Monat[63] ab der Vertragserklärung des Erwerbers vorgesehen.

Bei dem in Abs. 3 geregelten weiteren Fall eines gesetzlichen Rücktrittsrechts des Erwerbers wird davon ausgegangen, daß ihm die Aufrechterhaltung des Vertrags nicht zugemutet werden kann, wenn sich seine Annahme, er werde in den Genuß einer **Wohnbauförderung** kommen, nicht bestätigt. Die Möglichkeit der Vertragsaufhebung soll nicht nur dann gegeben sein, wenn die Gewährung der Wohnbauförderung ausdrücklich zur Bedingung erhoben worden ist, sondern in allen Fällen, in denen sie in einer für den Bauträger erkennbaren Weise »Geschäftsgrundlage« der Vertragserklärung des Erwerbers gewesen ist. Dies wird etwa dann der Fall sein, wenn der Bauträger mit der Wohnbauförderung geworben hat oder wenn gemeinsam angestellten Berechnungen über die Finanzierung des Objekts und über die monatliche Belastung des Erwerbers die Gewährung der Wohnbauförderung zugrunde gelegt worden ist. Nicht beim Erwerber gelegene Gründe werden etwa das Unterlassen der notwendigen Mitwirkung des Bauträgers an der Zusammenstellung der für den Förderungsantrag erforderlichen Unterlagen oder das pflichtwidrige Unterlassen einer direkten Antragstellung durch den Bauträger sowie Umstände im Bereich der Wohnbauförderungsstelle, also der jeweiligen Landesregierung, sein. Auf die Gewährung der Wohnbauförderung besteht in der Regel kein Rechtsanspruch, sie hängt oft – vor allem in zeitlicher Hinsicht – von den vorhandenen Budgetmitteln ab; auch bei Beurteilung der subjektiven Förderungswürdigkeit des Erwerbers besteht meist ein gewisser Spielraum, vor allem was die Voraussetzungen des Einkommensnachweises betrifft.

Dieses gesetzliche Rücktrittsrecht des Erwerbers soll diesem nur im Fall einer »von den Parteien dem Vertrag zugrunde gelegten Wohnbauförderung« zustehen. Daraus folgt, daß eine **vertragliche Ausschaltung dieser Geschäftsgrundlage** und damit mittelbar auch dieses Rücktrittsrechts ungeachtet des § 1 Abs. 2 selbst im Verbrau-

---

[62] Durch die Novelle 2008 wurde diese Frist auf 14 Tage ausgedehnt.
[63] Durch die Novelle 2008 wurde diese Frist auf sechs Wochen ausgedehnt.

chergeschäft zulässig sein wird. Der Bauträger wird auf eine solche Ausschaltung des Rücktrittsrechts vor allem dann Wert legen, wenn ihm – vielleicht angesichts erschöpfter Förderungstöpfe – das Risiko eines Rücktritts hoch erscheint. In diesem Fall muß der Erwerber abschätzen, ob das Vertragsobjekt für ihn auch ohne Förderung erschwinglich ist.

Die Rücktrittsfrist soll mit der Information des Erwerbers vom Unterbleiben der erwarteten Förderung zu laufen beginnen. Diese Information wird durch den Bauträger oder auch – so bei der Subjektförderung – direkt durch die Förderungsstelle des Landes erfolgen. Die **Belehrung** über das Rücktrittsrecht kann nicht schon im Bauträgervertrag selbst erfolgen, sie muß gleichzeitig oder nach der Information über den das Rücktrittsrecht auslösenden Tatbestand gegeben werden.

[17] Aus dem Verweis auf § 3 Abs. 4 KSchG in Abs. 4 ergibt sich, daß der Rücktritt zu seiner Rechtswirksamkeit (auch im Interesse des Erwerbers) der **Schriftform** bedarf, daß die Zurückstellung des Schriftstücks mit einem Vermerk über die Ablehnung des Vertrags durch den Erwerber genügt und daß die rechtzeitige Absendung der Rücktrittserklärung die Frist wahrt.

Abs. 5 stellt klar, daß bei nur formell getrennten Verträgen im Sinn des § 2 Abs. 4 der Rücktritt auch für den **mit einem Dritten geschlossenen Vertrag** über die Liegenschaft gilt.

Daß der Bauträger die Ausübung der gesetzlichen Rücktrittsrechte des Erwerbers im Bauträgervertrag nicht mit finanziellen Verpflichtungen des Erwerbers (z. B. Reugeld, Konventionalstrafe, Schadenersatz) verbinden darf, ist selbstverständlich und muß daher im Gesetz nicht eigens ausgedrückt werden. Aus § 1 Abs. 2 ist abzuleiten, daß diese hier statuierten Rücktrittsrechte dann abbedungen werden können, wenn der Bauträgervertrag ein Unternehmergeschäft im Sinne des § 1 Abs. 1 Z 1 ist.

JAB 450 BlgNR XX. GP (Stammfassung)

Zu § 5 Abs. 1 BTVG

[2] Durch die neu vorgeschlagene Bestimmung des § 7 Abs. 6 Z 3 sind die erforderlichen Informationen des Erwerbers im Sinn des § 5 Abs. 1 entsprechend zu ergänzen. Auch wenn im Rahmen des geförderten Wohnbaus eine gleichwertige Sicherung des Erwerbers erfolgt, soll schon vor Abschluß des Bauträgervertrags für den Erwerber die Art und Weise dieser Sicherung bekannt, nachvollziehbar und – im Hinblick auf ihre Gleichwertigkeit mit den in den §§ 8 ff. vorgeschlagenen Sicherungsmodellen – überprüfbar sein.

Zu § 5 Abs. 3 BTVG

[2] Im Hinblick auf den zu Art. II Z 3 der Regierungsvorlage 311 BlgNR XX. GP vorgeschlagenen § 3 a KSchG wurde die Notwendigkeit des § 5 Abs. 3 bezweifelt. Da diese Bestimmung auf die spezifischen Gegebenheiten im Bauträgervertragsgeschäft zugeschnitten ist und – anders als § 3 a KSchG – auch für Bauträgerverträge außerhalb des reinen Verbrauchergeschäftes gilt, soll dieses Rücktrittsrecht für den Fall der Nichtgewährung einer Wohnbauförderung beibehalten werden. Die Voraussetzungen des Rücktrittsrechts sollen aber an jene des § 3 a KSchG in der erwähnten Fassung angepaßt werden. Das heißt einerseits, daß die Rücktrittsfrist auf eine Woche zu verkürzen ist. Andererseits gilt es, zur Vermeidung unzumutbar langer Schwebezustände eine absolute Rücktrittsfrist von einem Monat ab Erhalt der Information von der Nichtgewährung der Wohnbauförderung vorzusehen.

EB RV 432 BlgNR XXIII. GP (BTVG-Novelle 2008)

Zu Z 4 (§ 5 Abs. 1 und 2 des Entwurfs)

[8] Der Erwerber soll nicht nur von seiner Vertragserklärung, sondern auch vom Vertrag selbst zurücktreten können. Die Ergänzung des Einleitungssatzes des § 5 Abs. 1 BTVG entspricht dem bewährten Vorbild des § 3 Abs. 1 erster Satz KSchG für den Rücktritt vom »Haustürgeschäft«. Die **redaktionelle Änderung** in § 5 Abs. 1 Z 1 nimmt auf die zu § 4 vorgeschlagenen Änderungen Bedacht. Die Z 2 und 3 des § 5 Abs. 1 entsprechen den in § 7 Abs. 6 des Entwurfs vorgesehenen Neuerungen. Die Z 4 entspricht geltendem Recht (§ 5 Abs. 1 Z 2 BTVG). Die Z 5 berücksichtigt schließlich die zu § 9 Abs. 4 vorgeschlagene Zusatzsicherheit. Auf die Erläuterungen zu diesen Bestimmungen sei zur Vermeidung unnötiger Wiederholungen verwiesen.

Die Details des Rücktrittsrechts sollen ebenfalls neu gestaltet werden. Auch hier steht das Rücktrittsrecht beim »Haustürgeschäft« (§ 3 Abs. 1 zweiter Satz KSchG) Pate. Zudem soll die **Rücktrittsfrist** von einer Woche auf 14 Tage verlängert werden. Damit will der Entwurf dem Umstand Rechnung tragen, dass es sich beim Erwerb von Gebäuden und Wohnungen in aller Regel um für die Verbraucher existenzielle Transaktionen handelt, die mit langfristigen Verbindlichkeiten einhergehen. Die Verlängerung der Rücktrittsfrist empfiehlt sich aber auch aufgrund der Rechtsentwicklung seit dem Inkrafttreten des Bauträgervertragsgesetzes. Verwiesen sei hier etwa auf § 8 Abs. 2 des Fern-Finanzdienstleistungs-Gesetzes, das auf der Grundlage der Richtlinie 2000/65/EG über den Fernabsatz von Finanzdienstleistungen an Verbraucher eine Rücktrittsfrist von 14 Tagen, für Lebensversicherungen und Verträge über die Altersversorgung gar von 30 Tagen, vorsieht.

Nach dem vorgeschlagenen letzten Satz des § 5 Abs. 2 des Entwurfs soll das Rücktrittsrecht spätestens sechs Wochen nach dem Zustandekommen des Vertrags erlöschen. Von der Überlegung, diese **»absolute Frist«** mit drei Monaten festzulegen (vgl. etwa § 5 e Abs. 3 KSchG für den Rücktritt vom »normalen« Fernabsatzgeschäft), sieht der Entwurf ab. Der damit verbundene längere Schwebezustand für den Bauträger könnte zum Nachteil aller Erwerber, auch derer, die am Vertrag festhalten wollen, ausschlagen.

Zu Z 5 (§ 5 Abs. 3 des Entwurfs)

[8] Auch die Fristen für den Rücktritt wegen des Unterbleibens einer Wohnbauförderung sollen aus den eben erwähnten Gründen angepasst werden.

§ 6 Vertragliche Rücktrittsrechte des Bauträgers

(1) Ein Recht des Bauträgers, vom Vertrag zurückzutreten, kann nur für den Fall vereinbart [Rz 1] werden, dass
1. Bauträgerverträge über eine bestimmte Mindestanzahl von eigentlichen Vertragsgegenständen desselben Vorhabens oder über einen bestimmten Anteil der Gesamtnutzfläche nicht zustande kommen; dieses Rücktrittsrecht steht dem Bauträger längstens sechs Monate nach der Vertragsschließung mit dem Erwerber zu;
2. der Erwerber entgegen seiner vertraglichen Verpflichtung nicht innerhalb der von den Parteien festgelegten oder sonst einer angemessenen Frist ein Förderungsansuchen stellt, Erklärungen vor Behörden abgibt, Finanzierungszusagen, Sicherheiten oder Urkunden beibringt oder Unterschriften leistet.[Rz 2]

(2) Das Rücktrittsrecht nach Abs. 1 Z 2 kann nur ausgeübt werden, wenn der Erwerber schriftlich zur Vornahme der betreffenden Handlung unter Setzung einer Frist von mindestens einem Monat aufgefordert worden ist und dieser Aufforderung nicht rechtzeitig nachkommt.

Anmerkungen

Rz 1
Die Vereinbarung eines Rücktrittsrechts des Bauträgers ist als Teil des Bauträgervertrages zu sehen und unterfällt somit dem allgemeinen **Schriftlichkeitsgebot** des § 3 Abs. 1.

Rz 2
Abs. 1 Z 2 ermöglicht es, ein Rücktrittsrecht des Bauträgers für den Fall zu vereinbaren, dass der Erwerber den ihn vereinbarungsgemäß treffenden **Mitwirkungspflichten** nicht nachkommt. Darin ist wohl eine Konkretisierung der allgemeinen werkvertraglichen Regel des § 1168 Abs. 2 ABGB zu sehen,[64] wonach der Werkunternehmer bei Unterbleiben der erforderlichen Mitwirkung des Werkbestellers unter Nachfristsetzung zum Rücktritt vom Vertrag berechtigt ist. Die Aufzählung der relevanten Handlungen

---

[64] Ähnlich Würth in Rummel: ABGB³ § 6 BTVG Rz 3, der eine Parallele zu § 918 ABGB zieht; in diesem Sinne auch H. Böhm / Pletzer in Schwimann: ABGB² § 6 BTVG Rz 11.

des Erwerbers ist wohl taxativ zu verstehen.[65] Unklar erscheint daher das Verhältnis von Abs. 1 Z 2 zu den schon kraft Gesetzes bestehenden Rücktrittsrechten des Bauträgers nach § 1168 Abs. 2 (bzw. § 918) ABGB, die ja nicht an diese speziellen Verzugstatbestände gebunden sind und ausweislich der Materialien[66] jedenfalls unberührt bleiben sollen.

Erläuternde Bemerkungen
EB RV 312 BlgNR XX. GP (Stammfassung)

Zu § 6 des Entwurfs

[17] Neben den durch § 6 nicht berührten gesetzlichen Rücktrittsrechten können Rücktrittsrechte des Bauträgers nur für die hier vorgegebenen Fälle **vereinbart** werden, in denen sie sachlich typischerweise gerechtfertigt sind:

Einerseits soll dem Bauträger die Möglichkeit zum Rücktritt offen stehen, wenn die Realisierung des beabsichtigten Bauvorhabens davon abhängig ist, ob sich bis zu einem bestimmten Zeitpunkt genügend Erwerber finden bzw. ein bestimmter Anteil der Nutzfläche veräußert wird. Um Erwerber nicht unzumutbar lang zu binden, soll dem Bauträger ein solches vereinbartes Rücktrittsrecht nur binnen eines Zeitraums von sechs Monaten nach dem Vertragsschluß zustehen. Die in Abs. 1 Z 1 genannte »bestimmte **Mindestzahl von Objekten**«[67] oder der »bestimmte Anteil der Gesamtnutzfläche« geben dem Bauträger einen großen Spielraum, den er an Hand wirtschaftlicher Überlegungen ausnützen kann. Das Wort »oder« im ersten Halbsatz der Z 1 ist nicht disjunktiv zu verstehen, sondern ermöglicht es dem Bauträger, sein Rücktrittsrecht – kombiniert – an den Abschluß von Verträgen über eine bestimmte Anzahl von Objekten und ein bestimmtes Flächenausmaß zu knüpfen. Auch aus diesem Grund soll die im Vertrag festgesetzte Rücktrittsfrist nicht mehr als sechs Monate betragen; eine nachträgliche einvernehmliche Verlängerung der Rücktrittsfrist wird dadurch freilich nicht ausgeschlossen.

Dem Bauträger soll es ferner nach Abs. 1 Z 2 freistehen, ein Rücktrittsrecht jenen Erwerbern gegenüber zu vereinbaren, die innerhalb einer im Vertrag festzusetzenden bzw. angemessenen Frist vereinbarungswidrig die **notwendigen Schritte** zur Erlangung der Förderung oder sonstige Maßnahmen, die aus der Sicht des Bauträgers für ein Aufrechterhalten des Vertrags von ausschlaggebender Bedeutung sind (wie etwa die Einholung von Finanzierungszusagen oder Sicherheiten oder die Abgabe der für

---

65 So auch H. Böhm / Pletzer in Schwimann: ABGB² § 6 BTVG Rz 8.
66 EB RV 312 BlgNR XX. GP 17.
67 Der Terminus »Mindestanzahl von Objekten« wurde mit der Novelle 2008 durch die Worte »Mindestanzahl von eigentlichen Vertragsgegenständen« ersetzt.

die Erlangung bücherlicher Rechte erforderlichen Urkunden oder Unterschriften) **nicht setzen bzw. ergreifen.** Abs. 2 präzisiert hiefür die Modalitäten der Nachfristsetzung.

Die vorgeschlagenen vertraglichen Rücktrittsrechte des Bauträgers sollen die Geltendmachung von gesetzlichen Rücktrittsrechten selbstverständlich nicht ausschließen, bei **Zahlungsverzug** des Erwerbers steht dem Bauträger somit der Rücktritt nach den §§ 918 ff. ABGB frei.

Das in § 6 Abs. 1 enthaltene Verbot der Einräumung vertraglicher Rücktrittsrechte, die über die geregelten Fälle hinausgehen (»nur für den Fall vereinbart werden«), wird im übrigen nicht dadurch umgangen werden können, daß bestimmte Umstände, die als Rücktrittsgrund nicht wirksam vereinbart werden können, zum Gegenstand einer **(auflösenden oder aufschiebenden) Bedingung** gemacht werden.

EB RV 432 BlgNR XXIII. GP (BTVG-Novelle 2008)

Zu Z 6 (§ 6 Abs. 1 des Entwurfs)

[8] Die Änderung vollzieht die zu § 4 Abs. 1 Z 1 des Entwurfs vorgesehene Unterscheidung zwischen dem »eigentlichen Vertragsgegenstand« und der Gesamtanlage nach. Die in § 6 Abs. 1 Z 1 BTVG genannten »Objekte« entsprechen den »eigentlichen Vertragsgegenständen«.

§ 7 Sicherung des Erwerbers

(1) Der Bauträger hat den Erwerber gegen den Verlust der von diesem auf Grund des Bauträgervertrags geleisteten Zahlungen (§ 1 Abs. 1) mit Ausnahme seiner Zahlungen für Abgaben und Steuern sowie für die Kosten der Vertragserrichtung und -abwicklung zu sichern.[Rz 1]

(2) Die Sicherung kann entweder durch schuldrechtliche Sicherung (§ 8), durch grundbücherliche Sicherstellung des Rechtserwerbs auf der zu bebauenden Liegenschaft in Verbindung mit der Zahlung nach Ratenplan (§§ 9 und 10) oder durch pfandrechtliche Sicherung (§ 11) erfolgen.[Rz 2]

(3) Soweit der Sicherungszweck dadurch nicht beeinträchtigt[Rz 3] wird, können die in diesem Bundesgesetz vorgesehenen Sicherungen auch nebeneinander eingesetzt oder nachträglich einvernehmlich ausgetauscht werden.

(4) Ansprüche des Bauträgers und eines Dritten gemäß § 2 Abs. 4 werden erst fällig, wenn und soweit die in diesem Bundesgesetz vorgesehenen Sicherungen des Erwerbers vorliegen.[Rz 4]

(5) Die Sicherungspflicht des Bauträgers endet mit der tatsächlichen Übergabe[Rz 5] des fertiggestellten[Rz 6] eigentlichen Vertragsgegenstandes und der Sicherung der Erlangung der vereinbarten Rechtsstellung.[Rz 7]

(6) Die Sicherungspflicht (Abs. 1 bis 5) ist außer durch die Einhaltung der §§ 8 bis 14 auch erfüllt, wenn
  1. eine inländische Gebietskörperschaft Bauträger ist;
  2. Zahlungen des Erwerbers auf ein bei einem Kreditinstitut (§ 8 Abs. 3) treuhändig für Rechnung des Erwerbers geführtes Konto des Bauträgers entrichtet werden und mit dem Kreditinstitut zugunsten des Erwerbers vereinbart ist, dass der Bauträger über diese Zahlungen und die angewachsenen Zinsen erst nach der tatsächlichen Übergabe des fertiggestellten eigentlichen Vertragsgegenstandes und der Sicherung der Erlangung der vereinbarten Rechtsstellung verfügen kann,[Rz 8] oder
  3. eine inländische Gebietskörperschaft eine Förderung aus öffentlichen Mitteln gewährt, der Vertrag den Erwerb eines Bestand- oder sonstigen Nutzungsrechts vorsieht und
    a) der Abschluss des Bauträgervertrags erst nach Vorliegen einer rechtskräftigen Baubewilligung und der schriftlichen Zusicherung der Förderung erfolgt,

b) die Finanzierung der gesamten Herstellungskosten des Bauvorhabens – insbesondere der Baukosten und sonstiger Kosten, die nach dem Finanzierungsplan der Gebietskörperschaft der Förderungszusage zugrunde liegen – gesichert und gewährleistet ist, dass außer der Sicherstellung der Finanzierungsmittel nach dem Finanzierungsplan keine weiteren geldwerten Lasten vor Ende der Sicherstellungspflicht ohne Zustimmung der Gebietskörperschaft oder des Erwerbers verbüchert sind oder werden,

c) der Abschlussprüfer oder ein Revisionsverband bzw. der Revisor des Bauträgers bis zu dem vereinbarten Bezugstermin jährlich eine Bescheinigung für das oder mehrere Bauvorhaben ausstellt, dass für den fristgerecht erstellten Jahresabschluss ein uneingeschränkter Bestätigungsvermerk erteilt wurde und allfällige Rückforderungsansprüche der Erwerber aufgrund der sich aus der geprüften Bilanz ergebenden Eigenkapitalausstattung des Bauträgers ausreichend gedeckt werden können,

d) die über Begehren des Bauträgers auszustellende Bescheinigung gemäß lit. c vom Bauträger der fördernden Gebietskörperschaft vorgelegt wird sowie

e) im Fall einer gemeinnützigen Bauvereinigung der Revisionsverband bzw. der Revisor die Bescheinigung gemäß lit. c auch dem nach dem Sitz der Bauvereinigung zuständigen Amt der Landesregierung als Aufsichtsbehörde übermittelt, wobei unter sinngemäßer Anwendung der §§ 28 Abs. 8 und 29 Abs. 6 Wohnungsgemeinnützigkeitsgesetz für jedermann die Einsichtnahme in diese Bescheinigung zu gewährleisten ist.

(7) Der Abschlussprüfer oder ein Revisionsverband bzw. der Revisor haftet im Rahmen und in Anwendung des § 275 Abs. 2 Unternehmensgesetzbuch dem Erwerber unmittelbar für die Richtigkeit der Bescheinigung gemäß Abs. 6 Z 3 lit. c.

Anmerkungen

Rz 1

Neben den im BTVG statuierten **Sicherungspflichten,** können den Bauträger weitere Pflichten auch **aus anderen Gesetzen** treffen. Nach § 37 Abs. 1 WEG 2002 darf der Wohnungseigentumsorganisator Zahlungen des Wohnungseigentumsbewerbers vor Eintragung der Anmerkung der Einräumung von Wohnungseigentum (§ 40 Abs. 2 WEG 2002) nicht annehmen.

Rz 2

Das BTVG bietet die Möglichkeit, der grundsätzlich zwingenden Sicherungspflicht durch eines von insgesamt sechs Sicherungsmodellen nachzukommen. Im Schrifttum wird für gewöhnlich zwischen den so genannten **Grundsicherungsmodellen** und den Sondersicherungsmodellen unterschieden. Zu ersteren zählen:

- die schuldrechtliche Sicherung durch Garantie oder geeignete Versicherung (§ 8 Abs. 1),
- die grundbücherliche Sicherstellung in Verbindung mit einem von zwei möglichen Ratenplänen (§§ 9, 10),
- die pfandrechtliche Sicherung (§ 11).

Als **Sondersicherungsmodelle**, durch die die Sicherungspflicht des Bauträgers ebenfalls erfüllt werden kann, sind nach dem BTVG folgende Maßnahmen zulässig:

- die Abwicklung über ein treuhändig auf Rechnung des Erwerbers geführtes Bauträgerkonto (§ 7 Abs. 6 Z 2),
- die Kontrolle des Bauvorhabens durch die Wohnbauförderungsstelle (§ 7 Abs. 6 Z 3),
- Sicherung durch eine Fertigstellungsgarantie (§ 8 Abs. 2).

Zur Abwägung der Vor- und Nachteile der einzelnen des Sicherungsmodelle aus Erwerbersicht vgl. FELLNER: NZ 1999, S. 3 (S. 5 f.).

Rz 3

Weder das Gesetz noch die Materialien geben Auskunft darüber, wann der **Sicherungszweck beeinträchtigt** ist. Im Fall einer Kombination von Sicherungsmodellen, wird eine Beeinträchtigung dann anzunehmen sein, wenn der Erwerber dadurch schlechter gestellt wird als durch die Verwirklichung eines einzigen Sicherungsmodells.[68] Bei einem nachträglichen Austausch des Sicherungsmodells wird ausgehend vom Zweck des Erwerberschutzes eine Beeinträchtigung anzunehmen sein, wenn das neue Sicherungsmodell gegenüber dem ursprünglichen Nachteile für den Erwerber bietet.

Rz 4

Die Erfüllung der Sicherungspflicht ist als synallagmatische Pflicht des Bauträgers zu sehen, deren Nichterfüllung den Erwerber zur Zurückhaltung der eigenen Leistung (Preis) gemäß § 1052 ABGB berechtigt, also deren **Fälligkeit** hinausschiebt.[69] Das Vorliegen einer rechtskräftigen Baubewilligung bzw. der Baubeginn ist hingegen – vom Fall der grundbücherlichen Sicherstellung abgesehen (§ 10 Abs. 2 Z 1 lit. a) – keine Voraussetzung der Fälligkeit.[70] Zahlungen vor Fälligkeit sind nach § 14 innerhalb von drei

---

[68] H. BÖHM / PLETZER in SCHWIMANN: ABGB² § 7 BTVG Rz 24 f. mit anschaulichen Beispielen.
[69] H. BÖHM / PLETZER in SCHWIMANN: ABGB² § 7 BTVG Rz 28.
[70] H. BÖHM / PLETZER in SCHWIMANN: ABGB² § 7 BTVG Rz 30.

Jahren (hoch verzinst) rückforderbar. Außerdem verwirklicht schon die bloße Vereinbarung (!) sowie die Forderung und Entgegennahme solcher Zahlungen eine Verwaltungsübertretung im Sinne des § 17 Z 2.

Wurde ein **Treuhänder** bestellt, so ist dabei nicht die Zahlung an diesen, sondern der Zeitpunkt der Weiterleitung maßgebend.[71]

Rz 5

Das **Ende der Sicherungspflicht** setzt dreierlei voraus:
- Übergabe des eigentlichen Vertragsgegenstandes,
- Fertigstellung des eigentlichen Vertragsgegenstandes,
- Sicherung der Erlangung der vereinbarten Rechtsstellung.

Rz 6

Bei der Auslegung des Begriffes der **Fertigstellung** wird auf die Materialien zu § 1[72] und § 10[73] Bedacht zu nehmen sein. Danach liegt Fertigstellung vor, sobald der vertragliche vereinbarte Bauzustand erreicht ist. Da es also auf die konkrete Vereinbarung ankommt, ist Bezugsfertigkeit naturgemäß nicht erforderlich. Das Vorliegen von Mängeln steht der Fertigstellung nur dann entgegen, wenn diese »so gravierend sind, dass schon nach allgemeiner Verkehrsauffassung nicht von einem Erreichen des betreffenden Fertigstellungsgrades gesprochen werden kann«.

Rz 7

Die **Sicherung der Erlangung der vereinbarten Rechtsstellung** setzt nach der Rechtsprechung[74] nicht das Vorliegen einer rechtskräftigen Baubewilligung voraus.

Gesichert ist die Erlangung der Rechtsstellung nur dann, wenn der Erwerber ohne weiteres Zutun des Bauträgers die vereinbarte Rechtsstellung herstellen kann. Der Erwerber bzw. der Treuhänder muss demnach im Besitz sämtlicher dafür **notwendigen Urkunden** sein, zu deren Errichtung die Mitwirkung des Bauträgers oder sonstiger Dritter (etwa Hypothekargläubiger im Rahmen der Lastenfreistellung[75]) erforderlich ist.[76] Ferner wird wohl auch das (vorläufige) Nutzwertgutachten zu übergeben sein, nicht aber auch schon der Wohnungseigentumsvertrag[77], weil auch dem schlichten Miteigentümer bereits alle Rechte des Wohnungseigentümers zukommen (§ 37 Abs. 5 WEG 2002).[78]

---

71 OGH 8 Ob 113/04 g in wobl 2006, 59/14 mit Anm. Pittl; EB RV 312 BlgNR XX. GP 24.
72 EB RV 312 BlgNR XX. GP 12.
73 EB RV 312 BlgNR XX. GP 22.
74 OGH 8 Ob 113/04 g in wobl 2006, 59/14 mit Anm. Pittl.
75 Engin-Deniz: BTVG² § 7 Rz 13; Würth in Rummel: ABGB³ § 7 BTVG Rz 3.
76 H. Böhm: wobl 1999, S. 69 (S. 72 FN 26).
77 Anders Engin-Deniz: BTVG² § 7 Rz 13.
78 Würth in Rummel: ABGB³ § 7 BTVG Rz 3.

Rz 8

Beim so genannten **Treuhand-Baukonto** ist Kontoinhaber und Treuhänder der Bauträger, Treugeber der Erwerber. Dieses Sicherungsmodell genügt nur dann den gesetzlichen Anforderungen, wenn zwischen Bauträger (Kontoinhaber) und Bank zudem vereinbart wird, dass der Bauträger erst nach dem Ende der Sicherungspflicht über das Kontoguthaben verfügen kann. Diese Vereinbarung begründet Überwachungspflichten der Bank und entfaltet Schutzwirkungen zugunsten Dritter, nämlich des Erwerbers;[79] eine Verletzung dieser Pflichten kann daher Schadenersatzansprüche des Erwerbers gegen die Bank auslösen.

Zahlungen auf ein Treuhand-Baukonto stellen keinen Verstoß gegen das Annahmeverbot nach § 37 Abs. 1 WEG 2002 dar, wenn es an der Anmerkung der Einräumung von Wohnungseigentum (§ 40 Abs. 2 WEG 2002) noch fehlt.[80]

Erläuternde Bemerkungen

EB RV 312 BlgNR XX. GP (Stammfassung)

Zu § 7 des Entwurfs

[17] Diese Bestimmung hat nicht nur normativen, sondern auch **programmatischen Charakter.** Die in § 7 aufgestellten Prinzipien werden in den folgenden Bestimmungen näher geregelt.

Ein wesentlicher Eckpfeiler des Bauträgervertragsgesetzes ist der in Abs. 1 normierte Grundsatz, wonach der Bauträger verpflichtet sein soll, den Erwerber **gegen den Verlust geleisteter Zahlungen sicherzustellen.**

Die schon im Allgemeinen Teil angesprochenen und in der Praxis aufgetretenen Probleme betreffen vor allem Fälle, in denen Erwerber erhebliche Vorauszahlungen geleistet hatten, die im Konkurs des Bauträgers großteils endgültig verloren waren. Vor diesem Hintergrund kann es nicht dem einzelnen Bauträger überlassen bleiben, wie er die Vorauszahlungen der Erwerber sichert und wie eng er dieses Sicherheitsnetz knüpfen muß, um dem Gebot eines effektiven Erwerberschutzes Rechnung zu tragen. [18] Auch wäre es für den einzelnen Bauträger aus verschiedensten Gründen schwierig, ein eigenes Sicherungsmodell zu suchen. Jeder Bauträger hätte die oft komplexe Abwägung zu treffen, welche Sicherungsmaßnahmen ausreichend und welche wirtschaftlich noch vertretbar sind. Damit wäre dem Erwerberschutz kein guter Dienst erwiesen.

Der Gesetzgeber wird daher nicht umhin können, die näheren Voraussetzungen einer Sicherstellung des Erwerbers zu regeln. Damit wird einerseits ein **einheitlicher**

---

79 Vgl. H. Böhm / Pletzer in Schwimann: ABGB² § 7 BTVG Rz 58.
80 H. Böhm / Pletzer in Schwimann: ABGB² § 7 BTVG Rz 60.

Standard festgelegt, andererseits können sich Bauträger und Treuhänder auf **vorgegebene Modelle** verlassen, deren Einhaltung sie vor Schadenersatzansprüchen des Erwerbers schützt. Nicht zuletzt können dadurch **Wettbewerbsverzerrungen** im Konflikt zwischen Sicherheitsvorkehrungen für die Erwerber und daraus resultierenden Kostenbelastungen hintangehalten werden.

Zweck der Bestimmungen über die Sicherungspflicht ist der Schutz der Erwerber vor einem gravierenden wirtschaftlichen Verlust geleisteter Zahlungen. Zur Erreichung dieses Zieles stellt der Entwurf einerseits **rechtliche Sicherungsinstrumente** (schuldrechtliche und pfandrechtliche Sicherung), andererseits aber auch – bei der grundbücherlichen Sicherstellung in Verbindung mit der Zahlung nach **Ratenplan** – ein Modell zur Verfügung, bei dem auch auf die wirtschaftliche Absicherung der Erwerber durch den Wert des bebauten Grundstücks abgestellt wird.

Abs. 2 führt die dem Bauträger zur Auswahl gestellten Sicherungsmodelle im einzelnen an. Sie können nach Abs. 3 **kombiniert** und – mit Zustimmung des Erwerbers – auch **variabel** eingesetzt werden. Dadurch soll dem Bauträger ein möglichst großer Spielraum bei der Auswahl der Sicherungsmittel belassen und die derzeit geübte Praxis möglichst wenig eingeschränkt werden.

Abs. 4 enthält eine Schlüsselbestimmung dieses Gesetzes: Bei realistischer Betrachtungsweise können mit den Mitteln des Zivilrechts tatsächliche Vorgänge, wie Vorauszahlungen des Erwerbers an den Bauträger, letztlich zwar nicht verhindert werden. Sehr wohl kann aber die Rechtswirkung einer darauf abzielenden Vereinbarung geregelt werden. Abs. 4 normiert daher, daß Ansprüche des Bauträgers von Gesetzes wegen **nicht fällig** sind, wenn und soweit er nicht die hier geforderten Sicherheiten zu Gunsten des Erwerbers bestellt hat. Dasselbe gilt für den Fall, daß neben dem Vertrag mit dem Bauträger noch ein formell gesonderter Kaufvertrag mit einem dritten Liegenschaftseigentümer errichtet wird, diese Verträge aber eine wirtschaftliche Einheit bilden (§ 2 Abs. 4). Diese Bestimmungen sind – wie sich aus § 1 Abs. 2 ergibt – einseitig zwingendes Recht zu Gunsten eines Verbrauchers.

Die im Entwurf zur Verfügung gestellten Sicherungsmodelle sollen somit bewirken, daß Zahlungen an den Bauträger erst erfolgen, wenn dieser dem Erwerber ausreichende Sicherheiten bietet. Der Bauträger muß entweder allfällige **Rückforderungsansprüche** durch geeignete schuldrechtliche Sicherungsmittel (Bürgschaft[81], Garantie, Versicherung) oder durch ein ausreichende Deckung bietendes Liegenschaftspfand **sichern** oder aber den Erwerber auf der zu bebauenden Liegenschaft **grundbücherlich sicherstellen;** dies ermöglicht es dem Erwerber unter anderem, den ihm zustehenden Liegenschaftsanteil schließlich auf eigene Rechnung zu verwerten.

---

[81] Die Möglichkeit der schuldrechtlichen Sicherung durch Bürgschaft wurde durch die Novelle 2008 abgeschafft.

Zahlungen, die der Erwerber – aus welchen Gründen immer – **vor Fälligkeit leistet,** soll er gemäß § 14 zurückfordern können; der Bauträger begeht überdies gemäß § 17 Z 2 ein Verwaltungsstrafdelikt, wenn er Zahlungen entgegen den Bestimmungen dieses Bundesgesetzes vereinbart, fordert oder entgegennimmt. Eine weitere Absicherung des Erwerbers liegt in den korrespondierenden Aufgaben des Treuhänders.

Die im Entwurf vorgesehenen Bestimmungen über die Sicherungspflicht sollen jedoch eine Vereinbarung nicht verhindern, wonach Zahlungen der Erwerber schon vor Fälligkeit der Ansprüche des Bauträgers **an den Treuhänder** zu leisten sind, der sie nach Eintritt der Fälligkeit an den Bauträger – oder mit dessen Zustimmung auch direkt an zu bezahlende Professionisten – weiterleitet. Der Treuhänder kann solche Zahlungen unter Umständen zwischenzeitig gewinnbringend für die Erwerber veranlagen. Eine derartige Vereinbarung könnte aber auch dem Interesse des Bauträgers entgegenkommen, Zahlungsverzögerungen von seiten der Erwerber möglichst hintanzuhalten. Zur Sicherung der Zahlungen einzelner Erwerber wird es im übrigen dem Bauträger unbenommen bleiben, seinerseits Finanzierungssicherungen vom Erwerber zu verlangen, insbesondere eine Bankgarantie.

Abs. 5 regelt das **Ende der Sicherungspflicht** des Bauträgers und (auf Grund des § 12 Abs. 1) auch der Tätigkeit des Treuhänders. Die Rechtfertigung für die speziellen Sicherungsbestimmungen dieses Gesetzes liegt – wie bereits mehrfach erwähnt – vor allem im Risiko der Vorauszahlung, also dem zeitlichen Auseinanderklaffen zwischen Zahlungsverpflichtung sowie tatsächlicher und rechtlicher Übergabe des fertiggestellten Objekts. Sofern es um Nutzungsrechte oder um Alleineigentum an einem einzeln [19] parzellierten Grundstück geht, wird die Verschaffung der vereinbarten Rechtsstellung keinen größeren zeitlichen Aufwand verursachen. Bei der Verschaffung von Wohnungseigentum ist allerdings in der Praxis des öfteren zum Zeitpunkt der Übergabe der Wohnung das Verfahren zur Feststellung der Nutzwerte noch nicht abgeschlossen. Daher wird die Einverleibung des Miteigentums oder des damit verbundenen Wohnungseigentums oft erst nach völliger Fertigstellung des Bauvorhabens und endgültiger Festsetzung der Nutzwerte durchgeführt, zumal die Anmerkung gemäß § 24a Abs. 2 WEG[82] eine ausreichende Sicherheit für den Erwerber bietet. Vor diesem Hintergrund sollten die Sicherstellungspflicht des Bauträgers und die Tätigkeit des Treuhänders erst nach rechtskräftiger Einverleibung des Mindestanteils und des Wohnungseigentums beendet sein. Die Herstellung[83] der vertragsgemäßen Rechtsposition umfaßt auch die Herstellung des vereinbarten Grundbuchstands in Hinblick auf die Liegenschaft belastende Pfandrechte.

---

[82] Nunmehr § 40 Abs. 2 WEG 2002.
[83] Im JA wurde Abs. 5 dahingehend geändert, dass bereits die Sicherung der Erlangung der vereinbarten Rechtsstellung das Ende der Sicherungspflicht des Bauträgers auslöst. Siehe dazu JAB 450 BlgNR XX. GP 2.

Von der Verpflichtung zur Sicherstellung des Erwerbers soll nach Abs. 6 Z 1 abgesehen werden, wenn der Bauträger eine inländische **Gebietskörperschaft** ist oder wenn eine inländische Gebietskörperschaft dem Erwerber unmittelbar haftet.[84] In diesen Fällen ist das Insolvenzrisiko praktisch ausgeschlossen. Dennoch sollen aber auch hier die sonstigen Erwerberschutzbestimmungen des BTVG – wie etwa das Schriftformgebot und die gesetzlichen Rücktrittsrechte des Erwerbers – gelten.

Nach Abs. 6 Z 2 soll die Sicherungspflicht des Bauträgers auch dann entfallen, wenn er über die Vorauszahlungen der Erwerber bis zum Ende seiner Sicherungspflicht nicht verfügen kann und die auf ein Konto des Bauträgers eingezahlten Gelder – im Fall der Insolvenz des Bauträgers – aussonderungsfähig sind. Daher muß das bei einem Kreditinstitut zu führende Konto des Bauträgers auf Rechnung des Erwerbers geführt werden, es ist bis zum Ende der Sicherungspflicht nach § 7 Abs. 5 ein **Treuhandkonto**, an dem der Erwerber ein Aussonderungsrecht hat (vgl. SZ 40/155, SZ 50/42, JBl. 1963, 429 u. a.). Der Wortlaut dieser zwischen dem Bauträger und dem kontoführenden Kreditinstitut zu treffenden Vereinbarung zu Gunsten des Erwerbers ist nach § 5 Abs. 1 Z 4[85] dem Erwerber eine Woche vor seiner Vertragserklärung schriftlich bekanntzugeben, ansonsten könnte er von seiner Vertragserklärung zurücktreten. Wenn keine Sicherungspflicht des Bauträgers mehr besteht, weil das fertiggestellte Vertragsobjekt übergeben und die vereinbarte Rechtsstellung des Erwerbers hergestellt[86] ist (§ 7 Abs. 5), kann der Bauträger frei über diese Gelder verfügen. Den Nachweis über das Ende der Sicherungspflicht könnte der Bauträger z. B. durch eine schriftliche Bestätigung des Erwerbers erbringen. Diese Form der »Kontosperre« ist mit der in den Erläuterungen zu § 12 Abs. 3 angesprochenen Vorgangsweise zu vergleichen, wonach die Fälligkeit von Zahlungen der Erwerber an den Treuhänder ohne Rücksicht auf die Erfüllung der Sicherungspflichten des Bauträgers vereinbart werden kann, sofern die Gelder noch nicht an den Bauträger weitergeleitet werden.

Die Zahlungen der Erwerber auf ein vorläufig auf ihre Rechnung geführtes Konto des Bauträgers führen in der Regel zu einer Erleichterung der Vorfinanzierung des Projekts, vor allem dann, wenn die dem Bauträger angelasteten Kreditzinsen nicht hoch über den Zinserträgen aus dem für Rechnung der Erwerber geführten Konto liegen. Daß dieses Konto für Rechnung der Erwerber zu führen ist, soll die darauf eingezahlten Beträge »konkursfest« machen, hindert aber nicht die Vereinbarung, daß die auflaufenden Habenzinsen dem Bauträger gutgeschrieben werden, solange keine Rückforderungsansprüche der Erwerber entstanden sind.

---

84 Der Ausnahmetatbestand der Haftung einer inländischen Gebietskörperschaft wurde durch die Novelle 2008 aufgehoben.
85 Nunmehr § 5 Abs. 1 Z 2.
86 Es genügt die Sicherung der Erlangung der vereinbarten Rechtsstellung. Vgl. FN 83.

JAB 450 BlgNR XX. GP (Stammfassung)

Zu § 7 Abs. 5 BTVG

[2] Mit Rücksicht auf die oft lange Dauer des Parifizierungsverfahrens soll im Unterschied zur Regierungsvorlage das Ende der Sicherungspflicht des Bauträgers nicht erst mit der Verschaffung der vereinbarten Rechtsstellung enden, sondern schon mit der **Sicherung der Erlangung dieser vereinbarten Rechtsstellung.** Dies könnte z. B. durch einen darauf gerichteten Auftrag an den Treuhänder geschehen. Sofern dem Erwerber Wohnungseigentum verschafft werden soll, wird eine Anmerkung der Einräumung von Wohnungseigentum gemäß § 24 a Abs. 2 WEG 1975[87] genügen.

Zu § 7 Abs. 6 BTVG

[2] In § 7 Abs. 6 sind Fälle erfaßt, in denen die Sicherungspflicht des Erwerbers auf andere Weise als durch die in den §§ 8 ff. vorgesehenen Sicherungsmodelle erfüllt werden kann. Schon in der Regierungsvorlage ist vorgeschlagen, daß die Sicherungspflicht entfällt, wenn eine inländische **Gebietskörperschaft** selbst Bauträger ist (nun Z 1) oder dem Erwerber unmittelbar für seine allfälligen Rückforderungsansprüche haftet (nun Z 2).[88]

Eine neue Z 3 soll auf Grund folgender Überlegung eingefügt werden: Im Rahmen des **geförderten Wohnbaus** sehen landesgesetzliche Bestimmungen schon derzeit eine Kontrolle des Baufortschritts, der Zahlungen an den Bauträger und des Grundbuchstands vor. Soweit die Kontrolltätigkeit des Landes sich nicht auf die Auszahlung der vom Land gewährten oder zinsgestützten Darlehen beschränkt, sondern auch im Interesse des Erwerbers die von diesem eingesetzten Eigenmittel umfaßt und zugleich – sofern dem Erwerber Eigentum (Wohnungseigentum, Baurecht) verschafft werden soll – die grundbücherliche Sicherstellung des Erwerbers (wie in § 9 vorgesehen) überprüft wird, kann diese Kontrolltätigkeit eine den §§ 7 ff. gleichwertige Sicherstellung des Erwerbers gewährleisten, wenn auch eine dem § 9 Abs. 3 entsprechende Begrenzung der Belastung der Liegenschaft und die Einhaltung eines dem § 10 Abs. 2 entsprechenden Ratenplans vorgesehen ist.

Auch im **geförderten Mietwohnungsbau** könnten durch die Kontrolltätigkeit des Landes die Bestimmungen des Art. X des Insolvenzrechtsänderungsgesetzes 1982, BGBl. Nr. 370, für die Mieter nutzbar gemacht werden. § 1 des Art. X sieht vor, daß im Insolvenzfall des Bauträgers (sofern dieser auch Liegenschaftseigentümer ist) zugunsten des Wohnungsinteressenten zur Besicherung seiner Vorauszahlungen ein gesetz-

---

[87] Nunmehr § 40 Abs. 2 WEG 2002.
[88] Die Möglichkeit der Sicherung durch Haftungserklärung einer inländischen Gebietskörperschaft wurde mit der Novelle 2008 abgeschafft.

liches Pfandrecht an der Liegenschaft entsteht. Wenn nun durch die Kontrolltätigkeit des Landes und insbesondere durch die Einverleibung eines Veräußerungs- und Belastungsverbots gewährleistet ist, daß die Vorauszahlungen der Mieter im Konkursfall in diesem gesetzlichen Pfandrecht Deckung finden, kann ebenfalls eine den §§ 7 ff. gleichwertige Sicherung des Erwerbers angenommen werden.

[3] In den lit. a bis d der Z 3 sind – angelehnt an die Förderungsbestimmungen der Länder – demonstrativ jene **Voraussetzungen** festgehalten, die in der Regel zu einer den in den §§ 8 ff. vorgeschlagenen Sicherungsmodellen **gleichwertigen Sicherung** des Erwerbers führen.

Aber auch andere von den Ländern im Rahmen ihrer Förderungstätigkeit geforderte Sicherungsmittel können – ebenfalls nach Prüfung der objektiven Gleichwertigkeit der damit erreichten Sicherheit – die Sicherungsmodelle der §§ 8 ff. ersetzen.

Zu Z 4[89] hält der Ausschuß fest, daß der **Erwerber als Treugeber** des bei der Bank liegenden Betrages gegen die Inanspruchnahme des Guthabens durch Gläubiger des Bauträgers oder – in dessen Konkurs – durch den Masseverwalter geschützt ist. Solange das Guthaben noch gesperrt ist, darf es die Bank auch Gläubigern oder an die Masse nicht auszahlen, da diese nicht mehr Rechte haben als der Bauträger, dessen Forderung sie geltend machen. Spätestens sobald dem Erwerber ein Rückzahlungsanspruch zusteht, hat er im Fall des Konkurses des Bauträgers ein Aussonderungsrecht und bei einer exekutiven Pfändung zugunsten eines Gläubigers einen Exzindierungsanspruch.

EB RV 432 BlgNR XXIII. GP (BTVG-Novelle 2008)

Zu Z 7 (§ 7 Abs. 1 des Entwurfs)

[8] Der Entwurf stellt zunächst mit dem Verweis auf § 1 Abs. 1 klar, dass **Vorauszahlungen** des Erwerbers an den Bauträger und auch **an Dritte** zu sichern sind. Davon sollen aber die Zahlungen des Erwerbers für Gebühren und Abgaben sowie für die Vertragserrichtung und -abwicklung ausgenommen werden. Solche Zahlungen betreffen das Baugeschehen selbst und die Bauleistungen nicht. Auch wenn sie bei der Prüfung des Anwendungsbereichs zu berücksichtigen sind, befinden sie sich außerhalb des eigentlichen Schutzbereichs des Gesetzes, nämlich der Absicherung des Insolvenzrisikos des Bauträgers. Zudem unterliegt ihre allfällige Rückforderung eigenen Gesetzen.

---

89 Entspricht nunmehr § 7 Abs. 6 Z 2 i. d. F. der Novelle 2008.

Zu Z 8 (§ 7 Abs. 3 des Entwurfs)

[8] Mit der vorgeschlagenen Änderung soll klargestellt werden, dass alle Sicherheiten, also auch die in § 7 Abs. 6 erwähnten »Sondersicherungsmodelle«, miteinander **kombiniert** werden können. Darüber hinaus soll nicht nur der **nachträgliche Austausch,** sondern auch die im Voraus vereinbarte Kombination von Sicherungen allgemein nur unter dem Vorbehalt zulässig sein, dass dadurch der Sicherungszweck nicht beeinträchtigt wird.

Zu Z 9 (§ 7 Abs. 5 des Entwurfs)

[9] Auch diese Änderung vollzieht die zu § 4 Abs. 1 Z 1 des Entwurfs vorgesehene Unterscheidung zwischen dem »eigentlichen Vertragsgegenstand« und der Gesamtanlage nach.

Zu Z 10 und 11 (§ 7 Abs. 6 und 7 des Entwurfs)

[9] Nach geltendem Recht entspricht der Bauträger seiner Sicherungspflicht auch dann, wenn er eines der in § 7 Abs. 6 angeführten **»Sondersicherungsmodelle«** beibringt. Der Entwurf schlägt vor, das in § 7 Abs. 6 Z 2 BTVG angeführte Instrument zu streichen. Wenn ein Land zur Sicherung der Rückzahlungsansprüche der Erwerber bereit ist, steht es ihm frei, eine Garantie abzugeben (§ 8 Abs. 3 BTVG). Landesgesetzliche Bestimmungen, die die Länder auch zur Absicherungen der Vorauszahlungen verhalten, sind – soweit ersichtlich – nicht erlassen worden. Der Sondersicherung nach § 7 Abs. 6 Z 2 BTVG bedarf es daher nicht.

Der bisherigen Z 4 (**Bauträgerkonto**) entspricht § 7 Abs. 6 Z 2 des Entwurfs, inhaltlich wird hier nichts geändert.

Die Sicherung nach **§ 7 Abs. 6 Z 3** BTVG ist nach dem Informationsstand des Bundesministeriums für Justiz von der Praxis entgegen den Erwartungen des Gesetzgebers nicht von allen Ländern angenommen worden. Auch sind ihre Vorgaben so unbestimmt, dass über ein zentrales Anliegen des Gesetzes, nämlich die Absicherung der Vorauszahlungen des Erwerbers, leicht Unsicherheit bestehen kann. Die Erwerber können dadurch in die Irre geführt werden.

Aufgrund der Ergebnisse des Begutachtungsverfahrens soll diese Sondersicherung dennoch nicht zur Gänze gestrichen, sondern präzisiert werden. Die Voraussetzungen, unter denen eine **Kontrolle** des Bauvorhabens **durch die Wohnbauförderungsstelle** der Sicherungspflicht nach § 7 Abs. 1–5 des Entwurfs gleichwertig ist, sollen schärfer konturiert werden: Sie sollen zunächst (anders als nach geltendem Recht) taxativ aufgezählt werden. Auch wird der Ermessensspielraum, wonach eine solche Gleichwertigkeit bei Einhaltung der im Gesetz angeführten Bedingungen »in der Regel« gegeben ist, abgeschafft. Das Sondersicherungsmodell nach § 7 Abs. 6 Z 3 des Entwurfs soll die allgemeine Sicherungspflicht auch nur dann ersetzen können, wenn der Bauträgervertrag den Erwerb eines Bestand- oder eines sonstigen (genossenschaftlichen) Nutzungsrechts vorsieht. Zielt der Bauträgervertrag dagegen auf den Erwerb des Eigentums, des Wohnungseigentums oder des Baurechts ab, so soll aufgrund der dann regelmäßig höheren Risiken die allgemeine Sicherstellungspflicht greifen.

Die **Kriterien** für dieses »Sondersicherungsmodell« entsprechen zum Teil dem geltenden Recht (s. § 7 Abs. 6 Z 3 lit. a und b des Entwurfs). Die Voraussetzung einer grundbücherlichen Sicherstellung (§ 7 Abs. 6 Z 3 lit. c BTVG) wird dagegen nicht übernommen, zumal Verträge über die Einräumung des Eigentums, des Wohnungseigentums oder des Baurechts nicht mehr auf solche Art und Weise gesichert werden können. Auch verzichtet der Entwurf auf eine Übernahme des § 7 Abs. 6 Z 3 lit. d BTVG über die Kontrolle des Baufortschritts und die Verwendung der Finanzierungsmittel sowie der Eigenmittel der Erwerber durch die Wohnbauförderungsstelle. Stattdessen verlangt er in § 7 Abs. 6 Z 3 lit. d die Vorlage der **Bescheinigung eines Abschlussprüfers** oder – im Bereich der gemeinnützigen Wohnungswirtschaft – eines Revisionsverbands bzw. Revisors, der auf der Grundlage und im Rahmen der Abschlussprüfung tätig wird. Solche Bescheinigungen werden bereits nach geltendem Recht von manchen Ländern (auf unsicherer Rechtsgrundlage) als ausreichende Sicherung anerkannt. Diese Praxis hat sich nach den Berichten der Wohnbauförderungsstellen bewährt. Die »Bonitätserklärung« muss nach § 7 Abs. 6 Z 3 lit. c eine (im uneingeschränkten Bestätigungsvermerk des Jahresabschlusses enthaltene) positive Fortbestehungsprognose für den Bauträger abgeben und klarstellen, dass die Rückzahlung der Vorauszahlungen der Erwerber aufgrund der (nach § 23 Unternehmensreorganisationsgesetz relevanten) Eigenkapitalausstattung des Bauträgers gesichert ist.

Abs. 7 regelt die **Haftung des Abschlussprüfers** oder des Revisionsverbands bzw. des Revisors für schuldhafte Verletzungen seiner Pflicht zur gewissenhaften und unparteiischen Prüfung des Jahresabschlusses und der Eigenkapitalausstattung des Bauträgers im Rahmen und in Anwendung des § 275 Abs. 2 UGB.

Der vorgesehene Wortlaut der Bescheinigung muss dem Erwerber vorweg mitgeteilt werden (§ 5 Abs. 1 Z 3 des Entwurfs).

§ 8 Schuldrechtliche Sicherung

(1) Allfällige Rückforderungsansprüche[Rz1] des Erwerbers können durch eine ihm eingeräumte Garantie oder eine geeignete Versicherung gesichert werden. Die Sicherungspflicht erstreckt sich auch auf nicht länger als drei Jahre rückständige Zinsen bis zu der in § 14 Abs. 1 genannten Höhe. Eine Einschränkung der Sicherung auf noch nicht erbrachte Bauleistungen ist ohne entsprechende sonstige Sicherung unwirksam.

(2) Die in Abs. 1 genannten Sicherheiten können durch eine der Höhe nach begrenzte Fertigstellungsgarantie ersetzt werden, die jedenfalls die Rückforderungsansprüche einschließt.[Rz2]

(3) Garanten müssen Kreditinstitute oder Versicherungsunternehmen, die zur Geschäftsausübung im Inland berechtigt sind, oder inländische Gebietskörperschaften sein.

(4) Ein dem Bauträger vertraglich zugestandenes Verfügungsrecht über die dem Erwerber eingeräumte Sicherheit ist unwirksam.

(5) Leistungen aus einer Garantie oder Versicherung können nur von der Entrichtung der Zahlungen des Erwerbers auf das in dieser Sicherheit genannte Konto abhängig gemacht werden.[Rz3] Die Inanspruchnahme einer solchen Sicherheit durch den Erwerber gilt jedenfalls als Auflösung des Vertrags.[Rz4] Leistungen aus einer solchen Sicherheit werden spätestens mit der Löschung der zugunsten des Erwerbers erfolgten Grundbucheintragungen fällig.

Anmerkungen

Rz 1

Wenngleich das schuldrechtliche Sicherungsmodell des BTVG bloß die Sicherung allfälliger Rückforderungsansprüche vorsieht, so ist im Fall des Erwerbs von **Wohnungseigentum** nach § 37 Abs. 1 WEG 2002 auch die Anmerkung der Einräumung von Wohnungseigentum (§ 40 Abs. 2 WEG 2002) erforderlich.

Rz 2

Die **Fertigstellungsgarantie** nach Abs. 2 muss alternativ zwei verschiedene Leistungen sichern: zum einen die faktische Fertigstellung des Bauvorhabens und zum anderen die Rückforderungsansprüche des Erwerbers (insbesondere im Fall des Rücktritts, aber etwa auch bei Nichtigkeit des Bauträgervertrages).[90]

Rz 3

Anders als bei der Haftrücklassgarantie (dazu § 4 Rz 6) kann die **Inanspruchnahme der Garantie** nach § 8 nur davon abhängig gemacht werden, dass Zahlungen des Erwerbers auf das in der Garantie genannte Konto entrichtet und bereits zugunsten des Erwerbers vorgenommene Grundbuchseintragungen gelöscht wurden. Nach den Erläuterungen[91] sollen durch diese Regelung vor allem so genannte »Urteilsklauseln« für unzulässig erklärt werden, weil der Erwerber dadurch gezwungen ist, »zur Durchsetzung seiner Rückforderungsansprüche den Prozessweg zu beschreiten« und »die Kosten eines solchen Verfahrens vorerst selbst zu tragen«.

Wie generell kann der Garant dem Garantiebegünstigten (Erwerber) auch den **Einwand des Rechtsmissbrauchs** entgegenhalten, so insbesondere wenn durch liquide und evidente Beweismittel dargelegt werden kann, dass der Bauträger selbst den Rückforderungsanspruch des Erwerbers bereits vollständig befriedigt hat.[92]

Rz 4

Problematisch könnte die Wirkung der Inanspruchnahme als **Auflösung des Bauträgervertrages** erscheinen, wenn Sicherung durch Ratenplanzahlung in Verbindung mit grundbücherlicher Sicherstellung vereinbart ist und daneben vom Erwerber überschießende Zahlungen zu leisten sind, die nach § 8 Abs. 1 gesichert werden. Diese Kombination von Sicherungsmodellen erklären die Erläuterungen[93] zur Novelle 2008 explizit (auch weiterhin) für zulässig. Durch die ex lege eintretende Auflösung des Vertrags (Abs. 5) kommt es zu einer Rückabwicklung der bereits erbrachten Leistungen: Rückzahlung des Preises durch den Bauträger einerseits und Einwilligung in die Löschung bücherlicher Rechte durch den Erwerber andererseits. Zwar sind bei grundbücherlicher Sicherstellung die Rückforderungsansprüche des Erwerbers nicht unmittelbar gesichert, doch hat die Rückabwicklung infolge Vertragsauflösung nur Zug-um-Zug zu erfolgen, so dass der Erwerber bis zur vollständigen Rückzahlung des Entgelts die Einwilligung in die Löschung seiner bücherlichen Rechte immerhin verweigern kann (Zug-um-Zug-Einrede; § 1052 ABGB). Besteht nun aber auf Seiten des Masseverwalters kein Interesse an der Rückabwicklung, führt dies zu einer Pattsituation.[94] Ob eine solche Kombination von Sicherungsmodellen allein aus diesem Grund als unzulässig

---

90 H. Böhm / Pletzer in Schwimann: ABGB² § 8 BTVG Rz 39.
91 EB RV 432 XXIII. GP 9 f.
92 H. Böhm / Pletzer in Schwimann: ABGB² § 7 BTVG Rz 18.
93 EB RV 432 XXIII. GP 10.
94 Vgl. H. Böhm: wobl 1999, S. 109 (S. 120 FN 99).

nach § 7 Abs. 3 zu beurteilen sein wird,[95] sollte allerdings fraglich erscheinen, zumal ja das grundbücherliche Sicherungsmodell ganz generell mit diesem Nachteil behaftet ist. Aus Kombination dieser Sicherungsmodelle entsteht der Erwerber daher kein zusätzlicher Nachteil.

Erläuternde Bemerkungen

EB RV 312 BlgNR XX. GP (Stammfassung)

Zu § 8 des Entwurfs

[19] Diese Bestimmung regelt das aus rechtlicher Sicht einfache, in der Praxis (derzeit noch) aus Kostengründen aber weniger verwendete schuldrechtliche Sicherungsmodell. Der Bauträger soll nach Abs. 1 allfällige **Rückforderungsansprüche des Erwerbers durch Bürgschaft**[96]**, Garantie oder geeignete Versicherung sicherstellen** können. Damit wird dem in § 7 Abs. 1 aufgestellten Prinzip unmittelbar entsprochen. Die in Abs. 1 genannten Ansprüche umfassen alle dem Erwerber aus welchem Titel immer (Vertragsaufhebung wegen Rücktritts, Irrtumsanfechtung, Verzug) zustehenden Forderungen auf Rückzahlung von ihm geleisteter Beträge. Diese Ansprüche sind allerdings nur bis zum Ende der Sicherungspflicht des Bauträgers, also – gemäß § 7 Abs. 5 – bis zur tatsächlichen Übergabe des fertiggestellten Vertragsobjekts und der Verschaffung[97] der vereinbarten Rechtsstellung zu sichern. Danach entstehende Gewährleistungsansprüche, die ebenfalls (bei Wandlung oder Preisminderung) Rückforderungsansprüche sein können, sollen von dieser speziellen, das Risiko der Vorauszahlung abdeckenden Sicherungspflicht nicht mehr erfaßt werden.[98]

Der zweite Satz des Abs. 1 regelt die Frage, wie weit die Sicherungspflicht des Bauträgers auch allfällige **Zinsenansprüche** des Erwerbers umfaßt.

[20] Abs. 2 trägt dem Umstand Rechnung, daß verschiedene **landesrechtliche Förderungsbestimmungen** eine Fertigstellungsgarantie durch eine Bank verlangen. Diese – sogar das positive Vertragsinteresse des Erwerbers sichernde – Garantie soll eine Sicherstellung seiner Rückforderungsansprüche, wie sie nach Abs. 1 gefordert ist, ersetzen können, sofern damit nicht nur die tatsächliche Fertigstellung des Vertragsgegenstands garantiert wird, sondern sowohl der vertraglich vereinbarte Fertigstel-

---

95 Vgl. näher bei H. Böhm / Pletzer in Schwimann: ABGB[2] § 7 BTVG Rz 25.
96 Die Möglichkeit der schuldrechtlichen Sicherung durch Bürgschaft wurde im Rahmen der Novelle 2008 abgeschafft.
97 Auf Grund der Änderungen der RV durch den JA (vgl. JAB 450 BlgNR XX. GP 2) ist auf die Sicherung der Erlangung der vereinbarten Rechtsstellung abzustellen.
98 Vgl. nunmehr aber § 4 Abs. 4 und § 10 Abs. 2 i. d. F. der Novelle 2008, wonach dem Erwerber zwingend ein Haftrücklass zur Sicherung allfälliger Ansprüche auf Grund mangelhafter Leistung einzuräumen ist.

lungstermin als auch die Herstellung der vereinbarten Rechtsstellung von der Garantie umfaßt sind. (Die Fertigstellungsgarantie wird praktisch ohnedies immer eine Rückzahlungsgarantie einschließen.)

Abs. 3 läßt für die schuldrechtliche Sicherung nur wirtschaftlich verläßliche **Bürgen**[99], **Garanten** oder **Versicherer** zu. In der Praxis dürfte hier der Bankgarantie die größte Bedeutung zukommen. Eine **Bankgarantie** ist zwar abstrakt, sie muß aber nicht unbedingt eine Garantie auf erstes Anfordern sein. Ausreichend wäre auch eine Garantie, die das Kreditinstitut erst nach rechtskräftigem Zuspruch eines Rückforderungsanspruchs an den Erwerber zur Zahlung verpflichtet. Die Bankgarantie muß bis zum Ende der Sicherungspflicht des Bauträgers gemäß § 7 Abs. 5 aufrecht bleiben.

Eine Bankgarantie, die das gesamte vom Erwerber vorgeleistete Entgelt abdeckt, schützt ihn zwar nicht vor jedem wirtschaftlichen Verlust, da die geplante – letztlich aber nicht fertiggestellte – Eigentumswohnung vielleicht einen höheren Marktwert hätte. Er wird aber zumindest die vorgestreckten Zahlungen bei gravierenden »Störfällen« vollständig zurückerhalten.

Abs. 4 soll gewährleisten, daß die dem Erwerber eingeräumten Sicherheiten tatsächlich bis zur Beendigung der Sicherungspflicht zur Verfügung stehen und vom Bauträger nicht etwa zweckwidrig verwendet werden.

Wie sich aus § 12 Abs. 1 erster Satz ergibt, kann bei diesem Sicherungsmodell auf die Bestellung eines **Treuhänders** verzichtet werden (vgl. dazu näher die Erläuterungen zu § 12).

JAB 450 BlgNR XX. GP (Stammfassung)

Zu § 8 Abs. 2 BTVG

[3] Das Erfordernis einer betragsmäßigen Limitierung der **Fertigstellungsgarantie** ergibt sich schon aus den Bewertungsgrundsätzen des Bankwesens. Nach Schätzungen von Praktikern wird die Obergrenze der Fertigstellungsgarantie die Obergrenze der Garantie nach § 8 Abs. 1 um etwa 10 bis 15 % betragsmäßig übersteigen. Die in der Regierungsvorlage vorgesehene Garantie der Verschaffung der vereinbarten Rechtsstellung soll nicht übernommen werden, zumal der Garant darauf unter Umständen nicht Einfluß nehmen kann. Jedenfalls soll die Fertigstellungsgarantie aber auch die Rückforderungsansprüche des Erwerbers abdecken.

---

99 Die Möglichkeit der schuldrechtlichen Sicherung durch Bürgschaft wurde im Rahmen der Novelle 2008 abgeschafft.

EB RV 432 BlgNR XXIII. GP (BTVG-Novelle 2008)

Zu Z 12 (§ 8 Abs. 1 des Entwurfs)

[9] Als schuldrechtliche Sicherungsmodelle können nach geltendem Recht (§ 8 Abs. 1 BTVG) eine Bürgschaft, eine Garantie oder eine Versicherung eingesetzt werden. Nähere Anforderungen an diese Sicherungsinstrumente sieht das Gesetz nicht vor. In der Vertragspraxis hat das etwa dazu geführt, dass Garantien verwendet werden, nach denen die Zahlungspflicht des Garanten von der Vorlage einer rechtskräftigen Entscheidung des Erwerbers gegen den Bauträger abhängig ist. Die **Garantie** wird damit [10] der **Bürgschaft** angenähert, die von vornherein **akzessorisch** ist und damit vom Bestand der Verpflichtung des Bauträgers abhängt. Aus der Sicht der Erwerber kann das problematisch sein, weil er schon zur Durchsetzung seiner Rückforderungsansprüche den Prozessweg beschreiten, die Kosten eines solchen Verfahrens vorerst selbst tragen und in der Regel auch noch seine bisherige Wohngelegenheit weiter finanzieren muss. Diese rechtlichen und wirtschaftlichen Zwänge können ihn davon abhalten, die ihm zustehenden Ansprüche gegen den Bauträger (oder den Masseverwalter) geltend zu machen. Daher wird die (akzessorische) Bürgschaft als schuldrechtliches Sicherungsinstrument überhaupt gestrichen.

Weiter soll die **Garantie** oder die **Versicherung** der Rückforderungsansprüche des Erwerbers jedenfalls auf diesen (und **nicht etwa nur auf den bestellten Treuhänder**) lauten. Damit soll seine Rechtsposition gegenüber dem Sicherungsgeber gestärkt werden. Der Entwurf sieht aber im Interesse einer geordneten Vertragsabwicklung von einem Verbot der **Verwahrung** der Garantie oder Versicherung durch den bestellten Treuhänder ab. Damit lässt sich das im Begutachtungsverfahren von den Interessenvertretungen der Freien Rechtsberufe beklagte Risiko des Treuhänders aus der mit ihm nicht verabredeten Inanspruchnahme der Sicherheit durch den Erwerber entscheidend reduzieren.

Mit dem vorgeschlagenen letzten Satz des § 8 Abs. 1 soll klargestellt werden, dass die Garantie oder Versicherung nicht auf den Wert der Bauleistungen eingeschränkt werden kann, die der Bauträger noch nicht erbracht hat. Diese Sicherung muss vielmehr alle **Rückforderungsansprüche des Erwerbers** umfassen. Eine Vermengung mit dem Stand des Baugeschehens soll nur dann zulässig sein, wenn der Bauträger eine sonstige entsprechende Sicherung bietet und – § 7 Abs. 1 des Entwurfs – dadurch der Sicherungszweck nicht beeinträchtigt wird. Die Kombination einer grundbücherlichen Sicherung in Verbindung mit der Zahlung nach Ratenplan mit einer schuldrechtlichen Sicherung (etwa wenn der Bauträger Vorauszahlungen des Erwerbers, die den Bauabschnitten nach § 10 Abs. 2 »vorauseilen«, durch eine Bankgarantie absichert) soll unter diesem Vorbehalt weiter zulässig sein.

Die **Versicherung** muss der Garantie durch ein Kreditinstitut **gleichwertig** sein. Die dem Versicherer im Verhältnis zum Versicherungsnehmer zustehenden Einreden (etwa aus einem qualifizierten Prämienverzug) können nicht zu Lasten des Erwerbers gehen.

Zu Z 13 (§ 8 Abs. 3 des Entwurfs)

[10] Zu den Gründen für die vorgeschlagene **Streichung der Bürgschaft** als schuldrechtliche Sicherung sei auf die Erläuterungen zu § 8 Abs. 1 des Entwurfs verwiesen.

Zu Z 14 (§ 8 Abs. 5 des Entwurfs)

[10] Die Rechtsposition des Erwerbers soll auch im **Sicherungsmodell der Garantie gestärkt** werden. Leistungen aus der Garantie sollen nur davon abhängig gemacht werden können, dass er seine Zahlungen auf das in der Garantie genannte Konto entrichtet hat. »Urteilsklauseln«, nach denen die Zahlungsverpflichtung aus der Garantie von der Vorlage einer rechtskräftigen Entscheidung durch den Erwerber abhängig ist, sollen demnach nicht mehr zulässig sein. Die Fälligkeit der Garantieleistung kann nach dem vorgeschlagenen letzten Satz aber daran geknüpft werden, dass die zugunsten des Erwerbers schon vorgenommenen Grundbucheintragungen gelöscht werden.

Wenn der Erwerber die ihm **eingeräumte Garantie geltend macht,** soll dies kraft Gesetzes zur Auflösung des Bauträgervertrags führen. Die Leistung aus der Garantie kann daher nicht von der Vorlage einer auf die Auflösung des Vertrags lautenden Erklärung des Erwerbers abhängig gemacht werden. Die Frage, ob der Erwerber zur Inanspruchnahme der Garantie (und damit zur Auflösung des Vertrags) im Einzelfall auch berechtigt war, wird im Nachhinein zwischen dem Bauträger und dem Erwerber zu klären sein. In einem derartigen Fall liegt es im Übrigen beim Garanten, den Bauträger von der mit der Inanspruchnahme der Garantie verbundenen Rechtsfolge zu verständigen. Das muss aber nicht eigens gesagt werden, zumal sich eine derartige vertragliche Nebenpflicht aus der Beziehung zwischen dem Garanten und dem Bauträger ableiten lässt.

§ 9 Grundbücherliche Sicherstellung

(1) Der Erwerber aus einem Bauträgervertrag über den Erwerb des Eigentums, des Wohnungseigentums oder des Baurechts kann auch durch eine ausreichende bücherliche Sicherstellung des Rechtserwerbs auf der zu bebauenden Liegenschaft in Verbindung mit der Zahlung nach Ratenplan (§ 10) gesichert werden.[Rz 1]

(2) Bei einem Bauträgervertrag über den Erwerb von Wohnungseigentum stellt die Anmerkung der Einräumung von Wohnungseigentum gemäß § 40 Abs. 2 WEG 2002 eine ausreichende bücherliche Sicherstellung des Erwerbers dar.[Rz 2]

(3) Sofern nicht etwas anderes vereinbart worden ist (§ 4 Abs. 1 Z 6), muss weiter die Lastenfreiheit der Liegenschaft hergestellt oder die künftige Lastenfreiheit gesichert sein.[Rz 3] Zwischen dem Hypothekargläubiger und dem Bauträger muss zugunsten des Erwerbers vereinbart sein, dass die Liegenschaft oder der Anteil des Erwerbers freigestellt wird.[Rz 4] Davon können nur jene Teile des Preises ausgenommen werden, die der Erwerber trotz Fälligkeit noch nicht entrichtet hat.

(4) Die Parteien können im Bauträgervertrag die Zahlung nach Ratenplan A oder nach Ratenplan B (§ 10 Abs. 2 Z 1 und 2) vereinbaren. Bei Zahlung nach Ratenplan A hat der Bauträger eine zusätzliche Garantie oder Versicherung eines der in § 8 Abs. 3 genannten Rechtsträgers beizubringen, sofern der Erwerb der Deckung des dringenden Wohnbedürfnisses[Rz 5] des Erwerbers oder eines nahen Angehörigen dienen soll. Diese Zusatzsicherheit muss alle vermögenswerten Nachteile sichern, die dem Erwerber aus der Verzögerung oder der Einstellung des Bauvorhabens aufgrund der Eröffnung eines Konkurs- oder Ausgleichsverfahrens über das Vermögen des Bauträgers oder aufgrund der Abweisung eines Antrags auf Eröffnung eines Konkursverfahrens mangels kostendeckenden Vermögens erwachsen. Ihre Höhe muss mindestens 10 vom Hundert des vom Erwerber zu entrichtenden Preises betragen.

Anmerkungen

Rz 1

Im Gegensatz zu anderen Sicherungsmodellen werden durch die grundbücherliche Sicherstellung nicht die Rückforderungsansprüche des Erwerbers sondern dessen **Rechtserwerb** an der zu bebauenden Liegenschaft **gesichert**. Die Sicherung allfälliger Rückforderungsansprüche im Fall der Nichtigkeit, Aufhebung bzw. Anfechtung des Vertrages ergibt sich bloß mittelbar aus der Zug-um-Zug-Einrede (§ 1052 ABGB) des Erwerbers im Rahmen der Rückabwicklung: Ist der Bauträger insolvent und kommt es zur Rückabwicklung des Leistungsaustausches, kann der Erwerber die Abgabe der zur Beseitigung seiner bücherlichen Rechte notwendigen Erklärungen solange verweigern, bis die von ihm geleisteten Entgeltzahlungen vollständig zurückgestellt wurden.

Über die Gefahr einer in dieser Konstellation allenfalls eintretenden Pattstellung wird der zu bestellende **Treuhänder** aufzuklären haben (vgl. § 12 Abs. 3 Z 1 lit. a). Dieser ist beim Modell der grundbücherlichen Sicherstellung **obligatorisch** (§ 12 Abs. 1).

Rz 2

Die Anmerkung nach § 40 Abs. 2 WEG 2002 stellt nur dann eine ausreichende Sicherheit dar, wenn auch die allgemeine Voraussetzung der grundbücherlichen Sicherstellung gegeben ist,[100] dass sich der **Bauträgervertrag zur grundbücherlichen Einverleibung eignet**.[101]

Rz 3

Mangels entsprechender Vereinbarung, wonach der Erwerber bestimmte Lasten zu übernehmen hat (§ 4 Abs. 1 Z 6), muss die **Lastenfreiheit** der Liegenschaft **hergestellt bzw. gesichert** werden. Der Treuhänder darf (sofern er auch Abwicklungstreuhänder ist) Zahlungen des Erwerbers daher erst dann weiterleiten, wenn er sich im Besitz ausreichender Löschungsquittungen befindet bzw. eine Vereinbarung im Sinne des Abs. 3 Satz 2 vorliegt. Da es sich bei einer solchen Vereinbarung zwischen dem Bauträger und dem Hypothekargläubiger (meist der finanzierenden Bank) bzw. in sonstiger Weise dinglich Berechtigten um einen echten Vertrag zugunsten Dritter (= des Erwerbers) handelt,[102] kann der Erwerber die Lastenfreistellung unmittelbar gegen Berechtigten durchsetzen. Eine derartige Freilassungsvereinbarung kann aber freilich auch unmittelbar mit dem Erwerber geschlossen werden.[103]

Erfolgt die **Übernahme von Geldlasten** (Schuldübernahme durch den Erwerber zur Berichtigung des Kaufpreises), ist in sinngemäßer Anwendung des Ratenplanmodells vorzugehen (§ 10 Abs. 5).

---

[100] Vgl. dazu EB RV 432 BlgNR XXIII. GP 21.
[101] Würth in Rummel: ABGB³ § 9 BTVG Rz 1; H. Böhm / Pletzer in Schwimann: ABGB² § 9 BTVG Rz 13.
[102] So explizit der JAB 450 BlgNR XX. GP 3.
[103] H. Böhm / Pletzer in Schwimann: ABGB² § 9 BTVG Rz 41.

Rz 4

Das Vorliegen entsprechender Freistellungsverpflichtungen der Hypothekargläubiger hat der zwingend zu bestellende (§ 12 Abs. 1) **Treuhänder zu prüfen** (§ 12 Abs. 4).

Rz 5

Zur Auslegung des Begriffes des dringenden Wohnbedürfnisses verweisen die Materialien[104] auf § 30a Abs. 1 KSchG. Zu dieser Bestimmung wird vertreten, dass das **dringende Wohnbedürfnis** im Sinne des § 30 Abs. 2 Z 5 und 6 MRG und der dazu ergangenen Judikatur auszulegen ist.[105] Angesichts des besonders unbestimmten Gesetzesbegriffes ist die einschlägige Rechtsprechung freilich nicht völlig homogen. Im Wesentlichen ist dieses Tatbestandsmerkmal dann erfüllt, wenn es an einer alternativen Wohnmöglichkeit fehlt, die der zur Diskussion stehenden rechtlich gleichwertig ist; was rein faktische Unterschiede der beiden Wohnmöglichkeiten betrifft, erscheint die Rechtsprechung hingegen großzügig.[106] Der Begriff der **nahen Angehörigen** ist nach den Materialien dem § 14 Abs. 3 MRG entlehnt; er erfasst daher den Ehegatten, den Lebensgefährten, Verwandte in gerader Linie einschließlich der Wahlkinder und die Geschwister des Erwerbers.

Erläuternde Bemerkungen

EB RV 312 BlgNR XX. GP (Stammfassung)

Zu § 9 des Entwurfs

[20] Der Entwurf geht davon aus, daß die bücherliche Sicherstellung des Erwerbers in Verbindung mit der Fälligkeit von Zahlungen gemäß dem Ratenplan des § 10 unter bestimmten Voraussetzungen den Schutzinteressen des Erwerbers hinreichend Rechnung trägt. Das Sicherungsmodell nach § 9 soll nur dann in Betracht kommen, wenn sich der Bauträger verpflichtet hat, dem Erwerber das **Eigentum**, das **Wohnungseigentum** oder das **Baurecht** zu verschaffen. Wenn dem Erwerber dagegen ein Miet- oder ein sonstiges Nutzungsrecht eingeräumt wird, können seine – meist als Baukostenzuschuß oder Mietzinsvorauszahlung bezeichneten – Vorleistungen nur durch die schuldrechtlichen Sicherungsmittel nach § 8 oder durch die Bestellung eines Pfandrechts nach § 11 gesichert werden. Auf Grund des Art. X § 1 des Insolvenzrechtsänderungsgesetzes 1982, BGBl. Nr. 370 (IRÄG), steht zwar den Wohnungsinteressenten bei Insolvenz des Bauträgers zur Sicherstellung ihrer Rückforderungsansprüche ein gesetzliches Pfandrecht an der Liegenschaft zu, sofern der Bauträger auch Eigentü-

---

[104] EB RV 432 BlgNR XXIII. GP 11.
[105] KREJCI in RUMMEL: ABGB³ § 30a KSchG Rz 13.
[106] Vgl. VONKILCH in HAUSMANN / VONKILCH: Wohnrecht § 14 MRG Rz 22 ff. m. w. N. aus der Rsp.

mer der betreffenden Liegenschaft ist. Dieses Pfandrecht schützt die Erwerber aber nur insoweit, als nicht vorrangige bücherliche Pfandrechte, die vor Eröffnung des Konkurs- oder des Ausgleichsverfahrens begründet worden sind, ihr Absonderungsrecht entwerten. Auf der Grundlage dieser Bestimmung erscheint daher die Einbeziehung des Erwerbs von Miet- und anderen Nutzungsrechten in das Modell der bücherlichen Sicherstellung nicht zweckmäßig.

Das Konzept der bücherlichen Sicherstellung beruht auf der Annahme, daß die Erwerber im schlimmsten »Störfall«, also bei Eröffnung des Konkurses über das Vermögen des Bauträgers samt nachfolgendem Baustopp, selbst bei einem **Verkauf der Liegenschaft** aus dem Erlös den Großteil des investierten Geldes zurückerhalten werden. Dazu trägt auch der Ratenplan gemäß § 10 bei, der dem Bauträger die etappenweise Vorfinanzierung der Bauabschnitte auferlegt.

In der Praxis kommt es zudem selbst bei Eröffnung eines Konkurses über das Vermögen des Bauträgers meist zur **Fertigstellung des Bauvorhabens.** Dies ist in aller Regel auch im Interesse sowohl der Erwerber als auch der das Bauvorhaben finanzierenden Bank. Dazu tragen nicht zuletzt auch die durch das IRÄG eingeführten §§ 24b und 25a WEG 1975[107] bei, die im Konkurs des Wohnungseigentumsorganisators eine geordnete Fortführung des Bauvorhabens gewährleisten können. Von besonderer Bedeutung für die hier relevante grundbücherliche Sicherstellung des Erwerbers ist die – ebenfalls mit dem IRÄG geschaffene – Anmerkung der Einräumung von Wohnungseigentum gemäß § 24a Abs. 2 WEG 1975[108], die mit rangwahrender und im Konkursfall dinglicher Wirkung ausgestattet ist.

Nicht ausdrücklich geregelt werden soll die Frage, wann eine grundbücherliche Sicherung des Erwerbers als **ausreichend** im Sinn des Abs. 1 anzusehen ist. Die Überprüfung der Qualität der bücherlichen Sicherheit soll vielmehr dem Treuhänder überlassen bleiben, der dabei auf die konkreten Umstände des [21] Falles Bedacht zu nehmen hat. Dem Erwerber – oder dem Treuhänder für den Erwerber – muß in diesem Modell jedenfalls eine Position eingeräumt werden, die es ihm ermöglicht, allfällige Rückforderungsansprüche aus dem Substanzwert des ihm Zustehenden zu befriedigen. Die Sicherheit muß insbesondere so beschaffen sein, daß sie auch im Fall eines Konkurses des Bauträgers hinreichende Deckung bietet.

Eine weitere Voraussetzung für eine ausreichende bücherliche Sicherstellung ist die **Eignung des Bauträgervertrags zur grundbücherlichen Einverleibung.** Der Vertrag muß sohin sowohl formell als auch inhaltlich einen hinreichenden Titel für den Erwerb der darin zugesagten Rechte darstellen. Weiters wird es vielfach erforderlich – und letztlich von dem gemäß § 12 zu bestellenden Treuhänder zu überprüfen – sein, daß die zur Einverleibung notwendigen behördlichen Genehmigungen vorliegen. Wenn der Bauträgervertrag die Verschaffung des Alleineigentums vorsieht, wird der Treuhän-

---

107 Vgl. nunmehr §§ 41 und 44 WEG 2002.
108 Vgl. nunmehr § 40 Abs. 2 WEG 2002.

der in der Regel die Anmerkung der Rangordnung für die beabsichtigte Veräußerung zu erwirken (allenfalls auch fristgerecht auszunützen) und zu prüfen haben, ob die (meist vereinbarte) geldlastenfreie Übergabe gewährleistet ist.

Die **Anmerkung der Einräumung von Wohnungseigentum** verschafft Erwerbern, die zugleich Wohnungseigentumsbewerber sind, eine im Insolvenzfall ausreichende dingliche Sicherheit. Daher soll – in Abs. 2 – auf diese Möglichkeit ausdrücklich Bedacht genommen werden. Der Entwurf entspricht damit auch verschiedenen Forderungen der Praxis, nach denen die Möglichkeit vorzusehen sei, das Wohnungseigentum erst nach Fertigstellung des Bauvorhabens einzuverleiben. Unter dieser Voraussetzung könne nämlich das endgültige Ergebnis des Parifizierungsverfahrens abgewartet werden, außerdem könnten behördliche Bewilligungen für Umplanungen, die sich oft erst während der Bauphase als notwendig herausstellten, leichter erwirkt werden; andernfalls müßte von allen Wohnungseigentümern eine Zustimmungserklärung eingeholt (oder die Pflicht zur Korrektur der Anteile nach § 4 Abs. 2 WEG[109] durchgesetzt) werden.

Die Sicherstellung des Erwerbers setzt weiters voraus, daß die **Lastenfreiheit der Liegenschaft hergestellt oder** zumindest – durch entsprechende Vereinbarungen oder durch bereits dem Treuhänder ausgefolgte grundbuchsfähige Urkunden – **gesichert** ist, sofern nicht im Bauträgervertrag (vgl. § 4 Abs. 1 Z 4[110]) ausdrücklich die Übernahme bestimmter Lasten vereinbart wurde (Abs. 3). Der Ausdruck »Lastenfreiheit« umfaßt grundsätzlich alle für die betreffende Liegenschaft relevanten dinglichen Belastungen mit Ausnahme jener, die sich aus bau- oder gewerbebehördlichen Aufträgen mit dinglicher Wirkung ergeben und die nur für die Bauphase relevant sind. Sonderregeln werden in Abs. 3 zweiter Satz noch für Geldlasten vorgesehen:

Neben der in Abs. 1 geforderten (und in Abs. 2 für das Wohnungseigentum näher geregelten) ausreichenden grundbücherlichen Sicherstellung des Erwerbers und der Zahlung nach Baufortschritt (siehe Ratenplan des § 10) soll die vertragsgemäße **Geldlastenfreistellung** der Liegenschaft oder des Liegenschaftsanteils des Erwerbers eine unabdingbare Voraussetzung im Rahmen der grundbücherlichen Sicherstellung sein. Die Verpflichtung zur Geldlastenfreistellung muß – um den rechtlich und wirtschaftlich angestrebten Zweck zu erreichen – Zug um Zug mit den Zahlungen des Erwerbers vereinbart werden. Hypothekargläubiger wird in aller Regel die das Projekt finanzierende Bank sein. Es wird nun im zweiten Satz des Abs. 3 nicht verlangt, daß ein Pfandgläubiger jeweils nach einer Ratenzahlung eine entsprechende Freistellungserklärung abzugeben hat; dies wird bei einer geordneten finanziellen Abwicklung des Projekts auch nicht erforderlich sein. Im Interesse des Erwerberschutzes muß sich der Hypothekargläubiger dazu aber »für den Ernstfall« verpflichten. In der Praxis wird erst nach

---

[109] Vgl. nunmehr § 10 Abs. 3 und 4 WEG 2002.
[110] Nunmehr § 4 Abs. 1 Z 6.

vollständiger Bezahlung des im Bauträgervertrag vereinbarten Betrags die Freistellung durch den oder die Hypothekargläubiger vom Treuhänder verlangt und die Löschung des auf den Anteil des jeweiligen Erwerbers entfallenden Pfandrechts durchgeführt werden, sofern nicht die Übernahme von Geldlasten nach § 4 Abs. 1 Z 4[111] vereinbart ist.

Die vereinbarungsgemäße Lastenfreistellung der Liegenschaft bzw. des Liegenschaftsanteils ist im übrigen auch ein Aspekt der im § 7 Abs. 5 angesprochenen **Verschaffung der vereinbarten Rechtsstellung**.[112] Wenn bestimmte Geldlasten vom Erwerber unter Anrechnung auf den vereinbarten Preis zu übernehmen sind, ist aber auf den Grundgedanken der Ratenplanmethode – nämlich der Fälligkeit nur nach Baufortschritt – Bedacht zu nehmen. § 10 Abs. 5 ordnet daher an, daß auch die Übernahme von Geldlasten – die wirtschaftlich einer Zahlung des Erwerbers gleichkommt – im Ergebnis nur etappenweise unter der Voraussetzung des entsprechenden Baufortschritts vereinbart werden darf; vgl. dazu die Erläuterungen zu § 10 Abs. 5.

JAB 450 BlgNR XX. GP (Stammfassung)

Zu § 9 Abs. 3 BTVG

[3] Die Voraussetzungen, unter denen sich der Hypothekar dem Bauträger gegenüber zur Lastenfreistellung zugunsten des Erwerbers verpflichtet, sind in der **zwischen dem Hypothekar und dem Bauträger zugunsten des Erwerbers getroffenen Vereinbarung** festzulegen. Im besonderen gilt dies für die Frage, auf welche Weise der Hypothekar vertraglich sicherstellt, daß ihm Zahlungen auf die pfandrechtlich gesicherte Forderung auch zukommen. Daher hat der letzte Halbsatz des in der Regierungsvorlage vorgeschlagenen § 9 Abs. 3 zu entfallen. Es soll den Hypothekaren überlassen bleiben, sich durch entsprechende Vereinbarungen mit dem Bauträger abzusichern.

Ergänzend sei festgehalten, daß die Vereinbarung zwischen Gläubiger und Bauträger ein (echter) **Vertrag zugunsten Dritter** ist, der dem Erwerber ein unmittelbares Recht einräumt, das ihm nicht nachträglich durch Vereinbarungen zwischen Gläubiger und Bauträger entzogen werden kann (RUMMEL in RUMMEL: ABGB² Rz 11 zu § 881).

---

111 Nunmehr § 4 Abs. 1 Z 6.
112 Auf Grund der Änderungen der RV durch den JA (vgl. JAB 450 BlgNR XX. GP 2) ist auf die Sicherung der Erlangung der vereinbarten Rechtsstellung abzustellen.

EB RV 432 BlgNR XXIII. GP (BTVG-Novelle 2008)

Zu Z 15 (§ 9 Abs. 2 des Entwurfs)

[10] Auch diese Änderung passt das Gesetz an das Wohnungseigentumsgesetz 2002 an.

Zu Z 16 (§ 9 Abs. 3 des Entwurfs)

[10] Die vorgeschlagene Änderung soll den **Umfang der Freistellungsverpflichtung** des Hypothekargläubigers klarstellen. Der Gläubiger muss den Erwerber grundsätzlich von allen Lasten freistellen. Davon kann er nur diejenigen Teile des Preises ausnehmen, die der Erwerber trotz Fälligkeit noch nicht entrichtet hat. Hier kommt es aber nur auf den Verzug des Erwerbers an. Ob dem Hypothekargläubiger die vom Erwerber zeitgerecht entrichteten Zahlungen auch zugekommen sind, ist dagegen irrelevant. Nach wie vor steht das Gesetz einer zu Gunsten des Erwerbers abgeschlossenen Vereinbarung, wonach sich der Hypothekargläubiger zur uneingeschränkten Freistellung verpflichtet, selbstverständlich nicht entgegen. [11] Den im Begutachtungsentwurf enthaltenen Vorschlag, die Freistellungspflicht des Pfandgläubigers an den jeweiligen Baufortschritt zu knüpfen, übernimmt der vorliegende Entwurf nicht. Eine solche Regelung würde den notwendigen Schutz des Erwerbers unterhöhlen.

Zu Z 17 (§ 9 Abs. 4 des Entwurfs)

[11] Die Erwerber werden bei der **grundbücherlichen Sicherstellung** und der Zahlung nach Ratenplan durch die im Begutachtungsentwurf vorgesehenen Schritte noch **nicht ausreichend geschützt.** Daher bedarf es zusätzlicher Maßnahmen zur Schließung der Lücken dieses Sicherungsmodells. In diesem Sinn soll den Vertragsteilen die Wahl zwischen zwei Ratenplänen, dem Ratenplan A und dem Ratenplan B (§ 10 Abs. 2 des Entwurfs), freistehen. Im einen Fall soll das der grundbücherlichen Sicherstellung inhärente wirtschaftliche Risiko durch eine verpflichtende Zusatzsicherung abgedeckt werden. Im anderen Fall werden die nach den Bauabschnitten zulässigen Ratenzahlungen so gestaltet, dass dieses Risiko während der Bauphase minimiert wird.

Der Bauträger hat nach § 9 Abs. 4 des Entwurfs bei der Zahlung nach **Ratenplan A** eine **zusätzliche Garantie** (oder eine geeignete Versicherung) beizubringen, wenn der Erwerber oder dessen nahe Angehörigen auf den Erwerb existenziell angewiesen sind, wenn nämlich der Erwerb nach den Verhältnissen im Zeitpunkt des Vertragsabschlusses der Deckung ihres **dringenden Wohnbedürfnisses** dient (vgl. auch § 30 a Abs. 1 letzter Satz KSchG). Der Befürchtung des Begutachtungsentwurfs, dass mit einer derartigen Zusatzsicherung Bauträgerverträge noch komplexer werden, soll durch die zu § 4 Abs. 1 vorgeschlagenen Änderungen begegnet werden. Zudem kann der Umstand, dass eine solche Zusatzsicherheit in den derzeit verwendeten Finanzierungsmodellen der Kreditinstitute nicht Deckung findet, nicht zu Lasten des legitimen Schutzbedürfnisses der Erwerber gehen. Die Frage, ob der Erwerber oder ein naher Angehöriger ein dringendes Wohnbedürfnis befriedigen will, wird vor Vertragsabschluss durch den Bauträger (und den Treuhänder) zu prüfen sein.

Die Zusatzsicherheit muss alle vermögenswerten Nachteile decken, die dem Erwerber aus einer **insolvenzbedingten Verzögerung oder Einstellung des Bauvorhabens** erwachsen können, etwa zusätzliche Mittel, die er für die Fertigstellung des Vorhabens aufwenden muss, weitere Wohnkosten, die ihm aus einer nicht rechtzeitigen Fertigstellung erwachsen, oder Verluste, die er beim Versuch der Verwertung des nicht fertig gestellten Vertragsgegenstands erleidet, weil der erzielbare Preis nicht dem Wert der bisherigen Bauleistungen entspricht. Die Höhe der Zusatzsicherheit muss mindestens 10 % des Preises einschließlich der Entgelte für Sonder- und Zusatzleistungen betragen, wobei hier wiederum Abgaben und Steuern sowie die Vertragserrichtungs und -abwicklungskosten abzuziehen sind.

Der Wortlaut dieser Zusatzsicherung muss dem Erwerber vor Vertragsabschluss **bekanntgegeben** werden (vgl. § 5 Abs. 1 Z 5 des Entwurfs); der Treuhänder muss den Erwerber auch über diese zusätzliche Sicherung **belehren** (vgl. § 12 Abs. 3 Z 1 lit. a des Entwurfs).

§ 10   Zahlung nach Ratenplan

(1) Bei der Zahlung nach Ratenplan ist der vereinbarte Preis in Raten zu entrichten, die jeweils erst nach Abschluß der in Abs. 2 festgelegten Bauabschnitte fällig werden.

(2) Zu nachstehenden Terminen sind höchstens folgende Teile des Preises [Rz 1] fällig: [Rz 2]

1. im Ratenplan A (§ 9 Abs. 4):
   a) 15 vom Hundert bei Baubeginn auf Grund
      einer rechtskräftigen Baubewilligung;
   b) 35 vom Hundert nach Fertigstellung [Rz 3] des Rohbaus und des Dachs;
   c) 20 vom Hundert nach Fertigstellung der Rohinstallationen;
   d) 12 vom Hundert nach Fertigstellung der Fassade und
      der Fenster einschließlich deren Verglasung;
   e) 12 vom Hundert nach Bezugsfertigstellung oder bei vereinbarter
      vorzeitiger Übergabe des eigentlichen Vertragsgegenstandes;
   f) 4 vom Hundert nach Fertigstellung der
      Gesamtanlage (§ 4 Abs. 1 Z 1) und
   g) der Rest nach Ablauf von drei Jahren ab der Übergabe des
      eigentlichen Vertragsgegenstandes, sofern der Bauträger allfällige
      Gewährungsleistungs- und Schadenersatzansprüche nicht durch
      eine Garantie oder Versicherung (§ 4 Abs. 4) gesichert hat;

2. im Ratenplan B (§ 9 Abs. 4):
   a) 10 vom Hundert bei Baubeginn auf Grund
      einer rechtskräftigen Baubewilligung;
   b) 30 vom Hundert nach Fertigstellung des Rohbaus und des Dachs;
   c) 20 vom Hundert nach Fertigstellung der Rohinstallationen;
   d) 12 vom Hundert nach Fertigstellung der Fassade und
      der Fenster einschließlich deren Verglasung;
   e) 17 vom Hundert nach Bezugsfertigstellung oder bei vereinbarter
      vorzeitiger Übergabe des eigentlichen Vertragsgegenstandes;
   f) 9 vom Hundert nach Fertigstellung der
      Gesamtanlage (§ 4 Abs. 1 Z 1) und
   g) der Rest nach Ablauf von drei Jahren ab der Übergabe des
      eigentlichen Vertragsgegenstandes, sofern der Bauträger allfällige
      Gewährungsleistungs- und Schadenersatzansprüche nicht durch
      eine Garantie oder Versicherung (§ 4 Abs. 4) gesichert hat.

(3) Eine Vereinbarung der Fälligkeit der ersten Rate vor Baubeginn (Abs. 2 Z 1 lit. a und Z 2 lit. a) ist unter der Voraussetzung zulässig, daß auf Grund des hohen Wertes der zu bebauenden Liegenschaft die grundbücherliche Sicherstellung des Erwerbers bereits eine ausreichende Sicherheit bietet.[Rz 4]

(4) Die Abs. 1 bis 3 sind auf durchgreifende Erneuerungen von Altbauten sinngemäß anzuwenden.[Rz 5]

(5) Die Abs. 2 bis 4 sind auf die Übernahme von Geldlasten durch den Erwerber sinngemäß anzuwenden.

Anmerkungen

Rz 1
Bemessungsgrundlage für die Höhe der Raten stellt der **Preis** dar; darunter fallen nicht Kosten für die Vertragserrichtung und –abwicklung, ebensowenig Steuern und Abgaben. Nach dem Wortlaut des § 4 Abs. 1 Z 3 fallen Entgelte für Sonder- und Zusatzleistungen zwar nicht unter den Begriff »Preis«, doch wird man diese Beträge dem Schutzweck der Ratenplanmethode entsprechend auch in die Bemessungsgrundlage einzubeziehen haben, weil diesbezüglich andernfalls eine ungesicherte Vorauszahlung vereinbart werden könnte. Denkbar wäre aber freilich auch eine Kombination von Sicherungsmodellen dahingehend, dass der Preis im Rahmen des Ratenplans beglichen wird, während die Rückforderung von im voraus bezahlten Sonder- und Zusatzleistungen durch schuldrechtliche Sicherung abgedeckt wird.

Rz 2
Es kann allerdings vereinbart werden, dass der Erwerber Zahlungen bereits vor dem jeweiligen Fälligkeitszeitpunkt **an den Treuhänder** zu entrichten hat; dieser darf das Geld aber frühestens mit Eintritt der Fälligkeit an den Bauträger weiterleiten.[113] Auf diese Weise steht dem Bauträger die Möglichkeit offen, sich seinerseits gegen Zahlungsschwierigkeiten des Erwerbers abzusichern.

Rz 3
Nach den Materialien[114] soll ein geringfügiger **Mangel** der Beurteilung eines Bauabschnitts als abgeschlossen nicht im Wege stehen, sofern der Mangel nicht so gravierend ist, dass schon nach allgemeiner Verkehrsauffassung nicht von einem Erreichen

---

[113] EB RV 312 BlgNR XX. GP 17.
[114] EB RV 312 BlgNR XX. GP 22.

des betreffenden Fertigstellungsgrads gesprochen werden kann. Gleichzeitig halten die Erläuterungen fest, dass die Möglichkeit zur **Zurückbehaltung** des Entgelts bei Vorliegen geringfügiger Mängel nach den allgemeinen Vorschriften bzw. nach der vertraglichen Vereinbarung zu prüfen ist. Daraus folgt, dass bezüglich solcher (nicht gravierenden) Mängel dem Erwerber die Einrede des nicht gehörig erfüllten Vertrags (§ 1052 ABGB) hinsichtlich der jeweiligen Rate zusteht,[115] und dieses Leistungsverweigerungsrecht im Bauträgervertrag grundsätzlich ausgeschlossen werden könnte. In diesem Punkt genießt der Erwerber – zumindest was die Fertigstellung des letzten Bauabschnitts betrifft – allerdings flankierenden Schutz durch § 6 Abs. 1 Z 6 KSchG, wonach Rechte des Verbrauchers aus § 1052 ABGB nicht wirksam ausgeschlossen oder eingeschränkt werden können.[116] Ob ein Leistungsverweigerungsrecht des Erwerbers auch auf Grund von geringfügigen Mängeln bei früheren Bauabschnitten besteht, erscheint fraglich. Bejaht man dies – wofür immerhin spricht, dass Fertigstellung der Bauabschnitte und Fälligkeit der korrespondierenden Raten nach dem Konzept des BTVG wohl in einem Zug-um-Zug-Austauschverhältnis stehen –, so stünde einer abweichenden Vereinbarung im Bauträgervertrag ebenfalls § 6 Abs. 1 Z 6 KSchG entgegen.

Rz 4

Ob die zu bebauende Liegenschaft **ausreichende Sicherheit** bietet, hat der Treuhänder zu prüfen. Dabei sind insbesondere der gemeine Wert der Liegenschaft und die Summe der darauf haftenden Lasten zu berücksichtigen, sowie das Vorhandensein und die Vorauszahlungen anderer Erwerber. Für die Feststellung des Werts der Liegenschaft wird der Treuhänder sinnvollerweise einen Sachverständigen heranziehen; dieser haftet dem Erwerber unmittelbar und ist dem Treuhänder nicht als Erfüllungsgehilfe (§ 1313 a ABGB) zuzurechnen (§ 13 Abs. 2).

Bietet der Wert der Liegenschaft nicht für die gesamte erste Rate Sicherheit, so wird man aber immerhin die Fälligkeit für eine gegenüber dem Ratenplan entsprechend **reduzierte Rate** vereinbaren können.[117]

Rz 5

Nach Abs. 4 ist eine Vereinbarung, mit der die **Fälligkeit der ersten Rate** bereits vor Baubeginn festgesetzt wird, auch im Fall einer durchgreifenden Erneuerung durch Sanierung von Altbauten zulässig; der OGH[118] hat eine entsprechende Abrede daher als wirksam beurteilt, wenn der Erwerber bereits als Wohnungseigentümer einverleibt war und der Wert der Liegenschaft ausreichende Sicherheit geboten hat; dabei soll es we-

---

115 H. Böhm / Pletzer in Schwimann: ABGB² § 10 BTVG Rz 15; wohl auch Würth in Rummel: ABGB³ § 10 BTVG Rz 3.
116 H. Böhm / Pletzer in Schwimann: ABGB² § 10 BTVG Rz 22.
117 Würth in Rummel: ABGB³ § 10 BTVG Rz 2.
118 OGH 8 Ob 113/04 g in wobl 2006, 59/14 mit Anm. Pittl.

der schaden, dass die konkrete Vereinbarung nicht als eine solche »nach § 10 Abs. 3 BTVG« bezeichnet wurde, noch dass noch keine Baubewilligung vorgelegen ist.[119]

Allgemeine Richtlinien, wie der **Ratenplan** auf die Fälle der **durchgreifenden Erneuerung** bzw. Sanierung von Altbauten »sinngemäß« anzuwenden ist, können nach der Rechtsprechung nicht aufgestellt werden. Der OGH[120] hat im Anschluss an die Materialien[121] ausgesprochen, dass zu Beginn der Sanierungs- und Umbaumaßnahmen bei durchgreifender Erneuerung oft von einem Bauzustand auszugehen sein wird, der in etwa der Rohbaufertigstellung entspricht. Für die bis zum Abschluss der Sanierungsarbeiten zu setzenden Baumaßnahmen wird der Treuhänder einen individuellen Ratenplan, der sich an die in § 10 Abs. 2 normierten Modelle anzulehnen hat, zu erstellen haben.

Erläuternde Bemerkungen

EB RV 312 BlgNR XX. GP (Stammfassung)

Zu § 10 des Entwurfs

[22] Diese Bestimmung regelt die »Ratenplanmethode«, die in Verbindung mit § 9 sicherstellen soll, daß der Erwerber nur solche Zahlungen an den Bauträger leistet, die der **Erhöhung des Wertes der Liegenschaft** bzw. seines Liegenschaftsanteils **durch die zwischenzeitig erbrachten Bauleistungen** entsprechen.

Vereinbaren die Parteien, daß der Erwerber über die in Abs. 2 genannten Teilbeträge hinaus **weitere Zahlungen** zu leisten habe, so soll dies nur dann zulässig und rechtswirksam (vgl. § 7 Abs. 4) sein, wenn der Bauträger zugleich angemessene Sicherheiten im Sinn des § 8 oder des § 11 bestellt, die allfällige Rückforderungsansprüche im Umfang der zusätzlich in Empfang genommenen Gelder abdecken. Für die Fälligkeit der ersten Rate, die größtenteils zur Abdeckung der Grundkosten dient, wird aber in Abs. 3 eine Ausnahme vorgeschlagen.

Das Vorliegen geringfügiger **Mängel** hindert grundsätzlich nicht die Beurteilung eines Bauabschnitts als abgeschlossen, sofern die Mängel nicht so gravierend sind, daß schon nach allgemeiner Verkehrsauffassung nicht von einem Erreichen des betreffenden Fertigstellungsgrads gesprochen werden kann; dies wäre etwa dann der Fall, wenn der zur Mängelbehebung erforderliche Aufwand im Verhältnis zu den für den jeweiligen

---

119 H. Böhm / Pletzer in Schwimann: ABGB² § 10 BTVG Rz 37; Engin-Deniz: BTVG² § 10 Rz 2; OGH 8 Ob 113/04 g in wobl 2006, 59/14 mit Anm. Pittl.
120 OGH 8 Ob 113/04 g in wobl 2006, 59/14 mit Anm. Pittl.
121 EB RV 312 BlgNR XX. GP 23; siehe auch H. Böhm / Pletzer in Schwimann: ABGB² § 10 BTVG Rz 43; Engin-Deniz: BTVG² § 10 Rz 4.

Bauabschnitt zu leistenden Zahlungen unverhältnismäßig erscheint. Inwieweit Mängel die Erwerber berechtigen, Teile des vereinbarten Entgelts zurückzubehalten, bleibt den allgemeinen Bestimmungen und der vertraglichen Vereinbarung überlassen. Die in § 10 Abs. 2 genannten Prozentsätze der Vertragssumme sind nur die zulässigen Höchstbeträge, die zu bestimmten Bauphasen fällig gestellt werden können. Für den Erwerber günstigere Vereinbarungen sind selbstverständlich möglich und auch – in Form der sogenannten Haftrücklässe – übliche Vertragspraxis.

Die Fälligkeit der **ersten Teilzahlung** soll gemäß Abs. 2 Z 1 frühestens eintreten, wenn – auf Grund einer rechtskräftigen Baubewilligung – mit dem Bau begonnen wurde. Unter Baubeginn ist dabei der tatsächliche Beginn der Erdarbeiten zu verstehen.

Da die erste Teilzahlung wirtschaftlich in der Regel dem anteiligen Wert des Baugrundes zuzuordnen ist, erscheint es gerechtfertigt, im Fall der Einräumung eines – zeitlich befristeten – **Baurechts** einen niedrigeren Betrag vorzusehen als bei der Übertragung von Eigentum.[122]

Die **Fertigstellung** der in Abs. 2 Z 2 festgelegten Bauabschnitte ist nicht schwierig festzustellen, allfällige Zweifelsfragen werden mit Hilfe der allgemeinen Verkehrsauffassung in der Baubranche zu beantworten sein. Zu betonen ist, daß die Baufortschrittskontrolle primär keine Qualitätskontrolle sein soll, wesentlich ist hier stets nur der Aspekt der Sicherung des Erwerbers durch den Wertzuwachs der Liegenschaft auf Grund der Bauarbeiten.

Unter dem Begriff »**Bezugsfertigstellung**« ist die Fertigstellung des einzelnen Vertragsobjekts sowie jener allgemeinen Teile des Gebäudes und der Anlage zu verstehen, die für die Benutzbarkeit dieses Objekts erforderlich sind. Die restlichen 3 % der Vertragssumme sind erst fällig, wenn die gesamte Anlage fertiggestellt ist.

Die in Abs. 3 vorgeschlagene Regelung soll unter besonderen Umständen eine für den Bauträger finanziell interessante **Ausnahme vom Ratenplan** ermöglichen: Von Vertretern der Bauträger wie auch der Freien Rechtsberufe ist in den Beratungen vor der Erstellung dieses Entwurfs argumentiert worden, daß es nicht gerechtfertigt sei, die erste Zahlung des Erwerbers erst bei Baubeginn zuzulassen, zumal ihm schon oft vor diesem Zeitpunkt Miteigentum an der zu bebauenden Liegenschaft eingeräumt werde und er damit für die auf die Grundkosten entfallende Teilzahlung sichergestellt sei.

Zahlungen des Erwerbers sollen aber prinzipiell **nicht vor der rechtskräftigen Baubewilligung** und dem meist bald darauf erfolgenden Baubeginn fällig sein (vgl. Abs. 2 Z 1). Auf Grund der Möglichkeit, die beiden in diesem Entwurf vorgesehenen Sicherungsmodelle zu kombinieren (vgl. § 7 Abs. 3), sollen – wie erwähnt – darüber hinaus Zahlungen in der Phase vor Baubeginn als fällig vereinbart werden können, sofern zu deren Besicherung vom Bauträger andere Sicherheiten bereitgestellt werden.

---

122 Diese Differenzierung ist durch die Novelle 2008 abgeschafft worden.

Aber auch ohne eine schuldrechtliche oder pfandrechtliche Sicherstellung soll in den Fällen, in denen der hohe Wert der Liegenschaft entsprechende Sicherheit bietet, die Entgegennahme von **Zahlungen vor der ersten Rate nach dem Ratenplan** möglich sein. Hier muß sich der Treuhänder in rechtlicher wie wertmäßiger Hinsicht davon überzeugen, daß alle Voraussetzungen vorliegen, um den Erwerber im Sinn des § 7 Abs. 1 gegen den Verlust seiner bereits geleisteten Zahlungen zu sichern. Da die Sicherung des Erwerbers im Wert seines Grundanteils liegt, wird sich der Treuhänder in aller Regel durch ein Sachverständigengutachten vom Wert der Liegenschaft zu überzeugen haben. Bei dieser Bewertung kann auch [23] das Vorliegen einer rechtskräftigen Baubewilligung eine Rolle spielen, da sie den Wert einer Liegenschaft (z. B. unter dem Aspekt der zulässigen Bebauungsdichte) durchaus beeinflußen kann.

Nach Abs. 4 ist die »Ratenplanmethode« auf die **durchgreifende Erneuerung von Altbauten** sinngemäß anzuwenden. Eine durchgreifende Erneuerung ist jedenfalls anzunehmen, wenn die Kosten der Baumaßnahmen die Hälfte der Neuherstellungskosten betragen. Zu Beginn der Sanierungs- und Umgestaltungsarbeiten wird bei einer durchgreifenden Erneuerung oft von einem Bauzustand auszugehen sein, der in etwa der Rohbaufertigstellung entspricht. Für die bis zum Abschluß der Sanierungsarbeiten zu setzenden Baumaßnahmen wird der Treuhänder sohin einen individuellen, aber an § 10 Abs. 2 angelehnten, Ratenplan zu erstellen haben. Dieser Ratenplan müßte unter Umständen – z. B. bei einem Dachbodenausbau – berücksichtigen, daß manche Baumaßnahmen – wie etwa ein dabei erforderliches Abreißen des vorhandenen Daches – den Substanzwert auch verringern können.

Da die **Übernahme von Geldlasten** durch den Erwerber einer Leistung an den Bauträger gleichkommt, sind für solche Vereinbarungen nach Abs. 5 die vorhergehenden Absätze sinngemäß anzuwenden. Der Erwerber kann sich somit rechtswirksam zur Übernahme von seinen Anteil belastenden Hypotheken nur stufenweise entsprechend dem Ratenplan verpflichten. Dies wird sich in der Praxis durch entsprechend gestaffelte Freistellungsverpflichtungen bewerkstelligen lassen.

EB RV 432 BlgNR XXIII. GP (BTVG-Novelle 2008)
Zu Z 18 (§ 10 Abs. 2 des Entwurfs)

[11] Das Ratenplanmodell geht davon aus, dass die Zahlungen des Erwerbers in etwa dem Wert der vom Bauträger bereits erbrachten Leistungen entsprechen. Die Vorauszahlungen des Erwerbers sollen damit wirtschaftlich abgesichert werden. Ein **Rücktritt** wird für ihn in solchen Konstellationen nicht sinnvoll sein. Der Rücktritt des Masseverwalters im Konkurs des Bauträgers kann sich nur auf die noch ausstehenden Leistungen beziehen.

Wie schon mehrfach erwähnt, können mit diesem Modell praktisch aber **»Reibungsverluste«** verbunden sein, die die vom Gesetz angestrebte Gleichwertigkeit der Vorauszahlungen mit den bereits erbrachten Bauleistungen durcheinander bringen. Über das Ausmaß und die potenzielle Höhe dieser Verluste besteht kein Einvernehmen. Die Verbrauchervertreter haben sie in den Sitzungen der Arbeitsgruppe mit bis zu 30% des Preises beziffert, die Vertreter der Wirtschaft mit weit geringeren Beträgen. Eine verlässliche Einschätzung dieses Risikos fällt schon deshalb schwer, weil für das Ausmaß der »Reibungsverluste« vielfach die Umstände des Einzelfalls maßgebend sein werden. Was sich in dem einen Konkursverfahren als schwerwiegender Nachteil für die Erwerber herausgestellt hat, muss im anderen nicht unbedingt schlagend werden. Unbestritten ist aber, dass der Erwerber bei einer Veräußerung des halbfertigen Objekts Nachteile zu gewärtigen hat, weil der Verkehr nicht bereit ist, den Wert der bereits erbrachten Bauleistungen zu entgelten. Dazu können auch noch Mehrkosten für die Fertigstellung des Baus durch einen dritten Unternehmer kommen.

Diesem Dilemma der häufig verwendeten Ratenplanmethode soll durch eine **Verschärfung der Gestaltung des Ratenplans** begegnet werden. Den Parteien stehen zwei Varianten zur Verfügung, die im Vergleich zum geltenden Recht für den Erwerber auf jeden Fall günstiger sind. Bei der Wahl des **Ratenplans A** muss der Bauträger eine Zusatzsicherung zur Verfügung stellen, wenn der Erwerb der Deckung des dringenden Wohnbedürfnisses des Erwerbers oder eines nahen Angehörigen dienen soll (vgl. die [12] Erläuterungen zu § 9 Abs. 4 des Entwurfs) richten. Wenn sich die Parteien nicht auf eine derartige Zusatzsicherung einigen, sollen sich die höchst zulässigen Raten nach dem für den Bauträger noch einmal ungünstigeren **Ratenplan B** (§ 10 Abs. 2 Z 2 des Entwurfs) bestimmen. Vom Bestreben, einen strikten Gleichklang zwischen dem Wert der bereits erbrachten Bauleistungen und der Höhe der Vorauszahlungen herzustellen, wird dabei zu Gunsten des Erwerbers abgegangen.

Zugleich soll der nach dem geltenden Recht komplizierte Ratenplan vereinfacht werden. Auch das dient der Transparenz des Bauträgervertragsrechts.[123]

Zu Z 19 (§ 10 Abs. 3 des Entwurfs)

[12] Die vorgeschlagene Regelung passt das Klammerzitat an die Änderungen in § 10 Abs. 2 des Entwurfs an.

---

123 Damit verbunden ist ein Wegfall der Differenzierung danach, ob dem Erwerber Eigentum bzw. Wohnungseigentum oder bloß ein Baurecht übertragen werden soll.

§ 11   Pfandrechtliche Sicherung

(1) Allfällige Rückforderungsansprüche des Erwerbers können auch durch ein ausreichende Deckung bietendes Pfandrecht[Rz 1] auf einer Liegenschaft[Rz 2] gesichert werden.[Rz 3] Die Sicherungspflicht erstreckt sich auch auf nicht länger als drei Jahre rückständige Zinsen in der in § 14 Abs. 1 genannten Höhe.

(2) Allfällige Rückforderungsansprüche mehrerer Erwerber können auch durch ein Pfandrecht zugunsten des Treuhänders gesichert werden. Zur Verfügung über ein solches Pfandrecht und zu seiner Verwertung ist allein der Treuhänder berechtigt.[Rz 4]

(3) Das Pfandrecht nach Abs. 1 und 2 kann auch auf einen Höchstbetrag lauten, bis zu dem die Deckung reichen soll.

Anmerkungen

Rz 1
Nach dem Gesetzeswortlaut ist die Sicherung des Erwerbers durch eine **Anmerkung der Rangordnung für die beabsichtigte Verpfändung** (§§ 53 ff. GBG) nicht ausreichend.[124]

Rz 2
§ 11 schließt die Bestellung eines Pfandrechts auf der **zu bebauenden Liegenschaft** nicht aus. Die Erläuterungen[125] weisen allerdings darauf hin, dass bei der beabsichtigten Verschaffung von (Wohnungs-)Eigentum bzw. der Einräumung eines Baurechts der Wert der Liegenschaft regelmäßig für die Sicherung unzureichend sein wird. Dies ist aber freilich ebenso im Fall des Erwerbs von Miet- oder sonstigen Nutzungsrechten und der Sicherung von Rückforderungsansprüchen betreffend Mietzinsvorauszahlungen und Baukostenzuschüsse denkbar, wenn die zu bebauende Liegenschaft bereits belastet ist[126] (etwa durch ein vorrangiges Pfandrecht der finanzierenden Bank). Überdies ist zu beachten, dass bei der geplanten Begründung von Wohnungseigentum die Verwertung eines solchen Pfandrechts die Erlangung der

---

[124] H. Böhm / Pletzer in Schwimann: ABGB² § 11 BTVG Rz 10.
[125] EB RV 312 BlgNR XX. GP 23.
[126] H. Böhm / Pletzer in Schwimann: ABGB² § 11 BTVG Rz 5.

vereinbarten Rechtsstellung der anderen Erwerber beeinträchtigt; im Wohnungseigentumsbereich wird dieses Sicherungsmodell daher als unzulässig zu beurteilen sein.[127]

Ohne weiters zulässig ist die Bestellung eines Pfandrechts auf der **Liegenschaft eines Dritten.**

Rz 3

Die Bestellung eines **Treuhänders** ist beim Modell der pfandrechtlichen Sicherung **obligatorisch** (§ 12 Abs. 1). Beim beabsichtigten Erwerb von Wohnungseigentum ist ferner die Anmerkung der Einräumung von Wohnungseigentum (§ 40 Abs. 2 WEG 2002) zwingend vorgesehen.

Rz 4

Wurde ein **Treuhänderpfandrecht** bestellt, so wird nur der Treuhänder Hypothekargläubiger. Der Rückforderungsanspruch ist (bei Fälligkeit) jedoch vom Erwerber einzuklagen. Im Exekutionsverfahren tritt der Treuhänder als betreibender Gläubiger auf und stützt sich auf den vom Erwerber erlangten Exekutionstitel.[128]

Die Löschungsquittung darf der Treuhänder erst dann ausstellen, wenn die Sicherungspflicht hinsichtlich aller von ihm vertretenen Erwerber erloschen (§ 7 Abs. 5) ist.[129]

Erläuternde Bemerkungen
EB RV 312 BlgNR XX. GP (Stammfassung)

Zu § 11 des Entwurfs

[23] Gegenüber dem zur Begutachtung versendeten Entwurf neu ist die Möglichkeit, Rückforderungsansprüche der Erwerber auch pfandrechtlich sicherzustellen. Wie bei einer Sicherung nach § 8 umfaßt der **zu sichernde Betrag** die Vertragssumme sowie auch drei Jahre rückständige Zinsen in der in § 14 Abs. 1 genannten Höhe.

Anders als bei der schuldrechtlichen Sicherung nach § 8 ist hier aber die Bestellung eines **Treuhänders zwingend** vorgesehen, da die Beurteilung der Frage, ob ein angebotenes Pfandrecht auch ausreichende Deckung bietet, nicht dem einzelnen Erwerber überlassen werden kann. Der Treuhänder wird in aller Regel den Wert der vom Bauträger angebotenen Liegenschaft durch einen gerichtlich beeideten Sachverständigen beurteilen lassen (vgl. § 13 Abs. 3).

---

127 ENGIN-DENIZ: BTVG² § 11 BTVG Rz 5; diesem folgend H. BÖHM / PLETZER in SCHWIMANN: ABGB² § 11 BTVG Rz 6.
128 ENGIN-DENIZ: BTVG² § 11 BTVG Rz 6; H. BÖHM / PLETZER in SCHWIMANN: ABGB² § 11 BTVG Rz 14.
129 H. BÖHM / PLETZER in SCHWIMANN: ABGB² § 11 BTVG Rz 17.

Wenn der Bauträgervertrag die Verschaffung des Eigentums, des Wohnungseigentums oder des Baurechts vorsieht, wird der Wert der **zu bebauenden Liegenschaft** die Rückforderungsansprüche der Erwerber nicht abdecken können. Im Mietwohnungsbau wäre es aber denkbar, daß für die meist als Baukostenzuschüsse bezeichneten Vorauszahlungen der zukünftigen Mieter ausreichende Deckung auf der zu bebauenden Liegenschaft gefunden werden kann.

Sobald das Pfandrecht bestellt ist, kann der Bauträger – wie auch beim obligatorischen Sicherungsmodell nach § 8 – Zahlungen der Erwerber in der damit sichergestellten Höhe ohne Rücksicht auf den Baufortschritt entgegennehmen.

Von besonderer praktischer Bedeutung ist das mit Abs. 2 vorgeschlagene **»Treuhänderpfandrecht«,** das sich in der Gestaltung an die sogenannte »Treuhandhypothek« des § 157 f KO und des § 63 AO anlehnt. Es ermöglicht die Eintragung eines der Sicherung mehrerer Erwerber dienenden Pfandrechts zu Gunsten des gemäß § 12 bestellten Treuhänders, der darüber auch das alleinige Verfügungsrecht hat und es – falls erforderlich – zu Gunsten der Erwerber verwerten muß. Ebenso wie bei der zur Sicherung des (Zwangs-)Ausgleichs zulässigen »Kollektivhypothek« (vgl. dazu OGH 13. September 1977 SZ 50/118) sind bei dieser Hypothek nicht die einzelnen Erwerber einzutragen. Vielmehr soll es ausreichen, wenn der Kreis der Begünstigten mit den – namentlich nicht anzuführenden – Erwerbern von Objekten eines bestimmten Bauvorhabens abgegrenzt wird. An Stelle der einzelnen Erwerber ist aber der Treuhänder anzuführen. Diesem obliegt – quasi im Innenverhältnis – auch die Verteilung des aus der Verwertung der Hypothek erzielten Betrags unter den einzelnen Erwerbern.

Abs. 3 stellt klar, daß dieses Pfandrecht auch als Höchstbetragshypothek einverleibt werden kann.

§ 12 Bestellung eines Treuhänders

(1) Der Bauträger ist verpflichtet, spätestens bei der Unterfertigung des Bauträgervertrags einen Treuhänder zu bestellen,[Rz 1] dessen Tätigkeit erst mit dem Ende der Sicherungspflicht des Bauträgers (§ 7 Abs. 5) dem jeweiligen Erwerber gegenüber endet. Auf die Bestellung des Treuhänders kann nur verzichtet werden, wenn für alle allfälligen Rückforderungsansprüche des Erwerbers eine schuldrechtliche Sicherung (§ 8) bestellt wird.[Rz 2]

(2) Als Treuhänder kann nur ein Rechtsanwalt (eine Rechtsanwalts-Partnerschaft) oder ein Notar bestellt werden.[Rz 3]

(3) Der Treuhänder hat außer den Verpflichtungen aus diesem Bundesgesetz, aus anderen Vorschriften oder aus Vertrag insbesondere die Pflicht[Rz 4]
   1. den Erwerber über die Natur des Vertrags und die wesentlichen Vertragspunkte in rechtlicher Hinsicht zu belehren, insbesondere
      a) über die nach dem Vertrag zur Verfügung stehenden Möglichkeiten der Sicherung (§ 7) einschließlich der jeweiligen Rechtsfolgen für den Fall der Eröffnung eines Konkurs- oder Ausgleichsverfahrens über das Vermögen des Bauträgers sowie
      b) über den Haftrücklass (§ 4 Abs. 4) und seine Rechtsfolgen, und
   2. die Erfüllung der Sicherungspflicht des Bauträgers nach diesem Bundesgesetz zu überwachen[Rz 5] und
   3. dem Erwerber über die von ihm entgegengenommenen Zahlungen entweder laufend, mindestens aber jährlich nach Abschluß des Kalenderjahrs spätestens zum 31. Jänner des Folgejahrs Rechnung zu legen und
   4. dafür zu sorgen, dass der Erwerber Zahlungen nur auf Konten entrichtet, über die der Treuhänder verfügungsberechtigt ist und die durch die Abwicklung über ein Kreditinstitut nach § 109 a Abs. 5 Notariatsordnung bzw. in einer Treuhandeinrichtung der jeweiligen Rechtsanwaltskammer abgesichert sind.[Rz 6]

(4) Bei der grundbücherlichen Sicherstellung (§ 9) hat der Treuhänder die vertraglichen und grundbuchsrechtlichen Voraussetzungen, insbesondere das Vorhandensein von Freistellungsverpflichtungen der Hypothekargläubiger (§ 9 Abs. 3), zu prüfen und den Erwerber bei der Einhaltung des Ratenplans durch Überwachung des Baufortschritts zu unterstützen.[Rz 7]

(5) Bei der pfandrechtlichen Sicherung (§ 11) hat der Treuhänder die vertraglichen, die grundbuchsrechtlichen und die wertmäßigen[Rz 8] Voraussetzungen für die Deckung allfälliger Rückforderungsansprüche zu prüfen.

(6) Im Fall einer längerfristigen Verhinderung des Treuhänders hat das Bezirksgericht, in dessen Sprengel die Liegenschaft liegt, im Verfahren außer Streitsachen auf Antrag des Bauträgers oder eines Erwerbers einen anderen Treuhänder zu bestellen, sofern weder im Bauträgervertrag für diesen Fall Vorsorge getroffen worden ist noch sich die Beteiligten in angemessener Frist einigen.

Anmerkungen

Rz 1

Nach dem Gesetz ist der **Bauträger verpflichtet,** einen Treuhänder zu bestellen. Die Erläuterungen[130] gehen davon aus, dass dies auf Kosten des Bauträgers zu erfolgen hat; einer Überwälzung dieses Aufwands auf den Erwerber scheinen jedoch keine zwingenden Bestimmungen im Wege zu stehen.[131] Zum Aufgabenbereich des Treuhänders siehe auch Rz 4 ff.

Rz 2

Auf Grund eines Umkehrschlusses aus Abs. 1 Satz 2 ist bei grundbücherlicher Sicherstellung oder pfandrechtlicher Sicherung **zwingend** ein Treuhänder zu bestellen.[132] Wird die Bestellung eines Treuhänders unterlassen, so ist die den Bauträger treffende Sicherungspflicht nicht hinreichend erfüllt und der Bauträgervertrag daher relativ nichtig; darauf kann sich der Erwerber bis zum Ende der Sicherungspflicht berufen.[133]

Rz 3

Die Einschränkung des in Betracht kommenden Personenkreises auf **Rechtsanwälte** und **Notare** soll zum einen die Qualität der rechtlichen Beratung und Abwicklung sicherstellen.[134] Zum anderen sehen die für diese Berufsgruppen vorgesehenen Standesvorschriften Kontrollmechanismen vor.

Die Verteilung des **Risikos der Veruntreuung** durch den Treuhänder zwischen Bauträger und Erwerber hängt zunächst davon ab, welche der Parteien den Treuhänder mit der Abwicklung beauftragt hat. Liegt eine zweiseitige Treuhand vor – wurde der Treuhänder also von beiden Seiten beauftragt –, soll es darauf ankommen, von wem der Treuhänder nominiert wurde.[135]

---

130 EB RV 312 BlgNR XX. GP 24.
131 H. Böhm / Pletzer in Schwimann: ABGB² BTVG § 13 Rz 6.
132 Fellner: NZ 1999, S. 3 (S. 4).
133 H. Böhm / Pletzer in Schwimann: ABGB² BTVG § 13 Rz 4.
134 EB RV 312 BlgNr XX. GP 24.
135 Zum Veruntreuungsrisiko im Einzelnen H. Böhm / Pletzer in Schwimann: ABGB² § 12 BTVG Rz 18 ff.

Rz 4

Die Novelle 2008 hat den Umfang der in der Rechtsprechung[136] bislang nicht konkretisierten **Belehrungs- und Aufklärungspflichten** des Treuhänders genauere Konturen verliehen.[137]

Rz 5

Im Rahmen der **Überwachung der Sicherungspflicht** hat der Treuhänder das Vorliegen sämtlicher Voraussetzungen des gewählten Sicherungsmodells zu überwachen sowie schon im Vorfeld zu prüfen, ob das geplante Modell (insbesondere im Fall einer Kombination, § 7 Abs. 3) den Anforderungen des Gesetzes entspricht.[138]

Rz 6

Anders als bisher genügt nach der Novelle 2008 die Bestellung eines bloßen »Überwachungstreuhänders«, dem das Treugut (Preis) nicht (auf ein Treuhandkonto) übertragen werden muss,[139] nicht mehr. Vielmehr bedarf es nun eines **»echten Abwicklungstreuhänders«**. Dass auch die Vertragserrichtung von ein und demselben Treuhänder übernommen wird, ist allerdings auch weiterhin nicht erforderlich.

Rz 7

Zur Überwachung des Baufortschritts kann der Treuhänder einen **Sachverständigen** heranziehen, der dem Erwerber unmittelbar haftet und nicht als Erfüllungsgehilfe (§ 1313 a ABGB) des Treuhänders zu beurteilen ist (§ 13 Abs. 2).

Rz 8

Für die **Prüfung des Liegenschaftswertes** gilt das zu Rz 7 Ausgeführte sinngemäß.

Erläuternde Bemerkungen

EB RV 312 BlgNR XX. GP (Stammfassung)

Zu § 12 des Entwurfs

[23] Die Vorschriften über die Beiziehung eines Treuhänders sollen einerseits die erforderliche **Information** des in der Regel rechtlich unerfahrenen Erwerbers (vgl. Abs. 3

---

136 Vgl. OGH 8 Ob 42/04 s in wobl 2005, 288/103 = EvBl 2005/14 = MietSlg 56.180 = KRES 10/171, wo Inhalt und Umfang der Aufklärungspflichten ausdrücklich offen gelassen wurden.
137 Siehe dazu aus dem Schrifttum: PITTL / Ess: Zu den Aufklärungspflichten des Treuhänders (und Vertragserrichters) nach § 12 Abs. 3 Z1 BTVG, wobl 2005, S. 264;
FELLNER: Die Sicherung des Erwerbers durch Bestellung eines Treuhänders, NZ 1999, S. 3 (S. 8).
138 H. BÖHM / PLETZER in SCHWIMANN: ABGB² BTVG § 13 Rz 53.
139 H. BÖHM: wobl 1999, S. 69 (S. 70)

Z 1), andererseits aber auch die ordnungsgemäße **Vertragsabwicklung** gewährleisten. Die Tätigkeit des Treuhänders endet erst mit dem Ende der Sicherungspflicht des Bauträgers (§ 7 Abs. 5).

[24] Die **Verpflichtung zur Bestellung** eines Treuhänders soll für alle Bauträgerverträge bestehen, bei denen die Vorauszahlungen der Erwerber nicht durch eine schuldrechtliche Sicherung nach § 8 abgesichert sind.

Bei der **schuldrechtlichen Sicherung** durch Bürgschaft[140], Garantie oder Versicherung kann sich der Erwerber vor Abschluß des Bauträgervertrags über die Qualität dieser Sicherung informieren. Nach § 5 Abs. 1 sind ihm schriftlich alle wesentlichen Informationen über den Vertragsinhalt sowie den Wortlaut der ihm auszustellenden Sicherheit zu erteilen, widrigenfalls ihm ein Rücktrittsrecht zustehen soll. Neben dieser in der Vorausinformation liegenden Sicherheit kann bei der obligatorischen Sicherung auch davon ausgegangen werden, daß die in § 8 genannten Bürgen, Garanten und Versicherer den Zweck der von ihnen gegebenen vertraglichen Sicherheit kennen und daher – aus einem hier anzunehmenden Vertrag mit Schutzwirkung zugunsten Dritter – dem Erwerber auch unmittelbar haften, wenn die Sicherheit erkennbar ihrem Zweck nicht gerecht werden kann. (Dasselbe wird auch für das kontoführende Kreditinstitut im Fall des § 7 Abs. 6 Z 2 gelten.)

Unverzichtbar erscheint dagegen die Beiziehung eines Treuhänders in allen anderen Fällen, also bei der **grundbücherlichen Sicherstellung** des Erwerbers in Verbindung mit der Zahlung nach Baufortschritt sowie bei der **pfandrechtlichen Sicherung.**

Abs. 2 läßt **nur Rechtsanwälte und Notare** (die einer Disziplinargerichtsbarkeit unterliegen) als Treuhänder zu. Auch die fachliche Qualifikation zur Beurteilung heikler vertrags- und grundbuchsrechtlicher Fragen soll dadurch gewährleistet werden. Der Treuhänder wird vom Bauträger bestellt und bezahlt, er ist aber in dieser Funktion kraft Gesetzes dazu verpflichtet, den Erwerber zu belehren und vor allem die Absicherung seiner Rückforderungsansprüche zu überwachen.

Die für diese Berufsgruppen erlassenen Standesvorschriften sollen verhindern, daß es zu einem treuwidrigen Naheverhältnis zwischen Bauträger und Treuhänder kommt. Die Unparteilichkeit des Treuhänders wird darüber hinaus auch durch allgemein zivilrechtliche Bestimmungen gesichert. Schließlich soll den im Begutachtungsverfahren wiederholt geäußerten Befürchtungen, daß im Entwurf keine ausreichenden **Kontrollmechanismen** für die Tätigkeit der Treuhänder vorgesehen würden, durch die Statuierung einer Rechnungslegungspflicht des Treuhänders auch dem Erwerber gegenüber Rechnung getragen werden (Abs. 3 Z 3).

Abs. 3 normiert in Z 1 eine allgemeine **Belehrungspflicht** des Treuhänders, die jedoch auf die rechtlichen Aspekte des Bauträgervertrags eingeschränkt ist. Die wirtschaft-

---

140 Die Möglichkeit der schuldrechtlichen Sicherung durch Bürgschaft wurde im Rahmen der Novelle 2008 abgeschafft.

liche Beurteilung des geplanten Vertrags kann der Treuhänder dem Erwerber nicht abnehmen. Weiters hat der Treuhänder nach Abs. 3 Z 2 die Erfüllung der Sicherungspflichten des Bauträgers zu **überwachen,** wobei insbesondere zur Beurteilung der Eignung der bücherlichen Sicherstellung des Erwerbers sein rechtliches Fachwissen unverzichtbar ist.

Der Entwurf fordert nicht, daß alle Zahlungen des Erwerbers an den Bauträger über ein **Treuhandkonto** abgewickelt werden müssen.[141] Bei der schuldrechtlichen Sicherung des Erwerbes wie auch bei der pfandrechtlichen ist sogar eine sofortige Zahlung in der sichergestellten Höhe an den Bauträger zulässig. Andererseits soll eine Vereinbarung durchaus möglich sein, wonach Zahlungen der Erwerber unabhängig von der Erfüllung der Sicherungspflichten des Bauträgers an den Treuhänder zu leisten sind, sofern sie dieser erst an den Bauträger weiterleitet, wenn die hier vorgesehenen Sicherheiten gewährleistet sind. Eine derartige Vereinbarung wird des öfteren im Interesse des Bauträgers getroffen werden, der sich damit gegen einen Zahlungsverzug des Erwerbers absichern möchte.

Aber auch im Rahmen der **grundbücherlichen Sicherstellung** des Erwerbers und der Zahlung nach Baufortschritt muß es genügen, wenn der Treuhänder den Erwerber dahingehend belehrt, daß dieser Zahlungen an den Bauträger erst nach entsprechender Aufforderung durch den Treuhänder überweisen soll. Meist wird jedoch die das Projekt finanzierende Bank die Kontrolle der Zahlungen durch Zwischenschaltung eines Treuhandkontos verlangen. Sofern der Treuhänder Vorauszahlungen von Erwerbern treuhändig entgegennimmt, hat er diesen über die Veranlagung und Weiterleitung der Zahlungen Rechnung zu legen, und zwar entweder laufend, zumindest aber jährlich nach Abschluß des Kalenderjahres (Abs. 3 Z 3). Diese Rechnungslegungspflicht soll die Kontrolle der Gestion des Treuhänders durch den Erwerber ermöglichen.

Will der Treuhänder den **Abschluß der maßgeblichen Bauabschnitte nicht selbst beurteilen,** so soll er einen Ziviltechniker (für Hochbau) als Sachverständigen beiziehen können (vgl. § 13 Abs. 2). Wenn der Treuhänder zugleich für die projektfinanzierende Bank tätig ist, wird schon derzeit in aller Regel im Treuhandauftrag der Bank eine Auszahlung nach Bauabschnitten vereinbart. Daher wird durch die Über- [25] prüfung des Baufortschritts zur Einhaltung des Ratenplans kein allzu großer zusätzlicher Aufwand anfallen.

Eine weitere wichtige Aufgabe des Treuhänders wird bei der bücherlichen Sicherstellung des Erwerbers (vgl. Abs. 4) darin bestehen, das Vorliegen der gemäß § 9 Abs. 3 zweiter Satz geforderten **Vereinbarung über die Geldlastenfreistellung mit den Hypothekargläubigern** zu prüfen und nach Fertigstellung des Bauvorhabens für die Herstellung der vereinbarten Rechtsstellung des Erwerbers (und der meist vereinbarten Geldlastenfreistellung) zu sorgen.

---

141 Vgl. aber die durch die Novelle 2008 eingefügte Z 4 des Abs. 3.

In der Praxis wird der Treuhänder in den meisten Fällen auch **Vertragsverfasser** sein. Dementsprechend wird er schon vorsorglich mit der das Projekt finanzierenden Bank die notwendigen Freistellungsvereinbarungen erwirkt haben. Wie ausgeführt, wird der Treuhänder oft auch viele andere – in diesem Entwurf nicht erfaßte – Aufgaben übernehmen. Hier sind nur jene Pflichten des Treuhänders festgelegt, die er im Interesse des Erwerberschutzes zu erfüllen hat.

Bei der **pfandrechtlichen Sicherung** des Erwerbers (Abs. 5) liegt die Hauptaufgabe des Treuhänders darin, den Wert der zu belehnenden Liegenschaft festzustellen bzw. feststellen zu lassen. Wird ein Treuhänderpfandrecht nach § 11 Abs. 2 eingetragen, so hat es der Treuhänder – falls nötig – zu Gunsten der Erwerber zu verwerten. Diese Pflicht soll – wie die Sicherungspflicht des Bauträgers – (erst) mit der Übergabe des fertiggestellten Objekts und der Herstellung der vereinbarten Rechtsstellung enden.
Der Schutz der Erwerber wird in diesem Entwurf somit maßgeblich an die fachkundige und korrekte Berufsausübung des zum Treuhänder bestellten Rechtsanwalts oder Notars geknüpft. Daß hier die **Berufshaftpflicht-,** aber auch die **Vertrauensschadensversicherung** des Anwalts oder Notars eine große Rolle spielen, liegt auf der Hand. In den Beratungen hat sich allerdings herausgestellt, daß es unrealistisch wäre, eine dem Schadenspotential des jeweiligen Projekts angepaßte Versicherungsdeckung von Gesetzes wegen zu fordern. Es wird den jeweiligen Standesvertretungen obliegen, nicht zuletzt im Interesse der Wettbewerbsfähigkeit der eigenen Mitglieder, geeignete Konzepte zu entwickeln.

Insbesondere auch im Hinblick auf die dem Treuhänder nach dem vorgeschlagenen § 24c WEG 1975[142] zukommenden Funktionen empfiehlt es sich, für den Fall seiner längerfristigen **Verhinderung** – der allerdings am besten im Bauträgervertrag selbst berücksichtigt sein sollte – mit Abs. 6 eine »Auffangregelung« vorzusehen. Ob eine Verhinderung des Treuhänders als längerfristig zu beurteilen ist, wird – ebenso wie die angemessene Frist, die den Erwerbern für eine nachträgliche Einigung offen steht – auch von den im jeweiligen Projektstadium vom Treuhänder zu erfüllenden Aufgaben abhängen.

JAB 450 BlgNR XX. GP (Stammfassung)

Zu § 12 Abs. 2 BTVG

[3] Die vorgeschlagene Änderung dient der Klarstellung und soll allfällige Mißverständnisse, insbesondere im Zusammenhang mit den in § 24c WEG 1975[143] vorgeschlagenen Befugnissen des Treuhänders, hintanhalten.

---

142 Vgl. nunmehr § 42 WEG 2002.
143 Vgl. nunmehr § 42 WEG 2002.

EB RV 1633 BlgNR XX. GP
(Notariats-Berufsrechts-Änderungsgesetz 1999)

Zu den Art. III und IV (Teilzeitnutzungsgesetz, Bauträgervertragsgesetz)

[12] Aus Anlaß der Einführung des »Teilzeitnutzungsregisters des österreichischen Notariats« im neuen § 140f NO (Art. I Z 19) soll die im § 10 Abs. 1 und 2 TNG angeführte Variante, wonach nicht nur ein Notar, sondern auch eine Notar-Partnerschaft als solche zum Treuhänder des Erwerbers von Teilzeitnutzungsrechten bestellt werden kann, wieder beseitigt werden, da dies dem Zweck der Notar-Partnerschaft nach § 22 NO widerspricht. Anders als die Rechtsanwalts-Partnerschaft dient die **Notar-Partnerschaft** im Hinblick auf die Funktion des Notariats als Träger eines öffentlichen Amtes nicht der unmittelbaren Ausübung des Notarberufs durch die Partnerschaft, sondern nur der Ermöglichung der Ausübung des Notarberufs durch den einzelnen Notar im Rahmen einer Partnerschaft (siehe dazu die Erläuterungen zur Regierungsvorlage der Notariatsordnungs-Novelle 1993, 1133 BlgNR XVIII. GP, 14). Aus den gleichen Erwägungen wurde auch das Bauträgervertragsgesetz geändert.

EB RV 432 BlgNR XXIII. GP (BTVG-Novelle 2008)

Zu Z 20 (§ 12 Abs. 3 Z 1 des Entwurfs)

[12] Dem Anliegen, den Wissensstand der Erwerber im Sinn des Transparenzgebots zu verbessern, soll nicht nur durch die vorgeschlagenen Änderungen der Vertragsinhalte entsprochen werden. Vielmehr sollen auch die in § 12 Abs. 3 Z 1 BTVG angeführten **Aufklärungspflichten** des Treuhänders erweitert werden. Er soll den Erwerber über die Eigenheiten und die Besonderheiten der nach dem jeweiligen Vertrag zur Verfügung stehenden Sicherungsinstrumente (einschließlich der Zusatzsicherheit nach § 9 Abs. 4 des Entwurfs) und die damit verbundenen Rechtsfolgen sowie über den Haftrücklass aufklären. Der Erwerber soll sich ein verlässliches Bild von den mit dem Vertrag rechtlich und wirtschaftlich verbundenen Auswirkungen und von den möglichen Alternativen machen können. Aufgrund der Höhe der vom Erwerber in der Regel eingegangenen Verpflichtungen sind derart erweiterte Aufklärungspflichten des Treuhänders angemessen. Von einer Überspannung der Aufklärungspflicht kann nicht gesprochen werden. Im Hinblick auf die Ergebnisse des Begutachtungsverfahrens sieht der Entwurf aber davon ab, den Treuhänder zu einer allgemeinen Belehrung über die nach diesem Bundesgesetz zur Verfügung stehenden Sicherheiten sowie über die wirtschaftlichen Auswirkungen des Vertrags zu verpflichten.

Zu Z 21 (§ 12 Abs. 3 Z 4 des Entwurfs)

[12] Der Treuhänder soll nach dem Entwurf dafür sorgen, dass Zahlungen des Erwerbers nur über **Konten** laufen, über die er verfügungsberechtigt ist und die nach § 109 a Abs. 5 Notariatsordnung bzw. im jeweiligen Treuhandbuch der Rechtsanwaltskammer abgesichert sind. Auch diese Verpflichtung wird nicht zu nennenswerten Mehrkosten führen, aber zur Verbesserung der Rechtsposition des Erwerbers und zur geordneten Abwicklung des Vertrags beitragen.

§ 13 Feststellung des Baufortschritts, Bewertung des Pfandrechts

(1) Der Abschluß eines Bauabschnitts (§ 10 Abs. 2) ist nach dem Fertigstellungsgrad der Hauptanlage zu beurteilen. Bei mehreren selbständigen Bauwerken ist der Fertigstellungsgrad desjenigen Bauwerks maßgeblich, auf das sich der Anspruch des Erwerbers bezieht.[Rz 1]

(2) Zur Feststellung des Abschlusses des jeweiligen Bauabschnitts kann der Treuhänder einen für den Hochbau zuständigen Ziviltechniker, einen allgemein beeideten und gerichtlich zertifizierten Sachverständigen für das Bauwesen oder eine im Rahmen der Förderung des Vorhabens tätige inländische Gebietskörperschaft beiziehen. Diese haften dem Erwerber unmittelbar;[Rz 2] sie gelten nicht als Erfüllungsgehilfen des Treuhänders.[Rz 3]

(3) Zur Feststellung der ausreichenden Deckung eines vom Bauträger gemäß § 11 angebotenen Pfandrechts sowie zur Feststellung des Wertes der zu bebauenden Liegenschaft im Sinn des § 10 Abs. 3 kann der Treuhänder einen allgemein beeideten und gerichtlich zertifizierten Sachverständigen für das Immobilienwesen beiziehen. Dieser haftet dem Erwerber unmittelbar; er gilt nicht als Erfüllungsgehilfe des Treuhänders.[Rz 4]

(4) Ziviltechniker und Sachverständige haben zur Deckung der gegen sie aus den in den Abs. 2 und 3 genannten Tätigkeiten entstehenden Schadenersatzansprüche eine Haftpflichtversicherung über eine Mindestversicherungssumme von 400.000 Euro für jeden Versicherungsfall bei einem zum Geschäftsbetrieb in Österreich berechtigten Versicherer abzuschließen.

Anmerkungen

Rz 1
Als **selbständiges Bauwerk** kann auch ein Reihenhaus zu betrachten sein, sofern es baulich separiert ist.[144]

Rz 2
Die Statuierung einer **unmittelbaren Haftung des Sachverständigen** gegenüber dem Erwerber muss auf Grund systematischer Interpretation dahingehend zu verstehen

---

[144] H. Böhm / Pletzer in Schwimann: ABGB[2] § 13 BTVG Rz 3.

sein, dass der Erwerber nach den Grundsätzen der Vertragshaftung (d. h. insbesondere Ersatz reiner Vermögensschäden, Beweislastumkehr hinsichtlich des Verschuldens, Zurechnung von Gehilfenverhalten nach § 1313 a ABGB) Ersatz verlangen kann. Eine deliktische Haftung des Sachverständigen bedürfte zum einen keiner ausdrücklichen gesetzlichen Anordnung und könnte zum anderen keineswegs die gesetzlich explizit ausgeschlossene Zurechnung als Erfüllungsgehilfe des Treuhänders kompensieren. Nach zutreffender Auffassung ließe sich die »unmittelbare Haftung« des Sachverständigen freilich auch mithilfe des Vertrags mit Schutzwirkung zugunsten Dritter begründen.[145]

Für Sachverständige gilt der objektivierte **Verschuldensmaßstab** des § 1299 ABGB.

Rz 3

Dem Treuhänder wird ein Fehlverhalten des Sachverständigen daher nur unter den Voraussetzungen des § 1315 ABGB (**Besorgungsgehilfe**) zugerechnet: Er hat demnach für fremdes Verschulden dann einzustehen, wenn er sich einer habituell untüchtigen oder wissentlich einer gefährlichen Hilfsperson bedient hat. Insofern erweisen sich die Ausführungen der Erläuterungen[146], die eine Haftung des Treuhänders bloß für Auswahlverschulden in Betracht ziehen, als zu eng.[147]

Ob das Haftungsprivileg des Treuhänders in Form der gelockerten Gehilfenzurechnung auch im Verhältnis gegenüber anderen Geschädigten (etwa gegenüber der finanzierenden Bank) greift, erscheint fraglich.[148]

Rz 4

Hinsichtlich dieser Haftungsregelungen gelten die in Rz 2 und 3 gemachten Ausführungen sinngemäß.

Erläuternde Bemerkungen

EB RV 312 BlgNR XX. GP (Stammfassung)

Zu § 13 des Entwurfs

[25] Der erste Satz des Abs. 1 betrifft die Anwendung des Ratenplans auf Bauvorhaben, die aus einer Hauptanlage und aus Nebenanlagen bestehen. Wohneinheiten befinden sich in der **Hauptanlage,** unter **Nebenanlagen** sind etwa Garagengebäude oder der Gemeinschaft dienende Räumlichkeiten zu verstehen.

---

145 H. Böhm / Pletzer in Schwimann: ABGB² § 13 BTVG Rz 7.
146 EB RV 312 BlgNR XX. GP 25.
147 H. Böhm / Pletzer in Schwimann: ABGB² § 13 BTVG Rz 9.
148 Dafür H. Böhm / Pletzer in Schwimann: ABGB² § 13 BTVG Rz 10 f.

Von großer Bedeutung für Bauträger ist die Bestimmung des zweiten Satzes: Diese Regelung soll es möglich machen, daß bei einem aus **mehreren selbständigen Bauwerken** bestehenden Bauvorhaben auf einer Liegenschaft die Teilzahlungen der Erwerber nach dem Fertigstellungsgrad desjenigen Bauwerks fällig werden, auf das sich der Anspruch des Erwerbers bezieht.

Im Rahmen der **Ratenplanmethode** muß der Treuhänder vor allem prüfen, ob die bücherliche Sicherstellung des Erwerbers aus rechtlicher Sicht gewährleistet ist. Er muß dabei aber auch die Einhaltung des Ratenplans und damit den **Baufortschritt überwachen.** Zur Beurteilung der bautechnischen Fragen kann er sich nach Abs. 2 eines Ziviltechnikers für Hochbau oder einer inländischen Gebietsköperschaft bedienen. Für eine unrichtige Baufortschrittsanzeige soll dann der Treuhänder nur haften, wenn ihn ein Auswahlverschulden triff. Der zweite Satz stellt klar, daß der Erwerber den beigezogenen Ziviltechniker oder die Gebietskörperschaft direkt in Anspruch nehmen kann. Wie weit auch gegenüber anderen Personen – z. B. dem Bauträger – eine Haftung für eine unrichtige Baufortschrittsanzeige entstehen kann, wird im Einzelfall zu beurteilen sein, wobei u. a. auch die Vertragsgestaltung und die Vertragsauslegung eine wesentliche Rolle spielen können. Selbstverständlich kann der Treuhänder auch andere Fachleute zur Überprüfung des Baufortschritts einsetzen, diese sind aber als seine Erfüllungsgehilfen zu betrachten. Die Frage einer allfälligen Haftung für eine unrichtige Beurteilung des Baufortschritts könnte dann zwischen Treuhänder und beigezogenem Sachverständigen im Innenverhältnis – vielleicht je nach bestehenden Haftpflichtversicherungen – geregelt werden.

[26] In diesem Zusammenhang ist festzuhalten, daß vom Treuhänder nur die **Beurteilung des Baufortschritts,** nicht aber eine Qualitätskontrolle verlangt wird. Er soll (nur) darauf zu achten haben, ob nach allgemeiner Verkehrsauffassung der jeweilige Baufortschritt erreicht ist. Dabei werden nur gravierende und in die Augen fallende Mängel eine Rolle spielen. Generell soll es im Rahmen des Entwurfs nicht um die Absicherung gegen mangelhafte Bauführung, sondern gegen das Risiko der Vorauszahlung gehen. Aus diesem Grund soll auch die Sicherungspflicht des Bauträgers mit der Übergabe des fertiggestellten Vertragsobjekts sowie der Verschaffung der vereinbarten Rechtsposition enden und nicht erst mit Ablauf der Gewährleistungsfrist.

Die Baufortschrittskontrolle kann dann einer inländischen **Gebietskörperschaft** überlassen werden, wenn sie das **Bauvorhaben fördert.** Da zur Sicherung der Förderungsmittel der Baufortschritt bereits derzeit häufig vom Förderungsträger überwacht wird, kann so eine Zweigleisigkeit dieser Kontrolle vermieden werden.

Wie in Abs. 2 findet sich auch in Abs. 3 eine gesetzliche **Substitutionsbefugnis** des Treuhänders. Die Regelung konkretisiert die dem Treuhänder nach § 12 Abs. 5 obliegende Pflicht zur Prüfung, ob ein vom Bauträger angebotenes Pfandrecht allfällige Rückforderungsansprüche ausreichend sicherstellt. Dazu ist die zur Verpfändung angebotene Liegenschaft zu bewerten. Der Treuhänder kann auch diese Aufgabe einem geeigneten gerichtlich beeideten Sachverständigen übertragen und haftet dann – wie bei der Baufortschrittskontrolle nach Abs. 2 – nur für ein Auswahlverschulden.

JAB 450 BlgNR XX. GP (Stammfassung)

Zu § 13 Abs. 2 und Abs. 3 BTVG

[3] Zur Feststellung des Baufortschritts sollen nicht nur Ziviltechniker, sondern auch allgemein gerichtlich beeidete Bausachverständige herangezogen werden können.

EB RV 432 BlgNR XXIII. GP (BTVG-Novelle 2008)

Zu Z 22 (§ 13 Abs. 2 und 3 des Entwurfs)

[12] Hier handelt es sich um redaktionelle Anpassungen an die aktuelle Terminologie des Sachverständigenrechts.

Zu Z 23 (§ 13 Abs. 4 Entwurfs)

[12] Die Aufgaben des Ziviltechnikers und des Sachverständigen können im Einzelfall mit einem beträchtlichen Haftungsrisiko verbunden sein. § 13 Abs. 4 des Entwurfs verhält solche Fachleute in deren eigenen Interesse, aber auch im Interesse der Erwerber und der Bauträger, zum Abschluss einer Haftpflichtversicherung in der Höhe von zumindest 400.000 Euro je Versicherungsfall. Vorbild sind die einschlägigen Regelungen über die Pflichtversicherung von Sachverständigen, Notaren und Rechtsanwälten. Zuständige Stellen im Verständnis des § 158 c Versicherungsvertragsgesetz sind der Bundesminister für Wirtschaft und Arbeit für Ziviltechniker sowie der jeweils zuständige Präsident des Landesgerichts für gerichtliche Sachverständige.

§ 14 Rückforderungsansprüche des Erwerbers bei vorzeitiger Zahlung

(1) Der Erwerber kann alle Leistungen, die er oder der Treuhänder für ihn entgegen den Bestimmungen dieses Bundesgesetzes erbracht hat,[Rz 1] zurückfordern.[Rz 2] Der Bauträger hat für Rückforderungsansprüche Zinsen ab dem Zahlungstag in einer den jeweiligen Basiszinssatz um acht Prozentpunkte übersteigenden Höhe zu zahlen.

(2) Der Rückforderungsanspruch verjährt in drei Jahren.[Rz 3] Auf ihn kann im voraus nicht wirksam verzichtet werden.[Rz 4]

(3) Rückforderungsansprüche nach anderen Vorschriften bleiben unberührt.[Rz 5]

Anmerkungen

Rz 1

Gemeint sind damit Zahlungen vor **Fälligkeit** (§ 7 Abs. 4 bzw. § 10 Abs. 2). Ist Fälligkeit inzwischen eingetreten, so kann nur der Zinsenanspruch für die Zeit zwischen Zahlung und Fälligkeitseintritt geltend gemacht werden, nicht aber auch das Kapital zurückgefordert werden.[149] Erfasst sind jedenfalls Zahlungen des Erwerbers oder des Treuhänders auf Rechnung des Erwerbers, die an den Bauträger entrichtet wurden. Zu Zahlungen an Dritte siehe § 15.

In dem Fall, dass die Forderung des Bauträgers im Zeitpunkt der Zahlung fällig war, durch das Auslaufen der erforderlichen Sicherung allerdings **nachträglich** ein Verstoß gegen das BTVG begründet wurde, kann § 14 nach zutreffender Ansicht[150] analog angewendet werden.

Rz 2

Die **Besonderheit** dieses Rückforderungsanspruchs liegt auf Tatbestandsebene darin, dass – **entgegen der allgemeinen Regel** (§ 1432 ABGB) – die Erfüllung einer bloß noch nicht fälligen Forderung rückgängig gemacht werden kann. Insbesondere ist also kein Rücktritt und auch kein Geltendmachen einer allfälligen Nichtigkeit des Vertrages durch den Erwerber erforderlich. Auf Rechtsfolgenebene sind eine abweichende (erhöhte) Verzinsung sowie eine verkürzte Verjährungsfrist vorgesehen.

---

149 Würth in Rummel: ABGB³ § 14 BTVG Rz 1.
150 H. Böhm / Pletzer in Schwimann: ABGB² § 14 BTVG Rz 11.

Rz 3
Die dreijährige **Verjährungsfrist** des Rückforderungsanspruchs beginnt unmittelbar mit der Zahlung zu laufen.[151]

Rz 4
Ein **Verzicht nach Fälligwerden** des Rückforderungsanspruch ist hingegen – innerhalb der allgemeinen zivilrechtlichen Schranken (Sittenwidrigkeit, laesio enormis) wirksam.

Rz 5
Im Zusammenhang mit **weitergehenden Ansprüchen** ist insbesondere an solche nach § 37 Abs. 2 WEG 2002 sowie an die Leistungskondiktion nach § 1431 ABGB zu denken. In diesen Fällen gelten freilich die allgemeinen Zinssätze.[152]

Erläuternde Bemerkungen

EB RV 312 BlgNR XX. GP (Stammfassung)

Zu § 14 des Entwurfs

[26] Diese Bestimmung hat vor allem präventiven Charakter und stellt klar, daß der Bauträger alle Leistungen, die er entgegen den Bestimmungen dieses Gesetzes entgegengenommen hat, dem Erwerber rückerstatten muß. Auch ohne Prüfung eines Verschuldens des Bauträgers ist der zu erstattende Betrag in einer den gesetzlichen **Zinssatz** deutlich übersteigenden Höhe zu verzinsen, wobei der Zinsenlauf bereits mit dem Zeitpunkt der Entgegennahme der Zahlung beginnt.

Der hier normierte besondere Rückforderungsanspruch stellt vor allem sicher, daß der Erwerber – selbst bei **nicht irrtümlicher Zahlung einer bloß noch nicht fälligen Schuld** – sein Geld verzinst zurückfordern kann (abweichend von § 1432 ABGB). Wenn die Fälligkeit inzwischen eingetreten ist, kann das Kapital nicht mehr zurückverlangt werden, der Erwerber kann dann aber noch immer die bis zum Zeitpunkt der Fälligkeit aufgelaufenen Zinsen zurückfordern.

Für den Rückforderungsanspruch nach § 14 gilt die allgemeine, für alle Rückforderungsansprüche im Entwurf vorgeschlagene Bestimmung des § 15: Die Rückzahlungspflicht trifft den Bauträger auch dann, wenn **Zahlungen** des Erwerbers im Rahmen des vom Bauträger durchgeführten Gesamtprojekts nicht an diesen selbst, sondern **an Dritte** geflossen sind, die am Bauvorhaben wirtschaftlich beteiligt sind (vgl. die Erläuterungen zu § 15).

---

151 EB RV 312 BlgNR XX. GP 26; Würth in Rummel: ABGB³ § 14 BTVG Rz 2.
152 Würth in Rummel: ABGB³ § 14 BTVG Rz 3.

Ein **Verzicht** des Erwerbers auf diesen Rückforderungsanspruch soll gemäß Abs. 2 unwirksam sein.

In Abs. 3 wird klargestellt, daß die vorangegangenen Absätze nur für die hier geregelten Rückforderungsansprüche auf Grund von Zahlungen vor Fälligkeit gelten.

EB RV 432 BlgNR XXIII. GP (BTVG-Novelle 2008)

Zu Z 24 (§ 14 Abs. 1 Entwurfs)

[12] Die Höhe des **Verzugszinssatzes** soll an die für unternehmerische Geschäfte maßgeblichen Größen (§ 352 erster Satz UGB) angenähert werden.

§ 15 Haftung des Bauträgers für Rückforderungsansprüche des Erwerbers

Rückforderungsansprüche des Erwerbers nach § 14 und aus anderen Rechtsgründen richten sich auch dann gegen den Bauträger, wenn der Erwerber entsprechend dem Bauträgervertrag Zahlungen an Dritte[Rz 1] geleistet hat.

Anmerkungen

Rz 1

Dritter im Sinne des § 15 ist jedenfalls der **Liegenschaftseigentümer,** von dem der Erwerber sein Recht an der Liegenschaft erwirbt, wenn dieses Geschäft mit dem Vertrag über die Errichtung oder durchgreifende Erneuerung eine wirtschaftliche Einheit bildet (vgl. § 2 Abs. 4).

Bauausführende **Professionisten und Subunternehmer** werden als Dritte im Sinne des § 15 anzusehen sein, wenn der Erwerber an diese »entsprechend dem Bauträgervertrag« Zahlungen für Sonder- und Zusatzleistungen im Sinne des § 1 Abs. 1 zu entrichten hat. Das Kriterium der Anknüpfung an den Bauträgervertrag (»entsprechend«) ist dabei nicht allzu eng auszulegen.[153]

Der bestellte **Treuhänder** bzw. die kontoführende **Bank** beim Treuhand-Baukonto (§ 7 Abs. 6 Z 2) sind hingegen keinesfalls Dritte im Sinne des § 15, sondern vielmehr Zahlstelle des Bauträgers, so dass ein Rückforderungsanspruch gegen diesen schon nach allgemeinen Regeln zu bejahen ist.[154]

Erläuternde Bemerkungen
EB RV 312 BlgNR XX. GP (Stammfassung)

Zu § 15 des Entwurfs

[26] Der Entwurf dient – wie schon mehrfach ausgeführt – vor allem der Absicherung allfälliger Rückforderungsansprüche der Erwerber gegen den Bauträger. Aus der Sicht des Erwerbers kann sich nun eine Schutzlücke auftun, wenn nach der vertraglichen Gestaltung des Bauträgervertrags Teile des Entgelts unmittelbar einem Dritten zustehen und der Erwerber **an diesen Dritten** auch bereits **Zahlungen** geleistet hat. Diese

---

153 Vgl. H. Böhm / Pletzer in Schwimann: ABGB² § 15 BTVG Rz 6.
154 H. Böhm / Pletzer in Schwimann: ABGB² § 15 BTVG Rz 5.

mögliche Lücke im Sicherheitsnetz soll durch § 15 geschlossen werden; erfaßt sind damit insbesondere die Zahlungen an einen dritten Liegenschaftseigentümer im Fall des § 2 Abs. 4.

Schon aus allgemeinen Regeln ergibt sich, daß sich Rückforderungsansprüche auf Grund von Zahlungen, die an sich dem Bauträger zustehen, die aber der Erwerber an Dritte leistet (z. B. bauausführende Professionisten), gegen den Bauträger richten, wenn diese Zahlungen etwa entsprechend einer Anweisung des Bauträgers erfolgten. Dasselbe gilt für Zahlungen an Dritte auf Grund einer Forderungsexekution.

§ 16 Abtretung von Ansprüchen auf Grund mangelhafter Leistung

Ist die Durchsetzung von Gewährleistungs- und Schadenersatzansprüchen auf Grund mangelhafter Leistung gegen den Bauträger durch Eröffnung des Konkurses über sein Vermögen oder aus anderen Gründen unmöglich oder erheblich erschwert, so kann der Erwerber die Abtretung der dem Bauträger gegen Dritte zustehenden Gewährleistungs- und Schadenersatzansprüche auf Grund mangelhafter Leistung verlangen.[Rz 1] Der Rechtsübergang tritt mit dem Einlangen des auf die Abtretung gerichteten schriftlichen Verlangens[Rz 2] des Erwerbers beim Bauträger ein;[Rz 3] für den Dritten gelten die §§ 1395 und 1396 ABGB.[Rz 4]

Anmerkungen

Rz 1

§ 16 stellt eine **Durchbrechung des insolvenzrechtlichen Gleichbehandlungsgrundsatzes** innerhalb der Gruppe der (ungesicherten) Gläubiger des Gemeinschuldners (par conditio creditorum) dar: Dem Erwerber wird die Möglichkeit gegeben, die Abtretung von (grundsätzlich massezugehörigen) Ansprüchen des Bauträgers auf Grund mangelhafter Leistung der von ihm eingesetzten Dritten zu verlangen. Dadurch wird auch das Wahlrecht des Masseverwalters (§ 21 KO) für das Rechtsverhältnis zwischen dem Gemeinschuldner und dem Dritten verdrängt.[155]

Nach dem Gesetzeswortlaut kann der Erwerber zwar nur die Abtretung von Ansprüchen wegen mangelhafter Leistung verlangen, doch wird er ausgehend von der ratio der Bestimmung wohl auch die Zession von **primären Erfüllungsansprüchen** des Bauträgers fordern dürfen.

Rz 2

Nach den Erläuterungen[156] hat der Erwerber in einem **präzisierten Verlangen** zu erklären, auf welche Mängel und Ansprüche sich sein Abtretungsbegehren bezieht. Dies hat wohl den Sinn, dem Masseverwalter Gewissheit darüber zu geben, in welchem Umfang eine Rechtszuständigkeit der Masse weiterhin gegeben ist. Vor dem Hintergrund dieser Überlegung sollte daher nichts dagegen sprechen, auch ein Verlangen auf »Globalabtretung« aller denkbaren Ansprüche auf Grund mangelhafter Leistung der Dritten für zulässig anzusehen.[157]

---

[155] H. Böhm / Pletzer in Schwimann: ABGB² § 16 BTVG Rz 1.
[156] EB RV 312 BlgNR XX. GP 26.
[157] So im Ergebnis auch H. Böhm / Pletzer in Schwimann: ABGB² § 16 BTVG Rz 9.

Rz 3
Der Rechtsübergang tritt mit Einlagen der Erklärung des Erwerbers **ex lege** ein, bedarf also keiner weiteren Mitwirkung des Gemeinschuldners (Bauträgers) bzw. des Masseverwalters.

Rz 4
Aus dem Verweis auf §§ 1395, 1396 ABGB ergibt sich, dass der **Dritte** (debitor cessus) denselben **Schutz** genießt wie nach den allgemeinen Regeln des Zessionsrechts: Solange er von der Abtretung nicht verständigt wurde, kann er schuldbefreiend an den Altgläubiger (= Bauträger) leisten bzw. sich mit diesem abfinden. Auch kann er dem Neugläubiger (Erwerber) alle gegenüber dem Altgläubiger (Bauträger) bestehenden Einreden entgegen halten. Die Forderung geht auf den Neugläubiger (Erwerber) exakt so über, wie sie gegenüber dem Altgläubiger (Bauträger) bestanden hat.[158]

Genau darin liegt freilich auch eine wesentliche Schwäche des Schutzmechanismus nach § 16: Steht dem Dritten – insbesondere wegen vom Bauträger unbeglichener Werklohnforderungen – ein **Leistungsverweigerungsrecht** (§ 1052 ABGB) gegen den Bauträger zu, so kann er dieses auch dem Erwerber entgegenhalten. Unter anderem wegen des unter diesem Aspekt unzureichenden Schutzes des Erwerbers vor den Nachteilen einer Insolvenz des Bauträgers nach Fertigstellung des Vertragsgegenstandes wurde mit der Novelle 2008 der zwingende Haftrücklass eingeführt.

Erläuternde Bemerkungen
EB RV 312 BlgNR XX. GP (Stammfassung)

Zu § 16 des Entwurfs

[26] Wie schon mehrfach erwähnt, versucht der Entwurf vor allem, das Risiko des Verlustes der vom Erwerber vorgestreckten Zahlungen zu minimieren. Eine umfassende und obligatorische Absicherung der Fertigstellung von im Bauträgermodell zu errichtenden Objekten wird auf Grund der damit verbundenen Verteuerungen nicht vorgesehen. Weiters beschränkt der Entwurf (wie schon zu § 13 ausgeführt) die Sicherungspflicht des Bauträgers auf die Vorauszahlungen; allfällige Schadenersatz- und Gewährleistungsansprüche sollen grundsätzlich nicht erfaßt werden.[159] § 16 sieht gleichsam als Ausnahme von diesen Grundsätzen zur Verbesserung der rechtlichen und wirtschaftlichen Position des Erwerbers einen **Übergang von Schadenersatz- und Gewährleistungsansprüchen** des Bauträgers gegen Dritte auf Grund deren mangelhafter Leis-

---

158 H. Böhm / Pletzer in Schwimann: ABGB² § 16 BTVG Rz 3.
159 Vgl. nunmehr aber § 4 Abs. 4 und § 10 Abs. 2 i. d. F. der Novelle 2008, wonach dem Erwerber zwingend ein Haftrücklass zur Sicherung allfälliger Ansprüche auf Grund mangelhafter Leistung einzuräumen ist.

tungen an den Erwerber vor. Dieser Übergang soll im Fall der Eröffnung des Konkurses über das Vermögen des Bauträgers, aber auch in anderen Fällen, in denen die Durchsetzung von Gewährleistungs- und Schadenersatzansprüchen gegen den Bauträger erschwert ist (etwa wenn der Konkurs mangels hinreichenden Vermögens nicht eröffnet wird), möglich sein. Der Forderungsübergang soll erst eintreten, wenn der Erwerber dies vom Bauträger, gegebenenfalls vom Masseverwalter, schriftlich verlangt. Dabei wird der Erwerber anzuführen haben, auf welche Mängel und Ansprüche sich sein Verlangen bezieht. Maßgebend ist das Einlangen eines solcherart präzisierten Verlangens beim Bauträger bzw. Masseverwalter.

§ 17 Strafbestimmungen

Ein Bauträger, der
1. es unterläßt, einen den § 3 Abs. 1 oder § 4 Abs. 1 entsprechenden Vertrag zu errichten,
2. Zahlungen entgegen den Bestimmungen dieses Bundesgesetzes vereinbart, fordert oder entgegennimmt [Rz 1] oder
3. es entgegen dem § 12 unterläßt, von der Vertragsschließung bis zum Ende der Sicherungspflicht (§ 7 Abs. 5) einen Treuhänder beizuziehen,

begeht – sofern die Tat nicht den Tatbestand einer gerichtlich strafbaren Handlung erfüllt – eine Verwaltungsübertretung und ist im Fall der Z 1 mit einer Geldstrafe bis zu 14.000 Euro, in den Fällen der Z 2 und 3 mit einer solchen bis zu 28.000 Euro zu bestrafen.

Anmerkungen

Rz 1

Dieser **Verwaltungsstraftatbestand** ist **nicht erfüllt,** wenn Zahlungen zu einem Zeitpunkt entrichtet wurden, zu dem die vom Gesetz aufgestellten Voraussetzungen vorgelegen sind, eine davon aber nachträglich weggefallen sind (z. B. Auslaufen einer schuldrechtlichen Sicherung) und der Bauträger die Rückzahlung der empfangenen Beträge unterlässt.[160]

Erläuternde Bemerkungen

EB RV 312 BlgNR XX. GP (Stammfassung)

Zu § 17 des Entwurfs

[27] Diese **Verwaltungsstrafbestimmung** ist § 32 KSchG nachgebildet und soll den Bauträger vor allem davon abhalten, Zahlungen entgegen den Bestimmungen des Gesetzes zu vereinbaren, zu fordern und entgegenzunehmen.

Der Bauträger soll weiters dazu verhalten werden, einen schriftlichen und den Inhaltserfordernissen des § 4 Abs. 1 entsprechenden Vertrag zu errichten und – sofern nicht die Ausnahme nach § 12 Abs. 1 zweiter Satz greift – vor der Vertragsschließung einen Treuhänder beizuziehen.

---

160 H. Böhm / Pletzer in Schwimann: ABGB² § 17 BTVG Rz 6.

§ 18 Inkrafttreten, Verweisungen und Vollziehungsklausel

(1) Dieses Bundesgesetz tritt mit 1. Jänner 1997 in Kraft. Es ist auf nach seinem Inkrafttreten geschlossene Bauträgerverträge über Bauvorhaben anzuwenden, bei denen der Baubeginn nach dem 30. November 1996 der Baubehörde angezeigt worden ist.

(2) Soweit in diesem Bundesgesetz auf Bestimmungen anderer Bundesgesetze verwiesen wird, sind diese in ihrer jeweils geltenden Fassung anzuwenden.

(3) Mit der Vollziehung dieses Bundesgesetzes sind hinsichtlich des § 17 der Bundesminister für Soziales und Konsumentenschutz im Einvernehmen mit der Bundesministerin für Justiz und im Übrigen die Bundesministerin für Justiz betraut.

(4) Die §§ 1, 14, 17 und 18 in der Fassung des Bundesgesetzes BGBl. I Nr. 98/2001 treten mit 1. Jänner 2002 in Kraft.

(5) § 1 in der in Abs. 4 genannten Fassung ist auf Bauträgerverträge anzuwenden, die nach dem 31. Dezember 2001 abgeschlossen worden sind. § 17 in der in Abs. 4 genannten Fassung ist auf strafbare Handlungen anzuwenden, die nach dem 31. Dezember 2001 begangen worden sind.

(6) Die §§ 1, 4, 5, 6, 7, 8, 9, 10, 12, 13, 14 und 18 Abs. 3 in der Fassung des Bundesgesetzes BGBl. I Nr. 56/2008 treten mit 1. Juli 2008 in Kraft. Sie sind auf Bauträgerverträge anzuwenden, die nach dem 30. Juni 2008 abgeschlossen werden.

Erläuternde Bemerkungen

EB RV 312 BlgNR XX. GP (Stammfassung)

Zu § 18 des Entwurfs

[27] Die **Übergangsregel** des Abs. 1 stellt auf den einzelnen Bauträgervertrag ab. Es kann aber nicht nur durch das Inkrafttreten des Gesetzes bei schon laufenden Vorhaben dazu kommen, daß die über die einzelnen Objekte geschlossenen Bauträgerverträge einem unterschiedlichen rechtlichen Regime unterliegen. Dieselbe Situation wird

sich ergeben, wenn einzelne Erwerber den Bauträgervertrag als Unternehmer schließen oder wenn Vertragsgegenstand ein bereits fertiggestelltes Objekt ist.

Die Verwaltungsstrafbestimmung des § 17 ist dem Gewerberecht zuzuordnen und soll daher (vgl. die Vollzugsklausel in § 42 KSchG) vom Bundesminister für wirtschaftliche Angelegenheiten vollzogen werden.

JAB 450 BlgNR XX. GP (Stammfassung)

Zu § 18 Abs. 1 BTVG

[3] Angesichts der knappen Legisvakanz soll das BTVG – obwohl es am 1. Jänner 1997 in Kraft tritt – nur auf Bauträgerverträge anzuwenden sein, wenn der Baubeginn des jeweiligen Vorhabens nach dem 1. Dezember 1996 erfolgte.

Zu § 18 Abs. 3 BTVG

[3] Die Änderung stellt eine redaktionelle Anpassung an die in der Regierungsvorlage 311 BlgNR XX. GP in Art. II. Z 27 für § 42 KSchG vorgesehene Vollziehungsklausel dar.

EB RV 432 BlgNR XXIII. GP (BTVG-Novelle 2008)

Zu Z 25 (§ 18 Abs. 3 des Entwurfs)

[12] Hier werden die Änderungen in der Zuständigkeit für verbraucherpolitische Angelegenheiten nachvollzogen, diese ressortieren mittlerweile beim Bundesminister für Soziales und Konsumentenschutz.

Zu Z 26 (§ 18 Abs. 6 des Entwurfs)

[12] Die vorgesehenen Änderungen sollen mit 1. Juli 2008 in Kraft treten. Damit soll den Bauträgern, den kreditierenden Banken, den Angehörigen der rechtsberatenden Berufe und nicht zuletzt auch den Beratern der Verbraucher ausreichend Zeit für eine angemessene Vorbereitung auf die neue Rechtslage eingeräumt werden. Eine längere Legisvakanz ist aber nicht angemessen.

Die neuen Regelungen sollen ausnahmslos nur für Bauträgerverträge gelten, die nach dem Inkrafttreten der Novelle abgeschlossen werden. »Altverträge« bleiben unberührt.

Abschnitt II
Beiträge zu den wichtigsten Problemstellungen

KALLINGER
Die Entstehungsgeschichte des BTVG — 127

BÖHM
Schutzlücken im BTVG 1997 — 129

LUNZER • ROSIFKA
Die notwendigen Inhalte des Bauträgervertrages nach § 4 Abs. 1 BTVG — 143

WOLFINGER
Der Haftrücklass nach § 4 Abs. 4 BTVG — 165

KOHLMAIER
Die Rücktrittsrechte nach §§ 5 und 6 BTVG — 185

TEMBLER
Der neue Ratenplan und die Zusatzsicherung nach § 9 Abs. 4 — 201

KALLINGER
Der neue Ratenplan im Vergleich zu den anderen Sicherungsmodellen — 207

WOLFINGER
Tabellen: Änderung Ratenplan durch Novelle 2008 — 214

STEINBATZ • MEZERA
Die Verkehrsauffassung zu den Leistungsfortschritten des Ratenplanes — 217

AUMANN
Der Bauträger und sein Finanzierungspartner — 237

BRUNAR
Treuhandschaft und Bauträgerkonkurs — 281

SHAH
Schematischer Überblick über das BTVG — 297

Die Entstehungsgeschichte des BTVG

DR. WINFRIED KALLINGER

Das Bauträgervertragsgesetz (BTVG) hat insofern eine erstaunliche Entstehungsgeschichte, als es nicht die Konsumentenschutzorganisationen oder die gemeinnützige Wohnwirtschaft waren, sondern die Berufsvertretung der gewerblichen Bauträger im Rahmen der Bundesinnung der Immobilien- und Vermögenstreuhänder, die Anfang der Neunzigerjahre des vorigen Jahrhunderts die Initiative ergriff, das rechtliche Verhältnis zwischen Konsumenten und Bauträgern durch ein vollkommen neues Gesetz zu regeln, das in erster Linie dem berechtigten Bedürfnis der Konsumenten nach Schutz vor Anzahlungsverlust beim Wohnungserwerb dienen sollte. Vorangegangen waren dieser Initiative teilweise spektakuläre Problemfälle, deren größter erstaunlicherweise in Form des WBO-Skandals im bis dahin sicher geglaubten gemeinnützigen Bereich vorgekommen war, von denen aber auch gewerbliche Bauträger und deren Kunden nicht verschont geblieben waren. Die damalige Innungsführung fasste daher den Entschluss, an den Gesetzgeber den Vorschlag zu richten, durch entsprechende rechtliche Rahmenbedingungen ein Regelwerk zu erstellen, das den Erwerber von Wohnungen von gewerblichen Bauträgern davor schützen sollte, im Insolvenzfall möglicherweise existenzbedrohenden Schaden zu erleiden.

Zielgruppe dieser Initiative waren daher von vornherein die Konsumenten, also die Kunden von Bauträgern, deren Vorteil das neue Gesetz dienen sollte. Das war durchaus ein standespolitisches Novum, weil hier nicht die Interessen der Mitgliedsbetriebe in den Vordergrund gestellt wurden, und es bedurfte durchaus einiger Überzeugungskraft, die Unternehmer von der Sinnhaftigkeit einer solchen Konsumentenschutzregelung zu überzeugen.

Die ersten Entwürfe für eine gesetzliche Regelung, die im Rahmen einer von den gewerblichen Bauträgern installierten Arbeitsgruppe erarbeitet wurden, wurden noch von dem leider zu früh und tragisch verstorbenen UNIV.-PROF. DR. HERBERT HOFMEISTER ausformuliert. Sie sahen eher eine formale Sicherstellung auf der Basis deutscher Vergleichsmodelle unter vorrangiger Mitwirkung von Notaren vor und weniger eine direkte geldwerte Absicherung der Konsumenten in der Bauphase. Die Grundlagen und ergänzenden Beiträge aus der beruflichen Praxis führten zu einem Entwurf, der im Frühjahr 1993 dem Bundesministerium für Justiz vorgestellt wurde, das in weiterer Folge aufgrund einer positiven Entschließung des Nationalrates eine Arbeitsgruppe zur weiteren Bearbeitung des Gesetzesvorschlages einsetzte.

In den verschiedenen Gesprächsrunden, an denen naturgemäß auch die Sozialpartner wesentlichen Anteil hatten, wurde das Gesetzesvorhaben auf überaus sachlicher und konstruktiver Basis diskutiert und konkretisiert. Der ursprüngliche formalrechtliche Ansatz des HOFMEISTER-Entwurfes wich dabei immer mehr der Überlegung, dass die Sicherstellungserfordernisse des Konsumenten besser dadurch abgesichert werden könnten, wenn man ihm für den Fall des Scheiterns des Bauprojektes liquide, möglichst leicht realisierbare und rechtlich überschaubare Sicherungsmittel in die Hand gäbe. Aus diesen Überlegungen entstand ein Programm alternativer und einander ergänzender Sicherungsmittel, angefangen von der schuldrechtlichen Sicherstellung (»Geld-Zurück-Garantie«) bis zur Sicherstellung durch »Ratenplan«, der den Weiterbau des Projektes im Fall des Scheiterns im Wege eines Treuhänders sicherstellen sollte, bis zu »Ersatzsicherungen« durch Verpfändung von Grundstücksreserven des Bauträgers, wobei Letzteres zugegebenermaßen totes Recht geblieben ist.

Relativ spät, nämlich im Begutachtungsverfahren des Gesetzes im späten Sommer 1995, trat die gemeinnützige Wohnwirtschaft dem Gesetzesvorhaben bei und brachte ihre Vorstellungen mit ein. Sie trug damit dem Umstand Rechnung, dass die direkte Sicherstellung des Konsumenten, wie sie von den gewerblichen Bauträgern eingebracht worden war, eine echte Alternative gegenüber der indirekten Sicherstellung durch die Gebarungsprüfung des Revisionsverbandes der Gemeinnützigen bieten würde.

Das BTVG trat mit BGBl. I 1997/7 am 1. Jänner 1997 in Kraft und hat somit bis zur Gesetzwerdung der aktuellen BTVG-Novelle, die mit 1. Juli 2008 in Kraft trat, eine etwas mehr als 10-jährige Bewährungsdauer hinter sich. Das Gesetz hat sich dabei mit seiner klaren Sprache, seinem relativ einfachen und übersichtlichen Aufbau und den auch in der wirtschaftlichen Praxis handhabbaren Sicherstellungsmitteln durchaus bewährt und seinen Zweck erfüllt. Selbst die in jüngster Zeit aufgetretenen Bauträgerinsolvenzen, die den Anlass zur Novellierung gaben, haben gezeigt, dass die Sicherungen schon in der Vergangenheit geeignet waren, das Gröbste zu verhindern.

Trotzdem haben diese Fälle natürlich Handlungsbedarf aufgezeigt und es waren erfreulicherweise wieder die gewerblichen Bauträger, die sich aktiv und konstruktiv in den Erneuerungsprozess des BTVG einbrachten und durchaus im Schulterschluss mit der gemeinnützigen Wohnwirtschaft den berechtigten Wünschen der Sozialpartner und Konsumentenvertreter durch Verbesserung und Justierung der Sicherungsmittel Rechnung getragen haben.

Das BTVG geht damit in eine neue Ära und es ist zu wünschen, dass es seinen Schöpfern und denen, für die es gedacht ist, nämlich den Wohnungssuchenden, dasjenige Maß an Sicherheit bringt, das für das wertvolle Gut Wohnen so wichtig ist. Als einer derjenigen, die sowohl an der Wiege des alten Gesetzes gestanden als auch an dessen nunmehriger Erneuerung mitgewirkt haben, bin ich zuversichtlich, dass die Novelle ihre Aufgaben erfüllen wird.

Schutzlücken im BTVG 1997
Ausgangslage und Reformergebnisse im Überblick

AO. UNIV.-PROF. DR. HELMUT BÖHM

1
Allgemeines – Vorgeschichte

Ansatzpunkt der gegenständlichen BTVG-Novelle war eine gesetzliche Ausgangslage, die dem Erwerber insbesondere einer Wohnung bzw. eines Ein- oder Zweifamilienhauses auf den ersten Blick eine bereits durchaus gut geschützte Position verhieß. Das BTVG selbst ist dabei nur das Kernstück einer relativ jungen Wohnrechtsmaterie; mit ihm hatte der Gesetzgeber 1997 auf eine (zweite) Welle von Wohnbauskandalen reagiert, die im Salzburger »WEB-Skandal« zu einem traurigen Höhepunkt gelangt war. Für die Erlassung des BTVG war die Erkenntnis maßgeblich, dass mit den bis dahin geltenden Vorschriften keinesfalls das Auslangen gefunden werden konnte. Sie hatten sich zu einem großen Teil nachgerade als wertlos erwiesen.

Vor dem BTVG war der Schutz des Erwerbers dem Gesetzgeber ein eher punktuelles Anliegen gewesen. Immerhin konnte man seit Inkrafttreten des Wohnungseigentumsgesetzes 1975 doch eine kontinuierliche Tendenz in Richtung Ausbau des Erwerberschutzes konstatieren. Gerade aber die Tatsache, dass neue Schutzbestimmungen immer nur an einzelnen als problematisch erkannten Teilbereichen ansetzten, machte sie im Ergebnis ineffektiv.

Ältere Ansätze eines Erwerberschutzes wurden bereits im **allgemeinen Grundbuchsrecht** verwirklicht, so insbesondere in den §§ 53 ff. (Anmerkung der Rangordnung der beabsichtigten Veräußerung) und in den §§ 35 ff. GBG (Vormerkung), wobei jedoch beide Instrumente jedem Liegenschaftserwerber zugute kommen und daher nicht spezifische Interessen insbesondere des Wohnungserwerbers berücksichtigen.

Einschlägigere Schutzbestimmungen wies erstmals des **Wohnungseigentumsgesetz (WEG) 1975** auf, welches in § 24 bestimmte Vereinbarungen oder Vorbehalte für rechtsunwirksam erklärte, die geeignet erschienen, die dem Wohnungseigentumsbewerber oder Wohnungseigentümer zustehenden Nutzungs- oder Verfügungsrechte aufzuheben bzw. zu beschränken.

Insoweit das **Konsumentenschutzgesetz (KSchG) 1979** in seinem I. Hauptstück besondere Bestimmungen für Verträge zwischen Unternehmern und Verbrauchern zum Schutze Letzterer vorsieht, kommen diese Bestimmungen auch dem Erwerber einer Wohnung zugute, soweit er selbst Verbraucher und der Veräußerer Unternehmer im

Sinne des § 1 KSchG ist.[161] In den Abschnitt III dieses I. Hauptstücks wurden im Jahre 1997 Schutzbestimmungen zugunsten von Kreditnehmern aufgenommen (§§ 25 a ff.), welche auch auf die Fremdfinanzierung des Erwerbs einer Wohnung zur Anwendung gelangen können. Ebenso wurde das KSchG in seinem III. Hauptstück – schon im Jahr 1996 – um Bestimmungen ergänzt, die Immobiliengeschäfte betreffen. Neben einem spezifischen Rücktrittsrecht in § 30 a wurden besondere Aufklärungspflichten des Immobilienmaklers und weitere zwingende Bestimmungen für Maklerverträge normiert (§§ 30 b ff.).

Bereits Anfang der Achzigerjahre wurde der wohnungseigentumsrechtliche (und allgemein-konsumentenschutzrechtliche) Erwerberschutz als unzureichend empfunden, dies vor allem vor dem Hintergrund einer Reihe von Wohnbauskandalen, welche schon in den Siebzigerjahren einer nennenswerten Anzahl von Erwerbern Schaden zufügten. Mit dem **Insolvenzrechtsänderungsgesetz (IRÄG) 1982** wurde § 24 a in das WEG eingefügt; diese Bestimmung ermöglichte die Anmerkung der Zusage der Einräumung von Wohnungseigentum, mit welcher die Rechtsstellung des Erwerbers in der Insolvenz des Wohnungseigentumsorganisators verbessert werden sollte.[162] Mit der im Zuge des **3. Wohnrechtsänderungsgesetzes (3. WÄG) 1994** eingefügten Bestimmung des § 23 Abs. 1 a WEG wurde die »24 a-Anmerkung« mit einer Einschränkung für zwingend erklärt, wenn der Wohnungseigentumsorganisator Vorleistungen des Wohnungseigentumsbewerbers erhalten sollte. Die Einschränkung betraf den Fall der Gewährung von Förderungen aus öffentlichen Mitteln für den Wohnbau oder die Wohnhaussanierung und wurde mit dem WEG 2002 wieder abgeschafft.

Das im Jahr 1997 erlassene **BTVG** hat diese punktuellen Ansätze verbunden und ausgebaut, insbesondere um einen umfassenden insolvenzrechtlichen Schutz erweitert. Jedoch musste schon in den ersten Jahren der Geltung des Gesetzes – vor allem in der Praxis – festgestellt werden, dass es doch auch erhebliche Schutzlücken aufwies, welche sich im Einzelfall sehr wohl zum Schaden des Erwerbers auswirken konnten. Der Verfasser dieses Beitrags hat im Jahre 2004 in einer im Auftrag der Kammer für Arbeiter und Angestellte für Tirol erstellten Studie die Schwachstellen bzw. Schutz-

---

161 In Lehre und Rsp. wurde freilich die (selbstverständliche) Anwendbarkeit des KSchG auch auf Bauträgerverträge kaum thematisiert. Es blieb der mietrechtlichen Judikatur vorbehalten, das »Tor« zur Beachtung des KSchG im Immobilienbereich aufzustoßen: Seit den »Klauselentscheidungen« 7 Ob 78/06f (wobl 2007/26) und 1 Ob 241/06g (wobl 2007/76) ist es plötzlich ein Thema, dass viele der dort erzielten Ergebnisse 1:1 oder entsprechend adaptiert auch im Bauträgervertragsrecht Geltung beanspruchen können (vgl. auch REICHHOLF / ROSIFKA: Gesetzwidrige Vertragsbestimmungen in Bauträgerverträgen [http://www.arbeiterkammer.at/pictures/d51/vertragsbestimmungen.pdf]; kritisch jüngst GARTNER: Unzulässige Klauseln in Bauträgerverträgen, wobl 2008, 1).
162 Nur nebenbei sei erwähnt, dass das IRÄG 1982 in Art. X auch den Vorauszahlungen leistenden Mieter oder genossenschaftlichen Nutzungsberechtigten (im Ergebnis aber nur unvollkommen im Wege der Statuierung eines gesetzlichen Pfandrechts für den Fall der Insolvenz des Vermieters bzw. der gemeinnützigen Bauvereinigung) schützt; zu den Schwächen dieser Bestimmung im Einzelnen H. BÖHM / PLETZER in SCHWIMANN: ABGB², Rz 27 vor § 1 BTVG.

lücken des Gesetzes im Einzelnen dargelegt.[163] Die Ergebnisse dieser Studie, die im Buchhandel nicht erhältlich ist, sollen hier kurz zusammengefasst werden. Sie haben letztendlich auch das BM für Justiz bewogen, eine Reparatur des Gesetzes in Angriff zu nehmen, welche in der vorliegenden Novelle ihren – wie ich meine insgesamt guten – Abschluss gefunden hat. Dazu soll auch jeweils kritisch vermerkt werden, welche Schutzlücken geschlossen und welche weiter hinzunehmen sind oder nicht als solche empfunden wurden.

2
Die wichtigsten Schutzlücken und die Reaktion des Novellengesetzgebers auf sie im Einzelnen

Als wichtigste Schwachpunkte des BTVG 1997 waren die folgenden zu vermerken:

2.1
Ungesicherte Zahlungen nach Fertigstellung

Das BTVG verpflichtet seit jeher auch zur Sicherung von Zahlungen, die erst nach Fertigstellung, aber noch vor Übergabe und Sicherung der Verschaffung der vereinbarten Rechtsstellung zu erbringen sind.[164] **Wenn das Gesetz anwendbar ist,** sind auch solche Zahlungen zu sichern, da die Sicherungspflicht eben erst mit Übergabe und Sicherung der Verschaffung der vereinbarten Rechtsstellung endet (§ 7 Abs. 5). Eine Schutzlücke tut sich aber in einer anderen Fallkonstellation auf: Ist von vornherein vereinbart, dass der Erwerber seine Zahlungen in der relevanten Höhe von mehr als 150 Euro[165] erst **nach** Fertigstellung, aber **vor** Übergabe und Sicherung der Verschaffung der vereinbarten Rechtsstellung, zu erbringen hat, ist das BTVG überhaupt nicht anwendbar, so dass der Erwerber, wenn nicht »freiwillig« eine Sicherung vereinbart wird, völlig ungesichert erscheint.[166] Da in der Praxis tatsächlich Vertragsgestaltungen anzutreffen waren und sind, die offenbar bewusst, also um dem BTVG zu »entgehen«, in der geschilderten Weise ausgestaltet erscheinen, hätte der Novellengesetzgeber gut daran getan, auch in

---

163 H. Böhm: Lücken im Erwerberschutz beim Wohnungskauf? (2004).
164 Vgl. Böhm: Lücken, S. 12. Insofern ist es missverständlich, wenn die EBRV-BTVG Nov. (Erläuterungen zur Regierungsvorlage zum Bundesgesetz, mit dem das Bauträgervertragsgesetz geändert wird, 432 BeilNR XXIII. GP; demgegenüber werden die Erläuterungen zum BTVG 1997 [312 BeilNR XX. GP] als EBRV-BTVG zitiert) auf S. 3 festhalten, dass Zahlungen des Erwerbers, die er zwar nach der Fertigstellung des Objekts, aber vor der Übergabe und der Verschaffung der vereinbarten Rechtsstellung leistet, entgegen den Anliegen mancher Verbrauchervertreter nicht in den Anwendungsbereich des Bauträgervertragsgesetzes fallen sollen, und dass sich die Erwerber für solche Fälle durch die Einschaltung eines Notars oder Rechtsanwalts als Treuhänder ausreichend absichern können.
165 So die durch die Novelle nunmehr angepasste Betragsgrenze in § 1 Abs. 1.
166 Vgl. schon Böhm / Pletzer in Schwimann: ABGB², Rz 3 zu § 1 BTVG.

§ 1 Abs. 1 auf die Zeitpunkte der Übergabe und der Sicherung der Verschaffung der vereinbarten Rechtsstellung abzustellen und damit die aufgezeigte Schutzlücke zu schließen. Diese, wie ja auch die EB zur Novelle bemerken, von Einigen – auch vom Verfasser dieses Beitrags – geforderte Konsequenz hat er aber nicht gezogen.

2.2
Kein Schutz vor Veruntreuungen bzw. Insolvenz des Treuhänders oder der Bank

Auch diese schon vom BTVG 1997 offenbar bewusst in Kauf genommene und aus seinem Grundkonzept erklärbare Schutzlücke wurde von der Novelle unberührt gelassen.[167] Das Gesetz will die Erwerber primär bzw. überhaupt nur vor Veruntreuungen bzw. der Insolvenz der **Bauträger** schützen, nicht aber auch vor entsprechenden Vorkommnissen bei in die Abwicklung des Erwerbsgeschäfts eingeschalteten **Treuhändern** bzw. **Banken.**[168] Auch und gerade beim »Treuhand-Baukonto« war der fehlende Schutz des Erwerbers vor der Insolvenz der Bank zu kritisieren gewesen.[169] Ein Schließen dieser Sicherungslücke hätte allerdings das Grundanliegen des Gesetzes und somit sein strukturelles Sicherungskonzept völlig umgestellt und wurde vom Novellengesetzgeber insbesondere im Hinblick auf die entstehenden Mehrkosten bewusst unterlassen. Da es sich – wie auch die EB zur Novelle a. a. O. andeuten – nicht nur um ein Problem des Bauträgerrechts handelt, könnte eine isolierte Regelung hier in der Tat merkwürdig erscheinen.

2.3
Möglichkeiten zur »Entgeltsausgliederung«

Die Texterung der §§ 1 bzw. 4 BTVG ließ Auslegungen zu, die dazu führen konnten, dass Entgeltsbestandteile, die man nicht dem Bereich der geschuldeten Leistung zurechnete, von der Sicherungspflicht ausgenommen werden durften.[170] Ein – m. E. aber verfehlter – Judikaturansatz hatte bereits in eine solche Richtung gewiesen und »wirtschaftlich gesehen nicht beim Bauträger verbleibende« Leistungen jedenfalls vom Entgeltsbegriff ausgenommen.[171] Der Novellengesetzgeber hat auf diese Tendenzen mit einer Neufassung bzw. Ergänzung der §§ 1 Abs. 1, 4 Abs. 1 Z 3 und 7 Abs. 1 reagiert. Zum – daher auch zu sichernden – Entgelt gehören nunmehr neben den wie auch

---

167 Vgl. EBRV-BTVG Nov. 3.
168 Siehe im Einzelnen Böhm: Lücken, S. 13 f.
169 Böhm: Lücken, S. 53 ff.
170 Böhm: Lücken, S. 14 f.
171 Etwa OGH bbl 2003/134 = ecolex, 2003/311 = JBl 2003, 640 mit zustimmender Glosse von Staudegger; bbl 2003/139 = immolex 2003/176 = EvBl 2003/169 = ÖJZ LSK 2003/18 ff.

schon bisher unstrittig umfassten Zahlungen an den dritten Liegenschaftseigentümer insbesondere auch Zahlungen für vom Bauträger »angebotene oder vorgegebene« Sonder- oder Zusatzausstattungen. Die Intention ist zustimmungswürdig, ihre Umsetzung im Gesetzestext nicht. Sie eröffnet eine unnötige Auslegungsfrage: Was ist unter dem Tatbestandsmerkmal »angeboten« zu verstehen? »Vorgegeben« sind primär solche Sonder- oder Zusatzleistungen, hinsichtlich derer der Bauträger dem Erwerber keine freie Wahlmöglichkeit bei der Auswahl des Professionisten lässt;[172] als »angeboten« werden sie also wohl dann zu gelten haben, wenn der Bauträger dem Erwerber die Möglichkeit einräumt, die betreffenden Leistungen bei ihm zu beziehen oder auch einen »eigenen« Professionisten zu beauftragen, und sich der Erwerber zu ersterem entschließt.

2.4
Rechtsfolgenprobleme im Zusammenhang mit den Begriffsbestimmungen des § 2, der Formvorschrift des § 3 und den inhaltlichen Mindesterfordernissen des § 4

Zu § 2 war zu kritisieren,[173] dass dem BTVG zum einen eine ausdrückliche Regelung **atypisch ausgestalteter Bauträgerverträge** fehlt, deren Unterstellung unter das Gesetz daher fraglich erscheint, und dass zum anderen Probleme bei der Erfassung der in der Praxis beliebten Vorverträge auftreten könnten. Letztlich waren auch beim Dreiecksmodell des § 2 Abs. 4 gewisse Schutzdefizite zu konstatieren. Gleichzeitig wurde jedoch darauf hingewiesen, dass sich die angesprochenen Probleme bei entsprechender Auslegung vermeiden lassen. Die Tatsache, dass der Novellengesetzgeber ein Eingreifen hier nicht für notwendig erachtete, mag vielleicht als Indiz dafür angesehen werden, dass er die vorgeschlagenen Auslegungsvarianten[174] als hinreichenden Schutz ansah, im Ergebnis also wohl teilte.[175]

---

172 EBRV-BTVG Nov. 5. Es soll sogar reichen, dass der Bauträger – offenbar ohne den Professionisten zu bestimmen – die mögliche Qualität oder Quantität dieser Leistungen vorgeschrieben hat.
173 Böhm: Lücken, S. 19 ff.
174 So insbesondere die Unterstellung von General- oder Totalunternehmerverträgen unter das BTVG (Böhm / Pletzer in Schwimann: ABGB², Rz 8 f. zu § 2 BTVG gegen Engin-Deniz: BTVG – Kurzkommentar² [1999], Rz 10 zu § 2).
175 Festzuhalten bleibt allerdings, dass ein praktisch wichtiger Fall außerhalb des Anwendungsbereichs des BTVG angesiedelt bleibt: Wenn der Erwerber die Liegenschaft oder den Liegenschaftsanteil direkt vom Liegenschaftseigentümer kauft und sich in weiterer Folge zwecks Errichtung des Objekts einen geeigneten Bauträger »sucht«, ist das BTVG aufgrund des Tatbestandsmerkmals der »wirtschaftlichen Einheit« in § 2 Abs. 4 grundsätzlich unanwendbar. Dies mag im Einzelfällen, in denen entsprechend hohe Vorauszahlungen an den Bauträger geleistet werden, zwar schwer einzusehen sein (vgl. Böhm: Lücken, S. 23), ist aber wohl mit einer gewissen systematischen Scheu des Novellengesetzgebers erklärbar, nämlich das BTVG für reine Werkverträge zu öffnen.

Gleiches darf für die Unterlassung der Aufnahme eine **Formvorschrift für den Vertrag mit dem dritten Liegenschaftseigentümer** angenommen werden[176] sowie für die weiterhin fehlende Normierung der Rechtsfolgen des Verstoßes gegen das Schriftformgebot des § 3, wozu sich aber ohnehin eine weitgehend übereinstimmende h. M. gebildet hat.[177]

Auch hinsichtlich der Forderung nach einer ausdrücklichen Normierung der **Rechtsfolgen des Fehlens einzelner inhaltlicher Mindestbestandteile** des Bauträgervertrages[178] kann davon ausgegangen werden, dass das Schweigen des Novellengesetzgebers ein durchaus beredtes ist, dass also das in der Literatur entwickelte Rechtsfolgenkonzept[179] seine Zustimmung gefunden hat.

Der Forderung nach einer **genaueren Umschreibung des Vertragsgegenstandes** ist er hingegen im Rahmen der Neufassung des § 4 Abs. 1 Z 1 nachgekommen. Die Bestimmung unterscheidet nunmehr zwischen dem »eigentlichen« Vertragsgegenstand (Gebäude, Wohnung oder Geschäftsraum i. S. d. § 2 Abs. 2) und der »Gesamtanlage«, deren »gewöhnlich nutzbare Teile« ebenfalls im Vertrag zu umschreiben sind.[180] Ob freilich die nunmehr nötigen »aussagekräftigen« statt der bisher geforderten »genauen« Pläne den Wunsch nach einer präziseren Umschreibung der Detailliertheit der Planunterlagen erfüllen, mag dahingestellt bleiben. Immerhin ist jetzt aber klargestellt, dass die Pläne und Beschreibungen nicht bloß in den Vertrag »einzubeziehen« – was immer das geheißen haben mag[181] –, sondern jedenfalls zu übergeben sind.

Ebenso wurde dem Wunsch nach einer Festlegung des **Termins der Fertigstellung der Gesamtanlage** im Bauträgervertrag[182] weitgehend Rechnung getragen (§ 4 Abs. 1 Z 5 neu).

---

176 Für die Schließung dieser Lücke habe ich eine Analogie angeregt (Böhm: Lücken, S. 24 f.; Böhm / Pletzer in Schwimann: ABGB², Rz 3 zu § 3 BTVG).
177 Böhm / Pletzer in Schwimann: ABGB², Rz 2 ff. zu § 3 BTVG; so auch Würth in Rummel: ABGB³, Rz 1 zu § 3 BTVG; Engin-Deniz: BTVG², Rz 1 ff. zu § 3 (angenommen wird Nichtigkeit, die allerdings nicht von Amts wegen wahrzunehmen, sondern geltend zu machen, und überdies eine relative und befristete ist).
178 Böhm: Lücken, S. 26 f.
179 Vgl. im Einzelnen Böhm / Pletzer in Schwimann: ABGB², Rz 1 ff. zu § 4 BTVG.
180 Außer den allgemeinen Teilen des Gebäudes, in dem die Wohnung oder das Geschäftslokal gelegen ist, zählen die EB dazu »beispielsweise Spielplätze, Park- und Abstellflächen, Hobbyräume, Zu- und Durchgangswege, Geschäftslokale sowie die dem betreffenden Gebäude zugeordneten Grünflächen«, während solche Teile der Gesamtanlage, »an denen der Erwerber bei objektiver Betrachtung kein Interesse hat und haben kann (etwa die räumliche Innengestaltung eines weiteren Gebäudes in einem mehrere Abschnitte oder ›Stiegen‹ umfassenden Großprojekt)«, nicht dazu gehören und daher auch nicht in den Vertrag einbezogen werden müssen (EBRV-BTVG Nov. 6).
181 Vgl. Böhm: Lücken, S. 28 mit weiteren Nachweisen.
182 Böhm: Lücken, S. 31.

2.5
Zu kurze Rücktrittsfristen und unklarer Beginn des Fristenlaufes; Rücktrittsprobleme im geförderten Bereich (§ 5)

Der aufgezeigten **Fristenproblematik**[183] wurde vom Novellengesetzgeber Rechnung getragen (§ 5 Abs. 2 neu). Ob die Verlängerung der Rücktrittsfrist von einer auf zwei Wochen bzw. der »absoluten« Rücktrittsfrist von einem Monat auf sechs Wochen ausreichend ist, wird die Praxis zeigen. Jedenfalls wurde klargestellt, dass die Fristen nicht vor dem Zustandekommen des Vertrages zu laufen beginnen können.[184]

Hingegen wurde der Kritik an der Ausgestaltung des speziellen Rücktrittsrechts wegen gänzlichen oder erheblichen **Ausbleibens** einer dem Bauträgervertrag zugrunde gelegten **Wohnbauförderung** in der Novelle nicht Rechnung getragen. Die Kritik ging zum einen dahin, dass der Gesetzestext im Unklaren lässt, was unter einer »Zugrundelegung« der Wohnbauförderung zu verstehen ist, bzw. dass dies in den EBRV-BTVG[185] bloß durch Verweisung auf die ja höchst komplexe Lehre von der Geschäftsgrundlage zu spezifizieren versucht wird.[186] Zum anderen war aber auch eine massive Unklarheit dahingehend aufzuzeigen, was als »erhebliches Ausmaß« des Förderungsausfalls zu verstehen sei. Wie viel »erheblich« ist, bleibe dabei genauso im Dunkeln wie die Frage, ob die Erheblichkeit objektiv oder subjektiv zu bestimmen ist, wozu in der Literatur tatsächlich auch bereits verschiedene Lösungen vorgetragen worden sind.[187]

---

183 BÖHM: Lücken, S. 33 f.
184 So schon BÖHM / PLETZER in SCHWIMANN: ABGB², Rz 16 zu § 5 BTVG.
185 312 BeilNR XX. GP.
186 BÖHM: Lücken, S. 35. Hier wurde gefordert, zumindest typische Fälle der »Zugrundelegung« demonstrativ aufzuzählen, und dabei Aussagen darüber zu treffen, ob es ausreicht (so BÖHM / PLETZER in SCHWIMANN: ABGB², Rz 23 zu § 5 BTVG), dass der Erwerber schlicht erkennbar und seitens des Bauträgers unbeanstandet von der Gewährung einer Förderung ausgegangen ist.
187 Während BÖHM / PLETZER (in SCHWIMANN: ABGB², Rz 24 zu § 5 BTVG) und KIENDL (Das Bauträgervertragsgesetz, in: JESSER / KIENDL / SCHWARZENEGGER [Hrsg.], Das neue Konsumentenschutzrecht [1997] S. 223; S. 238 f.) im Anschluss an APATHY (in SCHWIMANN: ABGB², Rz 8 zu § 3 a KSchG, Rz 4 zu § 31 c KSchG) die Erheblichkeitsgrenze dann als erreicht sehen, wenn der Förderungsausfall das Projekt für den konkreten Erwerber subjektiv unfinanzierbar macht oder sich dadurch sein Aufwand unmittelbar (Eigenmittel) oder mittelbar (Fremdfinanzierungsmittel ohne Wohnbauförderung) um mehr als 10 % erhöht, sieht LANGER (Bauträgervertragsgesetz – Kurzkommentar [1997] Rz 27) die Erheblichkeitsgrenze erst bei der Hälfte der möglichen Förderung als erreicht an.

2.6
Sicherungsmängel im Allgemeinen

2.6.1
Das grundbücherliche Sicherungsmodell als Gefahrenquelle an und für sich

Im Rahmen eines »Systemvergleichs« war als gravierendster Mangel des BTVG überhaupt zu konstatieren,[188] dass mit dem grundbücherlichen Sicherungsmodell eine relativ »verführerische«, weil im Vergleich zu anderen Modellen, insbesondere zur Bankgarantie, meist auch relativ »billige« Variante angeboten wird, welche den Erwerber bestenfalls in Sicherheit wiegt, ohne ihm diese Sicherheit auch tatsächlich zu gewähren. Aus der Sicht des Erwerberschutzes musste daher sogar für die Abschaffung der **alleinigen** Sicherung durch grundbücherliche Maßnahmen eingetreten werden. Der Novellengesetzgeber hat dieser Kritik durch ein »Zurückdrehen der Ratenplanschraube« (Absenkung der einzelnen Teilbeträge) bzw. die Normierung begleitender Sicherungsmaßnahmen Rechnung getragen;[189] ob er dies hinreichend getan hat, wird wieder die Praxis zeigen.

2.6.2
Erlöschen der Sicherungspflicht trotz mangelhafter Bauausführung?

Eine ganz gravierende Schwachstelle war bzw. ist (der Novellengesetzgeber hat sich hier zu keiner Klarstellung durchringen können) dahingehend zu konstatieren, dass das BTVG in § 7 Abs. 5 das Ende der Sicherungspflicht bei Vorliegen von Mängeln im Dunkeln lässt. Nachdem Mängel bei Bauvorhaben nicht eben untypisch sind, handelt es sich gleichermaßen um ein »Alltagsproblem«.

Das Erlöschen der Sicherungspflicht setzt die Fertigstellung des (in der Diktion der Novelle »eigentlichen«) Vertragsobjektes voraus.[190] Was unter Fertigstellung zu verstehen ist, hätte schon 1997 detaillierter Normierung bedurft. An Hand der EB konnte immerhin herausgearbeitet werden, dass das Vorliegen sog »gravierender Mängel« der Fertigstellung entgegensteht.[191] Die EB halten einen Mangel dann für gravierend, wenn der zur Mängelbehebung erforderliche Aufwand im Verhältnis zu den für den jeweiligen Bauabschnitt zu leistenden Zahlungen unverhältnismäßig erscheint.[192] Im Gegensatz zum »wesentlichen Mangel« im Sinne des (alten) Gewährleistungsrechts[193] ist dabei

---

188 Böhm: Lücken, S. 39 f.
189 Siehe dazu unten 2.8.
190 Zur »Rückschrittlichkeit« dieser Regelung vgl. FN 196.
191 Böhm / Pletzer a. a. O.
192 EBRV-BTVG 22.
193 Vgl. das Beispiel bei Böhm / Pletzer in Schwimann: ABGB², Rz 13 zu § 10 BTVG: Die fehlende Beheizbarkeit einer Wohnung stellt einen wesentlichen Mangel dar, der allerdings dann nicht gravierend ist, wenn der zugrunde liegende Defekt ohne größeren Aufwand behoben werden kann.

auf den Umfang der objektiven Äquivalenzstörung, also darauf abzustellen, in welchem Ausmaß der Wertzuwachs der Liegenschaft aufgrund des Mangels beeinträchtigt wird.[194] In Zusammenschau mit den im gesetzlichen Ratenplan des § 10 insgesamt zum Ausdruck kommenden Wertrelationen konnte rechnerisch eine ungefähre »Faustregel« entwickelt werden, wonach Mängel, durch die der angestrebte Wertzuwachs der Liegenschaft um mehr als etwa 5 % unterschritten wird – genauer: deren Behebungskosten 5 % der für den betreffenden Bauabschnitt zu leistenden Kaufpreisrate übersteigen –, als »gravierend« anzusehen sind.[195] Obwohl sich die zahlenmäßigen Relationen aufgrund der »Verschärfung« des Ratenplans im neu gefassten § 10 nunmehr verschoben haben, wird man bei der 5 %-Grenze bleiben können bzw. müssen. Jedenfalls hat der Novellengesetzgeber an keiner Stelle des Reformtextes bzw. der EB zu erkennen gegeben, dass er am Begriff des »gravierenden Mangels« etwas ändern wollte.

Festzuhalten ist, dass der gravierende Mangel auch außerhalb des grundbücherlichen Sicherungsmodells eine entscheidende Rolle spielt: Für das Erlöschen der Sicherungspflicht ist nach § 7 Abs. 5 generell die Fertigstellung – jetzt nur mehr – des eigentlichen Vertragsgegenstandes[196] erforderlich. Sieht man von der Gesamtanlage ab, deren Fertigstellung jetzt nicht mehr Voraussetzung für das Erlöschen der Sicherungspflicht ist, dann entfallen nach altem Ratenplan bei voller Ausnützung der ersten Rate von 30 % des Kaufpreises bei Baubeginn auf die Bezugsfertigstellung 11,9 % desselben; davon 5 % machen sohin 0,595 %, also etwa 0,6 % des Kaufpreises aus. Bei einer 300.000 Euro teuren Wohnung würden also ein oder mehrere Mängel, deren Behebungskosten insgesamt die Größenordnung von etwa 1.800 Euro erreichen, den Vertragsgegenstand als nicht fertig gestellt erscheinen lassen. Diese Relation ist wohl auch vom Ergebnis her angemessen.

---

194 Böhm / Pletzer in Schwimann: ABGB², Rz 12 f. zu § 10 BTVG.
195 Böhm: Lücken, S. 45 ff. Maßgeblich war dabei die Überlegung, dass die kleinste Kaufpreisrate, die nach dem gesetzlichen Ratenplan nicht »ungesichert« bezahlt werden durfte, 7,5 % jenes Betrags ausmachte, welcher der größten Kaufpreisrate entsprach. Bei maßvoller Betrachtung wird man die Toleranzgrenze allerdings nicht in Höhe dessen ansetzen, was jedenfalls nicht mehr ungesichert geleistet werden darf, sondern doch einiges darunter; 2/3 dieses Betrages erscheinen m. E. angemessen (Näheres und Zahlenbeispiel bei Böhm a. a. O.).
196 Diese Einschränkung stellt aus Sicht des Erwerberschutzes insofern einen – wohl ungewollten – Rückschritt dar, als bisher das Erlöschen der Sicherungspflicht im Zweifel an die Fertigstellung des Vertragsgegenstandes insgesamt geknüpft war, worunter im Zweifel auch die Fertigstellung der Gesamtanlage verstanden wurde (vgl. EBRV-BTVG 12; Böhm / Pletzer in Schwimann: ABGB², Rz 34 f. zu § 7 BTVG).

2.6.3
»Ausweichmöglichkeit« landesrechtliches Sicherungsmodell

Auf die evidente Fragwürdigkeit der Zulässigkeit des Ausweichens auf landesgesetzliche Sicherungsmodelle, deren »Gleichwertigkeit« mit den Modellen des BTVG problematisch bzw. kaum feststellbar war,[197] hat man zunächst durchaus sinnvoll mit der Streichung des ohnehin weitestgehend unpraktischen Sondersicherungsmodells der »gleichwertigen überwachten Sicherung im Förderungsfall« (§ 7 Abs. 6 Z 3) reagiert. In der Folge wurde aber – leider – dem wiederholten und massiven Drängen vor allem des gemeinnützigen Sektors doch nachgegeben und mit der »bescheinigten Sicherheit im geförderten Mietwohnungsbau« (§ 7 Abs. 6 Z 3; Abs. 7 neu) ein ebenso fragwürdiges Pendant geschaffen, welches aber, da es beim Eigentums- und Wohnungseigentumserwerb nicht anwendbar ist, keinen großen Schaden anrichten kann.

2.6.4
Weitere allgemeine Schwachpunkte

Zu einer **allgemeinen Treuhänderbestellungspflicht,** also zur Verpflichtung, bei allen Sicherungsmodellen einen Treuhänder einzusetzen, der entsprechende Kontroll- und Informationsaufgaben wahrzunehmen hat,[198] konnte sich der Novellengesetzgeber genauso wenig durchringen, wie zur verpflichtenden Absicherung von **»Begleitschäden«;**[199] hingegen ist er der Forderung nach stärkerer Bedachtnahme auf den **Sicherungszweck bei der Kombination von Sicherungsmodellen**[200] in § 7 Abs. 3 nachgekommen.

2.7
Schwächen des Garantiemodells

Auf die aufgezeigten Schwächen des Garantiemodells hat der Novellengesetzgeber wohltuend effektiv reagiert. Im Besonderen gilt dies hinsichtlich der **Gefahren der Abschwächung der Abstraktheit** der Garantie bis hin zu ihrer weitgehenden Unbrauchbarkeit bei Aufnahme einer – sogar von den EBRV-BTVG explizit für zulässig erachteten[201] – **»Urteilsklausel«,** wonach der Erwerber, bevor er auf den Garanten greifen kann, erst ein rechtskräftiges Leistungsurteil gegen den Bauträger erstreiten

---

197 Böhm: Lücken, S. 50 ff.
198 Böhm: Lücken, S. 40.
199 Böhm: Lücken, S. 41.
200 Böhm: Lücken, S. 42 f.
201 EBRV-BTVG 20.

hätte müssen.[202] Nach dem neuen Abs. 5 des § 8 können Leistungen aus einer Garantie (oder Versicherung) nur mehr von der Entrichtung der Zahlungen des Erwerbers auf das in dieser Sicherheit genannte Konto abhängig gemacht werden. Ebenso wurde klar gestellt – was aber schon bisher anzunehmen war[203] –, dass die in der Praxis leider oft zu beobachtende Einschränkung der Garantie auf noch nicht erbrachte Bauleistungen ohne entsprechende sonstige Sicherung unwirksam ist (§ 8 Abs. 1 Satz 3).

Als gelungen ist auch jene Konstruktion zu bezeichnen, mit welcher der Novellengesetzgeber sicherstellen möchte, dass nicht der Erwerber die Garantie zieht, dennoch aber **weiterhin Rechte aus dem Bauträgervertrag ausübt oder geltend macht**. Nach § 8 Abs. 5 Satz 2 und 3 gilt zum einen die Inanspruchnahme der Garantie (oder Versicherung) durch den Erwerber jedenfalls als Auflösung des Bauträgervertrages, und wird zum anderen die Garantieleistung »spätestens mit der Löschung der zugunsten des Erwerbers erfolgten Grundbuchseintragungen fällig«. Da das Gesetz von der »spätesten« Fälligkeit spricht, wird der Bauträger gut daran tun, darauf zu achten bzw. im Auftragsvertrag mit der Bank zu vereinbaren, dass die Fälligkeit im Garantievertrag tatsächlich von der Löschung der zugunsten des Erwerbers erfolgten Grundbuchseintragungen abhängig gemacht wird. Die Wortfolge »zugunsten des Erwerbers« wird man im Übrigen weit auszulegen haben, so dass auch von ihm aufgenommene Ankaufsfinanzierungshypotheken und andere in seinem Interesse einverleibte Lasten Dritter darunter fallen.

Lob verdienen die Verfasser der Novelle weiters für die durch die Aufnahme der Worte »ihm eingeräumte« erfolgte Klarstellung der **Unzulässigkeit einer »Treuhändergarantie«**,[204] Kritik allerdings dafür, dass eine ähnliche Klarstellung hin-

---

202 Böhm: Lücken, S. 69 f. und S. 76 f.; ausführlich und kritisch Böhm / Pletzer in Schwimann: ABGB², Rz 20 ff. zu § 8 BTVG.
203 Böhm / Pletzer in Schwimann: ABGB², Rz 5 zu § 8 BTVG; vgl. schon Gartner: Musterverträge im Rahmen des BTVG – Vorschläge zur Anpassung des Bauträgervertrages an die neue Rechtslage (1998) S. 61 f.
204 Böhm: Lücken, S. 71 ff. Auch bisher schon war die Treuhändergarantie nach richtiger Auffassung glatt unzulässig (Böhm / Pletzer: in Schwimann: ABGB², Rz 20 ff. zu § 8 BTVG; a. A. Schmidinger / Aumann: Sicherungsmodelle und Bankdienstleistungen, in: FGW – Forschungsgesellschaft für Wohnen, Bauen und Planen [Hrsg.], Das Bauträgervertragsgesetz in der Praxis [Schriftenreihe Nr. 124; 1997] S. 69, S. 91.)

sichtlich der **Verwahrung der Garantieurkunde durch den Treuhänder** unterblieben ist,[205] bzw. dass die diesbezügliche Praxis in den EB für zulässig gehalten wird.[206]

Der Kritik an der Zulässigkeit der **Bürgschaft**, obwohl diese aufgrund ihrer Subsidiarität für den Erwerber völlig ineffizient erscheint,[207] ist der Novellengesetzgeber durch die nunmehrige Beschränkung des schuldrechtlichen Sicherungsmodells auf die Garantie und die (weiterhin unpraktische und daher m. E. genauso entbehrliche) Versicherung nachgekommen.

Unklarheiten hinsichtlich der **Laufzeit der Garantie**[208] wurden hingegen nicht ausgemerzt. Es muss daher weiterhin betont werden, dass der Garant in allen Fällen, in denen die Garantie nicht unter Bezugnahme auf die Dauer der gesetzlichen Sicherungspflicht – bestimmbar – befristet wird, dem Erwerber eine Verlängerungsoption einräumen oder sich zumindest zur Verlängerung für den Fall verpflichten muss, dass zum vereinbarten Endtermin die gesetzliche Sicherungspflicht noch fortbesteht.[209]

2.8
Detailschwächen des grundbücherlichen Sicherungsmodells

Als **besondere** Schwachstelle wurde beim grundbücherlichen Sicherungsmodell zunächst ausgemacht, dass die **Fertigstellung** der Wohnung **im Insolvenzfall nicht gesichert** ist, zumal sich die wohnungseigentumsrechtlichen Begleitbestimmungen – §§ 41 Abs. 2, 42, 43 Abs. 4 und 44 WEG 2002 – als problematisch bzw. ineffizient aus

---

205 Vgl. Böhm: Lücken, S. 72 ff.; Böhm / Pletzer in Schwimann: ABGB², Rz 27 zu § 8 BTVG.
206 EBRV-BTVG Nov. 10. Das dort als Rechtfertigung herangezogene »im Begutachtungsverfahren von den Interessenvertretungen der Freien Rechtsberufe beklagte Risiko des Treuhänders aus der mit ihm nicht verabredeten Inanspruchnahme der Sicherheit durch den Erwerber« wird im Normalfall nicht schlagend bzw. ist durchaus durch entsprechende vertragliche Gestaltung in den Griff zu bekommen: Wenn im Garantievertrag vereinbart ist, dass die Leistung der Bank aus der Garantie voraussetzt, dass der Erwerber zuvor alle »zu seinen Gunsten« (siehe zuvor im Text) erwirkten grundbücherlichen Eintragungen löschen lässt, wird dies ohnehin stets eine Rückabwicklung über den Treuhänder voraussetzen. Dieser wird etwa der ankaufsfinanzierenden Bank die Darlehensrückzahlung aus der Garantiesumme zusichern müssen, um zu einer entsprechenden Löschungsquittung zu gelangen. Hingegen ist es ein veritables und nahezu unabschätzbares Risiko des Treuhänders, aus der Heraus- oder Nichtherausgabe der Urkunde infolge Fehleinschätzung des Bestandes bzw. Nichtbestandes des Rückforderungsanspruchs einer der beiden Seiten schadenersatzpflichtig zu werden.
207 Böhm: Lücken, S. 78; nach Böhm / Pletzer in Schwimann: ABGB², Rz 30 zu § 8 BTVG, war die Bürgschaft schon bisher kein geeignetes Sicherungsmittel, wenn zum einen der Erwerber Verbraucher und der Bauträger Unternehmer war, und zum anderen der Bauträgervertrag den zur Gänze oder doch in erheblichem Umfang fremdfinanzierten Erwerb einer Wohnung zur Befriedigung eigener Wohnbedürfnisse zum Gegenstand hatte.
208 Böhm: Lücken, S. 58 ff.
209 Böhm / Pletzer in Schwimann: ABGB², Rz 7 zu § 8 BTVG.

der Sicht des Erwerberschutzes erwiesen haben.[210] Lediglich für § 43 Abs. 4 WEG ist dieses Urteil seit der Neufassung dieser Bestimmung im Wege der Wohnrechtsnovelle 2006 nicht mehr aufrecht zu erhalten. Die anderen Schwachstellen sind geblieben, wobei immerhin anzuerkennen ist, dass die Verschärfung des Ratenplans die Fertigstellungschancen deutlich erhöht.

Nichts geändert hat sich auch daran, dass eine sinnvolle **Rücktrittsmöglichkeit** im Fall der Insolvenz des Bauträgers dem Erwerber **nicht** zur Verfügung steht und dass er weiters mit einer massiven **Einschränkung seiner zivilrechtlichen Gestaltungsmöglichkeiten** konfrontiert ist, die er auf sich nehmen muss, um seiner Sicherung nicht verlustig zu werden.[211]

Den drohenden massiven **Verwertungsverlusten** des Erwerbers[212] versucht der Novellengesetzgeber durch eine Verschärfung bzw. »Aufsplittung« des Ratenplans in § 10 und die Normierung einer verpflichtenden begleitenden Sicherung im »Modell A« für den Fall des Vorliegens eines dringenden Wohnbedürfnisses des Erwerbers bzw. naher Angehöriger (§ 9 Abs. 4) zu begegnen. Ob das ausreichen wird, um dem grundbücherlichen Sicherungsmodell mehr Effektivität zu verleihen, wird die Praxis zeigen. Ein massiver Mangel haftet dem neuen § 9 Abs. 4, der ein spätes und daher nicht wirklich ausgereiftes Kind des Novellengesetzgebers ist, aber allemal an: Wie sollen bei der – ja der Haftung des Treuhänders anheim gegebenen – Bemessung der Höhe der Zusatzsicherung, »alle vermögenswerten Nachteile [...], die dem Erwerber aus der Verzögerung oder der Einstellung des Bauvorhabens aufgrund der Eröffnung eines Konkurs- oder Ausgleichsverfahrens über das Vermögen des Bauträgers oder aufgrund der Abweisung eines Antrags auf Eröffnung eines Konkursverfahrens mangels kostendeckenden Vermögens erwachsen« können, im Vorhinein festgestellt werden?

Die extrem missverständliche Formulierung des § 9 Abs. 3 BTVG über den **Inhalt der Freistellungsverpflichtungserklärung** der Bank[213] wurde hingegen elegant beseitigt: Nunmehr ist klar, was im Wesentlichen schon bisher der einzig vernünftigen Auslegung, nicht aber gängiger Praxis entsprochen hat, nämlich dass sich die Bank verpflichten muss, im Falle der Eigentumseinverleibung zugunsten des Erwerbers zur Gänze und nicht nur in Höhe der bereits erhaltenen Zahlungen des Erwerbers(!) freizustellen;[214] davon dürfen – auch hier meinem Vorschlag[215] folgend – nur jene Beträge ausgenom-

---

210 Böhm: Lücken, S. 83 ff.
211 Böhm: Lücken, S. 85 f. und S. 87.
212 Böhm: Lücken, S. 86 f.
213 Böhm: Lücken, S. 94 ff.
214 Böhm: Die Freistellungsverpflichtung nach § 9 Abs. 3 BTVG, immolex 1998, S. 270, S. 273 ff. (mit ausführlicher Begründung und Beispiel); Böhm / Pletzer in Schwimann: ABGB², Rz 37 ff. (insbesondere 40) zu § 9 BTVG.
215 Böhm: Das neue Bauträger-Vertragsrecht, immolex 1997, S. 50, S. 54; derselbe: immolex 1998, S. 274; Böhm / Pletzer in Schwimann: ABGB², Rz 41 f. zu § 9 BTVG.

men werden, mit denen der Erwerber in Verzug ist. Die zweite Einschränkung (Ausnahme jenes Betrages, der dem Wert der für den nächsten Bauabschnitt vom Bauträger bereits erbrachten, vom Erwerber aber noch nicht entgoltenen Bauleistungen entspricht), die ich in teleologischer Reduktion des bisherigen Gesetzeswortlauts vertreten habe, wurde – insbesondere der Kritik Rosifkas für die Bundesarbeitskammer im Begutachtungsverfahren folgend – zu Recht beseitigt; hätte sie doch das mit der Anziehung der »Ratenplanschraube« verfolgte Anliegen, den auf der Liegenschaft verbauten Wert in Relation zu den vom Erwerber bereits geleisteten Zahlungen zu erhöhen, konterkariert.

2.9
Die Problematik des § 16

Die beinahe völlige Wertlosigkeit der Bestimmung des § 16 über die Abtretung von Gewährleitungs- bzw. Schadenersatzansprüchen wegen der Einredemöglichkeiten der Professionisten aus ihrem Verhältnis zum Bauträger wurde durch die Statuierung des zwingenden Haftrücklasses in § 4 Abs. 4 ausgeglichen.

Diese Bestimmung, der ein eigener umfassender Beitrag in diesem Buch gewidmet ist, wird wohl die am meisten und am heftigsten umstrittene eines gelungenen Reformwerkes sein.

Die notwendigen Inhalte des Bauträgervertrages nach § 4 Abs. 1 BTVG

DR. MICHAEL LUNZER • MAG. WALTER ROSIFKA[216]

1
Einleitung

Ziel der Novelle des Bauträgervertragsgesetzes war gemäß dem Vortrag an den Ministerrat unter anderem, dass die Bauträger ihre Kunden über die Rechte und Pflichten aus dem Vertrag klar und deutlich informieren sollen. Zu diesem Zweck wurden mit der Novelle auch Änderungen in § 4[217] vorgenommen. Darin sind Vorschriften zum Inhalt des Bauträgervertrages – der gemäß § 3 Abs. 1 der Schriftform bedarf – normiert.

In der Regel reicht es jedoch für den Bauträger bzw. die Vertragsverfasser bei der inhaltlichen Ausgestaltung des Vertrages nicht aus, das Augenmerk bloß auf diese Bestimmungen zu richten.

Da sich beim Bauträgervertrag in der Regel ein Unternehmer und ein Verbraucher im Sinn des § 1 Konsumentenschutzgesetz (KSchG) gegenüber stehen, sind auch die Regelungen dieses Gesetzes zu beachten. Überdies ist bei der Vertragsgestaltung § 38 Wohnungseigentumsgesetz (WEG) entsprechende Aufmerksamkeit zu schenken, wenn mit einem Bauträgervertrag Wohnungseigentum verschafft werden soll und dem Bauträger daher die Stellung eines Wohnungseigentumsorganisators zukommt.

Weiters ist auch darauf hinzuweisen, dass Bauträger bzw. Vertragsverfasser anlässlich eines Projektes, bei dem mehreren Personen Nutzungsrechte und / oder Miteigentumsanteile übertragen werden, regelmäßig vorformulierte Vertragsbedingungen verwenden. In solchen Fällen ist für die Wirksamkeit der vereinbarten Inhalte des Bauträgervertrages auch der Maßstab der Inhaltskontrolle des § 879 Abs. 3 ABGB heranzuziehen.

Demgemäß widmet sich der nachfolgende Beitrag zwar vornehmlich den Neuerungen in § 4 BTVG, doch sollen die oben genannten anderen Rechtsvorschriften nicht unberücksichtigt bleiben.

---

216 LUNZER ist der Autor der Kapitel 2.2, 2.4, 2.6, 2.8 und 2.9.
ROSIFKA ist der Autor der Kapitel 1, 2.1, 2.3, 2.5, 2.7 und 3.
217 Wenn in diesem Beitrag Paragraphen ohne weitere Bezeichnung genannt werden, handelt es sich um solche des Bauträgervertragsgesetzes (BTVG).

2
Der Vertragsinhalt gemäß § 4 BTVG

2.1
Beschreibung des Vertragsgegenstandes (§ 4 Abs. 1 Z 1)

Die Z 1 des § 4 Abs. 1 beinhaltet weiterhin Vorschriften über die Beschreibung des Vertragsgegenstandes sowie hinsichtlich der Pläne und der Bau- und Ausstattungsbeschreibung.

Eigentlicher Vertragsgegenstand

Während der Bauträgervertrag nach dem bisherigen Text der Gesetzesbestimmung den »bestimmt bezeichneten Vertragsgegenstand« zu enthalten hatte, spricht der Gesetzestext nunmehr vom »eigentlichen Vertragsgegenstand« und von den vom Erwerber gewöhnlich nutzbaren Teilen der Gesamtanlage.

Diese Neuerung soll für den Bauträger vor allem im Bereich des Wohnungseigentums Erleichterungen bei der inhaltlichen Ausgestaltung des Bauträgervertrages bringen.

Die Rechtsform des Wohnungseigentums ist ja dadurch charakterisiert, dass es ein Recht zur ausschließlichen Nutzung eines bestimmten Wohnungseigentumsobjektes ist, das einem Miteigentümer der Liegenschaft eingeräumt wird / ist.[218]

Beim Erwerb von Wohnungseigentum ist also Vertragsgegenstand im rechtlichen Sinn primär ein Miteigentumsanteil an der Liegenschaft, damit auch ein Miteigentumsanteil an der gesamten auf der Liegenschaft errichteten Wohnhausanlage. Damit erwirbt der Wohnungseigentümer nicht nur Miteigentum an den allgemeinen Teilen des Hauses (Stiegenhaus, Fahrradabstellraum etc.) und der Liegenschaft (Kinderspielplatz etc.), sondern auch an den Wohnungseigentumsobjekten, die anderen Personen zur ausschließlichen Nutzung zur Verfügung stehen (sollen).

Die bisherigen Anordnungen, den Vertragsgegenstand bestimmt zu bezeichnen und Pläne und Ausstattungsbeschreibungen über den Vertragsgegenstand in den mit einem Erwerber abzuschließenden Bauträgervertrag mit einzubeziehen, hätten somit bei strenger Auslegung zur Konsequenz, dass der Bauträger jedem Wohnungseigentumserwerber und damit Erwerber eines Miteigentumsanteils Beschreibungen, Pläne und Ausstattungsbeschreibungen auch der anderen Wohnungseigentumsobjekte zu übergeben hätte.

---

[218] Vgl. § 2 Abs. 1 WEG 2002.

Da dies nicht sachgerecht erscheint, **stellt die novellierte Bestimmung** nun auf den »eigentlichen« Vertragsgegenstand, also **auf das konkret vom Erwerber zu seiner ausschließlichen Nutzung angesprochene Objekt** (Gebäude, Wohnung oder Geschäftsraum, jeweils samt Zugehör, wie etwa einen Kellerabstellraum) **ab**. Der Bauträgervertrag hat aber zusätzlich auch die vom Erwerber gewöhnlich nutzbaren Teile der Gesamtanlage zu enthalten.

Sowohl der eigentliche Vertragsgegenstand als auch die Anlage müssen im Vertrag in Ausmaß, Lage und Widmung bestimmt bezeichnet sein.

Pläne, Bau- und Ausstattungsbeschreibungen

Im Gegensatz zur bisherigen Rechtslage müssen die dazu gehörigen Pläne und die Beschreibung der Ausstattung und ihres Zustandes nicht mehr physisch Bestandteil der Vertragsurkunde sein; sie sind nicht mehr »in den Vertrag einzubeziehen«, wie § 4 Abs. 1 Z 1 bisher vorsah. Dies entspricht einem Bedürfnis der Praxis, die Vertragsurkunde nicht unnötig aufzublähen und die elektronische Erfassung der Verträge für die Urkundensammlung durch das Grundbuchgericht zu erleichtern.

Die Pläne, Bau- und Ausstattungsbeschreibungen über den eigentlichen Vertragsgegenstand und die Anlage sind aber natürlich unzweifelhaft Vertragsinhalt (Inhalt der Willenseinigung); gemäß der gesetzlichen Anordnung sind sie **dem Vertrag zugrunde zu legen und zu übergeben**. Da diese Unterlagen nicht mehr zwingend in die Vertragsurkunde einzubeziehen sind, können sie – wie in den Erläuterungen[219] betont wird – auch abgesondert von der eigentlichen Vertragsurkunde in Schriftform (also von den Vertragspartnern unterschrieben) unter Bezugnahme auf den einzelnen Vertrag errichtet werden.

Auch wenn **bei den übergebenen Plänen eine Bezugnahme auf den Vertrag ausreichen mag,** wäre aber umgekehrt **im Vertrag eine bloße Bezugnahme auf die Pläne** m. E. **nicht ausreichend**. So würde etwa eine Formulierung im Vertrag, wonach »der Vertragsgegenstand und das Projekt entsprechend der übergebenen Pläne und Beschreibungen errichtet wird«, nicht der gesetzlichen Anordnung entsprechen, dass der eigentliche Vertragsgegenstand und die Anlage im Vertrag in Ausmaß, Lage und Widmung bestimmt zu bezeichnen sind.

Hinsichtlich des eigentlichen Vertragsgegenstandes und der genannten Merkmale[220] der Anlage werden also in der Vertragsurkunde genauere Angaben notwendig sein,

---

219 432 der Beilagen zu den Stenographischen Protokollen des Nationalrates XXIII. GP; Regierungsvorlage – Materialien.
220 Ausmaß, Lage und Widmung.

während für die übrigen Details ein Verweis auf die Pläne, Bau- und Ausstattungsbeschreibungen genügen könnte.

Die vom Erwerber gewöhnlich nutzbaren Teile der Gesamtanlage

Unter den vom Erwerber gewöhnlich nutzbaren Teilen der Gesamtanlage, über die er durch bestimmte Bezeichnung, Pläne, Bau- und Ausstattungsbeschreibung zu informieren ist, **versteht der Gesetzgeber gemäß den Erläuterungen** außer den allgemeinen Teilen des Gebäudes, in dem eine Wohnung oder ein Geschäftslokal liegt (offensichtlich gemeint z. B. das Stiegenhaus, der Müll- oder Fahrradabstellraum), **beispielsweise Spielplätze, Park- und Abstellflächen, Hobbyräume, Zu- und Durchgangswege, Geschäftslokale sowie die dem betreffenden Gebäude zugeordneten Grünflächen.**

Fraglich ist, warum in obiger Aufzählung zwischen den Zu- und Durchgangswegen und den dem betreffenden Gebäude zugeordneten Grünflächen ausdrücklich auch **Geschäftslokale** genannt sind. Diese sind in der Regel ja keine vom Erwerber gewöhnlich nutzbaren Teile der Gesamtanlage, wie die anderen in der Aufzählung genannten Räume und Flächen, sondern stehen in der ausschließlichen Nutzung anderer Erwerber.

Hier ist die in der Praxis – insbesondere vom Standpunkt des Erwerbers – nicht unrelevante Frage angesprochen, ob der Erwerber in seinem Vertrag vom Bauträger nicht nur über nutzbare Teile der Gesamtanlage, sondern auch über die Lage und Widmung anderer Nutzungsobjekte zu informieren ist. Sind also im Bauträgervertrag eines Erwerbers Nutzungsobjekte anderer Erwerber in Ausmaß, Lage und Widmung bestimmt zu bezeichnen?

Informationspflicht des Bauträgers über Nutzungsobjekte anderer Erwerber

Nur wer an der Diskussion im Zusammenhang mit der Entstehung der Novelle beteiligt war, kann wissen, in welchem Spannungsfeld der Gesetzgeber eine ausgewogene Regelung zu erreichen versuchte.

Einerseits ist es das Interesse der Bauträger, sich bei einem Bauvorhaben auf einer Liegenschaft, das **in mehreren Bauabschnitten** errichtet werden soll, nicht schon von vornherein hinsichtlich aller Details festlegen zu müssen. Es wäre wohl ein nicht unerhebliches Erschwernis für die Planung, wenn etwa schon gegenüber den Erwerbern des ersten Bauabschnittes die Situierung der im nächsten Bauabschnitt zu errichtenden allgemeinen Räume (wie etwa Müll- oder Fahrradabstellräume) vertraglich fix bekannt gegeben werden müsste. Diese Bekanntgabe scheint jedenfalls dann nicht sachlich gerechtfertigt, wenn solche Räumlichkeiten ohnehin schon auch im ersten Bauabschnitt errichtet werden.

Diesem Ansinnen wollte der Gesetzgeber auch Rechnung tragen. Gemäß den Erläuterungen **müssen die Teile der Gesamtanlage, an denen der Erwerber bei objektiver Betrachtung kein Interesse hat und haben kann, nicht in seinen Vertrag einbezogen werden.** Beispielhaft dafür ist die räumliche Innengestaltung eines weiteren Gebäudes in einem mehrere Abschnitte oder »Stiegen« umfassenden Großprojekt angeführt.

Andererseits besteht aber natürlich auch das Interesse der Erwerber des ersten Bauabschnitts, über die Lage und Widmung des mit dem zweiten Bauabschnitt – auf der in ihrem Miteigentum stehenden Liegenschaft – errichteten Gebäudes informiert zu werden. Jedenfalls die Erwerber der zum zweiten Bauabschnitt hin gerichteten Objekte des ersten Bauabschnitts werden regelmäßig auch ein objektives Interesse an der Information haben, in welchem Abstand zu ihrem Objekt ein weiteres Gebäude errichtet wird. Ebenso, ob ein zu ihrem Objekt hin gerichtetes Objekt des zweiten Abschnitts etwa ein Gewerbeobjekt ist, oder nicht. Für den Wohnwert eines Vertragsgegenstandes ist schließlich auch von Bedeutung, ob und mit welchen von anderen Nutzungsobjekten ausgehenden Beeinträchtigungen zu rechnen sein wird.

Dieses Problem stellt sich aber nicht nur bei Bauvorhaben, die in mehreren Bauabschnitten errichtet werden. Auch bei einer Anlage, die in einem hergestellt wird, ist es bei objektiver Betrachtung etwa für den Erwerber eines Wohnobjektes von Interesse, wenn das benachbarte Objekt eine Gaststätte oder eine Werkstatt ist.

Zur Frage, ob ein Bauträger die Erwerber (etwa von Wohnobjekten) **über die Widmung anderer Vertragsgegenstände** (etwa zu Geschäftszwecken) im Vertrag **zu informieren** hat, lässt sich der gesetzgeberische Wille nicht aus dem Gesetzestext erschließen. Im Text der Regelung in Abs. 1 über den Inhalt des Bauträgervertrages wird ja – neben dem eigentlichen Vertragsgegenstand des Erwerbers – einmal nur auf »die vom Erwerber gewöhnlich nutzbaren Teile der Gesamtanlage« abgestellt, andererseits auf Ausmaß, Lage und Widmung »der Anlage«, ohne dass eine Einschränkung auf die vom Erwerber gewöhnlich nutzbaren allgemeinen Teile vorgesehen wäre. Unter dem Begriff »Anlage« ist die gesamte Wohnhausanlage zu verstehen, darunter sind aber alle ihre Teile zu subsumieren, sowohl die allgemeinen Räume und Flächen als auch alle einzelnen Nutzungsobjekte.

Aufschlussreicher sind die schon erwähnten Erläuterungen, die den Bauträger von der Informationspflicht nur hinsichtlich der Teile der Gesamtanlage befreien, an denen der Erwerber bei objektiver Betrachtung kein Interesse hat, und zwar ohne Unterschied, ob es sich um andere Nutzungsobjekte handelt oder allgemeine Teile der Liegenschaft. Dies scheint mir – vor dem Hintergrund der in der Diskussion um die Erstellung des Entwurfes geäußerten berechtigten Anliegen der Bauträger (keine unnötige Überinformation), aber auch der Erwerber (berechtigtes Informationsinteresse über eventuell drohende Beeinträchtigungen) – in der Tat die sachgerechteste Lösung zu sein.

M. E. kann sich daher der Bauträger im Vertrag mit einem Erwerber hinsichtlich der übrigen Nutzungsobjekte nicht völlig in Schweigen hüllen. Zwar mag er diesbezüglich in der Regel nicht zur Bekanntgabe deren Ausstattungsdetails verpflichtet sein, jedoch hat er über Ausmaß, Lage und Widmung anderer Nutzungsobjekte dann zu informieren, wenn der Erwerber bei objektiver Betrachtung an diesen Angaben Interesse hat. Dies trifft jedenfalls[221] auf anrainende Objekte[222] zu sowie auf Geschäftsräumlichkeiten, von denen bei objektiver Betrachtung – im Vergleich zu einer Wohnung – erhöhte Beeinträchtigung ausgehen können.

Auch die ÖNORM B 2120[223] sieht in der Bau- und Ausstattungsbeschreibung nicht nur die Beschreibung des Bauwerkes und des jeweiligen Vertragsgegenstandes vor, sondern auch die Angabe der Anzahl und der Art der Objekte, die bei einem Projekt entstehen sollen.

Zur Bau- und Ausstattungsbeschreibung

Manche mir aus der Praxis der Bauträgerverträge bekannten Spezifizierungen in Ausstattungsbeschreibungen über den jeweiligen Vertragsgegenstand scheinen kritikwürdig. Ähnlich wie im Anhang A der ÖNORM B 2120 werden beispielsweise beim Bad zwar Anzahl und Art der Anschlüsse und Einrichtungsgegenstände bekannt gegeben, aber oft nur »Einbauwanne weiß«. Eine solche Beschreibung greift m. E. zu kurz, da damit keinesfalls klar ist, ob ein Billigprodukt geschuldet wird oder die Wanne einer Qualitätsmarke. Dasselbe gilt natürlich für alle anderen Einrichtungsgegenstände, die öfters nur nach ihrer Art beschrieben werden. Da unklare Vereinbarungen Missverständnisse geradezu herausfordern, führen solch unpräzise Angaben öfter zu Streitigkeiten zwischen Bauträgern und ihren Kunden über die vereinbarte oder doch nicht vereinbarte Qualität der Ausstattungsdetails.

Aus praktischen Erwägungen heraus, im Sinn einer größtmöglichen Bestimmtheit der vertraglich vereinbarten Leistung und um Auseinandersetzungen über die vereinbarte Güte der **Ausstattung** zu verhindern, **sollte** diese **nicht nur nach ihrer grundsätzlichen Art beschrieben sondern möglichst genau spezifiziert sein.**[224]

---

221 Aber nicht nur.
222 Vgl. etwa den Sachverhalt zu 3 Ob 95/00 t, bei dem die Außenstiege des Nachbarreihenhauses so errichtet wurde, dass man von ihr freie Sicht in den Garten und den Terrassenbereich sowie in den Wohnbereich und in das Schlafzimmer des Erwerbers hatte.
223 Mindesterfordernisse für einen Bauträgervertrag.
224 Am Beispiel der Einbauwanne etwa: »Einbaubadewanne, weiß, 180 mal 80, Marke x, Modell y«.

2.2
Wildbach- oder lawinenbedingte Gefahrenzone – Hochwasserabflussgebiet – Verdachtsflächenkataster – Altlastenatlas (§ 4 Abs. 1 Z 2)

Der Bauträgervertrag muss einen Hinweis enthalten, wenn der eigentliche Vertragsgegenstand oder die Gesamtanlage in einer wildbach- oder lawinenbedingten Gefahrenzone oder in einem Hochwasserabflussgebiet liegen, oder die betreffende Liegenschaft im Verdachtsflächenkataster geführt oder im Altlastenatlas ausgewiesen wird.

Alle diese Informationen können dem Grundbuch nicht entnommen werden und blieben einem Erwerber sonst wohl verborgen. Die Aufnahme dieser Regelung in das BTVG geht auf eine Entschließung des Salzburger Landtages zurück.

Gefahrenzone

Die Darstellung von wildbach- oder lawinenbedingten Gefahrenzonen ist Teil der Raumplanung für den Lebensraum Wald im Sinne § 7 des Forstgesetzes. Die Erstellung der Gefahrenzonenpläne ist in § 11 Forstgesetz geregelt. Zur Erstellung der Gefahrenzonenpläne ist der Bundesminister für Land- und Forstwirtschaft, Umwelt- und Wasserwirtschaft zuständig. Die genehmigten Gefahrenzonenpläne sind den davon betroffenen Gebietskörperschaften und Bezirksverwaltungsbehörden zur Verfügung zu stellen. Gemäß Verordnung des BM für Land- und Fortwirtschaft vom 30. Juli 1976, Bundesgesetzblatt Nr. 436 / 1976, über die Gefahrenzonenpläne sind folgende Bereiche darzustellen:

- **Rote Gefahrenzone:** Diese umfasst jene Flächen, die durch Wildbäche oder Lawinen derart gefährdet sind, dass ihre ständige Benützung für Siedlungs- und Verkehrszwecke wegen der voraussichtlichen Schadenswirkung des Bemessungsereignisses oder der Häufigkeit der Gefährdung nicht oder nur mit unverhältnismäßig hohem Aufwand möglich ist.
- **Gelbe Gefahrenzone:** Diese umfasst alle übrigen durch Wildbäche oder Lawinen gefährdeten Flächen, deren ständige Benützung für Siedlungs- oder Verkehrszwecke infolge dieser Gefährdung beeinträchtigt ist.
- **Blaue Vorbehaltsbereiche:** Dies sind Bereiche, die für die Durchführung von technischen oder forstlich-biologischen Maßnahmen der Dienststellen sowie für die Aufrechterhaltung der Funktionen dieser Maßnahmen benötigt werden oder zur Sicherung einer Schutzfunktion oder eines Verbauungserfolges einer besonderen Art der Bewirtschaftung bedürfen.
- **Braune Hinweisbereiche:** Dies sind Bereiche, hinsichtlich derer anlässlich von Erhebungen festgestellt wurde, dass sie vermutlich anderen als von Wildbächen oder Lawinen hervorgerufenen Naturgefahren, wie Steinschlag oder nicht im Zusammenhang mit Wildbächen oder Lawinen stehenden Rutschungen, ausgesetzt sind.

- **Violette Hinweisbereiche:** Das sind Bereiche, deren Schutzfunktion von der Erhaltung der Beschaffenheit des Bodens oder Geländes abhängt.

Wenn vom Wortlaut des Gesetzes lediglich der Hinweis auf die Lage in einer wildbach- oder lawinenbedingten Gefahrenzone gefordert ist, so spricht nichts dagegen, im Vertrag auch die Lage in einem Vorbehaltsbereich oder Hinweisbereich darzustellen.

Auskünfte über den Gefahrenzonenplan können primär vom Forsttechnischen Dienst für Wildbach- und Lawinenverbauung des BM für Land- und Forstwirtschaft, Umwelt- und Wasserwirtschaft[225] und sekundär von den örtlichen Gemeinden eingeholt werden.

Hochwasserabflussgebiet

Als Hochwasserabflussgebiet im Sinne § 38 Wasserrechtsgesetz 1959 gilt bei fließenden Gewässern das bei dreißigjährlichen Hochwässern überflutete Gebiet. Die Grenzen der Hochwasserabflussgebiete sind im Wasserbuch in geeigneter Weise ersichtlich zu machen (§ 38 Abs. 3 WRG 1959). Gemäß § 124 WRG 1959 hat der Landeshauptmann für jeden Verwaltungsbezirk ein Wasserbuch als öffentliches Register zu führen. Ein Teil des Wasserbuches ist die Übersicht über die Grenze der Hochwasserabflussgebiete (§ 124 Abs. 2 Z 5 WRG 1959).

Verdachtsflächen

Der Verdachtsflächenkataster wird gem. § 13 Abs. 1 Altlastensanierungsgesetz vom Umweltbundesamt geführt. Verdachtsflächen gem. § 2 Abs. 11 Altlastensanierungsgesetz sind abgrenzbare Bereiche von Altablagerungen und Altstandorten, von denen aufgrund früherer Nutzungsformen erhebliche Gefahren für die Gesundheit des Menschen oder die Umwelt ausgehen können. Altablagerungen sind Ablagerungen von Abfällen, die befugt oder unbefugt durchgeführt wurden (§ 2 Abs. 2 Altlastensanierungsgesetz). Altstandorte sind Standorte von Anlagen, in denen mit umweltgefährdenden Stoffen umgegangen wurde (§ 2 Abs. 3 Altlastensanierungsgesetz).

Die Eintragung im Verdachtsflächenkataster bedeutet noch nicht, dass sich tatsächlich Bodenverunreinigungen auf der Liegenschaft befinden. Die Eintragung weist lediglich darauf hin, dass aufgrund früherer Nutzungsformen erhebliche Gefahren für die Gesundheit des Menschen oder die Umwelt von Ablagerungen auf dem Grundstück ausgehen können. Umgekehrt gibt der Umstand, dass ein Grundstück weder im Verdachtsflächenkataster noch im Altlastenatlas eingetragen ist, keine Gewähr dafür, dass sich keine Bodenverunreinigungen auf der Liegenschaft befinden.

---

225 Die Adressen der Dienststellen (Sektionen) für die einzelnen Bundesländer finden sich unter http://www.lebensministerium.at/article/archive/21483/

Im Verdachtsflächenkataster kann auf der Homepage des Umweltbundesamtes nach Katastralgemeinde und Grundstücksnummer gesucht werden.[226]

Österreichweit sind 2039 Verdachtsflächen verzeichnet.[227]

Altlastenatlas

Altlasten sind Altablagerungen und Altstandorte sowie durch diese kontaminierte Böden- und Grundwasserkörper, von denen – nach den Ergebnissen einer Gefährdungsabschätzung – erhebliche Gefahren für die Gesundheit des Menschen oder die Umwelt ausgehen (§ 2 Abs. 1 Altlastensanierungsgesetz). Die aufgrund der Gefährdungsabschätzung festgestellten sicherungs- oder sanierungsbedürftigen Flächen sind als Altlasten in einer Verordnung (Altlastenatlas) auszuweisen (§ 13 Abs. 2 Altlastensanierungsgesetz). Das Umweltbundesamt hat als Dienstleister für den Bundesminister für Land- und Forstwirtschaft, Umwelt- und Wasserwirtschaft eine Datenbank über die Gefährdungsabschätzungen und die Prioritätenklassifizierungen gem. § 14 Abs. 1 Altlastensanierungsgesetz zu den Verdachtsflächen und Altlasten zu führen und die Daten auf der Internetseite des Umweltbundesamtes zu veröffentlichen.[228]

2.3
Bekanntgabe des Preises (§ 4 Abs. 1 Z 3 und § 4 Abs. 3)

Bisher war im Gesetz vorgesehen, dass der Bauträgervertrag das vom Erwerber zu zahlende Entgelt zu enthalten hat. Nunmehr wird im Gesetzestext statt dem Begriff »Entgelt« das Wort »Preis« verwendet. Auch wenn damit scheinbar nur auf Kaufgeschäfte abgestellt wird, geht aus den Erläuterungen hervor, dass keine substantielle Änderung beabsichtigt war. Unter dem Wort »Preis« ist weiterhin auch das für die Einräumung der bloßen Nutzung vereinbarte Entgelt (z. B. Leasingentgelt, Mietzins) gemeint.

Es sind alle vom Erwerber an den Bauträger oder an Dritte zu entrichtenden Beträge anzuführen, die nach § 1 Abs. 1 für die Bestimmung des Anwendungsbereichs maßgeblich sind. Sind diese im Zeitpunkt des Vertragsabschlusses der Höhe nach nicht bekannt (wie etwa Aufschließungskosten, die im Preis nicht enthalten sind), müssen sie jedenfalls ihrer Art nach bekannt gegeben werden, damit sich der Erwerber allenfalls über deren voraussichtliche Höhe erkundigen kann. Ferner muss der Vertrag Hinweise auf die mit seinem Abschluss und seiner Abwicklung verbundenen **Abgaben und Steuern** und die den Erwerber treffenden **Kosten des beigezogenen Vertragserrichters**

---

226 Die URL lautet derzeit: http://www.umweltbundesamt.at/umweltschutz/altlasten/vfka/
227 Stand Jänner 2008.
228 http://www.umweltbundesamt.at/umweltschutz/altlasten/altlasteninfo/

enthalten. Derartige »Nebenkosten« sind aber natürlich dann nicht gesondert anzuführen, wenn sie schon im Preis enthalten sind.

Neu ist, dass bereits im Bauträgervertrag auch die Kosten für solche Sonder- oder Zusatzleistungen enthalten sein müssen, die vom Bauträger angeboten oder vorgegeben werden.[229]

Gleitpreis statt Fixpreis

In einem eigenen Absatz, dem neuen Abs. 3, sind Vorschriften für die Fälle vorgesehen, in denen kein Fixpreis bzw. kein fixes Entgelt vereinbart wird. Stattdessen kann ein **von bestimmten Kostenfaktoren abhängiger Preis** vertraglich bestimmt werden.

In einem solchen Fall ist aber ein **Basispreis** bzw. Basisentgelt zu vereinbaren. Weiters ist eine solche Vereinbarung nur wirksam, wenn
- die **Kostenfaktoren genau festgelegt** sind und eine **Obergrenze** bestimmt ist, **oder**
- diese **Festlegung des Preises nach dem Wohnungsgemeinnützigkeitsgesetz** zulässig ist.

Für Fälle der Unwirksamkeit einer solchen Vereinbarung[230] gilt der Basispreis als endgültiger Preis, der vom Erwerber geschuldet wird. Bei der Vereinbarung eines von bestimmten Kostenfaktoren abhängigen Preises ist vom Vertragserrichter daher mit besonderer Sorgfalt vorzugehen.

In ihrer Einschränkung nicht nachvollziehbar scheinen die weiteren Erläuterungen zur Regierungsvorlage, wonach überdies auch **die allgemeinen Schranken von Preisbildungsklauseln gelten,** soweit nicht die Preisbildungsvorschriften des Wohnungsgemeinnützigkeitsrechts anzuwenden sind. Angesprochen ist hier offensichtlich § 6 Abs. 1 Z 5 KSchG, wonach eine zwischen einem Unternehmer und einem Verbraucher vereinbarte Preisgleitklausel, die ein höheres als das bei der Vertragsschließung bestimmte Entgelt vorsieht, nur dann wirksam ist, wenn
- der Vertrag bei Vorliegen der vereinbarten Voraussetzungen für eine Entgeltänderung auch eine Entgeltsenkung vorsieht,
- die für die Entgeltänderung maßgebenden Umstände im Vertrag umschrieben und sachlich gerechtfertigt sind sowie
- der Eintritt der Umstände nicht vom Willen des Unternehmers abhängt.

---

229 Aufgrund des in § 4 Abs. 1 Z 3 enthaltenen Verweises auf § 1 Abs. 1.
230 In den Materialien finden sich dafür folgende Beispiele: die Kostenfaktoren sind nicht exakt festgelegt, die Vereinbarung enthält keine Obergrenze, das WGG lässt im Einzelfall eine solche Preisfestlegung nicht zu.

Warum diese Vorschrift für gemeinnützige Bauvereinigungen nicht gelten sollte, scheint nicht nachvollziehbar.

Jedenfalls sei an die – nach meiner Wahrnehmung in der Praxis wenig beachtete – Bestimmung des § 18 Abs. 1 WGG[231] erinnert, wonach in Verträgen im Sinne des § 13 Abs. 1 WGG[232] die zu erbringenden Grund- und Baukosten getrennt anzuführen und Berechnungsgrundlagen (Preisbasis) aufzunehmen sind, die nicht länger als ein Jahr, gerechnet vom Vertragsabschluß, zurückliegen, und die, sofern mit der Bauführung nicht innerhalb eines Jahres begonnen wird, mit Baubeginn entsprechend berichtigt werden müssen.

Da das WGG in bestimmten Fällen einen kostendeckenden Preis bzw. ein kostendeckendes Entgelt vorsieht und überdies die verpflichtende Angabe einer Preisbasis gefordert ist, scheint es nur sachgerecht, dass auch eine gemeinnützige Bauvereinigung verpflichtet ist, die (nur sachlich gerechtfertigten) Umstände, unter denen sie von der Preisbasis abweichen kann, im Vertrag zu umschreiben.

2.4
Die Fälligkeit der Zahlungen des Erwerbers (§ 4 Abs. 1 Z 4)

Die Fälligkeit der Zahlungen des Erwerbers ist seit Inkrafttreten des BTVG notwendiger Bestandteil jedes Bauträgervertrages. Es ist darauf zu achten, dass Entgeltsansprüche gem. § 7 Abs. 4 erst fällig werden, wenn und soweit die in diesem Bundesgesetz vorgesehenen Sicherungen des Erwerbers vorliegen. Im Bereich des Wohnungseigentums ist weiters die Bestimmung des § 37 Abs. 1 WEG 2002 zu beachten. Eine Verletzung dieser Norm ist durch die Rückforderungsansprüche des Erwerbers bei vorzeitiger Zahlung (§ 14) sanktioniert.

Zahlungen an den Treuhänder unterliegen nicht der Bestimmung des § 7 Abs. 4, jedoch darf die Weiterleitung an den Bauträger oder den Dritten gem. § 2 Abs. 4 erst dann erfolgen, wenn die Bedingung des § 7 Abs. 4 erfüllt ist.[233] Das bedeutet, dass der Treuhänder bereits vor dem Vorliegen der entsprechenden Sicherung, also vor Fälligkeit, Zahlungen des Erwerbers entgegen nehmen darf. Der Treuhänder darf diese Zahlungen aber erst dann an den Bauträger weiterleiten, wenn die vorgesehenen Sicherungen

---

231 Im Übrigen mit der Überschrift: »Zwingende Vertragsbestimmungen«.
232 Überlassung des Gebrauchs einer Wohnung oder eines Geschäftsraumes aus dem Titel eines Miet- oder sonstigen Nutzungsvertrages oder (nachträgliche) Übertragung des Eigentums (Miteigentums) an einer Baulichkeit oder (nachträgliche) Einräumung des Wohnungseigentums an einer Wohnung, einem Geschäftsraum oder an Einstellplätzen (Garagen) und Abstellplätzen.
233 Gleiches gilt für die Bestimmung des § 37 Abs. 1 WEG 2002 (OGH 5 Ob 151/06a, wobl 2007/88 = RdW 2007/230).

des Erwerbers vorliegen. Hinsichtlich der genauen Fälligkeit bei Sicherung durch Ratenplan und des Haftrücklasses wird auf die diesbezüglichen Beiträge in diesem Werk verwiesen.

2.5
Bekanntgabe des Übergabetermins (§ 4 Abs. 1 Z 5)

Im Gegensatz zum bisherigen Gesetzestext (§ 4 Abs. 1 Z 3 aF) wird beim Vertragsinhalt nun nicht mehr nur pauschal auf die verpflichtende Bekanntgabe des spätesten Übergabetermins abgestellt, sondern entsprechend der Regelung in Z 1 differenziert. Einerseits ist im Bauträgervertrag der späteste Termin der Übergabe des eigentlichen Vertragsgegenstandes anzugeben sowie andererseits der späteste Termin der Fertigstellung der vom Erwerber gewöhnlich nutzbaren Teile der Gesamtanlage.

2.6
Zu übernehmende Lasten (§ 4 Abs. 1 Z 6)

Notwendiger Bestandteil jedes Bauträgervertrages müssen die vom Erwerber allenfalls zu übernehmenden dinglichen und obligatorischen Lasten sein. Soweit die Lasten im Bauträgervertrag nicht angeführt sind, ist der Bauträger zur lastenfreien Lieferung verpflichtet.

Neben dinglichen Lasten, wie zu übernehmenden Pfandrechten oder Veräußerungsverboten nach den Wohnbauförderungsgesetzen, kommen auch eingeräumte oder noch einzuräumende Dienstbarkeiten oder Reallasten in Frage. Sofern die dinglichen Rechte im Grundbuch eingetragen sind, wird ein Hinweis auf die Grundbuchseintragung genügen. Wenn die entsprechenden Verträge zur Rechtseinräumung bereits unterfertigt sind, wird neben der Beschreibung des Rechtes auch erforderlich sein, dem Erwerber eine Kopie der Urkunde zu übergeben (analog zu § 4 Abs. 1 Z 1). Sofern die Einräumungsverträge noch nicht abgeschlossen sind, wird m. E. die vom Erwerber zu übernehmende Last so genau zu beschreiben sein, dass sie aus der vertraglichen Beschreibung bestimmbar ist.

Der Gesetzeswortlaut stellt klar, dass nicht nur dingliche Lasten, sondern auch nicht verbücherte, obligatorische Lasten, die vom Erwerber zu übernehmen sind, notwendiger Bestandteil des Bauträgervertrages sind. »Öffentlich-rechtliche Lasten im Zusammenhang mit der Bauführung sind dann im Vertrag anzuführen, wenn sie der Erwerber übernehmen muss.«[234]

---

234 EB RV 432 BlgNR XXIII. GP 6.

2.7 Sicherung des Erwerbers (§ 4 Abs. 1 Z 7)

Wie schon bisher in Z 5 bestimmt, ist im Bauträgervertrag auch die Art der Sicherung des Erwerbers anzugeben. Während dies bei Sicherungsmitteln im Sinn der §§ 8 bis 11[235] an sich unproblematisch scheint, muss in diesem Zusammenhang auf die bei der Sicherungspflicht im Sinn des § 7 Abs. 6 Z 3 beobachtete Praxis eingegangen werden, die m. E. rechtswidrig war.

In der Regel fand sich in Bauträgerverträgen, die solche Bauvorhaben betrafen, oft lediglich der Hinweis, dass das Wohnbauvorhaben gefördert sei. Eine den Sicherungsmitteln der §§ 8 bis 14 gleichwertige Sicherung wurde den Erwerbern hingegen nicht bekannt gegeben.

Auch im Fall einer Sicherung gemäß dem neu gestalteten § 7 Abs. 6 Z 3 darf sich der Vertragserrichter nicht mit dem bloßen Hinweis auf das Vorliegen einer Förderung begnügen. Im Bauträgervertrag ist vielmehr anzugeben, dass die in § 7 Abs. 6 Z 3 lit. a bis e genannten Voraussetzungen vorliegen. Dies hätte der Vertragserrichter m. E. natürlich vorab auch zu prüfen.

Zu erwähnen wäre auch, dass die Neuerungen den Bauträger zur Absicherung von Gewährleistungsrisiken des Erwerbers verpflichten, und zwar mittels eines Haftrücklasses.[236] Da die diesbezüglichen Anordnungen in § 4, den Vorschriften über den Vertragsinhalt, getroffen wurden, muss die Vereinbarung über den Haftrücklass im Bauträgervertrag inhaltlich enthalten sein. Wird anstatt des in bar zu gewährenden Haftrücklasses nur die Alternativvariante (Garantie oder Versicherung) vereinbart, so ist diese in den Bauträgervertrag einzubeziehen und mit dem Vertrag auch schon die entsprechende Urkunde zu übergeben.

Ob beim Haftrücklass nach Abschluss des Vertrages ein einvernehmlicher Austausch der Sicherungsmittel zulässig ist (ähnlich dem § 7 Abs. 3 hinsichtlich der prinzipiellen Sicherung des Erwerbers), lässt sich aus dem Gesetzestext nicht zweifelsfrei entnehmen. Bejaht man dies, wäre der bar zu gewährenden Haftrücklass im Bauträgervertrag zu vereinbaren und weiters vorzusehen, dass der Bauträger berechtigt ist, stattdessen eine – schon im Bauträgervertrag im Wortlaut bekanntzugebende – Garantie oder Versicherung beizubringen.[237]

---

235 Wie etwa bei der Bankgarantie oder dem Ratenplan.
236 Vgl. § 4 Abs. 4; näheres dazu siehe auch im Beitrag von WOLFINGER, S. 165 ff.
237 Anderer Meinung ist WOLFINGER (siehe S. 170)

2.8
Konto (§ 4 Abs. 1 Z 8)

- »Die Rechtsposition des Erwerbers soll auch im Sicherungsmodell der Garantie gestärkt werden. Leistungen aus der Garantie sollen nur davon abhängig gemacht werden können, dass er seine Zahlungen auf das in der Garantie genannte Konto entrichtet hat. Urteilsklauseln, nach denen die Zahlungsverpflichtung aus der Garantie von der Vorlage einer rechtskräftigen Entscheidung durch den Erwerber abhängig ist, sollen demnach nicht mehr zulässig sein.«[238]

Aus der Bestimmung des § 8 Abs. 5, wonach Leistungen aus einer Garantie oder Versicherung im Falle der schuldrechtlichen Sicherstellung nur von der Entrichtung der Zahlungen des Erwerbers auf das in der Sicherheit genannte Konto abhängig gemacht werden können, ist es konsequent, dass das Konto des Bauträgers, auf das der Erwerber die Zahlungen bei einer Sicherung durch Garantie oder Versicherung zu entrichten hat, notwendiger Bestandteil des Bauträgervertrages wird. M. E. ist hier im Bauträgervertrag ein konkretes Konto bei einer konkreten Bank anzugeben.

Der Grund liegt darin, dass der Erwerber das Konto kennen muss, damit er sein Entgelt auf das richtige Konto zahlt und somit der Bedingung folgt, auf das in der Sicherheit genannte Konto zu bezahlen.

Darüber hinaus ist der Erwerber über die »damit verbundenen Rechtsfolgen« zu informieren. Es handelt sich dabei um Zweierlei:

1. Der Erwerber ist darüber zu informieren, dass die Leistungen aus der Garantie oder Versicherung vom Garanten oder Versicherer nur von der Entrichtung der Zahlungen des Erwerbers auf das in der Sicherheit genannte Konto abhängig gemacht werden können. Weitere Bedingungen, wie zum Beispiel das Erwirken eines rechtskräftigen Urteils gegen den Bauträger etc. sind unzulässig und unwirksam. Wenn der Garant oder Versicherer seine Leistung von der Entrichtung der Zahlungen des Erwerbers auf das in der Sicherheit genannte Konto abhängig macht, ist der Erwerber darauf aufmerksam zu machen, dass er bei sonstigem Verlust der Sicherheit nur auf dieses in der Sicherheit genannte Konto des Bauträgers leisten darf.

2. Der Erwerber ist weiters darüber zu informieren, dass gem. § 8 Abs. 5 die Inanspruchnahme einer solchen Sicherheit durch den Erwerber auf jeden Fall als Auflösung des Bauträgervertrages, also Geltendmachung des Rück-

---

238 EB RV 432 BlgNR XXIII. GP 10 (zu § 8 Abs. 5).

trittsrechtes des Erwerbers, gilt. Er ist weiters darüber zu informieren, dass die Leistungen aus solch einer Sicherheit spätestens mit der Löschung der zu Gunsten des Erwerbers erfolgten Grundbucheintragungen fällig werden, beispielsweise also mit der Löschung der Anmerkung gem. § 40 Abs. 2 WEG 2002. Sollte bereits das Eigentumsrecht für den Erwerber im Grundbuch einverleibt worden sein, ist die Einverleibung des Eigentumsrechtes für den Bauträger aufgrund einer Urkunde über die Auflösung des Bauträgervertrages und Rückübertragung des Eigentumsrechtes an den Bauträger erforderlich.

Da die Löschung der zu Gunsten des Erwerbers vorgenommenen Grundbucheintragungen oft einige Zeit in Anspruch nimmt, ist es empfehlenswert, dass die zur Löschung erforderlichen Schritte bereits bei Inanspruchnahme der Sicherheit in die Wege geleitet werden.

Sofern ein Treuhänder bestellt ist, wird er sich zu vergewissern haben, dass das in der Sicherheit (Garantie oder Versicherung) genannte Konto mit jenem, das dem Erwerber im Bauträgervertrag genannt wurde, übereinstimmt.

Der Erwerber wird auch darauf aufmerksam zu machen sein, dass die Inanspruchnahme der Sicherheit durch den Erwerber jedenfalls die Auflösung des Bauträgervertrages zur Folge hat, und zwar auch in dem Fall, dass der Erwerber sie zu Unrecht in Anspruch nimmt. Der Erwerber wird in diesem Fall Schadenersatzansprüche des Bauträgers zu gewärtigen haben.

2.9
Treuhänder (§ 4 Abs. 1 Z 9)

Diese Ziffer entspricht der bisher geltenden Rechtslage des § 4 Abs. 1 Z 6. Gemäß § 11 Abs. 2 kommt als Treuhänder ein Rechtsanwalt, eine Rechtsanwalts-Partnerschaft oder ein Notar in Frage. Der Treuhänder ist im Bauträgervertrag bestimmt zu bezeichnen.

3
Der Inhalt des Bauträgervertrages und andere Rechtsnormen

Wie bereits in der Einleitung erwähnt, greift es in der Regel zu kurz, wenn Bauträger bzw. Vertragsverfasser bei der Errichtung des Bauträgervertrages ihr Augenmerk bloß auf die in § 4 BTVG enthaltenen Bestimmungen richten. Während aber die Bestimmungen des BTVG in der Regel auf jeden Bauträgervertrag anzuwenden sind, haben die nachfolgend dargestellten Rechtsvorschriften unterschiedliche Anknüpfungspunkte.

Rechtsunwirksame Vereinbarungen gemäß § 38 WEG

Das WEG enthält zwar vornehmlich Regelungen über die Rechtsform des Wohnungseigentums, die Voraussetzungen, die Begründung, den Erwerb und das Erlöschen von Wohnungseigentum, die Verwaltung der Liegenschaft, die Eigentümergemeinschaft, die Rechte und Pflichten der Wohnungseigentümer und des Verwalters, jedoch auch Bestimmungen über die **Rechte und Pflichten der Wohnungseigentumsbewerber und des Wohnungseigentumsorganisators.**

Als Wohnungseigentumsorganisator gilt nicht nur der jeweilige Liegenschaftseigentümer, sondern auch – bei einem Neubau – derjenige, der mit dem Wissen des Liegenschaftseigentümers die organisatorische oder administrative Abwicklung des Bauvorhabens durchführt oder an ihr beteiligt ist.

Wohnungseigentumsbewerber ist derjenige, dem ein Wohnungseigentumsorganisator schriftlich an einer bestimmt bezeichneten Wohnung oder sonstigen selbständigen Räumlichkeit (Geschäftsraum, Büro, Lager etc.) oder an einem Abstellplatz für Kraftfahrzeuge die Einräumung des Wohnungseigentumsrechts zusagt.

Wenn bei einem Bauträgervertrag auch die Einräumung des Wohnungseigentums in der Leistung des Bauträgers enthalten ist, gelten der Bauträger – der in der Regel ohnehin auch Liegenschaftseigentümer der zu bebauenden Liegenschaft sein wird – als Wohnungseigentumsorganisator und die Erwerber als Wohnungseigentumsbewerber.

Bei der Errichtung eines Bauträgervertrages, mit dem Wohnungseigentum eingeräumt wird, sind daher auch die zwingenden[239] **Regelungen des § 38 WEG zu berücksichtigen. Dies im Übrigen unabhängig davon, ob der Erwerber Verbraucher oder Unternehmer im Sinn des § 1 KSchG ist.**

---

239 Nach der Lehre kann der Wohnungseigentumsbewerber gemäß dem Normzweck der Bestimmung auf die Geltendmachung seiner aus § 38 WEG erfließenden Rechte vor Übergabe des Wohnungseigentumsobjektes und Einverleibung seines Wohnungseigentums nicht wirksam verzichten (vgl. etwa OFNER in SCHWIMANN: ABGB² Rz 10 zu § 24 WEG 1975, der Vorgängerbestimmung des § 38 WEG 2002).

Die Generalklausel des § 38 Abs. 1 WEG erklärt **alle Vereinbarungen oder Vorbehalte für rechtsunwirksam, die geeignet sind, die dem Wohnungseigentumsbewerber oder Wohnungseigentümer zustehenden Nutzungs- oder Verfügungsrechte aufzuheben oder unbillig zu beschränken.** Damit soll die typischerweise bestehende Vertragsübermacht des Wohnungseigentumsorganisators bzw. Bauträgers ausgeglichen werden.[240] Hingegen sind Verpflichtungen, die ein Wohnungseigentümer auch bei Gleichgewicht der Vertragslage auf sich nehmen würde, die also einer vernünftigen Interessenabwägung entsprechen, nicht rechtswidrig.[241]

Nach § 38 Abs. 2 WEG erstreckt sich eine Rechtsunwirksamkeit auch auf den daraus begünstigten Dritten, es sei denn, dass ihm die Absicht, auf der Liegenschaft Wohnungseigentum zu begründen, weder bekannt war noch bekannt sein musste.

Gemäß der Generalklausel sind etwa Vereinbarungen nichtig, mit denen der Bauträger die Wohnungseigentümer in Verträge mit Dritten zwingt,
- deren Bedingungen sie nicht kennen,
- deren Bedingungen nachteilig sind, oder
- die die Wohnungseigentümer auf unangemessen lange Zeit binden.

Neben der Generalklausel sind in § 38 Abs. 1 Z 1 bis 5 WEG demonstrativ bestimmte Fälle von Vereinbarungen aufgezählt, die ausdrücklich rechtsunwirksam im Sinn der in der Generalklausel enthaltenen Wertung sind.

Demnach sind etwa Vereinbarungen über **Beschränkungen der Gewährleistungsrechte, der Irrtumsanfechtung oder der Anfechtung des Vertrages wegen Verkürzung über der Hälfte** (laesio enormis) rechtsunwirksam.[242] Gemäß § 38 Abs. 1 Z 1 WEG sind weiters **Vereinbarungen über Nutzungsvorbehalte des Bauträgers** über allgemeine Teile der Liegenschaft oder über Teile der Liegenschaft, die sich nur als Zubehörobjekte eignen, unzulässig.

Rechtsunwirksam sind ferner – die in der Praxis häufig vorkommenden – Vereinbarungen über Konventionalstrafen oder Reugelder. Mit solchen § 38 Abs. 1 Z 5 WEG widersprechenden Vereinbarungen versuchen Bauträger, sich etwa für den Fall eines (rechtswidrigen, verschuldeten, grundlosen etc.) Vertragsrücktritts oder Zahlungsverzuges des Wohnungskäufers eine pauschale Schadenersatzsumme in einer bestimmten Höhe zu sichern, ohne ihren tatsächlichen Schaden beweisen zu müssen. Da solche Vereinbarungen rechtsunwirksam sind bzw. vom Vertragsverfasser gar nicht

---

240 Vgl. 5 Ob 228/99 m in wobl 2000, 28/6.
241 Vgl. 5 Ob 185/98 m in immolex 1999/84.
242 Es sei hier nochmals betont: Auch der Unternehmer, der ein Wohnungseigentumsobjekt zur geschäftlichen Nutzung von einem Wohnungseigentumsorganisator erwirbt, ist durch § 38 WEG geschützt.

in den Vertrag aufgenommen werden dürfen, bleibt es also für den Bauträger beim »normalen« Schadenersatzrecht. Er hat daher die Höhe seines Schadens und das dafür kausale, rechts- bzw. vertragswidrige Verhalten des Erwerbers zu beweisen, wobei dem Erwerber gemäß § 1298 ABGB der Beweis obliegt, dass er die Vertragsverletzung nicht verschuldet hat.[243]

Abschließend sei noch darauf hingewiesen, dass nicht nur bereits geschlossene, § 38 WEG widersprechende Vereinbarungen rechtsunwirksam sind. **Der Erwerber darf sich auch berechtigt weigern, Vertragsentwürfe zu unterfertigen, die solche Vereinbarungen enthalten.**[244] Der Bauträger wird daher in solchen Fällen gut daran tun, die entsprechenden Vertragspassagen zu ändern oder entfallen zu lassen, ansonsten er im Sinn des § 37 Abs. 2 Z 2 WEG in Verzug geraten könnte.

Regelungen des Konsumentenschutzgesetzes (KSchG)

Gemäß § 1 Abs. 1 KSchG gilt für Rechtsgeschäfte, an denen einerseits jemand beteiligt ist, für den das Geschäft zum Betrieb seines Unternehmens gehört (= Unternehmer), und andererseits jemand, für den dies nicht zutrifft (= Verbraucher), das erste Hauptstück (§§ 1–27 a) des KSchG.

Maßgeblich für die Unternehmereigenschaft ist eine auf Dauer angelegte Organisation selbständiger wirtschaftlicher Tätigkeit, die bei einem Bauträger in der Regel zu bejahen sein wird.

Soweit der Ankauf einer Wohnung für eigene Wohnzwecke des Käufers erfolgt, dies ist wohl der Regelfall, ist der Käufer Verbraucher im Sinne des § 1 Abs. 1 KSchG, da das Rechtsgeschäft dann nicht zum Betrieb eines Unternehmens gehört.

Bei einem mit einem Verbraucher abzuschließenden Bauträgervertrag ist daher auch das KSchG zu beachten, im speziellen die im »Katalog« des § 6 KSchG angeführten unzulässigen Vertragsbestandteile und die Bestimmungen über die Gewährleistung in §§ 8 und 9 KSchG.

---

243 Im Übrigen hat ja auch genauso der Erwerber – im Fall dass er gegen den Bauträger einen Schadenersatzanspruch wegen Vertragsverletzung geltend macht – seinen Schaden und das dafür kausale, vertragswidrige Verhalten des Bauträgers (oder seiner Erfüllungsgehilfen) zu beweisen, während dem Bauträger gemäß § 1298 ABGB der Beweis des mangelnden Verschuldens obliegt.
244 So etwa in 7 Ob 505/78: Grundsätzlich hat ein Vertragspartner Anspruch darauf, dass ein Vertragsentwurf keine Bestimmungen enthält, die entweder gegen bereits bestehende Vereinbarungen oder gegen ein gesetzliches Verbot verstoßen. Er kann daher mit Recht die Unterfertigung derartiger Entwürfe ablehnen.

So sind etwa Vereinbarungen unzulässig, die
- dem Verbraucher eine **Beweislast** auferlegen, die ihn von Gesetzes wegen nicht trifft,[245]
- **Schadenersatzpflichten des Unternehmers** gegenüber dem Verbraucher ausschließen oder beschränken (ausgenommen die Haftung für Sachschäden bei bloß leichter Fahrlässigkeit),[246]
- das **Recht des Verbrauchers zur Geltendmachung eines ihm unterlaufenen Irrtums oder des Fehlens oder Wegfalls der Geschäftsgrundlage** im Vorhinein ausschließen oder beschränken,[247] oder
- dem Unternehmer eine unangemessen lange oder nicht hinreichend bestimmte Frist einräumen, während deren er einen Vertragsantrag des Verbrauchers annehmen oder ablehnen kann oder während deren der Verbraucher an den Vertrag gebunden ist.[248]

Gemäß § 9 KSchG dürfen Gewährleistungsrechte des Verbrauchers vor Kenntnis des Mangels nicht ausgeschlossen oder eingeschränkt werden. Unzulässig sind demnach Vereinbarungen, die
- den Umfang der Gewährleistung einschränken (wollen),[249]
- die Gewährleistungspflicht von einer (rechtzeitigen) Rüge oder ähnlichen Bedingungen abhängig machen (wollen),[250] oder
- die dem Verbraucher zustehenden Gewährleistungsbehelfe unzulässig beschränken (wollen).

In Bauträgerverträgen kommen oft auch einseitige **Leistungsänderungsvorbehalte zugunsten des Unternehmers** vor. Diese sind gemäß § 6 Abs. 2 Z 3 KSchG nur zulässig, falls sie entweder im Einzelnen ausgehandelt worden sind[251] oder wenn dem Verbraucher die **Änderung bzw. Abweichung von der vertraglich vereinbarten Leistung zumutbar** ist, besonders weil sie **geringfügig und sachlich gerechtfertigt** ist.

---

245 § 6 Abs. 1 Z 11 KSchG.
246 § 6 Abs. 1 Z 9 KSchG.
247 § 6 Abs. 1 Z 14 KSchG.
248 § 6 Abs. 1 Z 1 KSchG.
249 z. B.: »Die verkaufende Vertragspartei haftet weiters für die ordnungs- und vertragsgemäße Errichtung der vertragsgegenständlichen Wohnung, nicht jedoch für eine sonstige Beschaffenheit oder Nutzbarkeit des Vertragsgegenstandes.«
250 z. B.: »Wird das Verkaufsobjekt vom Käufer ohne formellen Übergabeakt benützt, gilt es vorbehaltlich aller Rechtsansprüche der Verkäuferin als mängelfrei übergeben.«
251 Wofür der Unternehmer beweispflichtig ist.

Da im Bauträgergeschäft hinsichtlich dieses Aspekts einzeln ausverhandelte Vertragsbestimmungen nicht die Regel sind, muss der Vertragserrichter die eventuell im Vertrag enthaltenen Leistungsänderungsvorbehalte zugunsten des Bauträgers daher entsprechend den in der oben genannten Bestimmung enthaltenen Parametern ausgestalten.[252] Leistungsänderungsvorbehalte, die nicht diesen Kriterien entsprechen,[253] sind rechtsunwirksam.

Verwendung von Vertragsformblättern

Gemäß § 879 Abs. 3 ABGB ist **eine in** Allgemeinen Geschäftsbedingungen (AGB) oder **Vertragsformblättern enthaltene Vertragsbestimmung,** die nicht eine der beiderseitigen Hauptleistungen festlegt, jedenfalls **nichtig, wenn sie unter Berücksichtigung aller Umstände des Falles einen Teil gröblich benachteiligt.** Diese Norm gilt nicht nur für Verträge zwischen Unternehmern und Verbrauchern, sondern z. B. auch für Verträge zwischen zwei Unternehmern. AGB liegen auch vor, wenn derselbe (vorformulierte) Vertragstext im jeweiligen Einzelfall gesondert geschrieben wird oder wenn er unter Rückgriff auf vorformulierte Textbausteine, wenn auch gegebenenfalls in unterschiedlicher Kombination, erstellt wird. Auch eine EDV-mäßige »Individualisierung« ändert nichts am AGB-Charakter des vorformulierten Textes.

Ausgehend davon sind **Bauträgerverträge in der Regel als Vertragsformblätter zu werten, da sie meist unter Rückgriff auf vorformulierte Textbausteine errichtet werden. Damit unterliegen sie der Inhaltskontrolle gemäß § 879 Abs. 3 ABGB.**

Nach dieser Bestimmung sind vertragliche Abweichungen von der (ansonsten = im Fall einer individuellen Vereinbarung) dispositiven Rechtslage[254] zu Lasten des Vertragspartners unzulässig, wenn es dafür keine sachliche Rechtfertigung gibt und die Benachteiligung nicht durch andere Vertragsbestimmungen ausgeglichen wird.

---

252 In der bisherigen Praxis wird hinsichtlich allfälliger Leistungsänderungen nicht auf die Zumutbarkeit für den Verbraucher abgestellt, sondern darauf, ob es sich etwa um technisch gleichwertige oder geringfügige Abweichungen handelt. Derartige Umschreibungen der Änderungsbefugnis sagen aber nichts darüber aus, ob die Änderungen für den Erwerber auch zumutbar sind.
253 z. B.: »Der Bauträger behält sich das Recht vor, die Baupläne und die Ausgestaltung der Wohnhausanlage aus sachlich gerechtfertigten, insbesondere aus bautechnischen oder bauabwicklungstechnischen Gründen noch abzuändern. Derartige Änderungen bleiben sohin dem Bauträger vorbehalten und lassen die Gültigkeit dieses Vertrages, insbesondere den vereinbarten Fixpreis unberührt, sofern hierdurch nicht eine wesentliche Änderung des Vertragsobjektes eintreten sollte.«
254 Etwa von den Bestimmungen des ABGB.

Überdies bestimmt § 6 Abs. 3 KSchG, dass in allgemeinen Geschäftsbedingungen oder Vertragsformblättern enthaltene Vertragsbestimmungen dann unwirksam sind, wenn sie **unklar oder unverständlich** abgefasst sind. Aus diesem so genannten Transparenzgebot des § 6 Abs. 3 KSchG werden mehrere Einzelgebote abgeleitet, nämlich
- das Gebot der Erkennbarkeit und Verständlichkeit,
- das Gebot, den anderen Vertragsteil auf bestimmte Rechtsfolgen hinzuweisen,
- das Bestimmtheitsgebot,
- das Gebot der Differenzierung,
- das Richtigkeitsgebot und
- das Gebot der Vollständigkeit.

Der Haftrücklass nach § 4 Abs. 4 BTVG

MAG. KLAUS WOLFINGER

1 Vorbemerkung

Die Normierung eines gesetzlichen Haftrücklasses ist vermutlich die einschneidenste Neuerung der BTVG-Novelle 2008. Nicht allein, weil der Schutzzweck des Bauträgervertragsgesetzes sowohl inhaltlich als auch zeitlich ausgedehnt wird, sondern vor allem auch deshalb, weil das österreichische Zivilrecht bislang keinen gesetzlichen Haftrücklass kannte.

Das Instrument des Haftungsrücklasses hat sich aus der Vertragspraxis von Werkverträgen entwickelt, wo er Gewährleistungs- bzw. Schadenersatzansprüche des Werkbestellers sicherstellen soll.[255] Dieser Behelf taucht nun erstmals im Repertoire des Gesetzgebers auf, welcher in den Erläuternden Bemerkungen[256] jedoch klarstellt, dass die Bestimmung **keinen Präzedenzfall für allgemeine Gewährleistungsfragen** bildet. Die vehementen Bedenken des Nationalratsabgeordneten MAG. HERIBERT DONNERBAUER führten auch im Bautenausschuss zu einer einstimmig beschlossenen Klarstellung:

»Der Bautenausschuss stellt zu § 4 Abs. 4 BTVG fest und bestätigt, dass die gesetzliche Regelung des Haftrücklasses für Gewährleistungs- und Schadenersatzansprüche im Bauträgervertrag keinen Präzedenzfall für andere Verträge und Vertragsarten bildet, sondern auf die Besonderheiten von Bauträgerverträgen zugeschnitten ist.«[257]

IRO / RISS beschäftigen sich eingehend mit den Bedenken gegen das Erfordernis der zwingenden Vereinbarung eines Haftrücklasses und warnen vor Systemwidrigkeiten und Wertungswidersprüchen sowie der **Durchbrechung des im Schuldrecht herrschenden Zug-um-Zug-Prinzips**.[258]

Die politische Rechtfertigung für dieses Unikat lag zum einen darin, dass der Kauf einer Wohnung oder eines Hauses im Regelfall die größte Anschaffung im Leben eines Menschen ist, zu deren Finanzierung die Ersparnisse bzw. Kredittilgungen vieler Jahre aufgewendet werden müssen. Zum anderen spielen in politischen Entscheidungen rund um das Grundbedürfnis Wohnen oft nicht nur rein sachbezogene Aspekte eine Rolle.

Zu berücksichtigen ist aber auch, dass der Bauträger den Sicherungsbehelf Haftrücklass mit größter Selbstverständlichkeit gegenüber seinen Auftragnehmern handhabt.

---

255 IRO / RISS: Der Haftrücklass im Bauträgervertrag, wobl 2007, S. 266 f.
256 EB RV 432 BlgNR XXIII. GP 7.
257 469 BlgNR XXIII. GP 2.
258 Vgl. IRO / RISS: wobl 2008, S. 267 ff.

2
Wesensgehalt des Sicherungsbehelfes Haftrücklass

Der Gesetzgeber legt in § 4 Abs. 4 fest, dass der Bauträger dem Erwerber einen Haftrücklass im Ausmaß von zumindest 2 % des Preises einzuräumen hat, der zur Sicherung allfälliger Gewährleistungs- und Schadenersatzansprüche aufgrund mangelhafter Leistung für die Dauer von drei Jahren ab der Übergabe des eigentlichen Vertragsgegenstandes dient. Die Verpflichtung gilt nur für Verträge über den Erwerb des Eigentums, des Wohnungseigentums oder des Baurechts, ersatzweise kann eine Garantie oder Versicherung beigebracht werden.

Konsequenterweise ist gemäß § 10 Abs. 2 in beiden Varianten des Ratenplanes der Rest des Preises (2 %) erst nach Ablauf von drei Jahren ab der Übernahme des Vertragsgegenstandes fällig.

Ergänzend zur Legaldefinition des Begriffes »Haftrücklass« ist festzustellen:
Der **Haftrücklass** ist nicht mehr und nicht weniger **als** ein wirkungsvolles **Sicherstellungsinstrument, das neben die** gesetzlich normierten (und nur bedingt vertraglich gestaltbaren) **Gewährleistungs- bzw. Schadenersatzansprüche hinzutritt**. Keinesfalls ändert der Haftrücklass etwas an Inhalt und Umfang der Gewährleistungs- und Schadenersatzansprüche selbst, d. h. dass der **Anspruch auf Verbesserung** nach wie vor gemäß § 932 ABGB **vorrangig** ist.

Der Erwerber hat hingegen **nur unter besonderen Voraussetzungen** ein **Recht auf Preisminderung**, insbesondere in folgenden Konstellationen:
- Die **Verbesserung** (also Mängelbehebung) ist **unmöglich oder** für den Bauträger **mit** einem **unverhältnismäßig hohem Aufwand verbunden** (Beispiel: Die lichte Höhe des Kellergeschosses beträgt 230 cm, anstelle vereinbarter 235 cm).
- Der **Bauträger verweigert die Mängelbehebung** oder nimmt sie nicht innerhalb angemessener Frist vor (die Dauer der angemessenen Frist ist im Einzelfall zu beurteilen, wobei folgende Kriterien zu berücksichtigen sein werden: Aufwand der Behebung, Dringlichkeit der Behebung aus Sicht einer objektiven Benutzung der Wohnung, für die Behebung erforderliche Koordination von Beteiligten).
- Die **Mängelbehebung wäre für den Erwerber mit erheblichen Unannehmlichkeiten verbunden** (Beispiel: Um den Mangel im Bodenbelag zu beheben, müssten Einbaumöbel des Erwerbers demontiert werden) oder sie ist dem Bewerber aus triftigen »in der Person des Übergebers« liegenden Gründen – de facto Vertrauensverlust gegenüber dem Bauträger oder ausführenden Handwerker – unzumutbar (Beispiel: Der Installateur hat beim letzten Behebungsversuch durch grobe Fahrlässigkeit Möbel des Erwerbers beschädigt und sich geweigert, Ersatz zu leisten).

Der Vorrang des »primären Gewährleistungsbehelfs« (Verbesserung, also Mängelbehebung) wird deshalb betont, weil die Verlockung für den Erwerber – insbesondere im Fall des baren Haftrücklasses – durchaus groß ist, den Haftrücklass nicht nur als Sicherstellung bzw. Druckmittel einzusetzen, sondern direkt auf ihn zu greifen. In Punkt 4.3 wird näher behandelt, welche Risiken jenem Erwerber drohen, der auf den sekundären Gewährleistungsbehelf umsteigt, ohne dass die gesetzlichen Voraussetzungen vorliegen.

Psychologisch gesehen wird es dem Käufer nicht leicht fallen, nach Übergabe der Wohnung (also nachdem der Bauträger »sein Druckmittel«, nämlich die Verweigerung der Schlüsselübergabe, verloren hat) den Geldwert des Haftrücklasses aufzugeben.
Vielmehr ist zu erwarten, dass einige Erwerber Mängel (bzw. sprichwörtliche »Läuse«) akribisch »suchen« werden, um den Haftrücklass nicht freigeben zu müssen (bzw. die Bankgarantie / Versicherung in Anspruch nehmen zu können).
Damit soll dem Käufer kein arglistiges Verhalten unterstellt werden. Die Erfahrung der letzten Jahre zeigt vielmehr, dass die Erwartungshaltung aus Kundensicht stetig steigt. Der Käufer legt oft einen weit höheren Qualitätsmaßstab an, als der Bauträger von den bauausführenden Firmen gemäß den anerkannten Regeln der Technik faktisch einfordern kann. In der Praxis werden vor allem die für Malerei, Bodenbeläge und sonstige Oberflächen gemäß einschlägiger ÖNORMEN geltenden Toleranzen vom Konsumenten oft als unbefriedigend empfunden.
In solchen Fällen kann es daher leicht zur unberechtigten Verwendung des Haftrücklasses kommen, ohne dass der Erwerber beabsichtigt, den Bauträger zu schädigen (siehe dazu auch Punkt 4.3).

3
Konkrete Ausgestaltung des Haftrücklasses

3.1
Einschränkung je nach Rechtsform des Bauträgervertrages

Im ersten Arbeitsentwurf der Fachabteilung des BMJ vom Juni 2007 war der Haftrücklass noch für alle Formen des Bauträgervertrages vorgesehen. Bereits im Ministerialentwurf für die Begutachtung wurde die Verpflichtung auf jene Bauträgerverträge **eingeschränkt**, denen der **Erwerb des Eigentums, des Wohnungseigentums oder des Baurechts** zugrunde liegt.

Dem Erwerber steht für Gewährleistungsansprüche aus Bestandverträgen mit dem unabdingbaren Recht auf Mietzinsminderung nach § 1096 ABGB ein sehr wirkungsvoller Rechtsbehelf zur Verfügung, sodass eine zusätzliche Sicherung durch einen Haftrücklass auch nicht zu rechtfertigen gewesen wäre.

3.2
Konkretisierung des Sicherstellungsinteresses

Der Haftrücklass soll allfällige **Gewährleistungs- und Schadenersatzansprüche** des Erwerbers **aufgrund mangelhafter Leistung** sicherstellen.

Die Erläuternden Bemerkungen[259] halten – völlig zutreffend – fest, dass das Baugeschäft ganz generell »fehleranfällig« erscheint. In der Praxis gelingt es tatsächlich nicht allzu oft, dass eine Wohnung oder ein Haus mängelfrei übergeben werden kann.

Abzugrenzen sind die hier gemeinten nicht gravierenden Mängel, die zwar möglicherweise lästig sind, deren Behebung aber durchaus erst nach Übernahme der Wohnung stattfinden kann, von Mängeln, die so sehr ins Gewicht fallen, dass sie den bedungenen Gebrauch hindern, also das Bewohnen erheblich stören. Liegen solche schwerwiegenden Mängel vor, ist der Vertragsgegenstand nicht vereinbarungsgemäß fertiggestellt, und der Erwerber sollte die Schlüssel gar nicht erst übernehmen. In diesem Fall ist auch die Rate gemäß § 10 Abs. 2 lit. e noch nicht fällig bzw. eine Garantie oder Versicherung im Sinne § 8 noch nicht rückzustellen.

Analog den allgemeinen Gewährleistungsansprüchen ist der Haftrücklass **für die Dauer von drei Jahren ab der Übergabe des eigentlichen Vertragsgegenstandes** einzuräumen. Der Endtermin bestimmt sich also aus dem Übergabetermin der einzelnen Wohnung bzw. des einzelnen Hauses.

Für die miterworbenen Teile der Gesamtanlage ergeben sich im Wesentlichen zwei Fallkonstellationen:
- Zum Zeitpunkt der Übergabe des eigentlichen Vertragsgegenstandes ist auch die Gesamtanlage bereits fertiggestellt. In dieser Konstellation fallen Endtermin des Haftrücklasses und das Auslaufen sämtlicher Gewährleistungsansprüche des Erwerbers zeitlich zusammen.
- Erfolgt die Fertigstellung der Gesamtanlage erst nach Übergabe des eigentlichen Vertragsgegenstandes, endet die Sicherstellung durch Haftrücklass vor Ablaufen der Gewährleistungsansprüche hinsichtlich der Gesamtanlage. Dies ist aber keine Schutzlücke – der Erwerber ist lediglich aufgerufen, vor Auslaufen des Haftrücklasses sicherzugehen, dass punkto Gesamtanlage keine Mängel offen sind.

---

259 EB RV 432 BlgNR XXIII. GP 7.

3.3
Höhe der Sicherstellung

Der Haftrücklass ist **im Ausmaß von 2 % des Preises** einzuräumen.

Dieser Bemessung ging eine intensive Diskussion über die angemessene Höhe voraus. Im Ministerialentwurf für die Begutachtung war das Ausmaß noch mit 3 % des Preises bemessen.

Die Festlegung auf 2 % des Preises erfolgte nicht nur aus der grundsätzlichen gesetzgeberischen Intention, die mit der Verbesserung des Erwerberschutzes verbundenen Mehrkosten in einem angemessenen Rahmen zu halten, sondern auch aufgrund einer Abwägung, welche Kaufpreisbestandteile gewährleistungsrelevant sind.

Völlig unumstritten ist, dass die **reinen Baukosten** des eigentlichen Vertragsgegenstandes und der Gesamtanlage in die Bemessungsgrundlage einzubeziehen sind. Damit sind aber – je nach Art des Projektes – erst zwischen 50 und 65 % des (Kauf-)Preises erfasst.

Hinsichtlich der **Planungsleistungen** sind Gewährleistungs- und Schadenersatzansprüche durchaus denkbar (z. B. wenn der Planer einen Dachaufbau zu verantworten hat, der zu Kondensat und in der Folge zu Schäden führt). Die Erläuternden Bemerkungen[260] klammern die **Grundkosten** nicht aus, sondern verweisen darauf, dass auch punkto Erwerb des Eigentums an der Liegenschaft Gewährleistungs- und Schadenersatzansprüche denkbar sind. Im Bereich der rein kaufmännischen Abwägung des Ausmaßes des Haftrücklasses berücksichtigt der Gesetzgeber den Grundkostenanteil letztlich nicht zur Gänze (will ihn aber auch nicht dezidiert ausschließen).

Jedenfalls enthält der (Kauf-)Preis einige Bestandteile, die kein Gewährleistungsrisiko in sich bergen: Nebenkosten des Grunderwerbs, Finanzierungskosten und Bewirtschaftungskosten bis Fertigstellung.

Iro / Riss skizzieren verschiedene Konstellationen und Modelle einer sachgerechten Bemessung des Haftrücklasses.[261] Da im Bauträgervertrag aber in den seltensten Fällen die Kalkulation des Kaufpreises aufgeschlüsselt wird, wählte der Gesetzgeber mit der pauschalen Festsetzung eines auf den Kaufpreis bezogenen Prozentsatzes einen durchaus praxisgerechten Weg.

Betreffend **Sonder- oder Zusatzleistungen** ergibt sich zwar aus dem Wortlaut des Gesetzes, dass diese nicht in die Bemessungsgrundlage für den Haftrücklass einzubeziehen wären. Denn § 4 Abs. 1 Z 3 differenziert hinsichtlich des Entgelts klar zwischen den Begriffen »Preis« und »für Sonder- und Zusatzleistungen zu entrichtende Beträge«. Da das Ausmaß in § 4 Abs. 4 mit »zwei vom Hundert **des Preises**« definiert ist, könnte

---

[260] EB RV 432 BlgNR XXIII. GP 8.
[261] Vgl. Iro / Riss: wobl 2008 S. 272 f.

man annehmen, dass für Sonder- und Zusatzleistungen kein Haftrücklass einzuräumen ist. Der Gesetzgeber stellt aber in den Erläuternden Bemerkungen[262] (etwas versteckt, doch unzweifelhaft) klar, dass auch Sonder- und Zusatzleistungen im Sinne §1 Abs.1 in die Bemessungsgrundlage für den Haftrücklass fallen (nicht aber Abgaben, Steuern und Kosten der Vertragserrichtung und -abwicklung).

3.4
Garantie oder Versicherung als Alternative zum baren Haftrücklass

Im ersten Arbeitsentwurf der Fachabteilung des BMJ vom Juni 2007 war zunächst nur der bare Haftrücklass vorgesehen, im Ministerialentwurf für die Begutachtung trat bereits die Garantie als Alternativmodell hinzu. Letztlich folgte der Gesetzgeber dem in §8 Abs.1 statuierten Prinzip der **Gleichrangigkeit von Garantie und Versicherung** (und man wird sehen, ob Versicherungen hier ein geeignetes Produkt auf den Markt bringen werden).

Wäre die Sicherstellung der Gewährleistungs- und Schadenersatzansprüche des Erwerbers nur durch baren Haftrücklass zulässig gewesen, so hätte dies in der Praxis eine Vielzahl vermeidbarer Komplikationen bedeutet. Folgende Aspekte spielen hier herein:

- Das faktische Risiko, den Haftrücklass »abschreiben« zu müssen, verringert sich für den Bauträger im Falle der Sicherstellung durch Garantie oder Versicherung (vgl. dazu unter Punkt 1 und 3).
- Gegen einen bloß baren Haftrücklass sprechen systematische und dogmatische Bedenken.[263]
- Der bare Haftrücklass kommt für den Bauträger im Regelfall teurer als die Sicherstellung durch Bankgarantie bzw. Versicherung.

Der Gesetzgeber trifft keine ausdrückliche Festlegung, zu welchem Zeitpunkt Bankgarantie bzw. Versicherung vom Bauträger beizubringen sind. Da Gewährleistungs- und Schadenersatzansprüche frühestens mit Übergabe des Vertragsgegenstandes bestehen, kann man davon ausgehen, dass die **Übergabe von Bankgarantie bzw. Versicherungsurkunde im Zuge der Übergabe** des eigentlichen Vertragsgegenstandes **rechtzeitig** erfolgt.[264]

Sofern der Inhalt dieser Urkunden von einer abstrakten Garantie abweicht (also ein Prozedere im Sinne Punkt 5.1 vereinbart wird), gehört die Ausgestaltung der Garantie-

---

[262] EB RV 432 BlgNR XXIII. GP 7.
[263] Vgl. Iro / Riss: wobl 2007, S. 270 f.
[264] Anderer Meinung ist Rosfika (siehe S. 155).

bzw. Versicherungsurkunde zu den notwendigen Vertragsinhalten im Sinne von Punkt § 4 Abs. 1 (in Analogie zu Ziffer 4, auch wenn der Gesetzgeber keinen ausdrücklichen Verweis vorgesehen hat). Der Vertragsverfasser wird hier also bereits frühzeitig eine Textierung festlegen und dem Vertrag beilegen müssen.

3.5
Inanspruchnahme des Haftrücklasses als ultima ratio (zulässige Bedingungen für die Inanspruchnahme von Garantie / Versicherung)

Die Erläuternden Bemerkungen[265] greifen einen Vorschlag aus der Stellungnahme des Österreichischen Verbandes der Immobilientreuhänder (ÖVI) im Zuge des Begutachtungsverfahrens auf und stellen ausdrücklich klar, dass der Bauträger mit dem Erwerber vereinbaren kann, dass die Inanspruchnahme der Garantie oder Versicherung an konkrete Bedingungen geknüpft ist. Angeführt wird beispielhaft ein im Bauträgervertrag vereinbartes Prozedere zur Abwicklung der Gewährleistungs- und Schadenersatzansprüche.

Der Gesetzgeber stellt weiters klar,[266] dass an Garantie bzw. Versicherung kein so strenger Maßstab geknüpft wird wie an die schuldrechtliche Sicherstellung im Sinne § 8 Abs. 5 erster Satz BTVG.[267]

Der Gesetzgeber erkennt also die (insbesondere unter Punkt 4.2 näher erläuterten) Risken einer voreiligen bzw. unbedachten Inanspruchnahme des Haftrücklasses. Den Vertragsparteien soll deshalb die Möglichkeit offen stehen, im Bauträgervertrag eine geeignete Vereinbarung zu treffen. Denn es kann **für beide Vertragspartner von Vorteil** sein, **eine Präzisierung der Schritte zur Geltendmachung der Gewährleistungs- und Schadenersatzansprüche zu vereinbaren.** Diese sollen dem Bauträger die Gelegenheit geben, den Mangel doch noch zu beheben, und vor allem die **objektive Beurteilung** ermöglichen, **ob** überhaupt **ein Mangel vorliegt.**

Unter Punkt 5.1 wird ein Beispiel für ein solches formales Prozedere skizziert. Solche Vereinbarungen sind aber nur zur Regelung der Vorgangsweise zulässig. Die Erläuternden Bemerkungen[268] stellen in diesem Zusammenhang ausdrücklich klar, dass im Verbrauchergeschäft gemäß § 9 Abs. 1 erster Satz KSchG die Ansprüche des Erwerbers selbst nicht eingeschränkt werden können.

---

265 EB RV 432 BlgNR XXIII. GP 7.
266 EB RV 432 BlgNR XXIII. GP 7.
267 Wird doch durch die Novelle klargestellt, dass Leistungen aus Garantie oder Versicherung im Sinne § 8 nur von den im Gesetz taxativ aufgezählten Bedingungen abhängig gemacht werden können.
268 EB RV 432 BlgNR XXIII. GP 7.

4
Handhabung in der Praxis

In der Mehrzahl der Bauträger-Kaufverträge bewegt sich der Preis in einer Bandbreite zwischen 200.000 Euro und 350.000 Euro, sodass man für den Haftrücklass von einer Größenordnung zwischen 4.000 Euro und 7.000 Euro ausgehen kann – keinesfalls also ein zu vernachlässigender Betrag.

Als die Eckpunkte des ersten Entwurfs der Novelle veröffentlicht wurden, veranlasste dies eine Vielzahl von Bauträgern zu der Prognose: »Das Geld sehen wir nie wieder«. Einige stützten diese Einschätzung auf konkrete Erfahrungen, wo sie im Einzelfall Kaufpreisanteile rückgelassen hatten. Bei anderen ist dies als reine Abwehrreaktion zu deuten.

Im hochpreisigen Segment kann durchaus auf Erfahrungen mit Haftrücklässen in Bauträgerverträgen zurückgeblickt werden, da die sehr anspruchsvolle Klientel im Regelfall anwaltlich vertreten ist und bereits bei der Vertragsgestaltung häufig auf einen Haftrücklass gedrungen wurde (wenn auch manchmal mit einem »Durchreichen« des Haftrücklasses des Generalunternehmers ein Kompromiss erzielt werden konnte).

Es gibt jedoch auch Bauträger, die den Haftrücklass seit einigen Jahren – auch aus Marketinggründen – bereits im Standardvertrag anbieten und damit gute Erfahrungen gemacht haben.

4.1
Faktoren, die eine reibungslose Handhabung des Haftrücklasses begünstigen

4.1.1

Es wird sinnvoll sein, genaue »Spielregeln« für die Inanspruchnahme des Haftrücklasses bereits im Bauträgervertrag zu definieren (siehe dazu Vorschlag unter Pkt. 5.1).

4.1.2

Auch wenn es eine Binsenweisheit ist: Lieber ein paar Wochen später übergeben und diese **Zeit zur Mängelbehebung nützen,** als eine Wohnung mit 20 Mängeln oder mehr übergeben. Dies setzt freilich voraus, dass allgemeine Tugenden des Projektmanagements, wie **laufende Qualitätskontrolle** und **Mängelvorbegung** zumindest ein Monat vor dem Fertigstellungstermin, beachtet werden.

4.1.3

Exakte Erfassung und Protokollierung von Mängeln im Zuge der Übergabe des Objektes. Hier gibt es zwei grundlegend unterschiedliche Herangehensweisen.

Manche Bauträger nehmen alle Beanstandungen des Kunden im Zuge der Übergabe kommentarlos entgegen und nehmen erst in Folge Stellung, welche Beanstandungen sie als Mangel anerkennen und beheben lassen werden. Der Vorteil dieser Lösung liegt darin, dass man am (ohnedies meist etwas »aufgeladenen«) Übergabetag nicht über »jeden Kratzer« diskutieren muss, der nach ein paar Wochen des Bewohnens seine Bedeutung verloren hat. Der Nachteil liegt unter Umständen darin, dass unterschiedliche Einschätzungen perpetuiert werden und die sachverständige Diskussion, ob ein Mangel vorliegt oder nicht, zu einem späteren Zeitpunkt oft noch schwerer ist (etwa weil Gebrauchsspuren hinzutreten).

Andere Bauträger stellen für die Übergabe kompetente Techniker und entscheidungsbefugte Vertreter der ausführenden Firmen ab und trennen – bis auf wenige komplexe Sonderfälle – bereits Spreu von Weizen. Dies bedeutet freilich einen gewissen Aufwand. Falls diese qualifizierten Personen aber letztlich ohnedies zugezogen werden müssen, ist der Aufwand (Koordination, Wegzeiten etc.) später oft noch größer.

Jedenfalls gilt: je klarer die Mängelliste des Übergabeprotokolls ist, desto leichter lässt sie sich abarbeiten, was wiederum die Zufriedenheit des Erwerbers erhöht (und damit die Chance, dass er nicht auf den Haftrücklass greift).

4.1.4

Freilich kommen in der Praxis manche Mängel erst nach Übergabe zu Tage. Für diese gilt umso mehr, dass ehestmöglich eine Beurteilung vorzunehmen ist. Wenn im Zuge der Übergabe eine sehr präzise Mängelbegehung stattgefunden hat, fällt es dem Bauträger auch leichter, **spätere Beanstandungen** abzuweisen, die in Wirklichkeit durch den Nutzer verursachte Beschädigungen sind.

4.1.5

Für die Mängelbehebung selbst ist **Transparenz gegenüber dem Erwerber** anzustreben. Ihm sollte kommuniziert werden,
- ob die Beanstandung als Mangel anerkannt wird,
- wer für dessen Behebung verantwortlich ist,
- welche Frist für die Behebung gesetzt wurde und
- was zu tun ist, wenn innerhalb dieser Frist die Behebung nicht stattgefunden hat.

Die Frustration über eine unkoordinierte Mängelbehebung ist beim Erwerber meist viel höher als der Ärger über den Mangel selbst. Da spielt herein, dass sich die meisten Kunden frei nehmen müssen, um Handwerkern den Zutritt zur Wohnung zu ermöglichen. Genauso die einfache Tatsache, dass ein längeres Ausbleiben von Informationen unweigerlich dazu führt, dass der Eindruck entsteht, die Angelegenheit werde nicht ernsthaft verfolgt (auch wenn dies im Hintergrund sehr wohl stattfindet).

Der Aufwand laufender Information rechnet sich insbesondere in jenen Fällen, wo die Ursache des Mangels erst zeitaufwändig erforscht werden muss oder die Behebung etwa nur bei gewissen Witterungsverhältnissen möglich ist.

Beispielsweise kann bei einem Wasserschaden die Ortung des Problems sehr langwierig sein, weil oft schrittweise die möglichen Ursachen analysiert und ausgeschieden werden müssen. Solange der Kunde informiert bleibt, welche Schritte zur Fehlersuche gerade im Gange sind, wird er meist auch einige Wochen Geduld aufbringen.

4.1.6

Für das endgültige Schicksal des Haftrücklasses wird letztlich maßgeblich sein, wie die letzten Monate vor Ablauf der Haftzeit verlaufen. Jedenfalls ist eine **formale Mängelschlussfeststellung** im Sinne der ÖNORM B 2110 anzuraten.

Mindestens drei Monate vor Ablauf der Haftzeit der ausführenden Firmen sollten alle Erwerber aufgefordert werden, noch immer nicht behobene und neu entstandene Mängel zu melden. Ergänzend ist die Hausverwaltung um Hinweise hinsichtlich der allgemeinen Teile anzufragen und schließlich sind Begehungen mit den gewährleistungsverpflichteten Firmen durchzuführen.

4.1.7

Falls sich kein Einvernehmen erzielen lässt, ob ein Mangel vorliegt bzw. wer für dessen Behebung verantwortlich ist, empfiehlt sich die **Einschaltung von Sachverständigen.** Letztlich ist der von den ausführenden Firmen dem Bauträger eingeräumte Haftrücklass Druckmittel und Deckungsstock für die rechtzeitige Herstellung eines mängelfreien Zustandes.

4.2
Falls der Erwerber den Haftrücklass dennoch in Anspruch nimmt

Auch wenn der Bauträger all diese Ratschläge befolgt hat, ist er nicht davor gefeit, dass einzelne Erwerber dennoch der Auffassung sind, den Haftrücklass in Anspruch nehmen zu können. In dieser Situation hat der Bauträger freilich die rechtliche Möglichkeit, den Haftrücklass aufgrund des Bauträgervertrages einzufordern. De facto geht er dabei freilich auch Risken ein:

- Der Aufwand der Verfolgung seiner Ansprüche (Sachverständigengutachten, rechtliche Vertretung, eventuell Prozesskosten, eigener Befassungsaufwand, …) ist beträchtlich. Dies insbesondere in Relation zum Gesamtbetrag, der pro Einzelobjekt auf dem Spiel steht. Noch dazu, wo er letztlich nicht nur den Haftrücklass selbst sondern die von ihm zunächst auszulegenden **Kosten der Rechtsverfolgung** ebenfalls eintreiben muss.
  Hier kommt erschwerend hinzu, dass die Summe der einzelnen Haftrücklässe sehr wohl erheblich ins Gewicht fällt, diese sich aber auf mehrere Erwerber und somit eine Vielzahl potenziell aufwändiger Streitfälle aufsplittert.
- Die **Rechtsverfolgung** ist eine ernsthafte Konfrontation und **belastet die Kundenbeziehung** mit der Gefahr, dass der Erwerber dies publik macht und somit potenzielle Kunden des Bauträgers abschreckt.
  Im ländlichen Bereich spricht sich so etwas blitzschnell herum. Im städtischen Bereich liegt die Gefahr vor allem in Internet-Foren, die gerne dazu genutzt werden, sehr subjektive Erfahrungsberichte einer breiteren Öffentlichkeit gegenüber bekannt zu machen.

Der Bauträger wird also die Einforderung des Haftrücklasses sehr vorsichtig abwägen und wird den Haftrücklass manchmal aus den o. a. Gründen wohl oder übel einfach »abschreiben«. Dies freilich nur dann, wenn er damit keine Präzedenzwirkung befürchten muss.

4.3
Risiko voreiliger Schritte des Erwerbers

Das Schicksal des Haftrücklasses kann sich aber auch vor Ablauf der dreijährigen Haftzeit entscheiden.

Tatsache ist, dass die Behebung von Mängeln im Verhältnis zwischen Bauträger und ausführenden Firmen mitunter leider Wochen oder auch Monate in Anspruch nimmt (insbesondere wenn die Ursachenforschung und die Zuordnung der Verantwortung z. B. bei Wassereintritten komplex sind). So unangenehm dies für den Erwerber ist, kann daraus nicht automatisch geschlossen werden, dass die Wartezeit auf die Behebung bereits unangemessen lang ist.

Der verantwortungsvolle Bauträger wird auch nicht jede Verzögerung in der Mängelbehebung mit einer Ersatzvornahme quittieren, da diese Vorgangsweise den zwischen ausführender Firma und Bauträger eingeräumten Haftrücklass sonst in kürzester Zeit auffrisst. Die professionelle Abwicklung der Gewährleistung muss also vorausschauend zwischen Dringlichkeit und Wahrung eines Sicherstellungsstockes abwägen.

Genau diese nur durch Erfahrung zu erlangende Bedachtsamkeit in der Mängelverfolgung kann vom Konsumenten freilich nicht erwartet werden.

Durch das Instrument des Haftrücklasses ist der Erwerber aber nun verlockt, »die Sache selbst in die Hand zu nehmen«, wenn es ihm zulange dauert.

In den wenigsten Fällen wird der Käufer in diesem Moment nochmals rechtliche Beratung einholen, die ihm aufzeigen würde, dass er vorrangig einen Anspruch auf Behebung hat (und nicht auf Preisminderung) und dass er zur Ersatzvornahme nur unter bestimmten Voraussetzungen berechtigt ist (vgl. Pkt. 2).

Nimmt der Erwerber also kurzentschlossen die Behebung selbst in Angriff (z. B. indem er den Parkett schleift und versiegelt), läuft er Gefahr, dass der Bauträger den Haftrücklass später berechtigterweise einfordert.

Damit wäre vorprogrammiert, dass im Nachhinein darüber gestritten wird, ob nur eine subjektive Beanstandung, oder ein Mangel (z. B. im Sinne der für Bodenlegerarbeiten gültigen ÖNORM) vorlag, und ob der Käufer dem Bauträger eine angemessene Behebungsfrist eingeräumt hatte, bevor er aktiv wurde.

Diese von Beweisfragen und Sachverständigenbeurteilungen geprägte Auseinandersetzung liefe Gefahr, vermeidbare und unproduktive Kosten zu verursachen.

Jedenfalls könnte die Inanspruchnahme des Haftrücklasses für den Konsumenten häufig zu einem bösen Erwachen führen. Auch um dies – im beiderseitigen Interesse – abzuwenden, empfiehlt es sich, im Bauträgervertrag aufklärend zu wirken (siehe dazu Punkt 5.1).

5
Empfehlungen für die Vertragsgestaltung

5.1
Bauträgervertrag

Aus den bereits näher erläuterten Gründen ist **dringend zu empfehlen,** von einem baren **Haftrücklass** Abstand zu nehmen und die Gewährleistungs- und Schadenersatzansprüche des Erwerbers **durch Bankgarantie oder Versicherung sicherzustellen.** Anzuraten ist weiters, diese Sicherungsinstrumente nicht dem ad hoc-Zugriff durch den Erwerber zur Verfügung zu stellen, sondern im Bauträgervertrag ein **präzises und bewusst formales Prozedere** zu vereinbaren, unter welchen Voraussetzungen Bankgarantie oder Versicherung in Anspruch genommen werden können. Hier ein Beispiel für eine mögliche Vorgangsweise:

a) Der Erwerber rügt, dass die Behebung eines konkret bezeichneten Mangels binnen angemessener Frist nicht erfolgt ist, und fordert Betrag X aus dem Haftrücklass an.

b) Gibt der Bauträger binnen 14 Tagen dazu keine Stellungnahme ab, ist der begehrte Betrag an den Erwerber auszubezahlen (maximal freilich der auf das Top des Erwerbers entfallende Haftrücklass).

c) Der Bauträger hat alternativ die Möglichkeit, innerhalb von 14 Tagen den Mangel endgültig zu beheben oder die Beibringung eines Gutachtens anzukündigen, das die Mängelfreiheit bestätigt. Als Gutachter kommt der vom Treuhänder ursprünglich bestellte Sachverständige zur Feststellung des Baufortschrittes in Frage, alternativ jeder allgemein beeidete und gerichtlich zertifizierte Sachverständige.

d) Ist das vom Bauträger angekündigte Gutachten nicht binnen einem Monat ab Zugang der Rüge lt. Punkt a) nachweislich dem Erwerber zugestellt, ist der geltend gemachte Betrag an den Erwerber auszubezahlen.

e) Belegt das rechtzeitig beigebrachte Gutachten die Mängelfreiheit, steht der Haftrücklass dem Erwerber nicht zur Verfügung. Diesfalls bleibt die Möglichkeit der weiteren Geltendmachung durch den Erwerber unberührt.
Die Kosten des Gutachtens sind diesfalls an den Erwerber verrechenbar.

f) Belegt das Gutachten die Forderung des Erwerbers, so ist der begehrte Betrag an den Erwerber auszubezahlen. Trifft das Gutachten keine klare Beurteilung, so geht dies zu Lasten des Bauträgers und der begehrte Betrag ist ebenfalls an den Erwerber freizugeben.

Ganz bewusst ist hier das bereits im Begutachtungsverfahren in der Stellungnahme des ÖVI vorgeschlagene Prozedere angeführt. Denn dieses war nicht nur Auslöser für die unter Punkt 3.5) erwähnte Klarstellung in den Erläuternden Bemerkungen[269], sondern wurde im Rahmen der Expertengespräche im BMJ auch ausdrücklich von Vertretern des Konsumentenschutzes befürwortet.

Die für das einzelne Projekt geeignete Ausgestaltung dieser Vorgangsweise ist freilich aufgrund der konkreten Konstellation in Abstimmung zwischen Bauträger und Vertragsverfasser zu überdenken und mit dem Garanten bzw. der Versicherung abzustimmen.
    Die Vereinbarung einer solchen Vorgangsweise ist grundsätzlich auch dann sinnvoll, wenn Bankgarantie bzw. Versicherung dem Kunden selbst ausgefolgt wird. Der Bauträger muss sich aber im Klaren sein, dass insbesondere im Falle einer Bankgarantie nicht erwartet werden kann, dass das garantierende Kreditinstitut prüft, ob der Erwerber sämtliche Schritte des vereinbarten Prozederes eingehalten hat, bevor er die Garantie zieht.

---

269 EB RV 432 BlgNR XXIII. GP 7.

DER HAFTRÜCKLASS

Wer also ganz sicher gehen will, regelt durch eine **zusätzliche Vereinbarung,** wer die Haftrücklass-**Bankgarantie oder -Versicherung treuhändig verwahrt**. Es liegt nahe, diese Aufgabe dem Treuhänder der ursprünglichen Vertragsabwicklung zu überbinden. Im Einzelfall kann diese Aufgabe eventuell auch die Hausverwaltung übernehmen (freilich ist dies nicht im Standard-Leistungsbild und -Honorar abgedeckt).

Der Bauträger muss sich jedenfalls bewusst sein, dass der **Verwahrer** der Garantie oder Versicherung **bloß** eine **formale Prüfung** vornehmen kann, bevor er diese dem Erwerber aushändigt (bzw. einen Teilbetrag liquidiert). Keinesfalls wird der Verwahrer das Vorliegen von Mängel inhaltlich prüfen oder als Schiedsrichter agieren. Umso wichtiger ist es, in der Formulierung des Prozederes auf einen präzisen Ablauf und fixe Fristen zu achten.

Selbstverständlich bedeutet die hier skizzierte Vorgangsweise **zusätzliche Kosten**. Der Aufwand ist vom Bauträger **gegenüber** dem **Risiko eines nicht mehr einbringlichen Haftrücklasses** abzuwägen.

Sollte sich der Bauträger für einen baren Haftrücklass entscheiden, kann es durchaus sinnvoll sein, einzelne Elemente der o. a. Vorgangsweise zur Klarstellung im Bauträgervertrag zu vereinbaren (insbesondere die Objektivierung der Mangelqualifikation im Sinne der lit. c bis f). Dies verhindert vielleicht nicht voreilige Schritte des Erwerbers, hilft dem Bauträger aber, falls er den restlichen Kaufpreisanteil doch noch einbringlich machen will.

5.2
Harmonisierung von Bauwerkvertrag und Bauträgervertrag

Die ausgefeiltesten Regelungen zwischen Bauträgern und Erwerbern nützen aber wenig, wenn es der Bauträger verabsäumt hat, mit den Bauschaffenden Vereinbarungen zu treffen, die eine effiziente und transparente Mängelbehebung sicherstellen.

Hat der Bauträger einen Generalunternehmer beauftragt, gestaltet sich die Mängelbehebung für ihn im Regelfall weit einfacher. Die nachfolgenden Empfehlungen sind im Falle der Einzelvergabe an unterschiedliche Auftragnehmer auf die einzelnen Werkverträge analog anzuwenden.

Bereits hingewiesen wurde auf die Bedeutung einer ausreichenden Mängelbehebungsphase in der Festlegung des Bauzeitenplans, die Notwendigkeit von Mängelvorbegehungen und den »Ehrgeiz« des Bauträgers, ein weitgehend mängelfreies Werk zu geben.

Dies sind Fragen, die nicht über einen Vertrag alleine geregelt werden können, hier ist in erster Linie das Projektmanagement gefordert.

Jedenfalls sollten im Bauwerkvertrag aber folgende Regelungen vorgesehen sein:

5.2.1

Bestimmungen über die **Schritte zur Objektivierung**, falls es zu unterschiedlichen Auffassungen kommt, **ob ein Mangel vorliegt** oder nicht (bzw. wer für dessen Behebung verantwortlich ist).

Möglich ist etwa ein Passus, wonach zur Beurteilung ein Sachverständiger zuzuziehen ist, dessen **Kosten** letztlich **jene Seite** übernimmt, **zu deren Lasten das Gutachten geht.** Der Bauträger zahlt also das Honorar des Sachverständigen, falls dieser zum Schluss kommt, dass kein Mangel vorliegt. Bestätigt der Sachverständige die Qualifikation als Mangel, gehen die Kosten zu Lasten jenes / jener Bauschaffenden, der / die diesen zu vertreten hat / haben (allenfalls gemischte Verantwortung).

Die Person des Sachverständigen ist entweder bereits im Vorhinein vereinbart (was aufgrund der unterschiedlichen relevanten Fachgebiete gar nicht so einfach ist) oder der Bauträger behält sich die Auswahl vor (eine in der Praxis gängige Regelung). Jedenfalls muss die Wahl des Sachverständigen mit der Ausgestaltung des Bauträgervertrages harmonisiert sein.

5.2.2

Die wenigsten Bauwerkverträge kennen fixe **Fristsetzungen für die Mängelbehebung.** Dies ist grundsätzlich auch kein Versäumnis, weil je nach Einzelfall sehr unterschiedliche Fristen angemessen sind.

Um im Bauträgervertrag ein den Intentionen des Gesetzgebers entsprechendes Prozedere zu definieren (also eines, dass die Ansprüche des Konsumenten nicht einschränkt), sind in dem unter Punkt 5.1) skizzierten Vorschlag sehr wohl absolute Fristen enthalten. Vierzehn Tage können für die Behebung eines Mangels sehr lang oder in manchen Fällen auch viel zu kurz sein, nicht jeder Sachverständige liefert Befund und Gutachten innerhalb eines Monats. Der Bauträger ist also durchaus gefordert, rasch zu handeln, was insofern zumutbar ist, als die Androhung der Inanspruchnahme des Haftrücklasses nicht ohne »Vorgeschichte« stattfinden wird.

Der Bauträger muss aber im Bauwerkvertrag entsprechend Vorsorge getroffen haben, dass ihm der Auftragnehmer nicht vorhalten kann, er habe ihm keine ausreichende Zeit zur Problemlösung eingeräumt. Auch dies ist nicht alleine eine vertragliche und rechtliche Frage, sondern eine Herausforderung für das Projektmanagement.

Hat der Bauträger die Durchsetzung der Mängelbehebung aber sowohl vertraglich als auch faktisch fest im Griff, ist sein Risiko sehr gering, vom Erwerber aus dem Haftrücklass in Anspruch genommen zu werden, ohne das Problem auf den oder die Werkunternehmer abwälzen zu können.

5.2.3

Ein Delta kann sich freilich rein betraglich ergeben, insbesondere wenn der Bauträger die Gesamtleistungen an verschiedene Bauschaffende beauftragt hat.

Auch bei Projekten mit sehr hohen Grundkosten bzw. sonstigen Nebenkosten kann der Haftrücklass des Erwerbers in Höhe von 2 % des Preises absolut über einem nach der für Bauwerkverträge geltenden ÖNORM B 2110 bemessenen Haftrücklass liegen.

Der Bauträger sollte nicht nur die Höhe des Haftrücklasses seiner Auftragnehmer entsprechend bemessen, sondern auch danach trachten, die Gewährleistungsfristen auszudehnen. Dies vor allem dann, wenn er einzelne Objekte erst nach Fertigstellung der Gesamtanlage verkauft.

5.2.4

Schließlich wird das Augenmerk noch auf ein Risikopotenzial gelenkt, das ganz unabhängig vom Haftrücklass zu einem Problem werden kann. Mitunter kommt es vor, dass **die im Bauträgervertrag zugesagten Eigenschaften** der Wohnung zusätzliche oder andere Qualitäten enthalten als das **Leistungsbild des Bauwerkvertrages.**

In den wenigsten Fällen passiert dies absichtlich, manchmal auch nur, indem für die in der Vermarktung eingesetzte Bau- und Ausstattungsbeschreibung nicht technische Fachbegriffe verwendet werden. Dies erfolgt möglicherweise mit den besten Absichten – im Interesse einer besseren Verständlichkeit für den Kunden –, letztlich kann sich aber der Begriffsinhalt dadurch verändern. Beispielhaft angeführt sei der Begriff »Fertigparkett«, mit dem ganz unterschiedliche Qualitäten assoziiert werden (hier wären die Art der Verlegung, Aufbau und Abmessungen der Dielen, insbesondere die Stärke der Nutzschicht und neben der Holzart auch die Qualität der Sortierung sowie die Oberflächenbehandlung zu konkretisieren).

Ist die Spezifizierung der Leistung vage bzw. erfolgt sie mit Worten, die für den Techniker nicht klar zuordenbar sind, wird auch die Beiziehung eines Sachverständigen nur bedingt helfen, da letztlich darauf abgestellt werden muss, welcher Begriffsinhalt zwischen Bauträger und Erwerber vereinbart wurde.

Es empfiehlt sich jedenfalls, die **in der Vermarktung eingesetzte Bau- und Ausstattungsbeschreibung sowie** die **Vermarktungspläne zum Bestandteil des Bauwerkvertrages** zu **machen.** Falls diese Unterlagen aber (was durchaus vorkommt) erst im Zuge der Ausführung fertiggestellt werden, können diese noch immer zur Prüfung und Bestätigung an die Bauschaffenden übergeben werden. Sollten diese der Auffassung sein, dass die Verwertungsunterlagen nicht mit ihrem Leistungsbild übereinstimmen, so ist es besser, dies in der Umsetzungsphase abzustimmen als nach Übergabe an die Erwerber!

Einige der oben angestellten Überlegungen sind auch auf die Planerverträge anzuwenden, dies wird aber hier nur noch generell angemerkt und nicht weiter vertieft.

6
Mögliche Komplikationen

6.1
Koordinationsbedarf und Konfliktpotenzial innerhalb der Eigentümergemeinschaft

Sucht man Beispiele, für welche Mängel der Haftrücklass zukünftig am häufigsten in Anspruch genommen werden wird, denkt man sicher vorrangig an die Qualität der Oberflächen in einer Wohnung, insbesondere Malerei, Bodenbeläge und Fliesen – jedenfalls an das Innere des eigentlichen Vertragsgegenstandes.

Der Haftrücklass sichert aber ebenso die Gewährleistungs- und Schadenersatzansprüche hinsichtlich der Gesamtanlage (also der »allgemeinen Teile der Liegenschaft« im Sinne des Wohnungseigentumsgesetzes).

Es ist nur zu menschlich, dass jeder Erwerber vorrangig danach trachten wird, »seine eigenen vier Wände« in besten Zustand zu bringen. Mancher (möglicherweise gravierende) Mangel der Gesamtanlage könnte da in den Hintergrund geraten. Sollte da oder dort der Haftrücklass tatsächlich wegen Mängeln des eigentlichen Vertragsgegenstandes aufgebraucht werden, so verliert der Erwerber ja deswegen nicht den Anspruch auf die Behebung der Mängel an allgemeinen Teilen. Er muss die Behebung schlicht und einfach wie vor der Novelle geltend machen, also ohne das zusätzliche Druckmittel und Sicherungsinstrument des Haftrücklasses.

Das Konfliktpotenzial besteht eher in jenen Konstellationen, in denen Erwerber sehr wohl daran denken, den Haftrücklass für die Behebung von Mängeln der Gesamtanlage einzusetzen, sich aber nicht ohne weiteres auf eine gemeinsame Vorgangsweise einigen können.

Um hier eine gemeinsame Stoßrichtung zu erleichtern (und damit durchaus den Interessen der Erwerber zu dienen), hatte der ÖVI in seiner Stellungnahme im Begutachtungsverfahren angeregt, einen Teil des Haftrücklasses den allgemeinen Teilen der Liegenschaft zu widmen (Verhältnis 1:1 oder 2:1 zwischen eigentlichem Vertragsgegenstand und Gesamtanlage). Für die Inanspruchnahme und Verwendung des auf die allgemeinen Teile entfallenden Anteiles standen zwei Sichtweisen in Diskussion: Entweder die Abwicklung durch die Hausverwaltung im Rahmen der ordentlichen Verwaltung (mit einigen Abgrenzungsfragen) oder durch entsprechende Beschlüsse der Eigentümergemeinschaft.

Die Anregungen wurden vom Gesetzgeber jedenfalls nicht berücksichtigt, sodass Konflikte zwischen den Erwerbern in der so heiklen Phase der Formierung der Eigentümergemeinschaft quasi vorprogrammiert sind. Bekanntlich bestehen bereits derzeit zahlreiche Potenziale für Interessenskonflikte zwischen Wohnungseigentümern. Mit der zusätzlichen Herausforderung des Koordinationsbedarfes punkto Mängeln an allgemeinen Teilen kann manche Eigentümergemeinschaft bereits in den ersten Monaten auf eine harte Probe gestellt werden.

Was das Schicksal des Haftrücklasses bei Abtretung von Ansprüchen an die Eigentümergemeinschaft gemäß § 18 Abs. 2 WEG 2002 betrifft, wird auf die Ausführungen von Iro / Riss verwiesen.[270]

6.2
Kostendeckungsprinzip Wohnbauförderung

In jenen Bundesländern, in denen die Förderung von Eigentumswohnungen im Wege der Objektförderung – also durch Förderungsabwicklung direkt mit dem Bauträger – stattfindet (insbesondere in Wien), ist die Preisbildung exakt geregelt und unterliegt der Prüfung durch das Land. Die Wohnbauförderung basiert auf dem Prinzip, dass der Preis sich nur aus den nachgewiesenen Kosten zusammensetzen darf. Derzeit bieten die Preisbildungsvorschriften keinen expliziten Spielraum, einen aus Gründen der wirtschaftlichen Vernunft nicht mehr rückgeforderten Haftrücklass in die Kalkulation einzustellen.

Da es unwirtschaftlich wäre, Haftrücklässe »um jeden Preis« rückzufordern (was wohl auch kaum die Intention des sozialen Wohnbaus sein kann), wird es notwendig sein, dass die Förderungsstellen nicht einbringliche Haftrücklässe innerhalb der Projektkosten anerkennen. Eine präzise Abrechnung ist weder verwaltungsökonomisch, noch zeitlich praktikabel, da die Förderungsendabrechnung doch deutlich vor Ablauf der dreijährigen Haftfrist abgeschlossen sein sollte. Somit erscheint die Anerkennung einer pauschalen Wagnisabgeltung der einzig sinnvolle Weg.

Weiters werden die Förderungsstellen die **Sicherstellungskosten des BTVG** (siehe Punkt 7.1) und gegebenenfalls auch die allgemeinen Sicherstellungskosten aus dem BTVG **in den Baunebenkosten anerkennen** müssen, so wie dies derzeit z. B. für Finanzierungskosten gilt.

---

270 Vgl. Iro / Riss: wobl 2007, S. 271 f.

7
Ausblick auf Konsequenzen

7.1
Kostensteigerung

Das Sicherungsinstrument und Druckmittel Haftrücklass ist unweigerlich mit Kosten verbunden.

Wird ein barer Haftrücklass eingeräumt, ist eine Zwischenfinanzierung erforderlich bzw. entsteht ein Zinsverlust. Wird der Haftrücklass über Garantie oder Versicherung abgewickelt, laufen Spesen an.

Das Risiko, den Haftrücklass nach Ablauf der Haftzeit vom Erwerber nicht zu erhalten, muss der Bauträger im Zuge der Preisfindung kalkulieren. Wie in Punkt 4.2 näher skizziert muss der Bauträger hier den Aufwand des Mangel-Freibeweises und der Rechtsverfolgung dem Verlust des Kaufpreisanteiles in Folge Abschreibung des Haftrücklasses gegenüberstellen. Alleine für das Instrument Haftrücklass ist somit eine durchschnittliche Steigerung der (Kauf-)Preise in einer Bandbreite zwischen 0,5 % und 1 % zu prognostizieren, einzelne Bauträger werden die (Kauf-)Preise um ganze 2 % erhöhen.

Im Zuge des Gesetzgebungsverfahrens wurden entstehende Mehrkosten mehrfach aufgezeigt, von den Vertretern des Konsumentenschutzes wurde grundsätzlich der Standpunkt eingenommen, dass zusätzliche Sicherheit eben ihren Preis habe.

7.2
Qualitätssicherung

Das mängelfreie Bauwerk wird leider auch in Zukunft ein frommer Wunsch bleiben. Dennoch wird das Instrument des Haftrücklasses im Eigentumswohnbau dazu beitragen, dass die Bauträger ihr Qualitätssicherungs-Management verstärken. Potenziale gibt es hier jedenfalls noch, wenngleich diese in einem Spannungsfeld zu den in den letzten Jahren nicht unbedingt gestiegenen Bauqualitäten stehen.

Mit Erfolg eingesetzt werden bereits jetzt von Sachverständigen bzw. akkreditierten Prüfstellen ausgestellte Qualitätszertifikate. Diese unterstützen das Projektmanagement des Bauträgers und dokumentieren auch gegenüber dem Erwerber die erzielten Qualitäten. Solche Produkte werden also zukünftig noch an Bedeutung gewinnen. Dem für den Bauträger zusätzlich gegebenen Marketingeffekt stehen freilich neuerlich zusätzliche Kosten gegenüber.

Die Rücktrittsrechte nach §§ 5 und 6 BTVG

DR. KATHARINA KOHLMAIER

1
Zur Abgrenzung: Rücktrittsrechte nach dem ABGB und nach KSchG und deren Voraussetzungen

Im österreichischen Vertragsrecht wird dem **Grundsatz der Vertragstreue** und damit auch der nach den rechtsgeschäftlichen Regeln bestehenden Bindungswirkung von Willenserklärungen sowie von getroffenen Vereinbarungen eine große Bedeutung beigemessen.

Dementsprechend werden von der Rechtsordnung auch **nur sehr eingeschränkt Möglichkeiten eingeräumt, von einer einmal rechtswirksam abgegebenen Erklärung einseitig wieder abzugehen;** solche sind nur bei Vorliegen besonderer Umstände oder bei besonderer Schutzwürdigkeit eines der Vertragspartner gegeben.

Zum einen wird im allgemeinen Zivilrecht dem **Tatbestand des Schuldnerverzuges** eine derartige Bedeutung beigemessen – eine Situation, welche dem Vertragspartner ein Festhalten am Vertrag über einen längeren, über die vereinbarte Leistungsfrist hinausgehenden Zeitraum unzumutbar macht und solcherart die Notwendigkeit schafft, von einer bereits bestehenden Verpflichtung im Nachhinein wieder abstehen zu können.

Zum anderen wird die nach den allgemeinen rechtsgeschäftlichen Regeln bestehende Bindungswirkung für Verbraucher zunehmend durch die Einräumung von **Widerrufsrechten im Konsumentenschutzrecht** beschränkt. Ähnliche Regelungen finden sich nun auch im BTVG oder in anderen Rechtsbereichen, wie etwa dem Teilnutzungsgesetz oder dem Fern-Finanzdienstleistungsgesetz.

Eine Sondervorschrift bildet § 21 **Konkursordnung (KO),** welcher dem Masseverwalter im Konkurs die Möglichkeit bietet, von einem zum Zeitpunkt der Konkurseröffnung beiderseits noch nicht oder nicht vollständig erfüllten Vertrag zurückzutreten.[271]

Aus der Sicht des Bauträgervertragsgesetzes bleiben nun alle diese Rechte eines Erwerbers, die Aufhebung oder Änderung eines Vertrages nach »anderen Bestimmungen« zu verlangen, sowohl in der alten als auch in der nun novellierten Fassung ausdrücklich unberührt (§ 5 Abs. 4 BTVG).

---

271 Vgl. dazu KEPPLINGER / DUURSMA: Rücktritt des Masseverwalters vom Bauvertrag gem. § 21 KO, wobl 2001, S. 33; siehe dazu jüngst auch eingehend RISS: Sicherung von Gewährleistungsansprüchen in der Insolvenz des Werkunternehmers, ÖBA 2008, S. 18.

RÜCKTRITTSRECHTE

Zur verständlichen Abgrenzung der im Rahmen des BTVG bestehenden Rücktrittsregeln von den in der Praxis bedeutsamsten »anderen Bestimmungen« seien an dieser Stelle die Rücktrittsrechte nach ABGB und KSchG erläutert:

1.1
Der Rücktritt wegen Schuldnerverzugs (§ 918 ABGB)

Gerät ein Schuldner mit der vereinbarten Leistung in Verzug, d. h. erfüllt er die versprochene Leistung nicht »zur gehörigen Zeit, am gehörigen Ort oder auf die bedungene Weise«, so hat der Gläubiger das **Wahlrecht:** Er kann auf Erfüllung der vertraglich vereinbarten Leistung bestehen (und diese erforderlichenfalls einklagen) oder er kann unter Setzung einer angemessenen Nachfrist vom Vertrag zurücktreten.

Dieses Recht besteht ganz allgemein und vollkommen unabhängig von der Frage, ob den Schuldner an dem eingetretenen Verzug ein Verschulden trifft oder nicht.

Die Setzung einer **Nachfrist** soll dem säumigen Schuldner die Möglichkeit geben, die ausständige Leistung gemäß seiner bestehenden Verpflichtung noch nachzuholen; ihre Länge muss demnach zumindest so bemessen sein, dass sie dem Schuldner ein Nachholen ermöglicht, nicht jedoch muss sie ihm erlauben, mit den Leistungsvorbereitungen erst zu beginnen.[272]

Ist die Leistung teilbar, so kommt auch ein **Teilrücktritt** in Betracht.

Zum Schutz des Konsumenten bestehen **weiters besondere Rücktrittsrechte im Konsumentenschutzgesetz:**
- der Rücktritt vom Haustürgeschäft nach § 3 KSchG
- der Rücktritt bei »Nichteintritt maßgeblicher Umstände« nach § 3 a KSchG
- der Rücktritt vom Immobiliengeschäft nach § 30 a KSchG

1.2
Der Rücktritt vom »Haustürgeschäft« (§ 3 KSchG)

Nach § 3 Abs. 1 KSchG kann ein Verbraucher vom Vertrag zurücktreten, **wenn die Vertragserklärung weder in den vom Unternehmer für seine geschäftlichen Zwecke dauernd benützten Räumen noch bei einem von diesem dafür auf einer Messe oder einem Markt benützten Stand unterfertigt wird,** also z. B. am Arbeitsplatz des Verbrauchers, in einem Lokal, auf einer Baustelle, in einer Wohnung, in einem Gast-

---

[272] Vgl. KOZIOL / WELSER: Bürgerliches Recht[13] II 54.

haus, im Kassenraum eines Kinos oder in den Geschäftsräumen eines anderen Unternehmers.

Innerhalb der Geschäftsräumlichkeiten eines Unternehmers abgeschlossene Geschäfte unterliegen auch dann § 3 KSchG, wenn der Konsument dorthin im Rahmen einer Werbe- oder Ausflugsfahrt oder einer ähnlichen Veranstaltung oder durch persönliches, individuelles Ansprechen auf der Straße gebracht wurde.

Diese Bestimmung soll den Verbraucher vor Überrumpelungen schützen und ihm eine Überlegungsfrist hinsichtlich einer möglicherweise unter dem Eindruck besonderer Umstände abgegebenen rechtsgeschäftlichen Erklärung zubilligen.

Von der Rechtsprechung wurde ein derartiges Rücktrittsrecht beispielsweise bei Abgabe der Vertragserklärung an folgenden Orten bejaht:
- An einem Verkaufsstand anlässlich einer Veranstaltung in einem Kongresshaus, aber nicht während einer Messe oder eines Marktes.[273]
- In von einem Unternehmer lediglich für wenige Tage im Monat angemieteten und bloß fallweise nach Bedarf benutzten Büroräumen, die sonst von anderen, dritten Personen benützt werden.[274]
- In von Zeitschriftenverlagen kurzfristig angemieteten Gassenlokalen, die nicht ausreichend als diesen Unternehmern zugeordnete Geschäftsräumlichkeiten gekennzeichnet sind.[275]

Das Rücktrittsrecht steht dem Verbraucher allerdings trotz Abgabe von Vertragserklärungen außerhalb der Geschäftsräumlichkeiten **dann nicht** zu, wenn der Verbraucher den Vertragsabschluss selbst **angebahnt** hat. Unter Anbahnung ist ein Verhalten des Verbrauchers zu verstehen, das dem Unternehmer oder seinem Vertreter gegenüber zum Ausdruck bringt, man wolle in Verhandlungen zwecks Abschlusses eines bestimmten Geschäftes treten[276] – so beispielsweise, wenn er sich auf eine Zeitungsanzeige hin telefonisch beim Unternehmer gemeldet hat. Gleiches gilt, wenn sich der Verbraucher zur Anbahnung des Geschäftes einer ihm nahe stehenden Person aus dem Familienverband bedient.

In einer telefonischen Anforderung von Prospektmaterial liegt aber noch keinesfalls eine Anbahnung im Sinn einer Einladung an den Unternehmer zum Hausbesuch zwecks Vertragsverhandlungen und Abschluss eines bestimmten Geschäftes.[277]

---

[273] KRES 1b/84.
[274] ecolex 1993, 522.
[275] KRES 1b/6.
[276] OGH 2 Ob 75/00v in immolex 2000, 312/190; OGH 7 Ob 594/94.
[277] OGH 2 Ob 546/82 in KRES 1b/10.

Die **Beweislast** für die Anbahnungshandlung des Verbrauchers trifft in jedem Fall den Unternehmer.[278]

Der Verbraucher kann bei Vorliegen der Voraussetzungen des § 3 KSchG bis zum Zustandekommen des Vertrages **jederzeit** zurücktreten, ab Vertragsabschluss steht ihm hierfür eine **Frist von einer Woche** zur Verfügung.

Die Frist beginnt allerdings erst dann zu laufen, wenn dem Verbraucher eine **Urkunde** ausgefolgt wird, die Namen und Anschrift des Unternehmers, die zur Identifizierung des Vertrages notwendigen Angaben und eine Belehrung über das Rücktrittsrecht enthält.
Fehlt die Belehrung oder ist sie fehlerhaft, beginnt die Rücktrittsfrist überhaupt nicht zu laufen. (Während früher eine absolute Befristung des Rücktrittsrechtes mit einem Monat normiert gewesen war, gibt es seit 1. Jänner 2004[279] in diesem Zusammenhang – außer bei Versicherungsverträgen – keine absolute Befristung des Rücktrittsrechtes mehr).

Die Belehrung ist nach ständiger Rechtsprechung insbesondere dann fehlerhaft, wenn jeder Hinweis auf den Beginn der Frist fehlt, eine nicht mehr geltende Fassung des § 3 KSchG angeführt wird, eine unzulässige Formvorschrift (z. B. eingeschriebener Brief) beigesetzt wird oder die Belehrung mit unzulässigen Bedingungen für den Rücktritt verknüpft wird.

Die **Rücktrittserklärung** ist **rechtzeitig,** wenn sie innerhalb der Frist abgesendet wird; sie muss schriftlich erfolgen. Der Rücktrittswille des Verbrauchers muss eindeutig zum Ausdruck kommen, wobei das Wort »Rücktritt« in der Erklärung nicht enthalten sein muss. Beispielsweise wurde die Erklärung des Verbrauchers, »seine Unterschrift zurückzuziehen«, als ausreichend erachtet.[280]

Wenn ein Geschäft vorliegt, an dem mehrere Verbraucher beteiligt sind, so muss die Erklärung des Rücktritts ausdrücklich oder schlüssig von allen oder im Namen aller beteiligten Verbraucher erfolgen.

Sollte der Rücktrittserklärung bereits ein Leistungsaustausch vorangegangen sein, so hat die Rückabwicklung des Vertrages Zug um Zug zu erfolgen (§ 4 KSchG).

---

278 OGH 3 Ob 94/00w in JBl 2001, 389.
279 ZivRÄG 2004, BGBl. I Nr. 91, 2003.
280 LGZ Wien in MietSlg 45.181; OGH 5 Ob 52/94 in KRES 1b/39.

1.3
Der Rücktritt bei Nichteintritt »maßgeblicher Umstände« (§ 3 a KSchG)

Diese Regelung dient dem Vertrauensschutz des Verbrauchers; er soll in bestimmten Fällen die Möglichkeit erhalten, sich vom Vertrag lösen zu können.

Treten – ohne Veranlassung des Verbrauchers – maßgebliche Umstände, die der Unternehmer im Zuge der Vertragsverhandlungen als wahrscheinlich dargestellt hat, nicht oder in nur erheblich geringerem Ausmaß ein, kann der Verbraucher vom Vertrag zurücktreten.

Die Aufzählung der an dieser Stelle maßgeblichen Umstände ist taxativ und zwar:

- Die Erwartung der **Mitwirkung oder Zustimmung** eines Dritten, die erforderlich ist, damit die Leistung des Unternehmers erbracht oder vom Verbraucher verwendet werden kann (z. B. baubehördliche Bewilligungen oder Zustimmungen des Hauseigentümers).
- Die **Aussicht auf steuerrechtliche Vorteile,** wie z. B. Abschreibemöglichkeiten für Sanierungs- oder Energiesparmaßnahmen oder sonstige durch die Regelung der Sonderausgaben nach § 18 EStG begünstigte Aufwendungen; Verlustabschreibungsmodelle, Bausparprämien etc.
- Die **Aussicht auf öffentliche Förderung;** dies umfasst sämtliche Förderungen wie z. B. Wohnbauförderung, aber auch Zuschüsse oder sonstige Begünstigungen, die von öffentlicher Hand auch ohne Gesetzes- oder Verordnungsgrundlage gewährt werden (z. B. Zuschüsse von Gemeinden für bestimmte Zwecke wie Solaranlagen, Ortsbildpflege etc). Ebenso sind unter diese Bestimmung Förderungen durch öffentlich-rechtliche Körperschaften zu subsumieren.
- Die **Aussicht auf einen Kredit,** worunter nicht nur Bankkredite, sondern auch Leasingfinanzierungsmodelle fallen.

Das Gesetz stellt weiters ausdrücklich darauf ab, dass die Umstände **»als wahrscheinlich«** dargestellt wurden. Es ist daher maßgeblich, auf welche Art und Weise der Unternehmer den Verbraucher informiert hat. Der Unternehmer ist dazu angehalten, sich zu vergewissern, ob im vorliegenden Einzelfall mit hinreichender Sicherheit die steuerrechtlichen Vorteile eintreten können bzw. eine dem Angebot zugrunde liegende öffentliche Förderung oder Finanzierung möglich ist.
    Der Rücktritt soll eben dann möglich sein, wenn der Unternehmer verstärkt auf den Willensbildungsprozess des Verbrauchers eingewirkt hat. Der bloße Hinweis auf Förderungsmöglichkeiten reicht für das Entstehen des Rücktrittsrechtes nicht aus.

RÜCKTRITTSRECHTE

Da es darauf ankommt, dass die Umstände für die Einwilligung des Verbrauchers maßgeblich waren, trifft den Unternehmer die Beweislast dafür, dass die Entscheidung des Verbrauchers von den als wahrscheinlich dargestellten Umständen unabhängig war. Sollte dies der Fall gewesen sein, stünde das Rücktrittsrecht nicht zu.

Von einem **»erheblich geringeren Ausmaß«** ist nach den Erläuterungen zur Regierungsvorlage dann zu sprechen, wenn sich die finanzielle Belastung des Verbrauchers im Endeffekt um ca. 10 % erhöht. Treten die Umstände später ein als vom Unternehmer dargestellt, so ist bei der Frage des Nichteintritts darauf abzustellen, welchen Zeithorizont der Unternehmer in den Vertragsgesprächen dargestellt hat.

Das Rücktrittsrecht steht dem Verbraucher außerdem **nur** zu, wenn er den Nichteintritt der in Aussicht gestellten Vorteile **nicht selbst veranlasst** hat. Veranlassung setzt in diesem Fall kein Verschulden, sondern bloß adäquate Verursachung voraus.

Der wahrscheinliche Fall ist aber weniger jener, in welchem der Verbraucher durch aktives Handeln den Eintritt eines maßgeblichen Umstandes vereitelt, als jener, in dem der Verbraucher eine erforderliche Mitwirkung unterlässt, etwa durch das Unterbleiben einer entsprechenden Antragstellung, die Verweigerung notwendiger Unterschriften etc., obwohl er dazu vertraglich verpflichtet wäre.

Die **Rücktrittsfrist** beträgt auch hier **eine Woche.** Die Frist beginnt mit jenem Zeitpunkt zu laufen, an dem für den Verbraucher erkennbar wird, dass die vom Unternehmer als wahrscheinlich dargestellten Umstände nicht oder in erheblich geringerem Ausmaß eintreten werden. Die Rücktrittsfrist kann daher bereits zu laufen beginnen, bevor der Vertrag endgültig zu Stande gekommen ist.

Der Beginn des Fristenlaufes setzt voraus, dass der Verbraucher eine entsprechende schriftliche Belehrung erhalten hat. Hier gelten dieselben Anforderungen wie nach § 3 KSchG.

Das Rücktrittsrecht erlischt jedenfalls **ein Monat nach vollständiger Erfüllung** des Vertrages.

Das Rücktrittsrecht steht dem Verbraucher **nicht** zu,
- wenn der Verbraucher bereits bei den Vertragsverhandlungen wusste oder wissen musste, dass die maßgeblichen Umstände nicht oder nur in erheblich geringerem Ausmaß eintreten werden,
- wenn der Ausschluss des Rücktrittsrechts im Einzelnen ausgehandelt worden ist.

Der Unternehmer kann den Rücktritt des Verbrauchers dadurch abwenden, dass der Vertrag mit dem Verbraucher entsprechend **angepasst wird** (§ 3a Abs. 4 Z 3 KSchG).

Für Form und rechtzeitige Abgabe der Erklärung sind die Bestimmungen für das Rücktrittsrecht nach § 3 KSchG sinngemäß anzuwenden, für die Rückabwicklung die Bestimmung des § 4 KSchG.

1.4
Der Rücktritt vom Immobiliengeschäft (§ 30 a KSchG)

Der Zweck des § 30 a KSchG ist der **Schutz des Verbrauchers vor Überrumpelung anlässlich der ersten Besichtigung.**

Der OGH formulierte den Schutzzweck vor allem im Hinblick auf Vermittler sehr scharf mit den Worten: »Schutz des Verbrauchers vor Überrumpelung durch fragwürdig agierende Unternehmer und ihre Vertreter«.[281]

Der Bestimmung liegt die Wertung zugrunde, dass der bei der Erstbesichtigung eines unbekannten Objektes möglicherweise ausgeübte Druck zu einer Kaufentscheidung eine Überrumpelungssituation schafft, die jener eines Haustürgeschäftes nach § 3 KSchG gleichzuhalten ist. Der Erwerb einer Liegenschaft oder einer Wohnung stellt in der Regel eine einschneidende wirtschaftliche Entscheidung dar, die die finanziellen Kräfte des Erwerbers nachhaltig belastet.

Das Rücktrittsrecht steht nur Verbrauchern zu. In diesem Zusammenhang ist auch jener, der sich durch einen Rechtsanwalt oder Makler vertreten lässt, als Verbraucher anzusehen.

Im Gegensatz zu den übrigen Bestimmungen des I. Hauptstückes des KSchG (damit vor allem auch im Unterschied zum Rücktrittsrecht bei Haustürgeschäften) ist es in diesem besonderen Fall nicht erforderlich, dass dem Konsumenten ein Unternehmer als Vertragspartner gegenüber steht.

Dieses Rücktrittsrecht gilt daher **ausnahmsweise auch bei Verträgen zwischen Verbrauchern.**

Die Regelung des § 30 a KSchG ist nur auf Verträge über unbewegliche Sachen (Liegenschaften) anzuwenden, und zwar auf **Bestandverträge, Verträge über Gebrauchs- und Nutzungsrechte sowie Kaufverträge, Tauschverträge, Leibrentenverträge und Baurechtsverträge.** Es muss sich um **Wohnungen, Einfamilienwohnhäuser oder zur Errichtung von Einfamilienwohnhäusern geeignete Liegenschaften** handeln. Daher ist § 30 a KSchG nicht auf Geschäftsräumlichkeiten, betrieblich- oder gewerblich genutzte Grundstücke oder Zinshäuser anzuwenden. Zinshäuser werden wohl auch dann nicht vom Anwendungsbereich des § 30 a KSchG umfasst sein, wenn der Verbraucher das gesamte Objekt erwirbt, um in einer der Wohnungen sein dringendes Wohnbedürfnis zu befriedigen.

---

281 OGH 1 Ob 637/82 in SZ 55/96.

Der Erwerb der Immobilie soll nach dem Willen des Erklärenden – im Vertragszeitpunkt – in Zukunft dem dringenden Wohnbedürfnis des Erwerbers oder eines nahen Angehörigen (i. S. des § 14 Abs. 3 MRG) dienen. Freizeitwohnsitze und Anlageobjekte sind daher von § 30 a KSchG nicht umfasst.

Das besondere Rücktrittsrecht steht überdies nur zu, **wenn die Vertragserklärung** (also die Abgabe eines Anbotes durch den Käufer oder die Annahme eines vom Verkäufer gestellten Anbotes) **am selben Tag wie die Erstbesichtigung erfolgt.** In der Lehre interpretieren manche den »Tag« als Kalendertag[282], andere[283] als einen Zeitraum von 24 Stunden. Nach der ratio legis wird wohl ersterer Meinung zu folgen sein, weil der Verbraucher nur vor übereilten Entscheidungen geschützt werden soll. Dass – nach einer Besichtigung am Nachmittag des Vortages – die am nächsten Tag am Vormittag abgegebene Erklärung dem besonderen Rücktrittsrecht unterliegen sollte, scheint über den Gesetzeszweck hinauszugehen.

Anders als beim Rücktritt vom Haustürgeschäft (§ 3 KSchG) wird an dieser Stelle nicht auf den Ort der Vertragserklärung abgestellt.

Die Außenbesichtigung eines Hauses ist keine Erstbesichtigung im Sinne des § 30 a KSchG; ebenso wenig eine allfällige Auskundschaftung der örtlichen Gegebenheiten. Wenn am Tag der Erstbesichtigung ein Anbot unterschrieben wird, besteht das Rücktrittsrecht auch dann, wenn am nächsten Tag ein – bis auf das Datum identes – neuerliches Anbot unterschrieben wird.[284]

Wer das besichtigte Objekt bereits kennt, kann nicht – auch wenn der Vertragsabschluss aus Anlass einer Massenbesichtigung erfolgte – nach § 30 a KSchG zurücktreten.

Die **Rücktrittsfrist** beträgt **eine Woche** nach Abgabe der Vertragserklärung. Die Frist beginnt erst zu laufen, wenn der Verbraucher eine Zweitschrift der Vertragserklärung und eine Rücktrittsbelehrung erhalten hat.

Unterbleibt die Rücktrittsbelehrung, so erlischt das Rücktrittsrecht jedenfalls ein Monat nach dem Tag der erstmaligen Besichtigung.

Die Rücktrittserklärung kann sowohl an den Erklärungsempfänger als auch an einen Makler gerichtet werden, wenn ein solcher eingeschritten ist, und zwar unabhängig davon, ob der Verbraucher seinerseits mit dem Makler einen Maklervertrag abgeschlossen hat oder nicht. Wird die Rücktrittserklärung an den Makler gerichtet, gilt sie – kraft gesetzlicher Anordnung – auch für den im Zuge der ursprünglichen Vertragserklärung abgeschlossenen Maklervertrag.

---

282 OSTERMAYER / SCHUSTER: Maklerrecht, S. 149.
283 FROMHERZ: Kommentar zum MaklerG, Rz 26 zu § 30 a KSchG.
284 OLG Wien 11. 03. 1998, 3 R 7/98 s.

Die Erklärung zurückzutreten muss **schriftlich** erfolgen (§ 3 Abs. 4 KSchG). Diese muss allerdings nicht eigens formuliert werden, sondern es genügt, wenn die Vertragserklärung mit einem deutlichen Vermerk, aus dem der Rücktrittswille erkennbar ist, zurückgeschickt wird. Es ist auch ausreichend, wenn der mündlich erklärte Rücktritt vom Vertragspartner schriftlich bestätigt wird.

Der Rücktritt ist **rechtzeitig,** wenn er innerhalb der Frist abgesendet wird. Fällt das Ende der Frist auf einen Samstag, Sonntag oder Feiertag, so endet die Frist am darauf folgenden Werktag.

Während der Rücktrittsfrist dürfen gemäß § 30 a Abs. 4 KSchG keine Zahlungen, weder Anzahlungen noch Teilkaufpreiszahlungen angenommen oder vereinbart werden. Die Vereinbarung eines Reugeldes ist ausdrücklich unzulässig. Eine dennoch erfolgte Zahlung kann zurückgefordert werden.

2
Überlegungen und Hintergründe betreffend die Rücktrittsrechte zum Zeitpunkt der Einführung des BTVG

Das BTVG sieht für bestimmte Sachverhalte ein gesetzliches Rücktrittsrecht **für den Erwerber** vor – ein Recht, welches unabhängig von der jeweiligen einzelvertraglichen Gestaltung direkt im Gesetz begründet ist.

Auf der anderen Seite wird unter bestimmten Voraussetzungen auch die Vereinbarung eines Rücktrittsrechtes **für den Bauträger** ermöglicht. Im Gegensatz zu dem Rücktrittsrecht des Erwerbers wird dieses Recht aber nicht allein kraft Gesetzes begründet; hier gewährt das BTVG lediglich eine Gestaltungsmöglichkeit – zur Rechtsbegründung wird ein aktives Tun gefordert, nämlich die ausdrückliche Aufnahme des Rücktrittsrechtes des Bauträgers sowie die genaue Festlegung seiner Voraussetzungen in den Bauträgervertrag.

Nach der in der »alten« Fassung des BTVG, BGBl I 1997/7, geltenden Regelung des § 5 Abs. 1 BTVG konnte **der Erwerber** von seiner Vertragserklärung zurücktreten, **wenn ihm der Bauträger nicht eine Woche vor deren Abgabe schriftlich folgende Informationen mitgeteilt hat:**

- alle wesentlichen Informationen über den **Vertragsinhalt** (§ 4 Abs. 1),
- den vorgesehenen Wortlaut der ihm auszustellenden **Sicherheit,** wenn allfällige Rückforderungsansprüche des Erwerbers schuldrechtlich (§ 8) ohne Bestellung eines Treuhänders gesichert werden sollen,

- den vorgesehenen Wortlaut der **Haftungserklärung** der inländischen Gebietskörperschaft oder die entsprechende gesetzliche Bestimmung, wenn die Sicherungspflicht des Bauträgers nach § 7 Abs. 6 Z 3 erfüllt werden soll,
- den vorgesehenen Wortlaut der eine **gleichwertige Sicherung** gewährleistenden Vereinbarungen, wenn die Sicherungspflicht nach § 7 Abs. 6 Z 3 erfüllt werden soll,
- den vorgesehenen Wortlaut der **Vereinbarung mit einem Kreditinstitut**, wenn die Sicherungspflicht nach § 7 Abs. 6 Z 4 erfüllt werden soll.

Die **Rücktrittsfrist** betrug **eine Woche** ab Abgabe der Vertragserklärung, sofern der Konsument eine Abschrift seiner Vertragserklärung, eine **Belehrung** über das Rücktrittsrecht und die in § 5 Abs. 1 BTVG angeführten Informationen erhalten hat. In jedem Fall erlosch das Rücktrittsrecht **ein Monat** nach Abgabe der Vertragserklärung.

Nach der »alten« Fassung des § 5 Abs. 3 BTVG konnte der Erwerber auch von seiner Vertragserklärung binnen einer Woche zurücktreten, wenn eine von den Parteien dem Vertrag zugrunde gelegte **Wohnbauförderung** ganz oder in erheblichem Ausmaß aus nicht bei ihm gelegenen Gründen nicht gewährt wird.

In diesem Fall begann die Rücktrittsfrist zu laufen, sobald der Erwerber vom Unterbleiben der Wohnbauförderung informiert wurde und gleichzeitig oder nachher eine schriftliche Belehrung über das Rücktrittsrecht erhielt.

Spätestens einen Monat nach Erhalt der Information über das Unterbleiben der Wohnbauförderung erlosch das Rücktrittsrecht.

Hinsichtlich Form, Absendung, Rückabwicklung galt in beiden Fällen § 3 KSchG.

Nach § 6 Abs. 1 Z 1 BTVG (Rücktrittsrechte des Bauträgers) konnte ein **Rücktrittsrecht des Bauträgers** für den Fall vereinbart werden, dass Bauträgerverträge **über eine bestimmte Mindestanzahl von Objekten** desselben Vorhabens oder über einen bestimmten Anteil der Gesamtnutzfläche nicht zu Stande kommen; dieses Rücktrittsrecht stand dem Bauträger, bei entsprechender Vereinbarung, auch bisher längstens **sechs Monate nach Vertragsabschluss** mit dem Erwerber zu.

Unverändert war nach Z 2 leg. cit. ein Rücktritt des Bauträgers dann möglich, wenn der Erwerber entgegen seiner vertraglichen Verpflichtung **nicht** innerhalb der von den Parteien festgelegten oder sonst einer angemessenen Frist ein Förderungsansuchen stellt, Erklärungen vor Behörden abgibt, Finanzierungszusagen, Sicherheiten oder Urkunden beibringt oder Unterschriften **leistet**.

Das alles unter der Voraussetzung, dass der Erwerber schriftlich zur Vornahme der betreffenden Handlung unter Setzung einer Frist von mindestens einem Monat aufgefordert worden ist und dieser Aufforderung nicht rechtzeitig nachgekommen ist.

Das zentrale Anliegen, welches der Gesetzgeber bei Einführung des Bauträgervertragsgesetzes im Jahr 1997 verfolgte, war der **Schutz des Erwerbers von Eigentum oder Nutzungsrechten an noch nicht fertig gestellten Objekten,** für welche **Vorauszahlungen** geleistet werden.

Als wesentliche Instrumente standen die Festlegung eines Mindest-Standards für die Gestaltung des Bauträgervertrages sowie die zwingende Einführung diverser geeigneter Sicherungsinstrumente für allfällige Rückforderungsansprüche des Erwerbers im Mittelpunkt der damaligen Diskussion.

Die im BTVG für den Erwerber vorgesehenen Rücktrittsrechte scheinen bei oberflächlicher Betrachtung der Materialien sowie der begleitenden Kommentare neben diesen beiden genannten Brennpunkten des Gesetzesvorhabens nicht im Fokus des allgemeinen Interesses gestanden zu sein und mögen nicht als zentrale Anliegen betrachtet werden, sie tragen jedoch zweifellos zur Verbesserung der Rechtsstellung des Erwerbers Wesentliches bei.

Besonders angesichts der Tatsache, dass deren Anwendung im Gegensatz zu den konsumentenschutzrechtlichen Bestimmungen nicht nur auf Verbrauchergeschäfte beschränkt ist, bieten sie tatsächlich in einem **umfassenden Sinn Schutz vor übereilten Vertragsabschlüssen.**

Es darf auch nicht übersehen werden, dass der Anspruch, geeignete Sicherungsinstrumente für einen Erwerber anzubieten, notwendiger Weise voraussetzt, dass diese rechtzeitig vor Vertragsabschluss präzisiert werden und im Vertragswerk ihren Niederschlag finden; das wird nun konsequenter Weise dadurch abgesichert, dass der Erwerber wegen mangelhafter Vorausinformation von seiner bereits verbindlich abgegebenen Zusage zurücktreten kann. So wird er in die Lage versetzt, sich jedenfalls rechtzeitig ein umfassendes Bild zu machen, und ist gegen voreilige Vertragsabschlüsse gefeit.[285]

Demselben Gedanken folgt die rücktrittsbegründende Tatsache, dass eine Förderung wider Erwarten doch nicht erhalten werden kann.

In einem weiteren Gegensatz zu den im KSchG auch damals bereits geltenden Rücktrittsregeln, die einseitig nur ihre Schutzwirkungen zugunsten des Verbrauchers entfalten und einem Unternehmer niemals ein entsprechendes Recht einräumen, sieht das BTVG die Möglichkeit zur Vereinbarung eines besonderen Rücktrittsrechts unter bestimmten Bedingungen sehr wohl auch für den Bauträger vor – eben wenn das Projekt nicht innerhalb einer absehbaren Zeit wirtschaftlich rentabel umsetzbar ist.

---

285 Vgl. dazu S. BYDLINSKI: Bauträgervertragsgesetz, S. 18 ff.

Das Gesetz bietet also nicht nur dem Erwerber, sondern auch dem Bauträger Schutz vor finanziellen Risken – was im Ergebnis letztlich wiederum und ebenso dem Schutz des Erwerbers dient, der solcherart nicht ungebührlich lange in der Ungewissheit verharren muss, ob das von ihm gewählte Projekt sich vielleicht nicht doch als realisierbar erweist.

3
Judikatur und typische Problemfälle seit Inkrafttreten des BTVG

Im Lauf der zehn Jahre währenden Geltung des BTVG wurden in Österreich weit mehr als 100.000 Wohnungen basierend auf diesen Regeln fertig gestellt und abgewickelt.

Angesichts der großen Anzahl an Bauträgerprojekten mag es erstaunen, dass bei Durchsicht der oberstgerichtlichen Judikatur zur Frage der Bezug habenden Rücktrittsrechte nur wenige Entscheidungen aufzufinden sind. Daraus kann wohl geschlossen werden, dass die gesetzliche Regelung offenbar soweit ihren Schutzzweck entfaltet bzw. als eindeutig gelten kann, als nicht auffällig viele Streitfälle aus diesem Thema entsprungen sind oder diesen zumindest nicht die entsprechende Bedeutung beigemessen wurde, um bis an das Höchstgericht herangetragen zu werden.

Die Mehrheit der allgemein zum BTVG aufzufindenden Entscheidungen beschäftigt sich mit dem rechtswirksamen Zustandekommen von Bauträgerverträgen bzw. mit unbestimmten Klauseln im Sinne des § 4 BTVG sowie auch mit Fragen der Stellung von Sicherheiten, vor allem im Sinne der §§ 8 (schuldrechtliche Sicherung) und 9 (Ratenplan) BTVG.

So wurde zum Beispiel in einem Fall, wo der Erwerber eines auf einem Grundstück zu errichtenden Einfamilienhauses wegen zu erwartender Mehrkosten seinen »Rücktritt« erklärte und der Bauträger die Verfristung dieser Rücktrittserklärung eingewendet hatte, vom OLG Graz festgestellt, dass die Befristung des Rücktrittsrechtes »nicht – und auch nicht analog – auf die Geltendmachung einer (relativen) Nichtigkeit wegen Verletzung der Inhaltserfordernisse eines Bauträgervertrages nach § 4 Abs. 1 BTVG anzuwenden« sei. Der gegenständliche Rechtsstreit wurde dann letztlich vor dem OGH ausschließlich anhand der Frage entschieden, ob die von den Streitteilen getroffene Preisvereinbarung völlig unbestimmt geblieben oder doch wirksam zustande gekommen sei.[286]

---

286 OGH 2 Ob 270/03 z in wobl 2004, 377/99 mit Anm. Vonkilch.

Einer stattlichen Anzahl der explizit zur Frage eines Rücktritts im Zusammenhang mit einem Bauträgervertrag ergangenen Rechtsprechung liegt die Frage eines Rücktrittes wegen Nicht- bzw. nicht ordnungsgemäßer Erfüllung auf Basis des § 918 ABGB zugrunde. So rechtfertigt etwa die Errichtung von Wohnungen mit Balkon statt, wie ursprünglich vertraglich vorgesehen, mit geschlossener Loggia den Rücktritt der Käuferin gem. § 918 ABGB,[287] oder wurde ein Rücktritt hinsichtlich ausständiger Vertragsleistungen in Folge verzögerter Bauausführung aus eben diesem Grund als möglich bezeichnet.[288]

Zur rechtlichen Qualität eines Vertrags nach dem BTVG hat der Oberste Gerichtshof mehrfach grundsätzlich Stellung genommen und diesen als einen typengemischten Vertrag erkannt, der insbesondere werkvertragliche Elemente enthalte[289] und daher auch die Verpflichtung zur Herstellung eines bestimmten Erfolges in sich berge. »Ist das Bauwerk noch nicht fertig gestellt, ist daher ein Vertragsrücktritt mangels vollständiger Leistungserfüllung grundsätzlich nicht ausgeschlossen«.

Die vom Bauträger zu erbringende Leistung wird in dieser Entscheidung als grundsätzlich unteilbar qualifiziert (hier vor dem Hintergrund der Frage, ob bei Kauf eines Miteigentumsanteil an einer Liegenschaft für die Errichtung eines Doppelhauses im Wohnungseigentum nur hinsichtlich der letzteren Leistung zurückgetreten werden könne). »Ob dem Vertragspartner bei unteilbarer Leistung ein Wahlrecht zusteht, bei objektiver Teilbarkeit entweder vom ganzen Vertrag zurückzutreten oder nur von der noch ausstehenden Teilleistung, hängt nach der Rechtsprechung davon ab, ob die Unteilbarkeit nur im Interesse des vertragstreuen (zurücktretenden) Teiles liegt; bei beiderseitigem Interesse an der Unteilbarkeit besteht auch für den vertragstreuen Teil nur die Möglichkeit des gänzlichen Vertragsrücktrittes [...]«.

Vereinzelt wurden Rücktrittsfragen vor dem Hintergrund einer Insolvenz des Bauträgers behandelt,[290] wobei letztlich ausschlaggebend war, dass sich aus einer für den Erwerber im Ergebnis nachteiligen Auswahl von gesetzeskonformen Sicherungsmitteln (das grundbücherliche Sicherungsmodell wurde hier einer schuldrechtlichen Sicherstellung vorgezogen) weder Schadenersatzansprüche ableiten lassen noch ein Rücktritt wegen mangelnder vorvertraglicher Aufklärung begründen lässt.

Was die Durchsetzung von gem. § 5 BTVG erklärten Rücktritten betrifft, so wurde betreffend die Frage der Verteilung der Beweislast abgesprochen, dass das Vorliegen der Rücktrittsvoraussetzungen regelmäßig der Erwerber zu behaupten und zu beweisen hat.[291]

---

[287] OGH Ob 350/99 f.
[288] OGH 6 Ob 89/04 p in bbl 2004, 203/144.
[289] OGH 5 Ob 82/06 d in bbl 2007, 25/24; OGH 5 Ob 282/00 g.
[290] OGH 8 Ob 42/04 s in wobl 2005, 288/103.
[291] OGH 6 Ob 85/04 z in JBl 2005, 182.

4 Überlegungen im Zuge der gegenständlichen Novelle und Ergebnis

Mit der nun vorliegenden Novellierung des BTVG durch das BGBl I 56/2008 soll eine **substanzielle Verbesserung des Erwerberschutzes** im Lichte der im letzten Jahrzehnt gemachten Erfahrungen erreicht werden.

Auch diesmal wieder, wie bereits bei der erstmaligen Einführung, erscheint die Frage der Behandlung der Rücktrittsrechte bloß als ein Nebenthema. Neben einigen sprachlichen Änderungen, welche den Norminhalt nicht auffällig berühren, folgen die für die vorgesehenen Rücktrittsrechte durchgeführten Adaptierungen im Wesentlichen den durch die Novelle zu § 4 BTVG (erweiterte Vorgaben zum Mindestinhalt des Bauträgervertrages) und § 7 Abs. 6 BTVG (Verfeinerung der Sicherungsmodelle) durchgeführten Anpassungen. Diesen entsprechend wurden auch die Voraussetzungen für die bei Versäumnis einen Rücktrittsgrund bildenden Informationspflichten nachgeführt.

Eine wesentliche Überlegung war weiters, dass der Erwerber nicht nur von seiner Vertragserklärung alleine, sondern **auch vom Vertrag zurücktreten** können soll. Vorbild hierfür war nach den Erläuterungen zur Regierungsvorlage die mittlerweile seit langem bewährte Regelung des § 3a KSchG zum »Haustürgeschäft«.

Wesentliche Veränderung ist die **Verlängerung der Rücktrittsfrist von einer Woche auf 14 Tage** sowie die Tatsache, dass diese **Frist keinesfalls vor Zustandekommen des Vertrages enden** und der Rücktritt danach noch binnen 14 Tagen erklärt werden kann. De facto verlängert sich die Frist daher in Fällen, in welchen zwischen der Abgabe der Willenserklärung des Verbrauchers und der zustimmenden Willenserklärung des Bauträgers Zeit verstreicht, nochmals um eben diesen Zeitraum.

Wie auch bisher, beginnt die Rücktrittsfrist mit dem Tag zu laufen, an welchem der Erwerber die in § 5 Abs. 1 BTVG genannte Information sowie eine Belehrung über das Rücktrittsrecht schriftlich erhält und endet – entsprechend der 14-tägigen Verlängerung – unabhängig von dieser Belehrung nach einer absoluten Frist von sechs Wochen nach Zustandekommen des Vertrages (und nicht, wie bisher, einen Monat nach Abgabe der Willenserklärung des Erwerbers).

Ausgangspunkt dieser Verlängerung war einerseits das Bemühen, den Erwerber angesichts einer sicherlich existentiellen Überlegung – welche die Anschaffung einer Immobilie ohne Zweifel in den meisten Fällen mit sich bringt – und dem Eingehen einer langfristigen Verbindlichkeit einen verlängerten Überlegungsspielraum zu geben. Zum anderen sollte auch der seit dem Inkrafttreten des BTVG entstandenen Rechtsentwicklung Rechnung getragen werden, welche auch in anderen Fällen längere Rücktrittsfristen vorsieht.

Die 14-tägige Fristverlängerung stellt dabei eine Kompromisslösung dar, waren doch im Zuge der Diskussion über den Gesetzesentwurf auch längere Fristen gefordert worden.

In den Erläuterungen zu dem zur Begutachtung ausgesendeten Gesetzesentwurf wurde dazu angeführt, dass eine längere Rücktrittsfrist nach Ansicht der Verfasser nicht mehr unbedingt dem Erwerberschutz diene, sondern »der damit verbundene Schwebezustand für den Bauträger zum Nachteil aller Erwerber, auch derer, die am Vertrag festhalten wollen, ausschlagen könnte«.

Dagegen hielt beispielsweise das Bundesministerium für Soziales und Konsumentenschutz zuletzt noch in seiner Stellungnahme vom 16. Oktober 2007 zur Frage der Verlängerung der Rücktrittsfrist fest, dass angesichts der besonderen existentiellen Bedeutung von Bauträgerverträgen für viele Erwerber die Nachteile einer dreimonatigen Frist nicht nachvollziehbar seien. Es wurde an der Forderung der Verlängerung zumindest der absoluten Rücktrittsfrist auf drei Monate festgehalten, um Verstöße gegen Informationspflichten einer ausreichend langen Sanktionsmöglichkeit zu unterstellen.

Die Argumente beider Seiten wurden in der Folge intensiv diskutiert, in den Expertengesprächen wurde jedoch bald deutlich, dass eine Verlängerung der Rücktrittsfrist um mehr als 14 Tage als überschießend eingeschätzt und mehrheitlich abgelehnt wurde. Die Tatsache, dass sich diese Haltung letztlich durchgesetzt hat, hat auch zu einem Aufatmen in der Bauträgerschaft geführt, da es in der Praxis – vor dem Hintergrund eines dreimonatigen Schwebezustandes betreffend die Rechtswirksamkeit einer Vereinbarung – wohl nur mehr sehr schwer möglich geworden wäre, den regelmäßig von Interessenten geäußerten individuellen Wünschen nach Plan- oder Ausstattungsänderungen in einem sinnvollen Gleichklang mit den laufenden Bauphasen entgegen zu kommen.

Die **wechselseitige Rücktrittsmöglichkeit des Bauträgers** bleibt im Wesentlichen und auch hinsichtlich der bisher geltenden Fristen unverändert, es wurde lediglich eine redaktionelle Klarstellung dahingehend getroffen, als in der Regelung des § 6 Abs. 1 Z 1 nicht mehr vom Zustandekommen von Bauträgerverträgen über eine »Mindestanzahl von Objekten desselben Bauvorhabens« gesprochen wird sondern über eine »Mindestanzahl von eigentlichen Vertragsgegenständen desselben Vorhabens«. Diese Änderung vollzieht die in § 4 Abs. 1 Z 1 der Novelle vorgesehene Unterscheidung zwischen dem »eigentlichen Vertragsgegenstand« und der Gesamtanlage nach.

Andere zur Novelle abgegebene Stellungnahmen haben sich zum Thema des Rücktrittes in keiner Weise explizit geäußert – die weitere Entwicklung bleibt abzuwarten.

Der neue Ratenplan und die Zusatzsicherung nach § 9 Abs. 4

DR. ULRIKE TEMBLER

Eines der möglichen Sicherungsmodelle des Bauträgervertragsgesetzes ist die grundbücherliche Sicherstellung des Erwerbers und die Zahlung nach Ratenplan. Die Sicherstellung des Erwerbers erfolgt dabei in der Regel durch die Anmerkung der Einräumung des Wohnungseigentums gemäß § 40 Abs. 2 WEG 2002. Die folgenden Ausführungen beziehen sich auf den Rechtserwerb durch Konsumenten zur Deckung des dringenden Wohnbedürfnisses des Erwerbers oder eines nahen Angehörigen. Grundsätzlich beabsichtigt das Ratenplanmodell den wirtschaftlichen Gegenwert für die geleisteten Zahlungen zu sichern. Eine unmittelbare Absicherung der Zahlung erfolgt also nicht. Im Falle des Konkurses des Bauträgers bedeutet dies, dass bei der Absicherung des Erwerbers nach dem Ratenplanmodell weder für den Erwerber, noch für den Masseverwalter ein Rücktritt sinnvoll ist. Da zumindest die Zahlungen des Erwerbers bislang abgesichert wurden, die Rückforderung seiner Zahlung im Konkurs aber nicht, scheidet für ihn der Rücktritt aus. Ein Rücktritt des Masseverwalters könnte sich nur auf die noch ausstehenden Leistungen beziehen.

1
Welche Probleme traten in der Vergangenheit auf?

Da das Ratenplanmodell bislang nur bezweckte, einen strikten Gleichklang zwischen dem Wert der bereits erbrachten Bauleistung und der Höhe der Zahlung herzustellen, waren jedoch die Erwerber im Konkursfalle des Bauträgers vor eine schwierige Situation gestellt. Konkurs bedeutet einen Baustopp. Sowohl die Verwertung eines halbfertigen Objektes wie auch die Fertigstellung durch die Erwerber verursachen Mehrkosten (in den Erläuterungen zur Novelle des Bauträgervertragsgesetzes als Reibungsverluste bezeichnet). Mehrkosten sind aber von den Erwerbern in aller Regel nicht verkraftbar. Da üblicherweise die Anschaffung einer Wohnung das Budget ausschöpft, besteht für die Finanzierung von Mehrkosten kein Spielraum. Es musste also von den Erwerbern versucht werden, trotz Insolvenz des Bauträgers das Objekt mit vertretbaren Kosten fertig zu stellen.

In Tirol waren in den vergangenen Jahren Erwerber immer wieder mit Konkursen von Bauträgern konfrontiert. Bei mehreren Objekten war die Außenanlage noch nicht fertig gestellt, aber sämtliche Raten bereits gezahlt, da die vorzeitige Übergabe vereinbart war, als der Bauträger insolvent wurde. Mehrfach kam es also vor, dass der Bauträger zwar alle Raten erhalten hatte, aber die Außenanlagen nicht mehr fertig stellte. Die

Erwerber hatten 3% des Kaufpreises für die Fertigstellung der Außenanlage bereits gezahlt, standen aber vor dem Problem gemeinsam mit den anderen Erwerbern die Herstellung der Außenanlage nochmals finanzieren zu müssen. Bei allen Fällen lagen die Kosten über den veranschlagten im Übrigen bereits gezahlten 3% des Kaufpreises. In einer Anlage fehlten neben der Außenanlage eine Drainage und das Garagenrolltor sowie 30 feuerfeste Türen.

In einem Fall war der Bau noch wesentlich weniger weit gediehen. Als der Bau in Folge des Konkurses des Bauträgers eingestellt wurde, waren erst folgende Arbeiten ausgeführt: der Rohbau samt Dachstuhl, die Fenster und deren Verglasung ohne Dachflächenfenster, die Türstöcke und Wohnungseingangstüren und Teile der Rohinstallationen. Die Erwerber waren mit Mehrkosten für die Fertigstellung von 20% des Kaufpreises konfrontiert. Bei einem vereinbarten Kaufpreis von 380.739 Euro mussten die Erwerber einen Mehraufwand von über 70.000 Euro bei einem vereinbarten Kaufpreis von 249.377 Euro von 36.017 Euro zusätzlich finanzieren. Die Erwerber sahen sich dadurch vor fast unüberwindbare Schwierigkeiten gestellt.

Bei einem anderen Konkurs wurden noch nicht verkaufte Wohnungen aus der Masse ausgeschieden und der Pfandgläubigerin zugesprochen. Darüber hinaus begehrte die Hypothekargläubigerin die auf dem Treuhandkonto befindlichen Zahlungen. Diese Forderung wurde gestellt, obwohl die Erwerber Mehrkosten für die Fertigstellung der Wohnungseigentumseinheiten und der allgemeinen Anlage hatten und zahlreiche Gewährleistungsmängel zum Konkurs angemeldet hatten. Gegen Überlassung der Gelder vom Treuhandkonto wäre dann die Hypothekargläubigerin bereit gewesen, der Löschung der Resthypothek zuzustimmen.

2
Warum dennoch festhalten am Modell?

Trotz dieser Risiken bietet das Ratenplanmodell Vorteile. Viele Erwerber möchten im Konkursfall das Objekt nicht aufgeben. Oft haben sie bereits eine emotionale Bindung an ihr neues Heim. Es wurden Sonderwünsche vereinbart und bereits Möbel bestellt. Bevor man sich für ein Objekt entschieden hat, wurden von den Erwerbern verschiedene Objekte verglichen und Standorte beurteilt, z.B. nach Erreichbarkeit des Arbeitsplatzes und dem Angebot von Schulen in der näheren Umgebung. Aus der Sicht des Konsumentenschutzes gab es daher kein Bestreben, das Ratenplanmodell aufzugeben. Vielmehr war es das Ziel der Initiative für eine Novelle des Gesetzes, das Ratenplanmodell so auszugestalten, dass dem Konsumenten größtmögliche Sicherheit auch hinsichtlich der zu erwartenden Mehrkosten im Konkursfalle des Bauträgers geboten würde.

3
Angedachte Lösungsmöglichkeiten

Im Vorfeld der nun vorliegenden Novelle wurde seitens des Konsumentenschutzes gefordert, das Ratenplanmodell mit einer Garantie zu verbinden. Die Diskussion in der Arbeitsgruppe[292] hat aber dann ergeben, dass die geforderte Garantie in Höhe von 30 % des Kaufpreises, wie ursprünglich von den Konsumentenschützern gefordert, Bauträger vor wirtschaftlich nicht lösbare Probleme stellen würde. Es ging nicht nur darum, dass sich die Baukosten eklatant erhöhen würden. Seitens der Banken wurde deutlich gemacht, dass eine Garantie in Höhe von 30 % des Kaufpreises weitere Sicherheiten seitens der Bauträger erfordern würde, und zwar über die für den Bau des Objektes verwendeten Grundstücke hinaus. Ohne zusätzliche Sicherheiten würden Banken eine Garantie in dieser Höhe nicht anbieten. Grundstücke außerhalb der konkreten Objekte müssten als Sicherheit zur Verfügung gesellt werden. Dies würde einem auch wirtschaftlich noch so gesunden Betrieb nicht möglich sein. Da Einigkeit in der Arbeitsgruppe darüber bestand, dass das Ratenplanmodell auch künftig zur Verfügung stehen sollte, musste es so ausgestaltet werden, dass nicht totes Recht geschaffen würde. Die Aufgabe bestand also darin, eine bessere Absicherung der Konsumenten zu erreichen, ohne das Modell für Bauträger wirtschaftlich so unattraktiv zu machen, dass es nicht mehr angewendet würde. Ein weiteres Argument gegen eine Garantie in Höhe von 30 % des Kaufpreises war auch der Umstand, dass ein Teil des Kaufpreises in den anteiligen Grundkosten besteht und dieser Wert für den Erwerber jedenfalls durch die grundbücherliche Sicherung bereits gesichert sei. Dem konnte aus der Sicht der Erwerber, insbesondere auch wegen der in § 9 Absatz 3 der Novelle erfolgten Klarstellung zur Freigabe der Sicherheiten durch die Banken, beigepflichtet werden.

4
Realisierte Lösung

Die nunmehr vorliegende Lösung bietet zwar keine 100 %-ige Absicherung der Erwerber, verbessert aber ihre Lage im Falle des Konkurses des Bauträgers gegenüber dem bisherigen Ratenplanmodell wesentlich. Bislang strebte das Bauträgervertragsgesetz an, zwischen erbrachter Bauleistung und den vom Erwerber geleisteten Zahlungen eine Gleichwertigkeit herzustellen. Diese Idee der Gleichwertigkeit wurde nunmehr aufgegeben und das Ratenplanmodell zugunsten des Erwerbers verschoben. Die Aufgabe des Gedankens der Gleichwertigkeit war zur Absicherung der Konsumenten hinsicht-

---

292 Im Auftrag des Bundesministeriums für Justiz tagte ein Expertenforum, welches seit November 2004 an Hand des von der Kammer für Arbeiter und Angestellt für Tirol in Auftrag gegebenen Gutachtens von Univ.-Prof. Dr. Böhm die Lücken des Gesetzes und auch seit Juli 2007 die verschiedenen Vorentwürfe für die nun vorliegende Novelle diskutiert.

lich der Risiken der Mehrkosten für die Fertigstellung (Reibungsverluste) notwendig. Es stehen nun wahlweise zwei Ratenpläne zur Verfügung, Ratenplan B ohne Garantie und Ratenplan A mit Garantie.

5
Ratenplan B

Bisher musste der Bauwerber bereits bei Baubeginn 30 % des Kaufpreises zahlen. Bis zur Fertigstellung des Rohbaus, des Daches, der Rohinstallationen sowie der Fenster nebst Verglasung waren insgesamt 68,5 % des Kaufpreises gezahlt. Die neue Regelung verschiebt den Zahlungsplan zugunsten des Erwerbers besonders in der Rohbauphase. Je früher der Baustopp bedingt durch den Konkurs des Bauträgers eintritt, desto höher dürften die Mehrkosten für den Erwerber sein. In der Arbeitsgruppe konnte keine Einigkeit darüber erzielt werden, in welcher Höhe dieses Risiko zu beziffern ist. Da es immer auf den Einzelfall ankommt, wie hoch die Reibungsverluste und damit Mehrkosten im Falle eines Baustopps sind, ist einzuräumen, dass es schwierig ist, eine generelle Risikoabschätzung zu treffen. Sicher dürfte aber jedenfalls sein, dass die Reibungsverluste für die Erwerber umso höher ausfallen, je früher der Bau eingestellt wird. Zu Gunsten der Erwerber hat sich diese Einsicht maßgeblich auf die Verschiebung des Ratenplanes ausgewirkt.

Bei Baubeginn zahlt der Erwerber nun lediglich 10 % des Kaufpreises statt wie bisher 30 %, bis zur Fertigstellung der Rohbaues und des Daches statt bisher 28 % nun 30 %, insgesamt sind also bis zu diesem Bauabschnitt statt bisher 58 % nur 40 % des Kaufpreises zu zahlen. Für die Fertigstellung der Rohinstallationen beläuft sich die Rate auf 20 %. Bisher waren zwar bei dieser Rate nur 17,5 % zu zahlen, allerdings insgesamt bis zu diesem Baufortschritt bereits 75,5 % des Kaufpreises. Nach dem neuen Ratenplan sind bis zu diesem Baufortschritt nur 60 % zu zahlen. Um die Rate für die Fertigstellung der Fenster nebst Verglasung verlangen zu können, muss der Bauträger nun auch die Fertigstellung der Fassade nachweisen. Diese Rate belief sich bisher auf 10,5 %, nun auf 12 %. Die Fälligkeit setzt aber im neuen Modell wie ausgeführt die Erbringung wesentlicher weiterer Leistungen durch den Bauträger voraus. Insgesamt hat der Erwerber nun 72 % des Kaufpreises gezahlt. Nach dem alten Ratenplan waren bereits 86 % zu zahlen, bei weniger erbrachter Leistung durch den Bauträger. Es wurde also in der Neuregelung des Ratenplanmodelles einerseits die Ratenhöhe reduziert, andererseits aber in einer Rate eine weitere Bauleistung als Zahlungsvoraussetzung aufgenommen. Natürlich ist auch besonders die Erweiterung des Gesetzeszweckes hervorzuheben, die durch die Fälligkeit der letzten Rate in Höhe von 2 % erst nach Ablauf von 3 Jahren ab Übergabe bewirkt wurde. Dadurch werden nun auch die Gewährleistungsansprüche, zumindest in gewissem Umfang, abgesichert.

6
Ratenplan A

Bauträger, die einen Zahlungsplan mit weniger Verzögerungen der Zahlungen des Erwerbers im Verhältnis zum Baufortschritt wünschen, wurde die Möglichkeit eröffnet, einen für sie günstigeren Ratenplan zu wählen. Für diesen Fall muss allerdings eine Garantie in Höhe von 10% des Kaufpreises gestellt werden, und zwar entweder als Bankgarantie oder in Form einer Versicherung. Tut der Bauträger dies, so hat der Erwerber bei Baubeginn eine Rate von 15% zu zahlen, bei Fertigstellung des Rohbaus und des Daches von 35%. Insgesamt leistet er also 50% des Kaufpreises gegenüber bisher 58%. Die gegenüber der alten Regelung nur geringfügige Verschiebung im Ratenplan wird also durch die Garantie zum Schutze des Erwerbers ausgeglichen. Demgegenüber zahlt der Erwerber im Ratenplan ohne Garantie bis zu diesem Baufortschritt nur 40%. Bis zur Fertigstellung der Rohinstallation hat der Erwerber im Ratenplanmodell A mit Garantie bereits 70% des Kaufpreises gezahlt. Gegenüber bisher 75,5% ist die Verschiebung also eher gering. Beim Ratenplan B, also ohne Garantie, hat der Bauträger bis zu dieser Bauphase nur 60% des Kaufpreises erhalten. Mit Fertigstellung der Fenster nebst Verglasung und Fassade sind 12%, wie auch beim Ratenplan ohne Garantie zu zahlen. Der Erwerber hat nun mit Garantie 82% des Kaufpreises gezahlt, ohne Garantie erst 72%. Nach alter Rechtslage hat der Erwerber 86% gezahlt, allerdings ohne, dass die Fassade hätte fertig gestellt sein müssen.

Ohne Garantie muss der Erwerber bei Bezugsfertigstellung nun 17% zahlen, mit Garantie nur 12%. Nun verschieben sich die Relationen, worin die Annahme zum Ausdruck kommt, dass die Reibungsverluste, also mögliche Mehrkosten im Konkursfall, umso geringer seien, je weiter fortgeschritten ein Bauvorhaben ist. Der Erwerber ohne Garantie hat nun 89% gezahlt, der Erwerber mit Garantie 94%. Im alten Modell waren bis zu dieser Bauphase 97,9% bezahlt.

Nach Fertigstellung der Gesamtanlage sind mit Stellung der Garantie noch 4%, ohne Garantie 9% zu zahlen. Nach beiden Modellen hat der Bauträger nun 98% des Kaufpreises erhalten. In beiden Modellen bleiben 2% des Kaufpreises als Haftrücklass, zur Absicherung der Gewährleistungsansprüche des Erwerbes offen, es sei denn, es wird eine Garantie über diesen Betrag gestellt.

7
Welches Modell ist dem Erwerber zu empfehlen?

Für liquide Bauträger dürfte die Variante mit Garantie interessant sein, entspricht doch der Geldfluss eher dem Baufortschritt und dürften Bankgarantien für solche Bauträger zu günstigen Konditionen zu erhalten sein, günstiger jedenfalls, als die teilweise Vorfinanzierung der erbrachten Bauleistung.

Auch dem Konsumenten wird das Modell mit Bankgarantie, also Ratenplan A, ans Herz zu legen sein. Falls der Konkurs am Ende der Bauphase eintritt, sichert ihn die Garantie in Höhe von 10% des Kaufpreises ab, obwohl er nicht 10% mehr als der Erwerber ohne Garantie gezahlt hat. Dies gilt ab der vorletzten Rate. Tritt der Konkurs also gegen Ende der Bauausführung ein, ist der Erwerber nach dem Ratenplan A eindeutig besser gestellt als der ohne Garantie, der Ratenplan B vereinbart hat. Bei Konkurs in einer früheren Bauphase bringen die Modelle für den Konsumenten eigentlich keinen Unterschied. Entweder hat der Erwerber 10% mehr pro Bauabschnitt gezahlt und er hat eine Garantie oder er hat ohne entsprechende Zahlung 10% mehr Bauleistung erhalten. Diese Annahme setzt natürlich immer voraus, dass die Bauleistung tatsächlich diese 10% mehr wert ist als Zahlungen erbracht wurden. Da eine solche Annahme einige Unbekannte enthält, wird einem Konsumenten auch aus diesem Grund zum Bauträgervertrag mit Ratenplan A, also mit Garantie, zu raten sein. Wie bereits oben ausgeführt, dürfte für den liquiden Bauträger dieses Modell ebenfalls interessanter sein, so dass das Angebot von Ratenplan A durch den Bauträger für den Erwerber auch zumindest den begründeten Schluss zulässt, dass es sich bei dem Bauträger um ein wirtschaftlich gesundes Unternehmen handeln dürfte. Aus diesen verschiedenen Gründen ist dem Erwerber zu Ratenplan A, also der Absicherung seiner Zahlungen in Höhe von 10% des Kaufpreises durch eine Garantie, zu raten. Die Ausgestaltung der Garantie sollte der Erwerber allerdings, wie auch den Bauträgervertrag selbst, von einem Fachmann prüfen lassen.

8
Resümee

Ob die Verschiebung im Ratenplan im Sinne der Konsumenten ausreichend sein wird, muss erst die Praxis zeigen. Zwingend für die Herbeiführung einer verbesserten Absicherung der Konsumenten beim Ratenplanmodell war jedoch, dass der Gesetzgeber den Gleichklang zwischen Wert der erbrachten Bauleistung und geleisteter Zahlung zugunsten des Erwerbers verschoben hat. Dies wurde mit der Novelle jedenfalls erreicht.

Welches Modell in der Praxis angenommen wird, muss sich erst weisen. Konsumenten ist jedenfalls Ratenplan A, jener mit der Garantie, anzuraten.

Der neue Ratenplan im Vergleich zu den anderen Sicherungsmodellen

DR. WINFRIED KALLINGER

Bei der Beurteilung, welches der Sicherungsmittel für den Bauträger machbar und für den Konsumenten erfolgversprechend ist, bieten sich vor allen Dingen vier Modelle[293] an:

- Das **»Sperrkontomodell«** gemäß § 7 Abs. 6 Z 2.
- Das **»Bonitätsmodell«** bei geförderten Mietwohnungen gemäß § 7 Abs. 6 Z 3.
- Das **»Garantiemodell«** gemäß § 8.
- Das **»Ratenplanmodell«** gemäß § 9 in Verbindung mit § 10.

Alle diese Modelle sind nach der Gesetzessystematik des BTVG prinzipiell gleichwertig und können mit gewissen Einschränkungen nach Maßgabe der Rechtsform des Erwerbes auch neben- oder miteinander eingesetzt werden. Nachstehend sollen vor allem diejenigen Aspekte dieser Sicherungsmittel beleuchtet werden, die sich auf die liquide Realisierung der Sicherungsmittel durch den Konsumenten im Fall des Scheiterns des Bauvorhabens beziehen, die ja für die Effizienz der Sicherung und damit für deren Qualität wesentlich ist.

1
Sicherstellung durch »Sperrkontomodell« gemäß § 7 Abs. 6 Z 2

Schon im »alten« § 7 gab es dieses Sicherstellungsmodell in praktisch wortgleicher Form. Die nunmehrigen textlichen Anpassungen stellen lediglich Korrekturen als Folge der nunmehrigen begrifflichen Anpassungen des BTVG dar. Dieses Modell ist ebenso wie das »Garantiemodell« **für alle Rechtsformen des Erwerbes geeignet.**

Kern des »Sperrkontenmodells« ist eigentlich eine doppelte Sicherheit: Einerseits die Sicherheit für den Konsumenten, dass seine Anzahlungen dem Zugriff des Bauträgers solange entzogen sind, bis das erworbene Bestandobjekt **fertiggestellt,** an den Erwerber **übergeben** und (im Fall des Wohnungseigentums) die **Sicherung der Erlangung**

---

[293] Die pfandrechtliche Sicherung gemäß § 11 wird hier nicht behandelt, da sie in der Praxis keine relevante Bedeutung entwickelt hat.

der vereinbarten Rechtsstellung erfolgt ist und andererseits die Sicherheit für die baufinanzierende Bank, dass die Wohnwerber-Anzahlungen auf Heller und Pfennig widmungsgemäß für den Bau gebunden sind und liquide zur Ausfinanzierung des Bauvorhabens bei Fertigstellung verwendet werden können.

Wieso dieses Sicherungsmittel in der Praxis bisher nur eher selten angewandt wurde, ist eigentlich nicht ganz verständlich. Es schafft für alle Vertragsteile, nämlich sowohl für die Bank als auch für die Bauträger und Kunden ein **Höchstmaß an Transparenz** und gewährleistet einen perfekten Überblick über den Zahlfluss im Zuge der Verwertung des Bauprojektes. Der jeweilige Verwertungsstand ist für die baufinanzierende Bank jederzeit überblickbar und zugleich lässt sich das Anwachsen der Zuflüsse aus der Verwertung und damit die Performance des Bauträgers im Bezug auf den Erfolg seiner Vermarktungsbemühungen einwandfrei verfolgen. Diese Transparenz stärkt natürlich auch die Vertrauensposition des Bauträgers gegenüber der zwischenfinanzierenden Bank, wenn durch das Anwachsen des Kapitals auf dem Sperrkonto der planmäßige Verwertungserfolg praktisch tagfertig nachgewiesen werden kann.

Knackpunkt dieses Sicherstellungsmodells ist natürlich die **Differenz** zwischen den Habenzinsen auf dem Sperrkonto, auf dem die Anzahlungen der Kunden angesammelt werden und den Sollzinsen, die der Bauträger für die Gegenfinanzierung der Grundkosten und Bauleistugen aufbringen muss. Offenbar ist es den Banken in der Vergangenhet nicht ausreichend gelungen, diese Differenz in erträglichem Rahmen zu halten. Das Modell dürfte sich daher häufig als zu teuer dargestellt haben, weil bei einer herkömmlichen Zwischenfinanzierung, die durch die hereinkommenden Anzahlungen im Zuge der Verwertung rückgeführt wird, ja keine Zinsendifferenz zwischen Soll und Haben entsteht. Da aber das Sperrkonto bare Sicherstellung bietet und sonstige Sicherstellungsmittel, die in der Bonität des Bauträgers begründet sind im Umfang der Sperrkontobelegung entbehrlich macht, sollten sich für diesen Teil der Finanzierung entsprechende Konditionen herausverhandeln lassen. Im Vergleich zu den bauträgerseitigen Kosten der übrigen Sicherungsmittel wie Bankgarantie oder Ratenplan mit oder ohne Zusatzgarantie könnte das »Sperrkontomodell« durchaus zukunfsträchtig sein.

Aus der Sicht des Erwerbers bietet dieses Modell wesentliche Vorteile, was die **Liquidität der Sicherung** im Fall des Scheiterns des Bauvorhabens betrifft. Die **vertraglichen Konsequenzen für den Fall dieses Scheiterns können durchaus unterschiedlich vereinbart** werden und es ist im Insolvenzfall des Bauträgers nicht notwendigerweise die Konsequenz mit dem Treuhanderlag verbunden, dass wie bei der »Geld-Zurück-Garantie« gemäß § 8 die Vertragsauflösung und damit der Verlust der Wohnung folgen müssen. Es ist ohne weiteres denkbar, dass im Bauträgervertrag für einen solchen Fall auch dahingehend Sorge getragen wird, dass die auf dem Sperrkonto angesparten Anzahlungen für den Weiterbau verwendet werden können, etwa wenn in diesem Fall sichergestellt wird, dass dieser Weiterbau innerhalb bestimmter Frist und innerhalb des vereinbarten Kostenrahmens zu erfolgen hat. Genauso gut aber wäre es aber auch möglich, Rückerstattung des angesparten Erlages und Rückabwicklung des Bauträgervertrages zu vereinbaren.

Insgesamt scheint das »Sperrkontomodell« ein flexibles, die Interessen aller Baubeteiligten bei entsprechender vernünftiger Ausgestaltung gut balancierendes Instrument zu sein. Inwieweit es kostenmäßig mit den anderen Sicherungsmodell mithalten kann, wird im Wesentlichen von den Modalitäten des Bauvertrages und den Regelungen darin abhängig sein, was mit den Geldern im Insolvenzfall zu geschehen hat. Daran werden sich wohl auch die Konditionen der den Treuhanderlag gegenfinanzierenden Bank richten.

2
Sicherung durch »Bonitätserklärung« (§ 7 Abs. 6 Z 3 BTVG)

Dieses Sicherungsmittel sieht vor, dass ein mit entsprechender Bonität ausgestatteter Bauträger im Fall der Errichtung von **geförderten Mietwohnungen** in Abwandlung der bisherigen ähnlichen gesetzlichen Bestimmungen seine Sicherungspflicht auch dadurch erfüllen kann, dass

a) er den Abschluss des Bauträgervertrages erst nach Vorliegen einer rechtskräftigen Baubewilligung und der schriftlichen Förderungszusicherung vornimmt;
b) die Finanzierung der gesamten Herstellungskosten des Bauvorhabens nach dem Finanzierungsplan des Förderungsgebers gesichert und gewährleistet ist, dass außer der Sicherstellung der Finanzierungsmittel nach dem Finanzierungsplan keine weiteren geldwerten Lasten vor Ende der Sicherstellungspflicht ohne Zustimmung des Förderungsgebers oder des Erwerbers verbüchert werden;
c) der Abschlussprüfer oder Revisor des Bauträgers einen uneingeschränkten Bestätigungsvermerk und eine Bescheinigung ausstellt, dass allfällige Rückforderungsansprüche der Erwerber aufgrund der Eigenkapitalausstattung des Bauträgers gemäß letzter Bilanz ausreichend gedeckt sind;
d) diese Bescheinigung dem Förderungsgeber vorgelegt wird und
e) im Fall einer gemeinnützigen Bauvereinigung die Bescheinigung durch den Revisionsverband bzw. den Revisor der zuständigen Landesregierung übermittelt wird und dem Erwerber Einsichtnahme gewährleistet wird.

Der Abschlussprüfer oder ein Revisionsverband bzw. der Revisor haftet im Rahmen des § 275 Abs. 2 UGB dem Erwerber unmittelbar für die Richtigkeit der Bescheinigung.

Man kann durchaus Verständnis dafür haben, dass sich große und vor allen Dingen gemeinnützige Bauträger, die ein formalisiertes Prüfverfahren nach den Regeln ihres gesetzlichen Revisionsverbandes haben, wahrscheinlich vorrangig dieser Sicherstellung durch Bonitätserklärung bedienen werden. Sie ist aus der Sicht des Bauträgers einfach handhabbar, verursacht keine zusätzlichen Kosten, die vorgesehenen Bescheinigungen und Bestätigungen müssen bei gemeinnützigen Bauvereinigungen sowieso und bei gewerblichen Bauträgern ab einer gewissen Größe ebenfalls beigebracht werden – also eine durchaus attraktive Sicherungsform, die zusätzlichen Aufwand vermeidet.

Prima vista bedeutet diese Sicherstellungsmöglichkeit auch einen gewissen Vorteil für den Konsumenten, weil das »billige« Sicherungsmittel der Bonitätserklärung keinen Mehraufwand für die Bauvorhaben verursacht und daher für den Bauträger die Notwendigkeit wegfällt, die zusätzlichen direkten Sicherungsmittel wie Bankgarantie oder Ratenplansicherstellung und deren Kosten in der Kalkulation des Bauvorhabens zu berücksichtigen. Ob daraus in der Praxis tatsächlich ein Kostenvorteil entsteht, wird allerdings schwer nachvollziehbar sein.

Diesem Vorteil steht aber ein wesentlicher Nachteil gegenüber: Kommt es trotz aller Vorsicht, Prüfung und Bestätigungen zu einer Insolvenz oder einem sonstigen Stillstand des Bauvorhabens, hat der Erwerber in diesem Fall **keinen direkten Zugriff** auf das Vermögen des Bauträgers oder dessen Haftung und hat auch keine Möglichkeit, die Fortführung des Bauvorhabens durch einen Treuhänder zu veranlassen oder aus dem Bauträgervertrag gegen Rückzahlung des von ihm geleisteten Entgelts halbwegs schad- und klaglos wieder auszusteigen. Es bleibt dem Konsumenten in diesem Fall nichts anderes übrig, als seine Ansprüche gegen den Abschlussprüfer oder den Revisionsverband im **Gerichtsweg** geltend zu machen, wobei der Prüfer oder der Revisionsverband nur dann zur Ersatzleistung verpflichtet sind, wenn sie ihre Prüfpflicht nicht »gewissenhaft« und »unparteiisch« erfüllt bzw. diese »vorsätzlich oder fahrlässig« verletzt haben.

Die **Beweislast** für die Verletzung der Prüfpflicht **trifft den Konsumenten** und selbst wenn es ihm gelingt, in einem wahrscheinlich mehrjährigen Rechtsstreit durch verschiedene Instanzen die Haftung des Prüfers oder Revisionsverbandes durchzusetzen, muss er zusätzlich noch den dornigen Weg des Durchgriffs dieser Haftung auf den Bauträger selbst beschreiten, wenn die Prüferhaftung, aus welchen Gründen auch immer, nicht ausreichend finanziell gedeckt sein sollte.

Dem unbestreitbaren Vorteil dieses Sicherungsmittels, einen Vertragspartner als Vis-à-Vis zu haben, der eine entsprechende Bonität vorweisen kann, steht daher der ebenso unbestreitbare Nachteil gegenüber, dass Ansprüche aus dem Verlust von Anzahlungen bei Scheitern von Projekten nur mit größter Mühe und Aufwand durchsetzbar sind, wenn es doch passiert – und das ist durchaus schon vorgekommen.

3
Die Sicherstellung durch Garantie (§ 8 BTVG)

Abgesehen von der immer notwendigen rechtlichen Absicherung des Erwerbers für die Verschaffung seiner Rechtsstellung am erworbenen Objekt (Miete, Wohnungseigentum oder sonstiges Nutzungsrecht), können **bei allen Rechtsformen des Erwerbs** (Eigentum, Miete etc.) die finanziellen Ansprüche auf Rückerstattung von Anzahlungen im Fall des Scheiterns des Projektes durch Bankgarantie oder andere bargeldgleiche Mittel abgesichert werden: »Allfällige Rückforderungsansprüche des Erwerbers können durch eine ihm eingeräumte **Garantie** oder eine **geeignete Versicherung** gesichert werden«. Die Garantien sind im Wesentlichen sogenannte **»Geld-Zurück-Garantien«**, das heißt, dem Erwerber wird damit das Recht eingeräumt, von einem bonitätsstarken Dritten (einer Bank, einer Versicherung) Zahlung bzw. Rückzahlung seiner Leistungen und Anzahlungen zu erhalten, wenn es zum Abbruch des Bauvorhabens kommt oder bestimmte Bedingungen wie Terminsverlust eintreten, die vereinbarungsgemäß die Fälligkeit der Garantie herbeiführen. Dieser Rückzahlungsanspruch umfasst sogar bis zu einer gewissen Grenze Zinsen des Erwerbers und ist somit rein finanziell gesehen optimal abgesichert.

Der Vorteil dieses Sicherungsmittels liegt klar auf der Hand: Ein Bauträger, der imstande ist, eine derartige Geld-Zurück-Garantie zu geben, wird zweifellos entsprechende Bonität aufweisen, weil sich das Risiko der Bonität des Bauträgers auf die Garantie gewährende Bank oder Versicherung verlagert. Nicht jeder Bauträger wird imstande sein, von seiner Bank eine derartige Absicherungsmöglichkeit zu erhalten und an seine Kunden weitergeben zu können. Für den Erwerber wiederum ist dieses Sicherungsmittel einfach, klar überschaubar, liquid und schnell realisierbar und ein perfekter Ruhepolster für die finanzielle Absicherung.

Nachteil ist allerdings, dass – und hier hat die Novelle des BTVG lang gewünschte Klarheit gebracht – durch die Einlösung der Garantie oder der Versicherung auch die Auflösung des Bauträgervertrages herbeigeführt wird nach dem Motto: **Geld zurück – Wohnung zurück.** Das kann natürlich schmerzlich sein, wenn sich der Erwerber auf den neuen Wohnort bereits eingestellt hat, vielleicht entsprechende Anschaffungen getätigt oder einen alten Wohnsitz aufgegeben hat. Dem objektiven Vorteil der (nahezu) perfekten finanziellen Absicherung stehen daher unter Umständen schwerwiegende subjektive Nachteile gegenüber.

Trotzdem ist dieses Sicherungsmittel ein äußerst tragfähiges Instrument des Bauträgervertrages und einer zufriedenstellenden Kundenbeziehung. Kein Bauträger wird mutwillig den Sicherungsfall, also die Einlösung der Garantie und den Rückfall der schon verkauften Wohnungen auslösen und auch die garantierende Bank oder Versicherung wird alles daran setzen, dass der Garantiefall nicht eintritt, sondern das Bauvorhaben zu Ende gebracht wird. In der Praxis wird es also bei Schwierigkeiten wohl eher dazu kommen, dass die Garantien zugunsten des Konsumenten verlängert werden oder entsprechende zusätzliche Sicherungen angeboten werden, bevor man das Scheitern des Bauvorhabens in Kauf nimmt – das würde einfach zuviel kosten.

4
Sicherstellung durch Ratenplan (§ 9 i. V. m. § 10 BTVG)

Dieses Sicherungsmittel nach § 10 BTVG in Verbindung mit der grundbücherlichen Sicherstellung nach § 9 Abs. 1 und 2 und der neu eingeführten Variantenregelung des Ratenplans mit oder ohne Zusatzgarantie in § 9 Abs. 4 ist das »klassische« Sicherungsmittel bei **Erwerb des Eigentums, des Wohnungseigentums oder des Baurechts.**

Die Idee dieser Sicherung ist es, dass im Fall des Scheiterns des Projektes der Erwerber nur so viel eingezahlt hat, dass der Bau aus den restlichen noch offenen Beträgen des Kaufpreises auch dann **ohne Nachbelastungen des Erwerbers** fertiggestellt werden kann, wenn der unterbrochene Bau durch den Masseverwalter eventuell durch neue Firmen und mit Mehrkosten fortgeführt werden muss.

Das Ratenplanmodell ist gegenüber dem Garantiemodell dann vorzuziehen, wenn der Erwerber eine starke persönliche Bindung zu seinem künftigen Wohnort hat und unter keinen Umständen in Kauf nehmen will, dass es im Problemfall zu einer Auflösung des Bauträgervertrages kommt.

Welches der beiden Ratenplanmodelle (Ratenplan A mit Zusatzgarantie oder Ratenplan B ohne Garantie) jeweils vorzuziehen ist, ist Geschmackssache und wirtschaftlich gleichwertig. Aus Sicht des Bauträgers hat die Variante A mit Garantie den Vorteil, dass der mit dem Erwerber vereinbarte Zahlungsplan eine gegenüber dem Ratenplan B um **10 % höhere Barleistung** beinhalten kann, was zu einer früheren Entlastung der Zwischenfinanzierung für die Grund- und Baukosten führt. Auf der anderen Seite sind aber die Kosten der Beibringung der Bankgarantie über die gesamte Laufzeit der Sicherstellungsdauer einzukalkulieren, wodurch der Vorteil der höheren Barleistung in der Regel zunichte gemacht wird. Zusätzlich fallen allfällige Treuhand- und Verwahrungskosten an, die aber wahrscheinlich in aller Regel vom Bauträger auf den Erwerber als Sicherungsempfänger überwälzt werden.

Aus der Sicht des Erwerbers hat der Ratenplan A (mit Garantie) zunächst zweifellos geldwerte Nachteile, weil er im Gegenzug zum Erhalt der Garantie um 10 % höhere Zahlungen gegenüber dem Ratenplan B erbringen muss. Dazu kommen allfällige, mit der Ausstellung und Verwahrung der Garantie verbundene, Nebenkosten, wenn diese Kosten vom Erwerber zu tragen sind. Diesem Nachteil steht der Vorteil der zusätzlichen Sicherung durch einen bonitätsstarken Garantiegeber zusätzlich zur Bonität des Bauträgers gegenüber und die unter Umständen daraus resultierende größere Sicherheitsreserve, wenn das Bauvorhaben eventuell zu einem Zeitpunkt scheitert, bei dem die 10 %ige Sicherstellung knapp wird. Letzteres ist aber bei derzeit festgelegtem Verlauf des Ratenplanes eher nicht zu erwarten.

Eines sei aber jedenfalls festgehalten: Die Garantie zum Ratenplan A sichert zwar alle vermögenswerten Nachteile, die dem Erwerber aus der Verzögerung oder der Einstellung des Bauvorhabens aufgrund der Eröffnung eines Konkurs- oder Ausgleichsverfahrens über das Vermögen des Bauträgers erwachsen. Sie **endet** aber auch logischerweise dann, **wenn der Bauträger die Anlage fertiggestellt hat** und damit eben keine Ansprüche aus der Verzögerung oder der Einstellung des Bauvorhabens mehr entstehen können. Die Garantie nach Ratenplan A ist daher **keine Zusatzsicherung für die Gewährleistung** oder die Phase nach der ordnungsgemäßen Fertigstellung des Bauvorhabens.

Ein weiterer überlegenswerter Aspekt der Ratenplangarantie nach Ratenplan A ist der Umstand, dass die Garantie nur dann verpflichtend durch den Bauträger beigebracht werden muss, wenn der Erwerb **zur Deckung des dringenden Wohnbedürfnisses des Erwerbers oder eines nahen Angehörigen** dienen soll. Mit dieser Einschränkung sind unter Umständen schwerwiegende Nachweisfragen verbunden und es wird wohl nicht von einem derartigen Wohnbedürfnis ausgegangen werden müssen, wenn der Erwerber in einem aufrechten Nutzungsverhältnis seiner alten Wohnung lebt, die normalen Wohnbedürfnissen genügt. Jedenfalls ist diese Einschränkung eher eine Spielwiese für Juristen und lässt sich daraus wenig Gutes erwarten, wenn man die Rechtssprechungsstandards zum dringenden Wohnbedürfnis im Sinn des Mietrechtsgesetzes als Maßstab heranzieht.

Unter Abwägung aller dieser Umstände erscheint die »normale« Ratenplanregelung nach Ratenplan B (ohne Garantie) eher praktikabel und ist auch aus der Sicht des Konsumenten (Erwerbers) vorzuziehen. Sie hat im Grundsatz den gleichen wirtschaftlichen Effekt wie der Ratenplan A, indem sie die Gesamtsumme der Anzahlungen auf ein Maß reduziert, welches ebenso wie die Garantiesicherstellung ausreicht, das Risiko der sogenannten »Reibungsverluste« gering zu halten, nämlich derjenigen Verluste, die bei Abbruch des Bauvorhabens infolge Insolvenz des Bauträgers entstehen könnten. Die **leichtere Handhabung des Ratenplans B** nicht nur für den Bauträger, sondern auch für den Konsumenten und die Vermeidung möglicher Rechtsprobleme im Zusammenhang mit der Nachweispflicht des dringenden Wohnbedürfnisses lassen eher die Ratenplanvariante B als vorteilhafter und ausgewogener erscheinen.

Tabellen:
Änderung Ratenplan durch die Novelle 2008

MAG. KLAUS WOLFINGER

Leistungsfortschritt gemäß § 10 Abs. 2 BTVG	Rechtslage vor Novelle 2008		BTVG neu ab 1. Juli 2008		Delta: Eigentum alte Rechtslage gegenüber Novelle	
	Baurecht	Eigentum	A = mit Garantie	B = ohne Garantie	A	B
Baubeginn aufgrund rechtskräftiger Baubewilligung	20	30	15	10	−15,0	−20,0
Fertigstellung Rohbau und Dach	32	28	35	30	+7,0	+2,0
Fertigstellung Rohinstallation	20	17,5	20	20	+2,5	+2,5
Fertigstellung Fenster und Fassade (neu)	12	10,5	12	12	+1,5	+1,5
Bezugsfertigstellung oder vereinbarte vorzeitige Übergabe oder	13,6	11,9	12	17	+0,1	+5,1
Fertigstellung der Gesamtanlage	2,4	2,1	4	9	+1,9	+6,9
3 Jahre nach Übernahme (ablösbar Garantie)			2	2	+2,0	+2,0
Summe	100	100	100	100	0,0	0,0

jeweils vom Hundert des Preises

	kumulierte Darstellung				
	Rechtslage vor Novelle 2008	A = mit Garantie	B = ohne Garantie	Delta A	Delta B
Baubeginn aufgrund rechtskräftiger Baubewilligung	30	15	10	−15,0	−20,0
Fertigstellung Rohbau und Dach	58	50	40	−8,0	−18,0
Fertigstellung Rohinstallation	75,5	70	60	−5,5	−15,5
Fertigstellung Fenster und **Fassade (neu)**	86	82	72	−4,0	−14,0
Bezugsfertigstellung oder vereinbarte vorzeitige Übergabe oder	97,9	94	89	−3,9	−8,9
Fertigstellung der Gesamtanlage	100	98	98	−2,0	−2,0
3 Jahre nach Übernahme (ablösbar Garantie)		100	100		

jeweils vom Hundert des Preises

Die Verkehrsauffassung zu den Leistungsfortschritten des Ratenplanes

MAG. GERDA STEINBATZ • DI DR. KARL MEZERA[294]

1 Aus rechtlicher Sicht

1.1 Allgemeines

Der Gesetzgeber hat erkannt, dass eine der Schwächen des Bauträgervertragsgesetzes (im Folgenden BTVG) bei der grundbücherlichen Sicherstellung i. V. m. der Zahlung nach Ratenplan gegeben war und hat – wenngleich nicht in allen Bereichen – gehandelt (BGBl. I 56/2008). Im Blickpunkt dieses Beitrages stehen ausschließlich die Leistungsfortschritte (im Folgenden auch Baufortschritte oder Bauabschnitte genannt). Wenn im Anschluss von der alten Rechtslage gesprochen wird, so wird darunter die Rechtslage vor der Novelle BGBl. I 56/2008 (im Folgenden Novelle) verstanden.

1.2 Fertigstellungsgrad der Hauptanlage

Grundsätzlich gilt, dass der Abschluss eines Bauabschnittes nach dem Fertigstellungsgrad der Hauptanlage zu beurteilen ist (§ 13 Abs. 1 BTVG). Unter Nebenanlagen sind etwa Garagen oder der Gemeinschaft dienende Räumlichkeiten zu verstehen.[295] Die alte Rechtslage sah vor, dass 2,1 % des Gesamtkaufpreises nach Fertigstellung der gesamten Anlage oder bei vereinbarter vorzeitiger Übernahme des Gebäudes oder der Wohnung fällig waren. Es war daher möglich, dass der Erwerber den gesamten Kaufpreis bereits entrichtet hatte, der Gemeinschaft dienende Räumlichkeiten (die nicht für die Benützbarkeit des Objektes erforderlich waren) aber noch nicht fertig gestellt waren. Für Bauträgerverträge, die nach dem 30. Juni 2008 abgeschlossen werden, ist dies nicht mehr möglich. Je nach gewähltem Ratenplan ist ein Kaufpreisteilbetrag von 4 % (Ratenplan A) oder 9 % (Ratenplan B) in jedem Fall erst nach Fertigstellung der Gesamtanlage fällig.

---

294 STEINBATZ ist die Autorin des 1., MEZERA der Autor des 2. Kapitels.
295 ErläutRV 312 BlgNR XX. GP 25.

Sind mehrere selbständige Bauwerke vorhanden, dann ist gemäß § 13 Abs. 1, zweiter Satz, BTVG der Fertigstellungsgrad desjenigen Bauwerks maßgeblich, auf das sich der Anspruch des Erwerbers bezieht. Reihenhäuser sind dann als selbständige Bauwerke anzusehen, wenn sie baulich separiert sind.[296] Dies gilt auch für selbständige – mitunter zeitlich versetzt errichtete – »Blöcke«[297] (»Stiegen«).

1.3 Leistungsfortschritte

Nach der ab 1. Juli 2008 geltenden Rechtslage sind nun zwei für die Erwerber im Vergleich zur alten Rechtslage günstigere Ratenplanmodelle (Ratenplan A und Ratenplan B) vorgesehen. Bislang wollte das BTVG mit seinem Ratenplanmodell einen Wertausgleich schaffen. Nun wird zugunsten des Erwerbers davon abgegangen.[298] Der Grund hiefür liegt darin, dass der Erwerber im Falle des Konkurses des Bauträgers – sollte das Objekt nicht vom insolventen Bauträger fertig gestellt werden – zumeist mehr Geld aufbringen muss, um das Objekt fertig stellen zu lassen. Bei einer Veräußerung des halbfertigen Objektes hätte der Erwerber ebenfalls Nachteile zu gewärtigen. Mit den zugunsten des Erwerbers geänderten maximal zulässigen Raten (samt Zusatzsicherung bei Wahl des Ratenplanmodells A, sofern es um die Befriedigung eines dringenden Wohnbedürfnisses geht) möchte der Gesetzgeber die **»Reibungsverluste«** minimieren.[299] Bei der grundbücherlichen Sicherstellung i. V. m. Zahlung nach Ratenplan wird eben nicht der Rückforderungsanspruch des Erwerbers, sondern sein besonderes Interesse an dem Erwerb eines bestimmten Objektes geschützt.[300] Zum Erfordernis der grundbücherlichen Sicherstellung siehe § 9 BTVG.

Die in den Ratenplänen A und B normierten **Leistungsforschritte** sind gleichlautend. Es variiert lediglich die Höhe der bei Erreichen der Leistungsfortschritte fälligen Kaufpreisteilbeträge. Den Vertragsparteien bleibt es unbenommen, für den Erwerber günstigere Ratenzahlungen vorzusehen. Davon abweichende mehrere »kleinere« Zahlungsschritte können mit einem Verbraucher nicht wirksam vereinbart werden.[301]

---

296 Vgl. Böhm / Pletzer in Schwimann: ABGB², § 13 BTVG Rz 3.
297 Vgl. auch Böhm / Pletzer in Schwimann: § 13 BTVG Rz 2.
298 Siehe hierzu auch Mezera: technischer Teil dieses Beitrages, S. 266 ff.
299 ErläutRV 432 BlgNR XXIII. GP 11.
300 Vgl. Böhm: Der beiderseits unerfüllte Bauträgervertrag im Konkurs des Bauträgers, wobl 1999, S. 109 (S. 116); Fellner: Die Sicherung des Erwerbers durch Bestellung eines Treuhänders, NZ 1999, S. 3 (S. 5); OGH 8 Ob 113/04 g in wobl 2006, 59/14 mit Anm. Pittl.
301 Vgl. auch Gartner: Der Treuhänder nach Bauträgervertragsgesetz – Haftungen und Risiken, immolex 2002, S. 265 (S. 269).

Gemäß der neuen Rechtslage sind nachfolgende Leistungsfortschritte vorgesehen (§ 10 Abs. 2 Z 1 und Z 2 BTVG):

- **lit. a** Baubeginn aufgrund einer rechtskräftigen Baubewilligung;
- **lit. b** Fertigstellung des Rohbaus und des Daches;
- **lit. c** Fertigstellung der Rohinstallationen;
- **lit. d** Fertigstellung der Fassade und der Fenster einschließlich deren Verglasung;
- **lit. e** Bezugsfertigstellung oder bei vereinbarter vorzeitiger Übergabe des eigentlichen Vertragsgegenstandes;
- **lit. f** Fertigstellung der Gesamtanlage;

Der letzte Kaufpreisteilbetrag ist nach Ablauf von drei Jahren ab der Übergabe des eigentlichen Vertragsgegenstandes, sofern der Bauträger allfällige Gewährleistungs- und Schadenersatzansprüche nicht durch eine Garantie oder Versicherung gesichert hat, zur Zahlung fällig (lit. g leg. cit.). Der sogenannte **Haftrücklass** ist kein »Leistungsfortschritt im eigentlichen Sinn« und wird in einem eigenen Beitrag[302] behandelt.

Neu im Vergleich zur alten Rechtslage ist, dass zum bereits bisher bestehenden Leistungsfortschritt Fertigstellung der Fenster samt Verglasung nun auch die Fertigstellung der **Fassade** hinzukommt. Darüber hinaus wurde klargestellt, dass eine Kaufpreisrate mit Bezugsfertigstellung oder bei vereinbarter vorzeitiger Übergabe des eigentlichen Vertragsgegenstandes gebührt. Im Gegensatz zur früheren Rechtslage ist darüber hinaus ein Kaufpreisteilbetrag von 4 % (Ratenplan A) bzw. 9 % (Ratenplan B) jedenfalls erst mit Fertigstellung der Gesamtanlage fällig.

1.4
Fertigstellung der Leistungsfortschritte

Das BTVG gibt auch nach der neuen Rechtslage weder Aufschluss darüber, welche Bauleistungen vorliegen müssen, damit die Bauabschnitte als erfüllt angesehen werden können, noch, inwieweit vorliegende Mängel Auswirkungen auf den Abschluss von Bauabschnitten haben.

Wenngleich nach der neuen Rechtslage auch das Gewährleistungsrisiko in Form eines Haftrücklasses (siehe hierzu oben) abgesichert wird, liegt das Hauptaugenmerk der grundbücherlichen Sicherstellung i. V. m. Zahlung nach Ratenplan darin, die Vorausleistungen des Erwerbers wirtschaftlich – vor einer allfälligen Insolvenz des Bauträgers – noch besser als bisher abzusichern. Es wird daher zugunsten des Erwerbers vom Gleichklang zwischen dem Wert der bereits erbrachten Bauleistungen und der Höhe der Vorauszahlungen abgegangen.

---

302 WOLFINGER: Der Haftrücklass nach § 4 Abs. 4 BTVG, S. 165 ff.

Es finden sich weder in der Novelle noch in deren Materialien[303] Anhaltspunkte dafür, dass abweichend von der alten Rechtslage[304] nunmehr eine Art »Qualitätskontrolle« eingeführt werden soll. Natürlich steht es aber den Vertragsparteien frei, eine begleitende umfassende **Qualitätskontrolle** für das Bauvorhaben zu vereinbaren.

Zu den für die Erreichung des jeweiligen Leistungsfortschrittes erforderlichen Bauleistungen siehe die Ausführungen von MEZERA.[305] Welchen Einfluss haben aber **»Mängel«** (im technischen Sinn) auf die Fertigstellung von Bauabschnitten?[306] Gemäß den Materialien zur Stammfassung ist für die Beurteilung der Fertigstellung eines Baufortschrittes die allgemeine Verkehrsauffassung maßgeblich. Ist der Mangel so gravierend, dass schon nach allgemeiner Verkehrsauffassung nicht von einem Erreichen des Fertigstellungsgrades gesprochen werden kann, dann ist der Baufortschritt nicht erreicht.[307] Dies wäre beispielsweise dann der Fall, wenn die Mängelbehebungskosten im Verhältnis zu den für den jeweiligen Leistungsfortschritt zu leistenden Zahlungen unverhältnismäßig erscheinen. Es sollen dabei nur gravierende, in die Augen fallende Mängel eine Rolle spielen.[308] Es stellt sich die Frage, ob sämtliche Leistungsfortschritte nach demselben Maßstab zu beurteilen sind, insbesondere im Hinblick darauf, dass mit Bezugsfertigstellung die Wohnung zumeist übergeben wird. Gegen die Anwendung eines strengeren Maßstabes bei der Beurteilung der Bezugsfertigstellung spricht, dass nach der neuen Rechtslage die Gewährleistungsansprüche ohnehin durch einen Haftrücklass gesichert werden und nach der alten Rechtslage Gewährleistungsansprüche generell nicht Gegenstand der Sicherungspflicht waren.

1.5
Überwachung der Leistungsfortschritte

Bei der grundbücherlichen Sicherstellung i. V. m. Zahlung nach Ratenplan ist zwingend ein Treuhänder zu bestellen. Als Treuhänder kommt nur ein Rechtsanwalt (Rechtsanwalts-Partnerschaft) oder ein Notar in Betracht (§ 12 Abs. 2 BTVG). Eine der Aufgaben des Treuhänders ist die Überwachung des Baufortschrittes. Tut er es nicht selbst, was

---

303 ErläutRV 432 BlgNR XXIII. GP.
304 ErläutRV 312 BlgNR XX. GP 25, wonach vom Treuhänder nur die Beurteilung des Baufortschritts, nicht aber eine Qualitätskontrolle verlangt wird.
305 MEZERA: technischer Teil dieses Beitrages, S. 266 ff.
306 Eine restlose Klärung der Frage wird letztendlich nur oberstgerichtliche Judikatur bringen können. Die Beantwortung der Frage, ob bei Vorliegen von »Mängeln«, die den Leistungsfortschritt nicht beeinträchtigen, allenfalls Teile des Entgeltes einbehalten werden können, kann strittig sein.
Darauf näher einzugehen würde den Rahmen dieses Beitrages sprengen.
307 Der exakte Wortlaut in den ErläutRV 312 BlgNR XX. GP 22 lautet etwas verwirrend: »Das Vorliegen geringfügiger Mängel hindert grundsätzlich nicht die Beurteilung eines Bauabschnitts als abgeschlossen, sofern die Mängel nicht so gravierend sind, dass schon nach allgemeiner Verkehrsauffassung nicht von einem Erreichen des betreffenden Fertigstellungsgrads gesprochen werden kann.«
308 ErläutRV 312 BlgNR XX. GP 25.

jedem Treuhänder ans Herz zu legen ist, weil Notare und Rechtsanwälte im Regelfall nicht über die für die Beurteilung des entsprechenden Baufortschrittes erforderlichen Kenntnisse verfügen, dann kann er sich zur Feststellung des Baufortschrittes eines für den Hochbau zuständigen Ziviltechnikers, eines allgemein beeideten gerichtlich zertifizierten Sachverständigen für das Bauwesen oder einer im Rahmen der Förderung des Vorhabens tätigen inländischen Gebietskörperschaft bedienen (§ 13 Abs. 2 BTVG). Für eine unrichtige Baufortschrittsanzeige haftet der Treuhänder dann nur für ein Auswahlverschulden. Der bestellte Ziviltechniker oder der Sachverständige haftet dem Erwerber unmittelbar, wobei er nach neuer Rechtslage über eine Haftpflichtversicherung im Ausmaß von 400.000 Euro pro Versicherungsfall verfügen muss. Zwar kann sich der Treuhänder bei der Überwachung des Baufortschrittes auch anderer Fachleute bedienen. Diese sind dann aber als seine Erfüllungsgehilfen zu betrachten. Die Praxis zeigt, dass in vielen Fällen der Bauträger den Ziviltechniker oder Sachverständigen vorschlägt. Die bloße Nahebeziehung des Ziviltechnikers zum Bauträger begründet nach Ansicht von ENGIN-DENIZ [309], dessen Meinung ich mich anschließe, im Hinblick auf die staatliche Beeidigung kein Auswahlverschulden, sofern nicht zusätzliche Sachverhaltselemente hinzutreten. Dies gilt für einen allgemein beeideten gerichtlich zertifizierten Sachverständigen sinngemäß.[310]

Weisen die für den Bauabschnitt erforderlichen Bauleistungen wesentliche Mängel auf, so stellt sich die Frage, wer zu beurteilen hat, ob der Leistungsfortschritt dennoch erreicht wurde. Die Materialien zur Stammfassung geben nur insofern Aufschluss, als allfällige Zweifelsfragen mit Hilfe der allgemeinen Verkehrsauffassung in der Baubranche zu beantworten sind.[311] Nach BÖHM / PLETZER [312] kann sich zwar der Treuhänder hinsichtlich des Vorliegens und Ausmaßes der Mangelhaftigkeit auf einen nach § 13 Abs. 2 BTVG allfällig betrauten Fachmann verlassen. Ob dieses aber die Fertigstellung und damit die Fälligkeit der Zahlung verhindert, sei eine Frage der rechtlichen Bewertung und als solche vom Treuhänder in eigener Verantwortung zu entscheiden. Nach GARTNER [313] »[...] wird an den zu bestellenden Sachverständigen die oftmals nicht leichte Aufgabe herangetragen werden, zu beurteilen, ob der erreichte Baufortschritt von wesentlichen Mängel betroffen ist und ob diese Mängel für den weiteren Fortgang bzw. die Errichtung des Gesamtbauvorhabens von Bedeutung sind.«

Bei Vorliegen von wesentlichen Mängel wird m. E. im Zusammenwirken von Treuhänder und Sachverständigen zu beurteilen sein, ob der Leistungsfortschritt gegeben ist.

---

309 ENGIN-DENIZ: BTVG², § 13 Rz 2.
310 Vgl. auch ENGIN-DENIZ: BTVG², § 13 Rz 2..
311 ErläutRV 312 BlgNR XX. GP 22.
312 BÖHM / PLETZER in SCHWIMANN: § 10 BTVG Rz 16.
313 GARTNER: Der Treuhänder nach Bauträgervertragsgesetz – Haftungen und Risiken, immolex 2002, S. 265 (S. 269).

1.6
Unklare Sach- und Rechtslage betreffend Baufortschritt

Für die Beurteilung der Zulässigkeit der Zahlungen der Erwerber ist auf den Zeitpunkt der Weiterleitung an den Bauträger durch den gemäß § 12 BTVG bestellten Treuhänder abzustellen.[314]

Bei Auftreten eines Konfliktes zwischen den Treugebern und unklarer Sach- oder Rechtslage (insbesondere wenn unklar ist, ob die Ausfolgebedingungen erfüllt sind) kann der Treuhänder nach der Rechtssprechung des Obersten Gerichtshofes das Treugut gerichtlich hinterlegen.[315]

1.7
Zu den einzelnen Leistungsfortschritten

Das Gesetz enthält keine detaillierte Angabe zum Leistungsumfang der einzelnen Leistungsfortschritte. Auch der Oberste Gerichtshof musste sich mit derartigen Fragen bislang nicht bzw. nur am Rande auseinandersetzen.

Lit. a Baubeginn aufgrund einer rechtskräftigen Baubewilligung

Unter Baubeginn wird der Beginn der Erdarbeiten verstanden.[316] Unter bestimmten Umständen kann auch ohne Baubeginn und Vorliegen einer rechtskräftigen Baubewilligung die Fälligkeit der ersten Rate vereinbart werden (siehe hierzu näher Punkt 8).

Lit. b – d

Zu den bautechnischen Voraussetzungen für die Feststellung der Baufortschritte siehe die Ausführungen von MEZERA.[317] Beim Baufortschritt »Fertigstellung Rohbau und Dach« ist hervorzuheben, dass das Dach bereits in einem fertigen Zustand, also inklusive aller Isolierungs- und Dämmarbeiten, allfälliger Zimmermanns- und Spenglerarbeiten und vollständig eingedeckt sein muss.[318]

---

314 Vgl. OGH 8 Ob 113/04 g in wobl 2006, 59/14 mit Anm. PITTL m. w. N.
315 Vgl. OGH 9 Ob 101/06 b in EvBL 2007/34;
OGH 10 Ob 309/02 t in wobl 2003, 192/93 mit Anm. CALL.
316 ErläutRV 312 BlgNR XX. GP 22; OGH 8 Ob 113/04 g in wobl 2006, 59/14 mit Anm. PITTL.
317 MEZERA: technischer Teil dieses Beitrages, S. 266 ff.
318 Vgl. BÖHM / PLETZER in SCHWIMANN: § 10 BTVG Rz 30; siehe auch MEZERA, a. a. O.

Lit. e Bezugsfertigstellung oder vorzeitige Übergabe des Vertragsgegenstandes

Unter Bezugsfertigstellung ist die Fertigstellung des einzelnen Vertragsobjektes sowie jener allgemeinen Teile des Gebäudes der Anlage zu verstehen, die für die Benützbarkeit des Objektes erforderlich sind.[319] Dazu zählen nicht die allgemeinen Teile des Gebäudes und der Anlage. Da bei einer höher gelegenen Wohnung auch die Funktionsfähigkeit des Liftes unabdingbar für deren Benützung erscheint, ist nach meinem Dafürhalten auch die Fertigstellung der Liftanlage Voraussetzung für die Bezugsfertigstellung.[320]

Unabhängig davon bleibt es den Vertragsparteien ohnehin unbenommen, einen davon abweichenden Ausbaugrad des Vertragsgegenstandes zu vereinbaren. Anders als bei den anderen Baufortschritten kann hier nämlich vom Fertigstellungsgrad (Bezugsfertigstellung) auch gegenüber einem Verbraucher abgegangen werden. So können die Vertragsparteien beispielsweise vereinbaren, dass der Vertragsgegenstand vor Fertigstellung des Liftes oder ohne Türen und Türzargen, Fußböden etc. übergeben wird. Die Fertigstellung des Liftes müsste aber bis zum nächsten Baufortschritt »Fertigstellung der Gesamtanlage« gegeben sein. Auch nach der alten Rechtslage konnten die Vertragsparteien vereinbaren, dass der Erwerber selbst bei der abschließenden Ausgestaltung des Vertragsobjekts »Hand anlegen« kann.[321] Maßgeblich ist die vertragliche Vereinbarung, welche – um Streitigkeiten hintanzuhalten – präzise formuliert werden muss. Bei der vertraglichen Ausgestaltung ist insbesondere darauf Bedacht zu nehmen, dass die Fertigstellung gewisser Arbeiten den Abschluss anderer Werkleistungen erfordert. Vereinbaren die Vertragsparteien beispielsweise, dass der Erwerber die Türzargen selbst einbaut, der Bauträger aber den Fußboden zu verlegen hat, dann kann der Bauträger seine Arbeiten erst abschließen, wenn auch der Erwerber seinen Verpflichtungen nachgekommen ist. Es sollte deswegen vereinbart werden, dass der Erwerber seinen Verpflichtungen in angemessener Frist nachzukommen hat und Rechtsfolgen für den Fall vorsehen, dass er dies nicht tut.

Lit. f. Fertigstellung der Gesamtanlage

Zu der Gesamtanlage zählen die allgemeinen Teile des relevanten Gebäudes und der relevanten Liegenschaft. Relevant sind dabei jene allgemeinen Teile des Gebäudes oder der Liegenschaft, die der Erwerber üblicherweise nutzen kann. Dazu zählen beispielsweise Spielplätze, Park- und Abstellflächen, Hobbyräume, Zu- und Durchgangswege, Geschäftslokale sowie die dem betreffenden Gebäude zugeordnete Grünflächen. Teile

---

319 OGH 6 Ob 3/03 i in wobl 2003, 249/192 mit Anm. CALL.; ErläutRV 312 BlgNR XX. GP 22.
320 Siehe hierzu auch MEZERA: technischer Teil dieses Beitrages, S. 266 ff.
321 ErläutRV 312 BlgNR XX. GP 12.

der Gesamtanlage, an denen der Erwerber bei objektiver Betrachtung kein Interesse hat und haben kann, wie etwa die räumliche Innengestaltung einer anderen »Stiege«, müssen nicht in den Vertrag einbezogen werden.[322]

1.8
Vorzeitige Fälligkeit der ersten Rate bei hohem Wert der Liegenschaft (§ 10 Abs. 3 BTVG)

Nach § 10 Abs. 3 BTVG kann auch eine Fälligkeit der ersten Rate vor Baubeginn vertraglich vereinbart werden, wenn infolge des hohen Wertes des Grundstückes eine ausreichende Sicherheit durch die grundbücherliche Sicherstellung gegeben ist. Diese Frage hat letztlich der Treuhänder zu beurteilen. Er kann sich bei der Feststellung der Wertmäßigkeit der Liegenschaft eines allgemein beeideten gerichtlichen Sachverständigen für das Immobilienwesen, welcher dem Erwerber unmittelbar haftet, bedienen. Zwingend ist aber die Einholung eines Sachverständigengutachtens nicht. Der OGH hat in seiner Entscheidung 8 Ob 113/04 g[323] gestützt auf die herrschende Lehre[324] klargestellt, dass bei entsprechend hohem Wert der Liegenschaft auch das Vorliegen einer rechtskräftigen Baubewilligung entbehrlich ist. Das Sicherstellungsbedürfnis sei erfüllt, wenn der Rückforderungsanspruch im Wert der Liegenschaft auch ohne rechtskräftige Baubewilligung Deckung findet. Dies wird vermehrt bei durchgreifender Erneuerung von Altbauten, bei denen Wohnungseigentum schon begründet ist, gegeben sein. Den Materialien zur Stammfassung[325] zufolge, muss der Erwerber gegen den Verlust seiner bereits geleisteten Zahlungen durch den Wert seines Grundanteiles gesichert werden.

Es würde der Intention der Novelle zuwiderlaufen, würde man bei einer Werthaltigkeit des Grundanteils von nur 15 % (Ratenplan A) bzw. nur 10 % (Ratenplan B) des Kaufpreises die Fälligkeit der ersten Kaufpreisrate schon vor Baubeginn bzw. sogar noch vor dem Vorliegen einer rechtskräftigen Baubewilligung zulassen. Ist es doch Zweck der geänderten Ratenplanmodelle allfällige »Reibungsverluste« des Erwerbers durch ein Ungleichgewicht zwischen der zu erbringenden Leistung des Bauträgers und Vorauszahlung des Erwerbers (siehe hierzu bereits Punkt 1.4) abzufangen. Wie die im technischen Teil dieses Beitrages aufbereiteten Berechnungen zeigen, ist gerade bei der ersten Rate der wirtschaftliche Gegenwert für die Vorauszahlung des Erwerbers deutlich höher. Sollte die Fälligkeit der ersten Rate daher bereits bei einer Werthaltigkeit von 15 % (Ratenplan A) bzw. 10 % (Ratenplan B) des Grundanteiles vereinbart werden können, so wären damit allfällige »Reibungsverluste« im Falle eines Konkurses gerade nicht gedeckt. Nach meinem Dafürhalten kann daher die Fälligkeit der ersten Kauf-

---

[322] ErläutRV 432 BlgNR XXIII. GP 6.
[323] OGH 8 Ob 113/04 g in wobl 2006, 59/14 mit Anm. Pittl.
[324] Böhm / Pletzer in Schwimann: § 10 BTVG Rz 37, Engin-Deniz: BTVG² § 10 Rz 2.
[325] ErläutRV 312 BlgNR XX. GP 22.

preisrate nur für den Fall vereinbart werden, dass der Wert des Grundanteiles deutlich über der ersten Kaufpreisrate liegt. Bei der erforderlichen Werthaltigkeit könnte die alte Rechtslage eine Orientierungshilfe bieten.

1.9
Beurteilung der Leistungsfortschritte bei durchgreifender Erneuerung

Gemäß § 10 Abs. 4 BTVG ist das Ratenplanmodell auf durchgreifende Erneuerungen von Altbauten sinngemäß anzuwenden. Allgemeine Richtlinien, wie der Ratenplan auf den Sanierungsfall umzulegen ist, können nicht aufgestellt werden. Dem Treuhänder wird vielmehr die Aufgabe zuteil, einen individuellen Ratenplan in Anlehnung an die in § 10 Abs. 2 normierten Modelle zu erstellen.[326]

1.10
Resümee

Es ist zu begrüßen, dass die Risiken eines allfälligen Konkurses des Bauträgers durch das geänderte Ratenplanmodell zugunsten des Erwerbers abgeschwächt wurden. Zu einigen in der Praxis relevanten Fragen, wie Umfang der erforderlichen Bauleistungen und Auswirkungen allfälliger Mängel auf die Erreichung des Baufortschrittes, nimmt das Gesetz weiterhin nicht explizit Stellung. Der Treuhänder wird zudem u. a. beim Dachgeschoßausbau vor die schwierige Aufgabe gestellt, einen individuellen, an das Gesetz angelehnten, Ratenplan zu erarbeiten und muss weiters selbst beurteilen, bei welchem »hohen Wert« der Liegenschaft die grundbücherliche Sicherstellung des Erwerbers bereits eine ausreichende Sicherheit bietet. Diese Fragen werden letztendlich erst durch höchstgerichtliche Judikatur endgültig beantwortet werden.

---

326 Vgl. OGH 8 Ob 113/04 g in wobl 2006, 59/14 mit Anm. Pittl.

2
Aus technischer Sicht

Im Folgenden werden jene Paragraphen und Unterpunkte des BTVG behandelt, die mit der Feststellung des Leistungsfortschrittes in Zusammenhang stehen. Dabei wird auf die persönliche Sicht des Autors verwiesen, der auf seine viele Jahre lange Erfahrung als Sachverständiger in diesen Belangen tätig ist. Dies deshalb, da höchstgerichtliche Entscheidungen zum neuen BTVG noch länger auf sich warten lassen werden.

§ 1. Abs. 1 des Gesetzes berücksichtigt auch die vom Erwerber an Dritte zu entrichtenden Zahlungen für Sonder- oder Zusatzleistungen. Um dem Sachverständigen die Möglichkeit zu geben im Zuge der Feststellung des Leistungsfortschrittes auch die Sonderausstattung zu prüfen, wird es notwendig sein, dass die Bauträger mit den Erwerbern daher auch vertraglich festhalten, welche Sonderausstattungen Inhalt des Vertrages sind (und somit deren Fortschritt überprüft wird) und auf welche Sonderausstattungen dies unter Umständen nicht zutrifft.

Im § 4. Abs. 1 ist festgelegt, welche Punkte ein Bauträgervertrag jedenfalls enthalten muss.
»[...] wobei das Ausmaß, die Lage und die Widmung des eigentlichen Vertragsgegenstandes und der Anlage jeweils bestimmt zu bezeichnen und aussagekräftige Pläne, Baubeschreibungen sowie eine Beschreibung der Ausstattung und ihres Zustandes zugrunde liegen und zu übergeben sind.«
Welche Pläne und Beschreibungen sind für den Laien »aussagekräftig« genug?
Auch in einem Entwurfsplan ist »das Ausmaß, die Lage und die Widmung des Vertragsgegenstandes« ersichtlich. Das hilft dem Erwerber aber nicht die Ausstattungsqualitäten zu erfassen. Ein Einreichplan hat per Definition lediglich eine Aufgabe: er dient der Baubehörde zur Beurteilung, ob das eingereichte Bauvorhaben bewilligungsfähig ist.
Beilage des Bauträgervertrages – und somit Grundlage der Baufortschrittsprüfung durch den Sachverständigen – sollten Pläne mit der Detailschärfe der Ausführungsplanung sein.
Eine Festlegung der Details der Ausführung und der exakten Materialien sollte so rechtzeitig und in der notwendigen Genauigkeit vorliegen, dass die Erwerber erkennen können, was sie erhalten werden.
Als Beispiel werden Punkte angeführt, die immer wieder Anlass zu unterschiedlichen Qualitätserwartungen führen: Geländerausführungen, Fensterbänke, Gesimsuntersichten etc. So sind sinnvoller Weise alle Unterlagen zu Farben und Materialien im Detail den Erwerbern zur Verfügung zu stellen. Je mehr die Erwerber über die Ausführung informiert sind, umso weniger wird es zu Auffassungsunterschieden während bzw. nach der Ausführung kommen.

Der Ratenplan § 10. Abs. 2 sieht zwei Varianten vor, die in anderen Teilen dieses Buches näher erläutert werden und nicht Teil der technischen Betrachtungen des Autors dieses Kapitels sind. Aus technisch – wirtschaftlicher Sicht soll zur Abschätzung der Kosten, die dem Bauträger erwachsen und jenem Anteil, den er zu den jeweiligen Baufortschritten erhält, ein Beispiel einer Reihenhausanlage dienen, die vom Verfasser als Annahme herangezogen wird und nicht anhand eines konkreten Beispiels. Sehrwohl sind alle angeführten Kosten aus der Praxis der letzten Jahre entnommen und entsprechen den zurzeit gültigen Preisen am Markt.

2.1
Überblick über das Verhältnis Zahlungen zu Aufwand anhand eines Beispiels

Reihenhaus in Wien 23. Bezirk

Wohnnutzfläche	130 m²
Grundanteil inkl. Parkplatz	300 m2
Reine Baukosten	EUR 1.800,– / m²
Baunebenkosten 20 %	EUR 360,– / m²
Errichtungskosten	EUR 2.160,– / m²
Errichtungskosten absolut	**EUR 280.800,–**
im Folgenden gerundet EUR 280.000,–	
Grundkosten	EUR 500,– / m²
Grundkosten absolut	**EUR 150.000,–**
Gesamtkosten absolut	**EUR 430.800,–**
im Folgenden gerundet EUR 430.000,–	

DIE VERKEHRSAUFFASSUNG ZU DEN LEISTUNGSFORTSCHRITTEN DES RATENPLANES

Zu Baubeginn sind folgende Leistungen erbracht:

Grundanteil	EUR	150.000,–
Bauplatzschaffung	EUR	0,–
Vermessung des Grundstückes	EUR	2.000,–
Verfahren der Bekanntgabe der Bebauungsbestimmungen	EUR	1.000,–
Bodenuntersuchung mit Bodengutachten	EUR	3.000,–
Planung (Vorentwurf, Entwurf, Einreichung)	EUR	8.000,–
Baubewilligungsverfahren	EUR	500,–
Baubeschreibung	EUR	200,–
Teile der Ausführungsplanung (die für die Erstellung der Leistungsverzeichnisse erforderlich sind)	EUR	4.000,–
Erstellung der Leistungsverzeichnisse aller Gewerke	EUR	2.500,–
Ausschreibungsverfahren	EUR	200,–
Angebotsprüfung	EUR	200,–
Preisspiegel – Ermittlung der Bestbieter	EUR	200,–
Vergabeverfahren	EUR	200,–
durch Anteile der geschäftlichen, künstlerischen und technischen Oberleitung lt. eh. HOA abgedeckt	EUR	1.000,–
Bauzeitplan	EUR	200,–
Statik	EUR	3.000,–
Bauphysik	EUR	1.500,–
Energieausweis	EUR	500,–
Planungskoordination	EUR	800,–
Baustelleneinrichtung (Energie und Ver- bzw. Entsorgungsleitungen)	EUR	5.000,–
Bestellung eines Baustellenkoordinators	EUR	0,–
Summe	**EUR**	**184.000,–**

42,8 % der Gesamtkosten

Nicht in diesen Kosten berücksichtigt sind die Aufwendungen für Finanzierung, Zinsen, Vermarktung, Gefahr und Gewinn und alle weiteren wirtschaftlichen Notwendigkeiten, die, es sei dem Verfasser verziehen, als Techniker nicht zu seinen unmittelbaren Betrachtungen zählen, der Vollständigkeit halber aber erwähnt werden sollten.

Anhand dieser beispielhaften Projektkosten kann nun veranschaulicht werden, welche Vorleistungen der Bauträger in den einzelnen Abschnitten des Ratenplanes im Sinne § 10 Abs. 2 BTVG erbringt bzw. welcher Deckungsstock dem Erwerber zur Verfügung steht:

a) Baubeginn aufgrund einer rechtskräftigen Baubewilligung

Vorleistung durch Bauträger:		EUR 184.000,–
Rate Erwerber	10% nach Ratenplan A	= EUR 43.000,–
	15% nach Ratenplan B	= EUR 64.500,–

Nach Ratenplan A erhält der Bauträger mit der ersten Rate also lediglich rund 23% der erbrachten Leistungen, im Falle Ratenplan B sind es 35%.

Nun handelt es sich im Beispiel um ein Grundstück in Wien, was einen hohen Grundkostenanteil verursacht. Nimmt man als Beispiel eine Liegenschaft außerhalb der Stadt, so ist der dafür aufzuwendende Betrag sicherlich niedriger anzusetzen. Dennoch ist hier im neuen BTVG der eindeutige Trend festzustellen, dem Erwerber gerade zu einem Zeitpunkt der größten subjektiven Unsicherheit des Erwerbes (dem Baubeginn – real ist noch nichts vorhanden) eine finanzielle Sicherheit zu geben, in dem zu diesem Zeitpunkt ein deutlicher Überhang zugunsten des Erwerbers vorliegt.

Andererseits ist aus der Sicht des Bauträgers mit der notwendigen Vorsicht eines Kaufmannes zu agieren, damit diese »Vorfinanzierung« auch erwirtschaftet wird. Dies wird wohl in der Realität dazu führen, dass die Erwerber den Zinsendienst dieser Finanzierung zu tragen haben werden.

Zum Begriff Baubeginn steht ein Erkenntnis des VwGH vom 29. Aug. 2000, 97/05/0101 zur Verfügung, das dazu folgendes besagt:

»Unter Baubeginn der Bauführung ist jede auf die Errichtung eines bewilligten Bauvorhabens gerichtete bautechnische Maßnahme anzusehen, wobei es unerheblich ist, in welchem Größenverhältnis die durchgeführten Arbeiten zum geplanten Bauvorhaben stehen. [...] ein kleiner Teil eines dem Bauvorhaben dienenden Fundaments oder der Aushub der Baugrube, nicht jedoch die Planierung des Bauplatzes [...].«

Auch wenn der Begriff »Baubeginn« hier zivilrechtlich zu beurteilen ist, erscheint dies als taugliche Definition.

DIE VERKEHRSAUFFASSUNG ZU DEN LEISTUNGSFORTSCHRITTEN DES RATENPLANES

Die vorangestellten Betrachtungen bezogen sich auf den ersten Bauabschnitt des Ratenplanes: Baubeginn, rechtskräftige Baubewilligung. Ein Hinweis zur Auslegung der Beurteilungsmöglichkeiten dieses ersten Bauabschnitts durch den Sachverständigen: von der einfachen Vorlage der rechtskräftigen Baubewilligung mittels Bescheidvorlage durch den Bauträger bis zur Feststellung der ausreichenden Ausstattungsbeschreibung oder der Vorlage klarer, für den Erwerber verständlicher Pläne und Darstellung der Detailausführungen wird das Spektrum der Überprüfung reichen.

Nicht zuletzt sieht das Gesetz vor, dass der Treuhänder sich eines Sachverständigen bedient. Hierbei wird er wohl die Interessen beider Vertragspartner gut vertreten, wenn bei der Bestellung bereits vereinbart wird, was vom Sachverständigen erwartet wird und dieser somit auch realistisch seinen Aufwand bekannt geben kann. Ebenso wichtig wird im Vorfeld festzustellen sein, dass der Sachverständigen ausschließlich den Grad der Fertigstellung und den wirtschaftlichen Zusammenhang der geleisteten Herstellungen mit den zu leistenden Zahlungen zu bewerten hat. Eine eingehende Prüfung von Qualitäten der Ausführung über das augenscheinlich Festzustellende wird im Umfang dieser Feststellungen des Fertigstellungsgrades durch den Sachverständigen nicht möglich sein. Dazu ist eine begleitende Kontrolle hilfreich, die von Vertragsabschluss an die Arbeiten begleitet und beiden Vertragspartnern durch eine unabhängige Sicht Sicherheit bis zur Fertigstellung bietet.

Für die weiteren Beurteilungen des Baufortschritts sind bauliche Herstellungen jedweder Art zu erfüllen. Diese Fortschritte können nur anhand von Plänen, Bau- und Ausstattungsbeschreibungen überprüft werden.

Grundlage der Beurteilung sind die dem Bauträgervertrag zugrunde liegenden Definitionen des Vertragsgegenstandes im Sinne § 4 Abs. 1 Z 1 BTVG. Diese sollten die Ausführung möglichst exakt darstellen.

Ergänzend kann der Sachverständige auch auf Polier- und Detailpläne zurückgreifen sowie auf Baubeschreibungen und Bemusterungen. Auch hier gilt, wie bereits mehrmals erwähnt: je besser die Dokumentation des Bauträgers über vereinbarte Ausführungen ist, umso präziser wird eine Aussage des Sachverständigen über die Fertigstellung erfolgen können.

Zur Gegenüberstellung der anfallenden Kostenanteile des Bauträgers wird nun wieder das bereits o.a. Beispiel eines Reihenhauses herangezogen. Dazu werden die Arbeitskategorien (Gewerke) mit ihrem Prozentanteil an den Gesamtbaukosten angeführt. Daneben sind in der Tabelle die jeweiligen Anteile laut BTVG angegeben.

Anteile der Arbeitskategorien (Gewerke) im Wohnungsbau am Beispiel Reihenhausanlage in %.[327]

Gewerk	% Anteil an Gesamtkosten		Anteil lt. BTVG
Baumeister ohne Fassade	44,85		Rohbau und Dach
Schwarzdecker	0,55		Rohbau und Dach
Dachdecker	1,50		Rohbau und Dach
Bauspengler	1,23		Rohbau und Dach
Zimmerer	8,29		Rohbau und Dach
Zwischensumme b)		56,42 %	**Summe Rohbau und Dach**
Installateur 50 %	5,61		Rohinstallation
Elektriker 50 %	2,57		Rohinstallation
Zwischensumme c)		8,18 %	**Summe Rohinstallation**
Fenster	11,76		Fassade und Fenster
Fassade	1,98		Fassade und Fenster
Zwischensumme d)		13,74 %	**Summe Fassade + Fenster**
Installateur 50 %	5,61		Bezugsfertigstellung
Elektriker 50 %	2,57		Bezugsfertigstellung
Fliesenleger	1,30		Bezugsfertigstellung
Beschlagschlosser	0,40		Bezugsfertigstellung
Schlosser	7,50		Bezugsfertigstellung
Tischler	0,54		Bezugsfertigstellung
Trockenbau	1,15		Bezugsfertigstellung
Maler	1,46		Bezugsfertigstellung
Klebearbeiten	1,13		Bezugsfertigstellung
Zwischensumme e)		21,66 %	**Summe Bezugsfertigst.**
Summe	100,00	100,00 %	

Da die Anteile der Gewerke der Bauausführung in der einschlägigen Literatur bei den Installationsarbeiten der Elektriker und Installateure nicht wie im BTVG nach Rohinstallation und Bezugsfertigstellung unterteilt werden, wurde von Verfasser praktikablen Handhabung der Anteil mit jeweils 50 % der Beträge für Installationen der Rohinstallation und 50 % der Komplettierung angesetzt.

Für die Beurteilung des Aufwandes des Bauträgers gegenüber den Zahlungen der Erwerber wird wieder das Beispiel der Reihenhausanlage weiter geführt.

---

327 Nach Habison: Baubetriebslehre, Band 2, Manz Verlag 1999.

DIE VERKEHRSAUFFASSUNG ZU DEN LEISTUNGSFORTSCHRITTEN DES RATENPLANES

Gesamtkosten: EUR 430.000,–
Grundanteil: EUR 150.000,– 35 %
Gebäudeanteil (inkl. Nebenkosten): EUR 280.000,– 65 %

Rohbau und Dach
56,42 % von EUR 280.000,– ≈ EUR 158.000,–
Rate Erwerber dafür (Ratenplan A):
35 % von EUR 430.000,– = EUR 150.000,–

Rohinstallation
8,18 % von EUR 280.000,– ≈ EUR 23.000,–
Rate Erwerber dafür (Ratenplan A):
20 % von EUR 430.000,– = EUR 86.000,–

Wenn hier der Eindruck entsteht, dass eine Überzahlung des Bauträgers erfolgt, so darf auf die Ausführungen zu den Zahlungen zum Zeitpunkt des Baubeginns verwiesen werden. Denn die Rate enthält auch anteilig Grundkosten und Baunebenkosten.

Der Bauabschnitt Rohinstallation, so wie alle weiteren Bauabschnitte stellt einen Ausgleich für die Unterdotierung zu Baubeginn dar.

Fassade und Fenster
13,74 % von EUR 280.000,– ≈ EUR 34.500,–
Rate Erwerber dafür (Ratenplan A):
12 % von EUR 430.000,– = EUR 51.600,–

Bezugsfertigstellung
21,66 % von EUR 280.000,– ≈ EUR 20.700,–
Rate Erwerber dafür (Ratenplan A):
12 % von EUR 430.000,– = EUR 51.600,–

Ist der Bauabschnitt »Baubeginn, rechtskräftige Baubewilligung« noch sehr klar umrissen und decken sich bei diesem Baufortschritt noch nahezu alle Ansichten, so kann es bei den weiteren Baufortschrittsfeststellungen zu sehr unterschiedlichen Ansichten kommen. Deshalb wird im Folgenden der Versuch unternommen, den Arbeitsumfang dieser Fertigstellungen näher zu beschreiben. Der Anspruch auf Vollständigkeit kann nicht erfüllt werden.

b) Fertigstellung des Rohbaus und des Daches

Diese Arbeiten sollten grundsätzlich abgeschlossen sein, projektspezifisch ergeben sich konstruktionsbedingte Abweichungen:[328]
- Baugrubenaushub
- Fundamentherstellung
- Fundamenterder
- Zu- und Ablaufleitungen, Ver- und Entsorgungsleitungen (Sickerschächte, Senkgruben, Kanalleitungen)
- Abdichtung horizontal
- Tragendes Kellermauerwerk
- Vertikale Abdichtung
- Arbeitsgraben
- Rohdecke über Keller
- Rohstiegenkonstruktionen
- Tragendes Mauerwerk EG, Kamine
- Rohdecke über EG
- Tragendes Mauerwerk OG
- Dachstuhl, Dachflächenfenster
- Dämmung, Dampfbremse
- Dachdeckung, Blitzschutz
- Spenglerarbeiten (Rinnen, Traufen, Ortgang)
- Flachdach: Gefälleausbildung
  Schwarzdeckung
  Entwässerung
  Dämmung mit Schutz der Dämmung
  Verblechungen

c) Fertigstellung der Rohinstallationen

Diese Arbeiten sollten jedenfalls abgeschlossen sein:[329]
- Anschlüsse (Elektro und HKLS) vom öffentlichen Gut ins Haus
- Leitungsführung für zentrale Heizwärme- bzw. Warmwasseraufbereitung
- Wasserrohinstallation (Leitungsführung in Wänden und Schächten, UP-Spülkästen)
- Abwasserrohinstallation (Leitungsführung in Wänden und Schächten)
- Elektrorohinstallation (Vertikale Schächte, Leerverrohrung, Drähte eingezogen)
- Gasleitungen

---

328 Angelehnt an ÖNORM B 1801-1 Kosten im Hoch- und Tiefbau – Kostengliederung.
329 Angelehnt an ÖNORM B 1801-1 Kosten im Hoch- und Tiefbau – Kostengliederung.

- Lüftungs- und Klimainstallationsleitungen (ohne Geräte)
- Grundkonstruktionen für Aufzugseinbau ohne Kabine und Triebwerk
- Einbau von Zu- und Ablaufleitungen für Badewannen, Duschen, Waschtische, WC
- E-Verteiler, Verdrahtung bis zu Schalter und Steckdosen

Als Richtlinie für die Feststellung kann die folgende Definition dienen:

Die Rohinstallation beinhaltet alle jene Teile der Ausführung von HKLS und Elektro, die innerhalb von Wänden und Decken bzw. sonstigen Konstruktionen erfolgen und nach Fertigstellung nicht mehr sichtbar sind.

d) Fertigstellung der Fassade und der Fenster, einschließlich deren Verglasung

Diese Arbeiten sollten jedenfalls abgeschlossen sein:[330]
- Einbau aller Außentüren und Fenster inkl. Verglasungen und ev. eingebauten Jalousienkästen
- Fassadenverputz oder Fassadenverkleidungen und Sockelausbildungen
- Regenabfallrohre

e) Bezugsfertigstellung oder bei vereinbarter vorzeitiger Übergabe des eigentlichen Vertragsgegenstandes

Diese Arbeiten sollten jedenfalls abgeschlossen sein:
Alle bisher nicht angeführten Leistungen aller Professionisten wie:[331]
- Fliesenleger
- Maler und Anstreicher
- Trockenbauer
- Schlosser (z. B. Geländer)
- Tischler (z. B. Stiegen, Türen, Fensterbretter)
- Klebe- und Verlegearbeiten (Boden und Wand)
- Komplettierung Elektriker
- Komplettierung Installateur
- Fertigstellung Aufzug
- Sonnenschutz
- Alle erforderlichen Bescheide zur Inbetriebnahme von Anlagen
- Außenanlagen, die dem Objekt zugeordnet sind

---

[330] Angelehnt an ÖNORM B 1801-1 Kosten im Hoch- und Tiefbau – Kostengliederung.
[331] Angelehnt an ÖNORM B 1801-1 Kosten im Hoch- und Tiefbau – Kostengliederung.

Abgrenzungsfragen bei der Übergabe einer Wohnung ohne Boden- und Wandbeläge können sich dadurch ergeben, dass einige Fertigstellungsarbeiten aus ablauftechnischen Gründen noch nicht erledigt sein können. Eine exakte Vereinbarung im Kaufvertrag zu diesen nicht möglichen Fertigstellungen ist deshalb erforderlich.

f) Fertigstellung der Gesamtanlage (§ 4 Abs. 1 Z 1)

Diese Arbeiten sollten jedenfalls abgeschlossen sein, soweit sie nicht bereits Bestandteil des eigentlichen Vertragsgegenstandes sind:[332]
- Zufahrt, Zugang
- Stiegenhaus
- Müllplatz
- Kinderwagen- Fahrradabstellmöglichkeit
- Gemeinschaftsräume
- Garage
- Kinderspielplatz
- Grünflächen
- Postkästen

Es kann sich aus dem Bauablauf ergeben, dass sowohl einzelne Arbeiten aus den Fertigstellungsbereichen b) bis f) entsprechend dem Ratenplan BTVG § 10 zu den Feststellungszeitpunkten noch nicht fertig gestellt wurden, dafür aber Leistungen anderer Leistungsabschnitte vorgezogen wurden.
Die Bewertung solcher »Kompensationen« wird dem Sachverständigen überlassen bleiben.

Zusammenfassend sollten aus der Sicht des Sachverständigen, der den Baufortschritt für beide Vertragspartner zufriedenstellend und den Intentionen des Gesetzes entsprechend feststellen soll, folgende wichtige Unterlagen dem Vertrag zugrunde liegen und dem Sachverständigen zur Verfügung stehen:
- Ausreichende Planunterlagen, die verständlich über die Ausführungen Auskunft geben.
- Exakte und vollständige Beschreibungen aller Bauteile und Baustoffe.
- Aufstellung und Beschreibung der beinhalteten Sonderausstattungen.
- Bescheide und Vorschreibungen von Behörden und der Ver- und Entsorgungs-unternehmen.
- Erklärung, dass der Prüfung des Sachverständige nicht erschöpfend Qualitäten überprüfen kann sondern lediglich jene, die mit freiem Auge sichtbar sind.

---

[332] Angelehnt an ÖNORM B 1801-1 Kosten im Hoch- und Tiefbau – Kostengliederung.

DIE VERKEHRSAUFFASSUNG ZU DEN LEISTUNGSFORTSCHRITTEN DES RATENPLANES

Im Auftrag, der zwischen Treuhänder und Sachverständigen formuliert wird, ist der Maßstab der Prüfung festzuhalten, d. h. die Konzentration auf die quantitative Beurteilung des Baufortschrittes. Das Erfordernis einer detaillierten Qualitätskontrolle kann aus dem BTVG nicht abgeleitet werden.

Das vorliegende Gesetz zeigt, wie so viele andere Gesetze, dass es unmöglich ist, Regeln für alle Belange aufzustellen. Vielmehr wird auch in diesem Falle das Gelingen im Sinne einer für alle Vertragspartner zufriedenstellenden Errichtung eines Wohnbaues vom gegenseitigen Vertrauen in die Arbeit des Vertragspartners abhängen und schlussendlich werden jene Vertragspartner am Markt verbleiben, die stets qualitativ hoch stehende Arbeit leisten. Dennoch gilt auch hier: »wer schreibt, der bleibt« – was bedeuten soll, dass eine gute Beschreibung dessen, was die Erwerber erhalten, vor Unstimmigkeiten bewahrt. Es wird aber auch wichtig sein, den Erwerbern verständlich zu machen, dass der, der billig baut, teuer baut, denn Qualität hat in allen Bereichen des Lebens seinen Preis.

Der Bauträger und sein Finanzierungspartner
Die Auswirkungen der BTVG-Novelle auf die Projektfinanzierung

DR. REINHARD AUMANN

1
Einleitung

Im gegenständlichen Beitrag werden die Sicherungsinstrumente des Bauträgervertragsgesetzes (BTVG) aus der Perspektive des den Bauträger finanzierenden Kreditinstitutes, dargestellt.

Gleichzeitig soll aber auch für die anderen Beteiligten am Projektgeschehen (Bauträger, Erwerber, Treuhänder) ein Einblick in die Position und die »Denkweise« des projektfinanzierenden Kreditinstitutes vermittelt werden, und so der Gebrauch der Sicherungsmodelle für den praktischen Anwender transparent gemacht werden.

Wenn man über die Gestaltung und praktische Anwendung der Finanzierungs- und Sicherstellungsmodelle des Bauträgervertragsgesetzes in der Fassung der Novelle 2008 spricht,[333] ist es zweckmäßig, vorweg einmal die Grundsätze für Projektfinanzierungen seitens der Finanzierungsgeber (im Regelfall Kreditinstitute) zu kennen und damit die risikopolitischen Überlegungen, die von diesen angestellt werden, besser zu verstehen.

2
Grundsätzliche Bemerkungen zur Projektfinanzierung

Jedes Kreditinstitut ist bei der **Kreditvergabe** (gleiches gilt für Beteiligungsfinanzierungen und die Bereitstellung von Mezzaninkapital) im Sinne der einschlägigen aufsichtsrechtlichen Vorschriften des Bankwesengesetzes (BWG), der Solvabilitätsrichtlinien sowie der Mindeststandards für das Kreditgeschäft, dazu verpflichtet, die Verwendung der verborgten Finanzierungsmittel zu kontrollieren, auf deren Rückführung zu achten und diese geeignet sicher zu stellen. Es ist der Bank klarerweise nicht gestattet, ohne Prüfung der Rückzahlungsfähigkeit und ohne Kontrolle des Verwendungszweckes Kre-

---

[333] Sofern im Folgenden bei §-Angaben keine Gesetzesangaben ausdrücklich genannt sind, ist immer das BTVG gemeint.

dite zu gewähren. Vielmehr ist in jeder Phase des Kreditengagements auf die Rückführbarkeit des Kredites und ausreichende werthaltige Sicherstellung zu achten.

Gerade das Thema der »**Sicherstellung**« und ihrer **Werthaltigkeit** ist bei Projektfinanzierungen von besonderer Bedeutung. Keinesfalls ist es immer so, dass allein schon die Begründung einer hypothekarischen Sicherstellung das Kreditinstitut jeglicher Sorgen enthebt. Selbst wenn die zur Verfügung gestellten Kreditmittel ausschließlich in das zu finanzierende Projekt fließen (also keine malversatorischen Zahlungsflüsse außerhalb des Projektes getätigt werden), ist damit noch nicht gesagt, dass die zugrunde liegende Hypothek ausreichend werthaltig ist. In regelmäßigen Zyklen erleben wir herbe Verluste von Banken im nationalen und internationalen Hypothekengeschäft. In den 70er Jahren des vergangen Jahrhunderts im nahöstlichen Wüstensand, in den 80er Jahren in den Londoner Docklands, in den 90er Jahren in Japan und im ersten Jahrzehnt dieses Jahrtausends die bedrohliche Krise um amerikanische Subprime-Kredite. Immer waren eine Fehleinschätzung der Märkte, eine Überbewertung der Objekte und überzogene Erwartungen der Renditen und Verwertungserlöse die Ursache großer Verluste. Um Ausfälle zu vermeiden, ist das Kreditinstitut verpflichtet, sich eine realistische und vorsichtige Meinung von der Reüssierfähigkeit der finanzierten Immobilie im zukünftigen Markt zu bilden.

Darüber hinaus tritt ein besonderes **Bewertungs- und Ausfallsrisiko** während der **Errichtungsphase** auf. Es ist allgemein bekannt, dass ein nur teilweise fertig gestelltes Bauobjekt (unabhängig von seiner Zweckwidmung als Wohnbau, Gewerbe- oder Büroobjekt etc.) niemals auch nur annähernd den Wert repräsentiert, der an finanziellen Mitteln für die bisherige Errichtung aufgewendet wurde. Selbst wenn in der Errichtungsphase eine Auszahlung der Kreditmittel im Rahmen des erfolgten Baufortschrittes vorgenommen wird, erhält die Bank (oder ein sonstiger Investor bzw. der Käufer, der Anzahlungen leistet) im Falle eines Bau-/Errichtungsstops und anschließender Verwertung im teilfertigen Zustand nie einen Verkaufserlös in Höhe der bereits investierten Gelder. Jeder Folgekäufer eines teilfertigen Objektes kalkuliert zusätzlich einen »Risikoabschlag« in seinen Kaufpreis für mögliche Baumängel, Erschwernisse der Fertigstellung, Umplanungsmaßnahmen, allgemeine Kostensteigerungen und letztlich eigenen Gewinnbedarf. Der Fehlbetrag aus der Sicht des Käufers schwankt je nach Projekt, Fertigstellungsgrad und Errichtungsqualität, kann in extremen Fällen sogar bis zur völligen Wertlosigkeit des errichteten Gebäudes gehen.

Daraus folgt erstens, dass die Bank ein hohes Interesse an der Fertigstellung jedes finanzierten Bauprojektes haben muss, weil nur dann die Sicherstellung ausreichend werthaltig ist, ja mit der Fertigstellung eigentlich überproportional an Wert »gewinnt«.

Darüber hinaus wird sie akribisch darauf achten, dass im Rahmen eines Gesamtfinanzierungskonzeptes die vollständige **Ausfinanzierung** aller Errichtungskosten gewährleistet ist und sämtliche Zahlungsflüsse (Kreditzuzählungen, Eigenmittel des Bauträgers/Investors, öffentliche Förderungsmittel, Anzahlungen der Käufer etc.) nachvollziehbar und zweckgewidmet ausschließlich im Projekt eingesetzt werden und sich werterhöhend auswirken. Dieser Gedanke spielt im Lichte des BTVG eine wichtige Rolle, da, je nach Sicherungsmodell, eine Rückzahlung der Käuferanzahlungen zu garantieren ist, oder, im Fall des Ratenplanes, eine Freistellung des Grundbuches bei Erreichen von bestimmten Baufortschrittsabschnitten vorzunehmen ist. Nur wenn zu jeder Zeit mit den noch nicht zugezählten Finanzierungsmitteln das Bauvorhaben rechnerisch und tatsächlich fertiggestellt werden kann, ist eine Verlustgebarung auszuschließen. Aus Sicht der Bank gilt es daher zu vermeiden, dass Baukostenüberschreitungen eintreten oder ein teilfertiges Objekt mit hohen Restfertigstellungskosten und Preisabschlägen »unter den Hammer« kommt.

Zusammenfassend ergeben sich für das Kreditinstitut, neben der Durchführung eines Ratingverfahrens für den Bauträger und der Prüfung des Projektes im Hinblick auf Rentabilität, **folgende Arbeitsschritte** bei der Gestion, die notwendigerweise einzuhalten sind, um das Risiko in der Bauprojektfinanzierung gering zu halten:

- genaue **Kontrolle aller Zahlungsflüsse**
- **Auszahlung nach Baufortschritt:** die Verwendung der zur Verfügung stehenden Mittel (Eigenkapital, Förderungsmittel, Kreditvaluta, Anzahlungen der Erwerber, Beteiligungskapital von dritter Seite etc.) erfolgt ausschließlich im Ausmaß und im Rahmen eines vor Projektbeginn festgelegten Zahlungsplanes. In diesem werden Höhe und Zeitpunkt der aus den einzelnen »Quellen« fließenden Finanzmittel vorausgeplant und bei plankonformem Baufortschritt abgerufen bzw. dem Bauvorhaben »zugeführt«, somit die anfallenden Kosten erst nach Rechnungsfreigabe durch Prüfingenieur, Bauaufsicht etc. bezahlt.
- **Technische Kontrolle** des Baufortschritts: entscheidend ist nicht nur der »augenscheinliche« (für jedermann laienhaft nachvollziehbare) Baufortschritt. Entscheidend ist vor allem, dass das errichtete Bauwerk (und die Einzelgewerke) den ausgeschriebenen Bauleistungen und den anerkannten Regeln der Technik entsprechen, keine schwerwiegenden Mängel aufweisen und so die investierten Mittel zweckmäßig und werterhöhend in das Bauprojekt eingeflossen sind. Im Fall der mangelhaften Bauführung droht eine Entfernung und Neuherstellung von Teilen des Bauwerkes, was naturgemäß mit Kostenüberschreitungen und höherem Finanzierungsaufwand verbunden ist.
- Die **Sicherstellung** der Finanzierung erfolgt praktischerweise (und häufig mangels anderer Alternativen) direkt am konkreten Bauprojekt durch **Pfandrechtseintragung im Grundbuch.** Dort wo mehrere Finanzierungsgeber auftreten, entsteht naturgemäß ein Interessenskonflikt am Sicher-

stellungsprojekt, sowohl was die Finanzierung als auch die berechtigten Erwerbsansprüche der Käufer / zukünftigen Nutzer betrifft. Dies verlangt, einen Interessensausgleich zwischen dem Sicherstellungsbedürfnis der finanzierenden Bank und der Absicherung der Erwerberstellung herzustellen. Sehr augenscheinlich wird das im Sicherungsmodell »Ratenplan«, kommt aber in den anderen Modellen ebenfalls zum Tragen.

- Beachtung und laufende Überprüfung, dass das Projekt zu den **präliminierten Kosten** und zum noch frei verfügbaren Kreditrahmen **fertig gestellt** werden kann. So müssen sich anbahnende Kostenüberschreitungen rechtzeitig erkannt werden, es muss frühzeitig gegen gesteuert werden, um ein Ausufern des Finanzierungsbedarfes (und damit allenfalls verbunden ein gänzliches Scheitern des Projektes) zu verhindern. Zu diesem Zweck muss sich die finanzierende Bank u. a. Einblick in Bauverträge, Generalunternehmerverträge, Werkverträge, Zahlungspläne etc. verschaffen.

Aus dem vorhin Erwähnten ergibt sich, dass durch die Integration der gesetzlich vorgesehenen Sicherungsmodelle zugunsten der Erwerber die Finanzierung eines Bauprojektes um vieles aufwändiger und komplexer wird.

Es ist daher wichtig, allen »BTVG-Beteiligten« die Denk- und Handlungsweise des finanzierenden Bankinstitutes klar zu machen, damit bei der Gestaltung und Abwicklung der Sicherungsmodelle keine Missverständnisse und Konflikte auftreten.

3
Sicherungsmodelle

Es werden die Bestimmungen, in denen die grundsätzliche Verpflichtung des Bauträgers zur Sicherung der geleisteten Erwerberanzahlungen normiert werden (insbesonders § 7) als bekannt vorausgesetzt, ebenso die Überlegungen zu Umfang und Dauer der Absicherungsverpflichtung. Im Folgenden wird nur mehr insoweit darauf eingegangen, als es bei der Erörterung der einzelnen Sicherungsmodelle und der damit zusammenhängenden Finanzierungsbeschreibung erforderlich ist.

3.1
Schuldrechtliche Sicherung (§ 8 BTVG) – Bankgarantie

§ 8 Abs. 1 (Verweis von § 7 Abs. 2) normiert, dass allfällige Rückforderungsansprüche des Erwerbers durch eine ihm eingeräumte Garantie oder eine geeignete Versicherung gesichert werden können. Nur Garantien, die von im Inland zur Geschäftsausübung berechtigten Kreditinstituten, Versicherungen oder Gebietskörperschaften ausgestellt sind, erfüllen die Voraussetzungen. (§ 8 Abs. 3)

Ebenfalls zugelassen bleiben wie bisher geeignete Versicherungen, die nach dem Willen des Gesetzgebers dem Erwerber gleichwertigen Schutz wie Garantien gewährleisten müssen. In der bisherigen Praxis spielte diese schuldrechtliche Sicherheit keine erkennbar bedeutende Rolle. Im Rahmen dieses Beitrages wird daher bis auf die notwendigen Inhalte, die mit der Garantie übereinstimmen müssen, auf keine weiteren Voraussetzungen, insbesondere auch nicht versicherungstechnischer Natur, eingegangen. In der Folge wird auch nur von Garantie gesprochen, auch wenn Versicherungen das idente Leistungsbild liefern müssen.

3.1.1
Inhalte des Garantieversprechens

Welche Inhalte hat das Garantieversprechen zwingend zu besitzen, um als gesetzeskonform im Sinne des § 8 angesehen werden zu können:

3.1.1.1

Adressat der Garantiezusage (Verbot der Treuhändergarantie): Aus der anlässlich der Novellierung neu aufgenommenen Formulierung »[...] eine ihm eingeräumte Garantie« ergibt sich der Auftrag des Gesetzgebers, dass die Garantiezusage als alleinig zulässigen Adressaten den Erwerber höchstpersönlich beinhalten muss. Dies ist deshalb von Bedeutung, weil nur der Adressat einer Garantie zu deren Inanspruchnahme berechtigt ist. Nur ihm stehen Zahlungsansprüche und Gestaltungsrechte aus der Garantie zu. Der Bankgarantiebrief ist kein Inhaberpapier im wertpapierrechtlichen Sinn, das jedem Inhaber den verbrieften Anspruch zuerkennt. Vielmehr ist die Garantie ein **Versprechen eines Kreditinstitutes, an eine bestimmte, und nur an diese,** klar definierte, **natürliche oder juristische Person,** Zahlung im Garantiefall leisten zu wollen.

Der Grund für diese sprachliche Klarstellung durch den Gesetzgeber liegt darin, dass in der Vergangenheit, aufgrund des Gesetzeswortlautes durchaus zulässig, die Meinung vertreten und in der Praxis auch angewendet wurde, es könne die Garantie auch zugunsten des Vertragserrichters / Treuhänders oder sonstiger Dritter ausgestellt werden, wenn dieser nur im Garantiefall für, d.h. auf Rechnung des Erwerbers, handle. Der Treuhänder wäre dann im Rahmen der ihn treffenden Treuhandpflichten angehalten, die Verwaltung, Verwahrung, Inanspruchnahme der Garantie, mit der Wirkung durchzuführen, dass nur er berechtigt ist, die Gelder aus der abgerufenen Garantie entgegen zu nehmen und den Erwerbern auszufolgen. Bisweilen wurden in der Praxis auch sogenannte »Sammelgarantien«[334] ausgestellt, d.h. die Ansprüche aller Erwerber wurden in einer einzigen Garantie »gebündelt«, der Treuhänder war alleiniger Begünstigter und hatte damit gegenüber der Garantiebank alle Rechte und gegenüber den Erwerbern die eben genannten Treuhandpflichten.

---

334 Ablehnend OGH 5 Ob 151/06a, wobl 2007/88.

In der literarischen Diskussion[335] wurde nicht zu Unrecht behauptet, dass mit diesen Konstruktionen die Rechte jedes Erwerbers insofern geschmälert würden, als er die Verfügungsmacht über die Garantie (und damit seine Rückforderungsansprüche) nie selbst im eigenen Namen wahrnehmen könne. Wenn er mit der Vorgangsweise des Treuhänders nicht einverstanden sei, etwa weil er meint, seine Interessen würden vom Treuhänder nicht ausreichend wahrgenommen, habe er keine Möglichkeit, die Garantie selbstständig in Anspruch zu nehmen. Es nütze dem Erwerber natürlich auch nichts, den geschlossenen Treuhandauftrag zu »widerrufen«, weil auch dadurch die Garantieansprüche nicht automatisch auf ihn übergehen und unmittelbar zu seinen Gunsten entstünden, da er ja niemals angesprochener Begünstigter der Garantieerklärung war.[336]

Will man nun die Rechte des Erwerbers in der geforderten Form der unmittelbaren Anspruchsberechtigung wahren, so bleiben nunmehr folgende Möglichkeiten:

Entweder die **Korrespondenz und Aushändigung jedes einzelnen Garantiebriefes** mit entsprechender Beratung erfolgt **an jeden Erwerber,** was einen erheblichen Aufwand mit entsprechendem »Kommunikationsrisiko« (Zustellungsprobleme, Übernahmenachweis, Rückgabe etc.) mit sich bringt.

Oder man vereinbart die **Einschaltung eines Vertreters.** Die begünstigte Person einer Garantiezusage hat natürlich die Möglichkeit sich durch einen Bevollmächtigten vertreten zu lassen. Dies kann in den Fällen der Bauträgerprojekte eben der **mit der Abwicklung betraute Vertragserrichter, üblicherweise Notar oder Rechtsanwalt,** sein. Dies bedeutet, dass der Erwerber – unter gleichzeitiger Überlassung des Garantiebriefes – dem Vertragserrichter Vollmacht erteilt, bei Eintritt des Garantiefalles die Rechte aus der Garantie in Anspruch zu nehmen. Das ist für den Erwerber in mehrfacher Hinsicht vorteilhaft. Der juristisch geschulte Vertragserrichter wird in der Rolle des »Abwicklungstreuhänders« (der mit dem Treuhänder im Ratenplan nicht unbedingt ident sein muss) vorerst einmal kompetent prüfen können, ob der vorgeschlagene Garantietext den gesetzlichen Erfordernissen entspricht. Weiters wird er die Rechte des Erwerbers im Leistungsfall fristgerecht und zielorientiert wahrnehmen können, im Normalfall professioneller als der in rechtlichen Angelegenheiten meist ungeschulte Erwerber dazu in der Lage wäre. In der Vergangenheit wurden bisweilen zum Teil gesetzeswidrige Garantievertragsmuster zur Anwendung gebracht, allein weil viele Empfänger der Garantie deren Inhalte mangels rechtlicher Kenntnisse nicht auf Gesetzes-

---

335 Insbesondere H. Böhm: Lücken im Erwerberschutz beim Wohnungskauf (2004).
336 Der Beweggrund für die Wahl dieser Konstruktion hatte aber plausible abwicklungstechnische Gründe. Damit nicht, vor allem in größeren Bauprojekten, mit einer Vielzahl von Wohnungseigentumsobjekten und Käufern, jedem einzelnen von ihnen ein individuell auf ihn ausgestellter Garantiebrief postalisch zugestellt, dessen Übernahme bestätigt, am Ende des erfolgreich abgewickelten Projektes die Rückgabe des Haftbriefes eingefordert und saldiert werden muss, sollten durch die Einschaltung eines rechtskundigen Treuhänders, der den Erwerbern aus der Treuhandschaft vertraglich verpflichtet ist, die vorgenannten Abläufe gestrafft und die Rechtsdurchsetzung vereinfacht werden.

konformität und Zulässigkeit überprüfen konnten. Allein deshalb empfiehlt es sich, die Abwicklung des Garantiemodells durch den vertragserrichtenden Treuhänder in Erwägung zu ziehen. Selbstverständlich wird es in jenen Fällen sein, wo die Kombination mit dem Ratenplanmodell angewendet wird.

Das Kreditinstitut ist bei Offenlegung der Bevollmächtigung jedenfalls in gleicher Weise zur Zahlung verpflichtet wie bei direkter Anforderung durch den garantiebegünstigten Erwerber. Die Zahlung kann entweder an den Bevollmächtigten (zur anschließenden Weiterleitung an den Erwerber) oder auch direkt an den Erwerber begehrt werden. Das Veruntreuungsrisiko ist dabei für den Erwerber nicht größer als beim Ratenplanmodell, wo der Treuhänder ebenfalls über Gelder des Erwerbers verfügt. Darüber hinaus ist der Erwerber grundsätzlich berechtigt, die Bevollmächtigung an den Treuhänder zu widerrufen und die Ausfolgung des Garantiebriefes zu verlangen, womit er wieder selbst ausschließlicher Kommunikationspartner der Garantiebank wird.[337]

Und damit wird das befürchtete Risiko einer Entmündigung des Erwerbers nicht schlagend. Das Kreditinstitut hat die Bevollmächtigung an den Treuhänder zu akzeptieren und seinen Anforderungen im Rahmen des Garantieversprechens Folge zu leisten.[338]

3.1.1.2

Die **Präambel,** dabei handelt es sich um die Beschreibung der Leistung, deren Inhalt dem Begünstigten garantiert werden soll, somit ein Hinweis auf den konkret abgeschlossenen Bauträgervertrag und die Tatsache hiermit nunmehr eine Sicherungspflicht gemäß § 8 erfüllen zu wollen. Eine besondere Rechtswirkung geht von ihr nicht aus.

3.1.1.3

Einen **Höchstbetrag,** bis zu welchem die Garantiebank maximal Zahlung leisten wird. Dieser Höchstbetrag ergibt sich aus dem Umfang der Sicherungspflicht (§ 7 Abs. 1), somit für sämtliche vom Erwerber im **Rahmen des Bauträgervertrages geleistete Zahlungen** (§ 1 Abs. 1, das ist der Kaufpreis zuzüglich allfälliger Zahlungen für Sonderausstattung und Zusatzleistungen, mit Ausnahme der Kosten für Abgaben, Steuern und Vertragserrichtung). Den Aufwand, die Vertragserrichtungskosten und Abgaben zurück zu holen, so sie bei einer Rückabwicklung des Vertrages refundiert werden, verbleibt beim Erwerber. (§ 7 Abs. 1)

---

[337] Denkbar sind allerdings Fallkonstellationen, bei denen der Treuhänder sich die Unwiderruflichkeit des Treuhandauftrages zusichern lässt, weil er seinerseits aufgrund einer Doppeltreuhandschaft auch dem finanzierenden Bankinstitut des Erwerbers verpflichtet ist.
[338] Auch die Erläuternden Bemerkungen anlässlich der Novelle äußern sich dahingehend, dass kein Einwand gegen die Verwahrung der Garantie beim bestellten Treuhänder besteht (EB RV 432 BlgNR XXIII. GP 9).

Zusätzlich darf (und das Kreditinstitut wird gut beraten sein, es zu tun! Siehe auch 3.1.1.4) der Garant seine Zahlungsverpflichtung in jenem Umfang davon abhängig machen, als die Zahlungen des Erwerbers auf ein (im Bauträgervertrag gemäß § 4 Abs. 1 Z 8 bekanntzugebendes) **Konto des Bauträgers** geflossen sind. Der Garant, der in der Regel auch das Projektvorhaben finanziert, benötigt in jeder Phase der Projektabwicklung einen Überblick über die stattfindenden Zahlungsströme. Nur wenn bekannt ist, wie viel der Erwerber bereits bezahlt hat, kann der Garant das Ausmaß seiner aktuellen Garantieverpflichtung bestimmen.[339]

In diesem Zusammenhang ist der Erwerber daher ausreichend klar darüber aufzuklären, dass die Rückzahlung seiner Anzahlungen nur dann garantiert ist, wenn diese über das bekannt gegebene Konto des Bauträgers geflossen sind. Dies betrifft auch die Zahlungen für die allfällige Sonderausstattung, die der Erwerber oft im direkten Wege mit den ausführenden Handwerkern und Professionisten des Bauprojektes vereinbart. Werden diese Werkleistungen direkt an jene Unternehmen bezahlt (etwa weil in Kostenvoranschlägen, Rechnungen etc. deren Konten als Zahlstelle vereinbart wurde), so sind diese Anzahlungen im Falle der späteren Auflösung des Bauträgervertrages **nicht** von der Garantieleistung umfasst.[340]

Das im Bauträgervertrag **(und sinnvoller Weise auch in der Garantiezusage)** genannte Konto des Bauträgers unterliegt im Verhältnis zum Erwerber **keiner** wie immer **gearteten** Sperre (anders beim Bauträger-Treuhandkonto, siehe Punkt 3.5). Der Bauträger kann also über jeden Zahlungseingang sofort verfügen, sofern dies im Rahmen der Baufortschrittskontrolle und des Bauzeit- und Kostenplanes zulässig ist, was wiederum von der Bank laufend zu kontrollieren ist.

3.1.1.4

Unbedingte Auszahlungsverpflichtung auf erste Anforderung ohne Prüfung des zugrundeliegenden Rechtsgrundes:

---

[339] Die für den Bauträger erforderlichen Mittel fließen ihm nämlich einerseits aus dem Baufinanzierungskredit und andererseits aus den Anzahlungen der Erwerber zu. Erreicht die Summe der von den Erwerbern geleisteten Anzahlungen und der zugezählte Baukredit das präliminierte Gesamtfinanzierungsvolumen, wird eine weitere Kreditzuzählung ab diesem Zeitpunkt unterbunden. Die weiteren Zahlungen der Erwerber dienen ab sofort nur mehr der Sicherstellung bzw. Tilgung der Baufinanzierung. Der Bauträger hat zu diesem Zeitpunkt ja bereits das Finanzierungsvolumen einmal zur Gänze zugezählt erhalten, ein Mehr an Finanzmitteln würde de facto Kostenüberschreitungen bedeuten, die in der Folge durch die Kaufpreise nicht mehr zur Gänze rückgeführt werden könnten.
[340] Auf die besondere Problematik besonders hoher Sonderausstattungsbeträge, die nicht werterhöhend eins zu eins ins Projekt eingehen, weil sie vielleicht nur einen besonderen Luxus für den individuellen Käufer allein darstellen, soll hier gar nicht eingegangen werden. Das Kreditinstitut ist hier gut beraten, die Garantiezusage an Erwerber mit besonders teurer, aber nicht werthaltiger Sonderausstattung zu überdenken.

Die Bank ist nicht berechtigt, das zugrundliegende Valutaverhältnis einer rechtlichen Beurteilung zu unterziehen und von dessen Ergebnis die Auszahlung abhängig zu machen. Vielmehr ist unverzüglich Zahlung zu leisten.

Für die **Inanspruchnahme** der Garantie dürfen nach der abschließenden Aufzählung im Gesetz – wie erwähnt – nur folgende **Bedingung bzw. Konsequenzen** vorgesehen sein (§ 8 Abs. 5):

- Nur die Zahlungen sind gesichert, die auf ein dem Erwerber vorweg **bekanntgegebenes Konto** (im Regelfall beim Garanten) entrichtet werden. Leistet der Erwerber Barzahlung, oder zahlt auf ein anderes Konto des Bauträgers oder direkt an Professionisten für Sonderausstattung, so ist deren Rückzahlung nicht von der Bankgarantie umfasst. Bei kombinierter Anwendung mit dem Ratenplan mit Garantiemodell muss wohl auch das Konto des Treuhänders einbezogen werden.
- **Die Auflösung des Bauträgervertrages,** diese ist aber bereits eine gesetzlich angeordnete Folge der Inanspruchnahme (§ 8 Abs. 5 2. Satz). Anders als nach bisheriger Rechtslage kann der Bauträgervertrag bei Inanspruchnahme der Garantie nicht fortgesetzt werden. Nicht erforderlich ist, oder zur Bedingung gemacht werden kann, die Vorlage einer Rücktrittserklärung seitens des Erwerbers. Die Inanspruchnahme ist gleichzeitig auch die Rücktrittserklärung, auch wenn sie nicht dem eigentlichen Vertragspartner gegenüber erklärt wird. Der Gesetzgeber ordnet die automatische Auflösung des Vertrages an. Aus der vertraglichen Nebenverpflichtung der Bank ergibt sich deren Pflicht zur Verständigung des Bauträgers. Ob die Inanspruchnahme und Vertragsauflösung seitens des Erwerbers rechtmäßig war, wird allenfalls in weiterer Folge zwischen den Vertragsparteien gerichtlich zu klären sein.
- Keine Bedingung aber eine mögliche **Voraussetzung für die Fälligkeit ist die Löschung der zugunsten des Erwerbers allenfalls bereits erfolgten Grundbucheintragungen.** Mit dem Rücktritt vom Vertrag und Erhalt seiner Anzahlungen bedarf es keiner Sicherstellung des Erwerbers am Objekt bzw. im Grundbuch mehr. Umgekehrt ist die Bank, deren aushaftendes Kreditobligo durch die Garantiezahlung um diesen Betrag nunmehr ausgeweitet wird, an der grundbücherlichen Absicherung an den rückabgewickelten Miteigentumsanteilen interessiert, weil nunmehr dieser Anteil durch den Bankkredit und nicht mehr durch den Erwerber finanziert wird.

Von weiteren Voraussetzungen darf der Garant (nunmehr neu nach der vorliegenden Novelle) seine Zahlungsverpflichtung nicht abhängig machen (§ 8 Abs. 5).[341]

Der Gesetzgeber meint, dass weitere Nachweise für den Erwerber unzumutbar seien, weil damit seine Rechte erheblich schwieriger und vor allem zu einem wesentlich späteren Zeitpunkt erst durchgesetzt würden und stellt damit nunmehr das Garantiemodell in diesem Punkt etwas besser als das Ratenplanmodell. In Letzterem ist der Erwerber (sofern keine Einigung mit dem Bauträger und den anderen Miteigentümern getroffen werden kann) darauf angewiesen, seine Ansprüche zur Verwertung bzw. Erwerb seines Miteigentumsanteils gerichtlich durchzusetzen. In diesem Fall mutet man dem Erwerber das Gerichtsverfahren bzw. die Teilungsklage also zu.

Jede weitere (unzulässigerweise) gesetzte Bedingung ist so zu behandeln als wäre sie nicht bedungen. Es ist davon auszugehen, dass die Garantie nicht als solche unwirksam ist (dies würde dem beabsichtigten Erwerberschutz ja gerade zuwiderlaufen), sondern eben ohne die einschränkende Bedingung gültig ist.

Üblicherweise wird die **schriftliche Anforderung** bedungen werden. Das Gesetz sieht dies nicht ausdrücklich vor, doch entspricht es den Gepflogenheiten des Geschäftsverkehrs und wird auch dem Konsumenten zumutbar sein. Dies deshalb, um einen Nachweis für die Identität des Begünstigten durch Prüfung seiner Unterschrift vornehmen zu können und vor allem auch die Tatsache der Inanspruchnahme nachzuweisen. Wegen der weiterreichenden Auswirkungen auf das Vertragsverhältnis zwischen Erwerber und Bauträger, welches jedenfalls durch die Inanspruchnahme der Garantie zu diesem Zeitpunkt aufgelöst wird, ist die Bank verpflichtet, dem Bauträger ohne Verzug Mitteilung zu machen.

3.1.1.5

Mit dem (durch die Novelle neu eingefügten) letzten Satz im § 8 Abs. 1 soll klargestellt werden, dass die Garantie nicht auf den Wert der noch **nicht erbrachten Bauleistungen eingeschränkt werden darf.** Damit wurde auf punktuelle Fehlentwicklungen in der bisherigen Praxis reagiert. In einigen Fällen wurden Garantien ausgestellt, die nicht die Rückzahlungsansprüche des Erwerbers sicherten, sondern die Haftung für die Kosten der noch nicht erbrachten Bauleistungen übernahmen. Dies entsprach nicht dem Wortlaut des Gesetzes (»Sicherung der Rückzahlungsansprüche«), sondern führte überdies zu dem sonderbaren Ergebnis, dass sich der Wert der Garantie, aufgrund des weiter fortgeschrittenen Baustadiums, umso mehr verminderte (!) als der Erwerber an

---

341 In der Praxis hat sich in der Vergangenheit in einigen Fällen die Anwendung von zusätzlichen Auszahlungsbedingungen herausgebildet. So wurde als Auszahlungsvoraussetzung bisweilen die Vorlage eines rechtskräftigen Gerichtsurteiles oder der Nachweis über die Eröffnung eines Insolvenzverfahrens bedungen.

Zahlungen selbst geleistet hatte. Diese sind aber gerade der Gegenstand der Absicherung. Es sind diese Garantien nicht völlig wertlos, sie kommen de facto beschränkten Fertigstellungsgarantien gleich, ohne jedoch, wie gesetzlich gefordert, die Rückzahlungsansprüche tatsächlich abzusichern.[342]

3.1.1.6

Umfang der Sicherungspflicht: wie bereits erwähnt, erstreckt sich die Sicherungspflicht gemäß § 8 auf die Rückzahlung der vom Erwerber geleisteten Beträge. Dies beinhaltet alle Zahlungen des Erwerbers an den Bauträger oder an Dritte und verursacht (wie oben unter 3.1.1.3 gezeigt) keine definitorischen Probleme.

Die Sicherungspflicht (nur im Garantiemodell) erstreckt sich aber auch auf **rückständige** (was ist genau damit gemeint?) **Zinsen bis** zu der in § 14 Abs. 1 genannten Höhe. Die Auslegung dieser Bestimmung bereitet Probleme.

Die im § 14 Abs. 1 genannte Höhe der Zinsen wird als »den Basiszinssatz um acht Prozentpunkte übersteigende Höhe« festgelegt. Mit Basiszinssatz ist der in den Mitteilungen der ÖNB verlautbarte Basiszinssatz gemeint.[343] Der »Aufschlag« auf diesen Basiszinssatz wurde im Zuge der Novellierung 2008 von 6 auf nunmehr 8 Prozentpunkte erhöht. Die Höhe dieses Zinssatzes hat im Lichte des § 14 Abs. 1 1. Satz jedenfalls pönalisierenden Charakter, weil damit Zahlungen die entgegen (also unzulässigerweise) den Bestimmungen dieses Bundesgesetzes erbracht wurden, mit einem kräftigen Strafzuschlag, zurückzuzahlen sind.

Es stellt sich nunmehr die Frage, in welcher Höhe und für welche Sachverhalte Zinsen zu garantieren sind. Die im § 14 Abs. 1 angegebene Zinssatzhöhe scheint ja nur die maximale Obergrenze darzustellen. (»[…] bis zu […]«)

Allein aus dem Wortlaut, aber auch aus der Anordnung der Bestimmung im 2. Satz des § 14 Abs. 1 ergibt sich wohl eindeutig, dass die im § 14 Abs. 1 genannten Zinsen dem Erwerber nicht automatisch in jedem Rückzahlungsfall zustehen, sondern nur in Fällen, in denen er oder der Treuhänder entgegen den gesetzlichen Bestimmungen »Leistungen« (wieso nicht »Zahlungen«?) erbracht hat.

---

342 Der Gesetzgeber hat damit nunmehr in überschießendem Pflichtbewusstsein klargestellt, dass untaugliche Garantien in diesem Sinne auch wirklich untauglich sind.
343 Dieser lag im Zeitraum von 1999–2007 zwischen 1,47 % bis 4,25 %.

Für alle anderen Fälle der Rückzahlung ist keine gesetzliche Regelung im BTVG vorgesehen. Ob sich diesfalls überhaupt eine Zahlungspflicht auch für die Zinsen ergibt, ist gar nicht so sicher.[344]

Die anderen Sicherungsmodelle gewähren dem Erwerber nämlich auch keinen Anspruch auf Zinsen mit Ausnahme der angefallenen Habenzinsen beim Bauträgersperrkonto.

Man könnte nun zwar auch die Meinung vertreten, es seien, mangels vertraglicher Regelung, die gesetzlichen Zinsen zu bezahlen (und wohl auch nur diese von der Garantie umfasst), einen Hinweis hiefür liefert das Gesetz aber auch nicht.
Im Gegenteil, verstärkt wird die Interpretationsmöglichkeit für das Fehlen einer Zinszahlungspflicht im »normalen« Rückabwicklungsfall auch durch das Wort **»rückständige« Zinsen.** Was soll dieser Begriff zusätzlich bedeuten? Wenn in jedem Fall der Rückabwicklung Zinsen zu zahlen wären, hätte es des Wortes »rückständig« nicht zusätzlich bedurft. Wenn damit aber nur Zinsen für verspätete, überfällige Rückzahlungen (solche sind jene aufgrund von verbotenen Zahlungsannahmen, aber auch jene, wenn die Rückzahlung im »normalen« Rückabwicklungsfall mit Verzug erfolgt) gemeint sind, ergibt sich für den »normalen« Rückabwicklungsfall mit unverzüglicher Rückzahlung nach dem Gesetzeswortlaut überhaupt keine Zinszahlungsverpflichtung des Bauträgers und schon gar nicht des Garanten.

Es ist daher möglich, im Bauträgervertrag entweder die pünktliche Rückzahlung ohne Zinsen oder einen bestimmten Zinssatz vorzusehen oder den gesetzlichen Zinssatz gemäß § 1000 ABGB, zu vereinbaren. Damit kann auch die Bank ihre allenfalls schlagend werdende Verpflichtung kalkulieren. Nur im Extremfall der verbotenen Zahlungsannahme hat sie den Maximalzinssatz zu garantieren.[345]

3.1.1.7

Laufzeit des Garantieversprechens: Üblicherweise werden Garantien mit einem kalendermäßig exakten Endtermin versehen, nach dessen Ablauf eine wirksame Inanspruchnahme nicht mehr möglich ist. Das Gesetz verlangt jedoch, wie bisher auch schon, die **Sicherung bis zur Übergabe** des (nunmehr neu: eigentlichen) Vertragsobjektes und Sicherung der **Erlangung der vereinbarten Rechtsstellung** des Erwerbers. An welchem Tag beide Bedingungen eingetreten sein werden, kann im vorhinein nicht mit vollständiger Sicherheit gesagt werden. Es wird zwar regelmäßig in den

---

[344] Dass Zinsen überhaupt zu garantieren sind, ergibt sich zwar aus der Anordnung des § 8 Abs. 1, aber für welche Fälle welche Zinsen zu zahlen sind, sagt das Gesetz mit keinem Wort.
[345] Die Bank kann sich gegen die maximale Zahlungspflicht von 8 Prozentpunkten über dem Basiszinssatz liegenden Zinsen durch eine konsequente und straffe Kontrolle des Bauprojektes, des zugrundeliegenden Vertragswerkes und der stattfindenden Zahlungsflüsse zwar nicht absolut, aber doch einigermaßen wirksam schützen.

Bauträgerverträgen ein »vereinbarter Übergabetermin« vorgesehen, dieser muss aber nicht zwingend mit dem Ende der Sicherungspflicht zusammen fallen. Man denke nur an die Dauer der Begründung von Wohnungseigentum oder auch die Ungewissheit ob alle Urkunden unwiderruflich vorliegen, sodass von einer Sicherung der Erlangung der Rechtsstellung des Erwerbers zweifelsfrei gesprochen werden kann. Die Garantieverpflichtung endet damit nicht automatisch zum im Bauträgervertrag vereinbarten Übergabetermin. Das kann auch gar nicht wirksam vereinbart werden, will man eine gesetzeskonforme Garantiezusage erstellen. Es wäre ja absurd, den Erwerber nur für einen bestimmten Zeitraum der Errichtungsdauer zu schützen, gegen Ende derselben (gerade wenn der Großteil seiner Zahlungen womöglich geleistet worden ist) den Schutz aber zu entziehen.

Überlegungen, kalendermäßig befristete Garantien zuzulassen, sind m.E. nur unter bestimmten Voraussetzungen zulässig, sollen sie nicht dem Gesetz widersprechen. Ein vorgegebener Endtermin wirft nämlich sofort eine Vielzahl von Fragen auf. So z.B., ob die Garantie innerhalb dieser Frist in Anspruch genommen werden muss oder ob es ausreicht, dass innerhalb der Frist der Garantiefall eingetreten sein muss. Weiters, was zu geschehen hat, wenn zum fixierten Endtermin der Bau noch nicht fertiggestellt ist.

Wenn der Garant aus »bilanztechnischen« oder Gründen der Evidenzhaltung seiner Verpflichtungen einen fixen Ablauftermin unbedingt in die Garantie aufnehmen möchte, hat er folgende Möglichkeiten:

Die Vereinbarung eines **kalendermäßig (vorläufig) fixierten Endtermines wird dann zulässig sein,** wenn der Garant die Erstreckung seiner Garantieverpflichtung für den Fall bereits vorweg zusichert, sollten die gesetzlichen Bedingungen noch nicht erfüllt sein. Dies kommt einer **»automatischen« Verlängerung** der Garantieverpflichtung über den »vorerst« in Aussicht genommenen Endtermin gleich.

Oder aber er gewährt dem Erwerber neben einer großzügigen Frist über den in Aussicht genommenen Übergabetermin hinaus ein einseitiges Optionsrecht zur Verlängerung der Garantie. Hier liegt es am Erwerber, seine Interessen rechtzeitig wahrzunehmen.

Wird beides vom Garanten nicht angeboten und zugesichert, kann der Erwerber – auch wenn der Garantiefall noch gar nicht eingetreten ist – die Garantie **vorsorglich** in Anspruch nehmen. Entweder er erhält den Betrag ausbezahlt oder – was in der Praxis häufig passiert – der Garant wird eine Verlängerung vorschlagen.

Im Ergebnis muss die Garantie somit bis zum Ende der Sicherheitspflicht des Bauträgers unwiderruflich zugunsten des Erwerbers bestehen oder doch verlängert werden können. Um die Rechte des Erwerbers bestmöglich wahrnehmen zu können, gilt auch hier die Empfehlung, diese Aufgabe an den vertragserrichtenden Treuhänder zu übertragen.

Sobald die gesetzlich vorgesehenen Bedingungen allerdings eingetreten sind, erlischt die Sicherungsverpflichtung des Bauträgers und auf diesen Zeitpunkt sollte auch das Erlöschen der Garantiezusage abgestellt sein.

3.1.1.8

Nachweis über das Ende der Sicherungspflicht: In diesem Zusammenhang stellt sich die Frage, auf welche Weise der Nachweis für den Eintritt des Endes der Sicherungspflicht zu erbringen ist, und wer den Beweis hiefür anzutreten hat. Naturgemäß wird der Bauträger daran interessiert sein, seine Verpflichtungen gegenüber den Erwerbern so rasch als möglich zu erfüllen und damit die Sicherungspflicht zum Erlöschen zu bringen. Denn dadurch werden seine Finanzierungslinien bei der Bank für andere Projekte oder Investitionen frei. Auch können die Kosten für die Garantieerstellung geringer gehalten werden, wenn das Garantieentgelt der Bank nach der tatsächlichen Laufzeit der Garantiezusage bemessen wird. In der Praxis haben sich unter anderem folgende Vorgangsweisen bei der Erbringung der Nachweise für das Erlöschen der Sicherungspflicht bewährt:

3.1.1.8.1

Nachweis der Übergabe des Vertragsobjektes: die **Bestätigung des Erwerbers**, dass das eigentliche Vertragsobjekt (durch Schlüsselübergabe, tatsächliche Inbesitznahme etc.) übergeben bzw. von ihm übernommen wurde. Die Gefahr, dass eine solche Erklärung im Wege einer Übervorteilung oder Überrumpelung des Erwerbers zustande kommt, ist überschaubar gering. Auch der rechtsunkundige Konsument wird wohl sagen können, ob er das Vertragsobjekt nun übernommen und besiedelt hat bzw. bereits bewohnt oder nicht. Problematisch kann allerdings die Frage sein, ob der Vertragsgegenstand, der zwar vom Erwerber »übernommen« wurde, auch »fertiggestellt« im Sinne des Bauträgervertrages ist. In Frage kommen jene Konstellationen, wenn der Erwerber ganz bewusst aus irgendwelchen Gründen den noch nicht fertiggestellten[346] Vertragsgegenstand trotz anderslautender Vertragsvereinbarung übernimmt, oder wenn der Vertragsgegenstand für alle Beteiligten erkennbar solche Mängel aufweist, dass man nicht von Fertigstellung sprechen kann. Keinesfalls wird schon jeder Mangel den Fertigstellungsstatus verhindern. Vielmehr nur solche, die den widmungsgemäßen Gebrauch des Vertragsgegenstandes unmöglich machen. Die Grenze wird jedenfalls dort zu ziehen sein, wo ein Erwerber den Vertrag auch wegen wesentlicher unbehebbarer Mängel

---

[346] D.h. weniger als im Bauträgervertrag vereinbart war! Denn es kann auch ein halbfertiges Objekt Vertragsgegenstand sein.

im Sinne des Gewährleistungsrechtes auflösen könnte oder der Mangel »gravierend«[347] ist. Denn dann kann wohl nicht von einem »fertiggestellten« Vertragsobjekt gesprochen werden. Wenn hingegen der Erwerber die Übernahme bestätigt und keine Hinweise (etwa eindeutige Vorbehalte im Übernahmeprotokoll o. ä.) auf eine unfertige Leistung vorliegen, dann kann auch bei Vorliegen von in der Folge noch zu behebenden Mängeln (die in irgendeiner Form bei jedem Bauprojekt vorkommen und unvermeidlich sind) von einem fertiggestellten Vertragsobjekt ausgegangen werden. Damit ist Rechtssicherheit in diesem Punkt gegeben.

Vom Ende der Sicherungspflicht zu unterscheiden, und differenziert zu behandeln, sind allfällige Zurückbehaltungsrechte des Erwerbers gemäß § 1052 ABGB. Deren Umfang wird als weitergehend anzusehen sein.

Der Verweis auf Gewährleistungsnormen darf hier nicht falsch verstanden werden. Diese können in gegenständlicher Frage nur Abgrenzungskriterium sein. **Denn Gewährleistungsansprüche des Erwerbers sind durch die Garantie gemäß § 8 nicht gesichert.** Dies war schon nach der bisherigen Rechtslage so (»Sicherung der Zahlungen«) und ist nach der Novelle wohl noch eindeutiger. Für Gewährleistungsansprüche wurde nämlich im § 4 Abs. 4 das Rechtsinstitut des Haftrücklasses neu geschaffen. Und zwar unabhängig davon, welches Sicherungsmodell zur Anwendung kommt. Wenn man die Garantie gemäß § 8 auch für Gewährleistungsansprüche anwendbar sehen würde, hätte es zumindest beim Garantiemodell nicht auch des Haftrücklasses bedurft.

Es werden in der Praxis die üblicherweise anlässlich der Schlüsselübergabe verwendeten **»Übernahmeprotokolle«** des Bauträgers für die Anerkennung als Bestätigung ausreichen. Dies allerdings unter der wesentlichen Voraussetzung, dass der Erwerber eindeutig die Übernahme als solche bestätigt. Es ist nämlich nicht auszuschließen, dass Erwerber und Bauträger anlässlich der Unterfertigung des in der Praxis oft »Mängel- und Übernahmeprotokoll« bezeichneten Schriftstückes davon ausgehen, hiermit würden lediglich die (üblicherweise noch vorhandenen, i. d. R. kleineren) Baumängel dokumentiert, die in der Folge vom Bauträger oder seinen Subunternehmern noch zu beheben sind. Wenn dieses Protokoll nur (im Sinne einer »Vorübergabe«) zu Beweiszwecken für die aufgenommenen Mängel dienen soll, erfüllt es naturgemäß nicht die Voraussetzungen einer Übernahmebestätigung. Diese an sich klare rechtliche Situation wird in der Praxis zu beachten sein, widrigenfalls das Kreditinstitut eine schadenersatzpflichtige Auszahlung an den Bauträger riskiert.

---

347 Die Erläuterungen halten einen Mangel dann für gravierend, wenn der zur Mängelbehebung erforderliche Aufwand im Verhältnis zu den (für den jeweiligen Bauabschnitt) zu leistenden Zahlungen »unverhältnismäßig« erscheint (EB RV 432 BlgNR XXIII. GP 22). Eine vereinzelt angeführte »Faustregel« von 5 % der Kosten pro Ratenplanabschnitt ist durch nichts gerechtfertigt und sicherlich zu tief angesetzt.

3.1.1.8.2

Nachweis der Sicherung der Erlangung der vereinbarten Rechtsstellung. Nicht in jedem Fall[348] wird man sich mit einer bestätigenden Erklärung des Erwerbers allein zufrieden geben können. Im Einzelfall ist nämlich im Detail zu prüfen, ob die vertraglich vereinbarte Rechtsstellung dem Erwerber verschafft oder – was im Übrigen meist rechtlich noch komplizierter zu beurteilen ist – zumindest deren Erlangung gesichert ist. Damit insbesondere Bauträger und Bank eindeutig vom Eintritt dieser Bedingung ausgehen können, empfiehlt es sich, die **Überprüfung und Bestätigung durch den Vertragserrichter bzw. Treuhänder vornehmen** zu lassen. Ist ein solcher im konkreten Fall nicht bestellt (etwa weil der Bauträger die Vertragsabwicklung durch eine eigene Abteilung in seinem Unternehmen vornimmt), muss eben die Bank die Erklärung eines Angehörigen der Berufsgruppe der Freien Rechtsberufe einholen, um den Eintritt der Bedingungen (es reicht ja die Sicherung der Erlangung) zuverlässig zu bestätigen. Andernfalls verbleibt der Garant in der dauernden Ungewissheit, ob seine Zahlungsverpflichtung in Zukunft noch aufrecht ist. Verlässt sich die Bank bloß auf Erklärung des Bauträgers, muss sie damit rechnen, auch zu einem späteren Zeitpunkt noch in Anspruch genommen zu werden, weil das Erlöschen der Garantie eben nicht durch Erklärungen herbeigeführt werden kann, sondern ausschließlich durch den Eintritt der Bedingungen, die das Ende der Sicherungspflicht auslösen.

Fraglich ist, wie die Situation zu beurteilen ist, wenn die Erklärung fälschlicherweise die Beendigung der Sicherungspflicht bestätigt. Erklärungen des Bauträger, des Erwerbers oder eines Dritten können diesen Eintritt lediglich bescheinigen, aber nicht konstitutiv herbeiführen. Ist die Erklärung unrichtig, haftet der Erklärende im Rahmen seines Verschuldens der Bank, falls sie zu Zahlungen aus der Garantie verpflichtet ist. Ein Verschulden des Erwerbers wird in Anbetracht der im Regelfall für die Beurteilung dieses Sachverhaltes fehlenden rechtlichen Kenntnisse häufig gar nicht gegeben sein. Deswegen ist das Kreditinstitut gut beraten, die Erlangung der vereinbarten Rechtsstellung von Experten bestätigen zu lassen.

Das Erlöschen der Garantieverpflichtung kann im Garantietext – neben den erwähnten materiellrechtlichen Bedingungen – auch durch **Rücklangen der Haftbriefurkunde** beim garantierenden Institut vereinbart werden. Wenn die Haftbriefurkunde (selbstverständlich ohne dass ein Fall von Irrtum, List etc. vorliegt) vom Begünstigten oder dem bevollmächtigten Treuhänder an die Garantiebank in der Absicht rückgesendet wird (eben weil das Haftungsversprechen infolge Eintritts der Erlöschensbedingungen obso-

---

348 Man denke nur an grundbücherliche Belastungen, die trotz Eigentumsrechtseintragung für den Erwerber im Grundbuch irrtümlich oder absichtlich verblieben sind (Pfandrechte, Servitute u. Ä.) oder an rechtswidrige Mietvertragsinhalte.

let wurde oder eine andere Sicherstellung beigebracht wurde) keine Ansprüche mehr zu stellen, erlischt die Garantieverpflichtung der Bank.

Umgekehrt behält auch der Besitzer der Garantieurkunde nicht ad infinitum seine Ansprüche allein deswegen, weil er dieses Dokument innehat. Sobald die Voraussetzungen für die Sicherungspflicht enden – weil eben die Übergabe stattgefunden hat und die Erlangung der Rechtsstellung zumindest gesichert ist, – enden auch die Ansprüche aus der Garantie. Das allenfalls noch im Besitz des Erwerbers befindliche Garantiedokument wird dann ungültig.

3.1.1.9

Inanspruchnahme und Fälligkeit des Anspruches: Auch hier gab es in der Praxis unterschiedliche, zum Teil krass gesetzwidrige, Formulierungsvorschläge (»Fälligkeit ist erst dann gegeben, wenn Übergabetermin erfolglos verstrichen ist« etc.). Der Zeitpunkt, ob eine Inanspruchnahme überhaupt möglich ist, richtet sich nach dem Willen des Gesetzgebers allein danach, sobald der Erwerber zur Rückforderung des von ihm Bezahlten berechtigt ist. Anspruchsgründe hiefür sind z. B. die endgültige Unmöglichkeit der Leistung aus dem Bauträgervertrag, der berechtigte Rücktritt des Erwerbers, wie überhaupt alle Gründe aus Vertrag und Gesetz. Eine Einschränkung auf einen bestimmten Zeitpunkt ist genau so unzulässig, wie sonstige Bedingungen für die Inanspruchnahme, so z. B. ein rechtskräftiges Gerichtsurteil, der Nachweis der Eröffnung eines Insolvenzverfahrens über das Vermögen des Bauträgers etc.

In der Betrachtung zu trennen ist das Recht zur Inanspruchnahme jedoch von der **Fälligkeit** der Garantiezahlung.

Hinsichtlich der **Fälligkeit** der Garantiezahlung kann zur Bedingung gemacht werden, dass der Erwerber alle seine bücherlichen Rechte aufgibt, was im Lichte der stattfindenden Vertragsauflösung ohnehin naheliegt.

Deshalb sollte im Garantietext die Fälligkeit der Zahlung von der **Zug um Zug vorzunehmenden Löschung aller zugunsten des Erwerbers bestehenden Grundbuchseintragungen** abhängig gemacht werden. Weitergehende Einschränkungen in bezug auf die Fälligkeit sind jedoch unzulässig.

Die Zahlungsfrist, die sich die Bank ausbedingen darf, wird man im für Bankgarantien üblichen Rahmen von 3 bis maximal 14 Tagen ab Einlangen der Anforderung annehmen können.

3.1.1.10

Teilinanspruchnahme: Fraglich war bislang, ob der Garantiebetrag auch in Teilbeträgen in Anspruch genommen werden kann, allenfalls unter Aufrechterhaltung des Bauträgervertrages. Letzteres ist nach der Novelle eindeutig **nicht mehr möglich.** Die Inanspruchnahme der Garantie bedeutet gleichzeitig die Auflösung des Vertrages (§ 8 Abs. 5); dies wird auch in den meisten Fällen dem Wunsch des Begünstigten entsprechen. Eine **Ausnahme** könnte sich hinsichtlich der Zahlungen für **Sonderausstattung** ergeben und bedürfte einer diesbezüglichen vertraglichen Vereinbarung.

3.1.2
Vertragskonstruktion und Sicherheitenbegründung

3.1.2.1
Vereinbarungen der Bank mit dem Bauträger

Wie erfolgt nun die vertragliche Vereinbarung mit dem Bauträger? Welche Vereinbarungen werden für die Sicherstellung der Bank sowohl für das zugesagte Baudarlehen als auch für die auszustellenden Garantien getroffen?

Auf den ersten Blick scheint es sich um eine Zusage der Bank in Höhe des zweifachen Projektvolumens zu handeln. Zum einen sichert die Bank die **Kreditgewährung** im Rahmen eines Finanzierungsplanes zu. Dieser Finanzierungsplan berücksichtigt auch die Verwendung der Wohnbauförderungsmittel, Eigenmittel, sonstigen Zuschüsse, Anzahlungen der Erwerber etc.[349]

Zum zweiten verspricht die Bank im Rahmen eines »Generalhaftbriefrahmens« die **Ausstellung von Garantiezusagen** an die zukünftigen Erwerber. Dies erfolgt jedenfalls in voller Höhe des Projektvolumens, besser gesagt, in Höhe der Summe aller prognostizierten Kaufpreise und wird daher über den Gesamtkosten des Projektes liegen. Theoretisch ist es ja denkbar, dass im Falle sehr erfolgreicher Vorabverkäufe durch den Bauträger vor Fertigstellung und Übergabe alle Einzelobjekte des Projektes verkauft sind und damit alle Erwerber zu 100% sichergestellt werden müssen. Da es notwendig ist, beide Kreditzusagen (Finanzierung und Haftungsrahmen) zu besichern, würde dies den Bauträger vor die schwierig zu lösende Aufgabe stellen, 200% des Projektvolumens als Sicherstellung der Bank anbieten zu müssen. Dies ist jedoch – anders als bei den Ga-

---

349 Der Bauträger ist gut beraten, die Finanzierungszusage in insgesamt jener Höhe einzuholen, die der Höhe des fremdfinanzierten Projektvolumens exklusive der sofort verfügbaren Eigenmittel entspricht. Gibt er sich aus diversen Gründen mit einer Teilkreditzusage zufrieden, läuft er Gefahr bei verzögertem Abverkauf aufgrund fehlender Erwerberanzahlungen, späterer Auszahlung von Fördermitteln etc. seinerseits mangels Liquidität seine eigenen Zahlungsverpflichtungen nicht einhalten zu können.

rantien im Zusammenhang mit dem Ratenplan (gemäß § 9) – beim Absicherungsmodell nach § 8 nicht problematisch. Es ist die Vertrags- und Finanzierungskonstruktion so zu wählen, dass der Bauträger die zur Projekterrichtung benötigten Fremdmittel in Summe nur einmal erhält, also zum Teil aus den Erwerberanzahlungen und zum Teil aus den Kreditzuzählungen. Ist diese Summe aufgrund von Kreditzuzählungen und Erwerberanzahlungen erreicht, verfügt damit der Bauträger über 100 % der für die Fertigstellung benötigten Mittel, werden die in der Folge einlangenden restlichen Erwerberanzahlungen zur sukzessiven Kredittilgung verwendet, was für den Bauträger den Vorteil hat, dass die verbleibende Zinslast minimiert wird. Damit benötigt die Bank aber auch keine doppelte Sicherstellung, weil entweder Kredit- **oder** Haftungsrahmen ausgenützt sind, im praktischen Fall beide, aber nur bis zur Höhe der Errichtungskosten bzw. Verkaufserlöse. Dem Bauträger ist zu empfehlen, die frühzeitige Kredittilgung mit der Bank vorab schon und spesenfrei zu vereinbaren, um den Zinsvorteil lukrieren zu können, da das »Liegenlassen« der restlichen Erwerberanzahlungen auf einem Baukonto i. d. R. weniger Zinserträge bringt als der Zinsaufwand am Kreditkonto ausmacht.

Im Projekt selbst nicht gedeckt werden können jedoch die allenfalls zusätzlich zu garantierenden Zinsen für rückzuzahlende Beträge.

Es werden im Regelfall folgende Vereinbarungen zwischen Bauträger und Bank abgeschlossen:
- Eine **Finanzierungszusage** bzw. ein **Kreditvertrag** über die nicht bereits durch Eigenmittel, Wohnbauförderung oder von dritter Seite bereitgestellten Finanzierungsmittel, womit die Gesamtprojektkosten (inkl. Grundankauf und alle Nebenkosten) finanziert werden können.[350]
- Die Sicherstellung erfolgt i. d. R. durch **Höchstbetragspfandrecht** auf der Projektliegenschaft, aktuell mit 1,2 % des intabulierten Betrages zu vergebühren.
- Dazu kommt als weitere Vereinbarung ein **Haftungsrahmenkreditvertrag,** in der sich das Kreditinstitut verpflichtet, über Anforderung jeweils die Einzelgarantiebriefe an die Erwerber auszustellen. Diese Haftungsrahmenzusage ist von staatlicher Kreditgebühr nicht belastet. Zur Sicherstellung der Verbindlichkeiten aus den erstellten Garantien kann das Höchstbetragspfandrecht, welches bereits für die Kreditfinanzierung dient, herangezogen werden. Damit entsteht auch keine (zusätzliche) Gebührenbelastung.

---

350 Eine Einbeziehung von prognostizierten Verkaufserlösen während der Bauphase (und damit Reduktion der Kreditsumme im vorhinein) ist nicht richtig, diese hat bei der (Grundsatz-)Finanzierungszusage den vollen Bedarf zu umfassen. Um die staatliche Kreditgebühr von 0,8 % nicht von vornherein für vielleicht in der Folge nicht benötigte Kreditausnützungen anfallen zu lassen, empfiehlt sich, die Finanzierungszusage vorerst so allgemein zu halten, dass zwar die Kreditierungspflicht der Bank gegeben ist, aber noch kein gebührenpflichtiger Kreditvertrag vorliegt. Erst wenn sich der Finanzierungsbedarf im Rahmen des Baufortschrittes ergibt, erfolgt die sukzessive Erhöhung des Bankkredites. Erst mit der vertraglichen Erhöhung des Kreditrahmens entsteht die Gebührenpflicht.

Der vorgesehene Text der Bankgarantie ist jedem Erwerber mindestens **eine Woche vor Unterfertigung** des Bauträgervertrages bekannt zu geben, widrigenfalls der Erwerber die erweiterten Rücktrittsrechte gemäß § 5 erwirbt.

3.1.2.2
Vereinbarungen der Bank mit dem Treuhänder

Neben dem Bauträger, sind auch mit dem Vertragserrichter Vereinbarungen zu treffen, auch wenn er nicht unbedingt Treuhänder im Sinne der §§ 9 und 10 ist. In der Praxis wird ein Angehöriger der Freien Rechtsberufe mit der Vertragserrichtung, der rechtlichen Information der Erwerber und der grundbücherlichen Durchführung des Eigentumsüberganges betraut sein.

Folgende Konstellationen sind in der Praxis denkbar:
- Vertragserrichter hat keine weitere Funktion mehr, außer Vertragsverfassung und Eigentumsrechtseinverleibung für die Erwerber: die Garantiezusagen müssen direkt den Erwerbern ausgehändigt werden, Inanspruchnahmen haben auch direkt durch die Erwerber selbst zu erfolgen. Der Vertragsverfasser hat im Rahmen der gesetzlichen Vorschriften zu agieren (Rückabwicklung aller Eintragungen, die zugunsten der Erwerber bestehen u. a.).
- Vertragserrichter übernimmt die Garantieverwaltung und -überprüfung der Garantieurkunden treuhändig für die Erwerber.
- Vertragserrichter ist Treuhänder im Sinne des Ratenplanes und erhält für die (die gesetzlichen Ratenplanabschnitte) »überschiessenden« Anzahlungen der Erwerber Bankgarantien.
- Vertragserrichter erhält zusätzlich noch Fertigstellungsgarantien für die Erwerber.

In allen Fällen ist darauf Bedacht zu nehmen, dass die Sicherungsrechte dem Erwerber unmittelbar zugute kommen, der Treuhänder also nur bevollmächtigt, aber niemals im eigenen Namen auftritt.

3.1.3
Anfallende Kosten

Wie bereits oben ausgeführt, fallen **staatliche Kreditgebühren in Höhe von 0,8 %** nur für die schriftliche Kreditzusage (nicht Grundsatzfinanzierungserklärung) und das **Höchstbetragspfandrecht (1,2 %)**, nicht jedoch für den Haftungsrahmen und dessen Sicherstellung an. Für die Ausstellung der Einzelgarantien verrechnet das Kreditinstitut **laufzeit- und betragsabhängige Haftungsprovisionen** bis zu 1 % pro Semester für den ausgestellten Haftungsbetrag. Allenfalls ergibt sich eine **Bereitstellungsprovision** für den zur Verfügung gehaltenen Haftungsrahmen. Weitere Kosten ergeben sich aus der laufenden Überprüfung und Gestion von Kredit- und Haftungsrahmen, der Baufortschritts- und Rechnungskontrolle sowie dem Schriftverkehr mit Vertragserrichter und der Ausstellung von grundbuchsfähigen Sicherstellungs- und Freilassungserklärungen. Diese werden i.d.R. zum Selbstkostenpreis über die **Bankbearbeitungsgebühr** dem Bauträger verrechnet.

3.1.4
Vorteil – Nutzen Analyse des Garantiemodells für den Bauträger

- Möglichkeit, vorweg Zahlungen der Erwerber zu lukrieren und damit Kreditbedarf und Zinsenbelastung niedrig zu halten (Voraussetzung ist allerdings ein frühzeitiger und erfolgreicher Verwertungsverlauf);
- im Vergleich zum Ratenplan deutlich einfachere grundbuchstechnische Abwicklung (evtl. auch resultierende Kostenersparnis);
- »Sicherheitsimage« im Verkaufsprozess (alle Erwerberzahlungen sind bankgarantiert und rückzahlungsgesichert);
- Zahlungsfähigkeit der Erwerber wird frühzeitig unter Beweis gestellt;
- auch für Miet- und Nutzungsverhältnisse anwendbar (Ratenplan nur im Eigentumserwerb);

3.2
Fertigstellungsgarantie (§ 8 Abs. 2)

§ 8 Abs. 2 sieht in unveränderter Weise auch die Möglichkeit einer Fertigstellungsgarantie als Sicherheit vor. Diese Garantie muss aber jedenfalls **auch die Rückforderungsansprüche** einschließen. Damit ist diese Absicherungsform die für den Erwerber attraktivste Variante. Einerseits erhält er die Zusicherung von dritter Seite, dass das Vertragswerk fertig gestellt (d.h. gesichert ausfinanziert) wird, andrerseits behält er für den »Schadensfall« der Auflösung des Bauträgervertrages ungeschmälert seine Rückforderungsansprüche.[351]

Einigermaßen unklar ist, unter welchen Voraussetzungen und zu welchem **Zeitpunkt** frühestens die Fertigstellungsgarantie in Anspruch genommen werden darf. Jedenfalls dann, wenn zum vereinbarten Übergabetermin der Bauträger nicht leistet. Man wird

---

[351] Eine absolute und unbedingte Fertigstellungsgarantie kann begrifflich keiner Betragsbeschränkung unterliegen, weil ja die Erstellung des vertragskonformen Werkes garantiert werden muss, dies unabhängig von Kostensteigerungen, Eintritt von Elementarereignissen, schuldhaften Verzögerungen etc., und unabhängig davon, in welcher Höhe die Zusatzkosten anfallen. Kreditinstitute müssen aber ihre Verpflichtungen der Höhe nach eingrenzen und dürfen keine unbeschränkbaren Risiken eingehen. Deshalb hat der Gesetzgeber seinerzeit den Weg gewählt, Fertigstellungsgarantien mit Höchstbeträgen ausstatten zu lassen. In den seinerzeitigen Erläuterungen zur Regierungsvorlage wurde eine Garantiehöchstsumme von 10 bis 15 % über dem Projektvolumen als zweckmäßig angesehen.

aber auch schon vorher, nämlich dann, wenn der Bauträger erheblich in Verzug ist oder die Arbeit überhaupt nachhaltig eingestellt hat, den Garantiefall annehmen können. Wie und in welcher Form das Bankinstitut die Fertigstellung veranlassen soll, bleibt offen. Gegen den erklärten Willen des Bauträgers wird es sicherlich keine Fertigstellung geben können. Der Gesetzgeber hat wahrscheinlich an Fälle der Insolvenz und Fortsetzung des Bauvorhabens mit dem Masseverwalter gedacht.

Die in der Praxis bisweilen ausgestellten Garantien, deren Leistungszusage sich auf die noch nicht erbrachten Bauleistungen bezog, stellen nur eine (nicht gesetzeskonforme) Variante von Fertigstellungsgarantien dar. Sie sichern nämlich im Regelfall nicht die Ansprüche auf Rückzahlungen geleisteter Anzahlungen und erfüllen damit nicht vollständig die gesetzlichen Anforderungen gemäß § 8 Abs. 2.

»Fertigstellungsgarantien«, wie sie in diversen **Wohnbauförderungsgesetzen** einzelner Bundesländer vorgesehen sind, sind mit jenen gemäß § 8 Abs. 2 nicht gleichzustellen. Die in den Fördergesetzen vorgesehenen Garantien stellen in der Mehrzahl der Fälle eine **Zahlungsverpflichtung dem Förderungsgeber,** und nicht dem Erwerber, **gegenüber** dar. Sie besichern vor allem die Ausfinanzierung des Projektvorhabens. Damit kann der Erwerber zwar davon ausgehen, dass eine Fertigstellung des von ihm mitfinanzierten Bauprojektes gesichert ist, es fehlt jedoch an einer unmittelbaren und höchstpersönlichen Absicherung des Erwerbers, insbesondere hat er keinen eigenen Anspruch auf Rückzahlung des von ihm Geleisteten. Sie werden daher in der Regel nicht für die Erfüllung der Bestimmungen des § 8 Abs. 2 ausreichen bzw. ersatzweise herangezogen werden können.

3.3 Grundbücherliche Sicherstellung in Verbindung mit Ratenplan (§§ 9 und 10)

3.3.1 Grundsätzliches

Bei der Anwendung des Modells »Ratenplanmethode« ist das Kreditinstitut nicht als gestaltender Sicherheitengeber, sondern bloß als »Beteiligter« im Modell involviert.

Im Wesentlichen geht es um **2 Themen:**
- Die **Freistellungsverpflichtung gemäß § 9 Abs. 3** und ihre richtige Anwendung.
- Die **Garantie im Ratenplan A.**

3.3.2
Interessensausgleich Erwerber-Projektbank

Beim Ratenplanmodell galt es für den Gesetzgeber, einen Kompromiss zwischen den berechtigten **Interessenslagen des Erwerbers** und dem finanzierenden Kreditinstitut (im Hinblick auf dessen Sicherstellungsbedürfnis während der Finanzierungs- und Bauphase) zu finden. Die Lage ist deshalb kompliziert, weil die Rechte der beiden Betroffenen (Erwerber und Kreditinstitut) nicht nacheinander wahrgenommen bzw. begründet werden können, sondern zeitlich parallel berücksichtigt werden müssen. Während also noch die Finanzierung des Kreditinstitutes – zumindest teilweise – aushaftet (und damit eine Sicherstellung im Projekt erfordert), leistet andrerseits der Erwerber bereits Zahlungen und soll daher eine adäquate Gegenleistung / Sicherstellung hiefür erhalten. Letzteres geschieht einerseits durch die Sicherung der Rechtsstellung durch (zumindest) Anmerkung von Wohnungseigentum gemäß § 40 WEG oder durch Begründung von Miteigentum oder Wohnungseigentum, durch gesteuerte Weiterleitung der Zahlungen nach Kontrolle und im Ausmaß des erfolgten Baufortschrittes (§ 13) und andererseits durch die Lastenfreistellung seines Anteiles.

Die Idee des Gesetzgebers bei der Gesetzwerdung 1997 war kurzgefasst folgende:
- Der Erwerber wird Eigentümer bzw. Bauberechtigter des Wohnungsobjektes (Miteigentum / Wohnungseigentum).
- Der Erwerber bezahlt nur im Ausmaß des geprüften Bauabschnittes.
- Das Bankinstitut bleibt Hypothekargläubiger in jenem Ausmaß als es, bezogen auf das konkrete Wohnobjekt, Vorfinanzierungen leistet.
- Das Bankinstitut / der Hypothekargläubiger weicht im Grundbuch, zumindest durch die abgegebene Freistellungszusage, insoweit der Erwerber den nächsten Bauabschnitt wegen Fertigstellung bezahlt. (damit weicht das Bankinstitut sukzessive wie der Baufortschritt vorangeht, was bei projektbezogener Kreditauszahlung für die Bank kein Risiko darstellen sollte)
- Das Bankinstitut ist bei Projektabschluss nicht berechtigt Finanzierungsanteile, die für andere Wohnobjekte des Projektes gewährt wurden, am Objekt des Erwerbers sicherzustellen.

An den nicht an Erwerber verkauften und übertragenen Einheiten widerstreiten sowieso keine Interessen. Die Bank finanziert die Errichtung dieses Teilobjektes (Wohnung) und erhält zur Sicherstellung ein Pfandrecht an diesem im Eigentum des Bauträgers stehenden Miteigentumsanteil.

Bei Objekten, die während der Bauphase bereits verkauft werden, »bezahlt« der Erwerber das von ihm zu erwerbende Objekt nur in jenem Ausmaß, als es in der Realität auch tatsächlich entsteht und **erwirbt am »wachsenden« Objekt (insoweit lastenfreies) Eigentum.** Die projektfinanzierende Bank finanziert nur jene Wohnungsobjekte im Gesamtprojekt, die nicht bereits von einem Erwerber erworben und diesem zugeordnet sind. Und sie finanziert weiters bei den bereits verkauften Wohnungen die noch nicht abgeschlossenen § 10-Bauabschnitte des Ratenplan im voraus (denn dafür dürfen die Zahlungen des Erwerbers ja nicht herangezogen werden).

Durch diesen (vorerst obligatorischen, bei Projektende auch im Grundbuch durchzuführenden) **»Zug-um-Zug-Austausch«** von lastenfreiem Eigentumsrecht des Erwerbers und Pfandrecht der Bank war zu jedem Zeitpunkt der Bauphase jeder der Beteiligten im Ausmaß seiner Leistungen gleichermaßen und ausgewogen abgesichert.

Durch die Novelle ergibt sich nunmehr eine Risikoverschiebung zu Lasten des finanzierenden Kreditinstitutes wie sofort zu zeigen sein wird.

Vor allem an den bereits im (angemerkten) Eigentum von Erwerbern stehenden Einheiten ist die Lage komplizierter geworden. Der **Erwerber** ist nunmehr lediglich zur Zahlung von **geringeren Beträgen verpflichtet, die deutlich unter dem Wert der erbrachten Bauleistungen liegen.** Damit muss die Bank sowohl »fertiggestellte« Bauabschnitte »mit«finanzieren als auch teilfertige Abschnitte zur Gänze »vor«finanzieren.

Mit anderen Worten: Während der gesamten Bauphase ist die Bank – unabhängig ob viele oder wenige der errichteten Einheiten verkauft werden – Hauptfinancier des Projektes und trägt damit das wesentliche Risiko. Zur Absicherung dieses Risikos besitzt sie im Regelfall ein Pfandrecht auf der Projektliegenschaft, das jedoch im Sinne des § 9 Abs. 3 freizugeben ist. Auch wenn diese Freigabe (wie unter 3.3.4 und 3.3.5 zu zeigen sein wird) nicht zwingend Zug um Zug und im Ausmaß der Erwerberanzahlungen vorzunehmen ist, verbleibt nunmehr – wegen der Möglichkeit des Erwerbers die »Reibungsverluste« (siehe unter 3.3.3) gegen die Kaufpreisforderung einzuwenden – ein deutlich höheres Finanzierungsrisiko der Bank im Vergleich zu den anderen Sicherungsmodellen. Insbesondere hat die Bank im Störungsfall keine Möglichkeit die »Reibungsverluste« (welche die Zahlungen auf die Hypothekenforderung erheblich schmälern können) zu beeinflussen.

Inwieweit das Ratenplanmodell damit in der Praxis an Bedeutung überhaupt verlieren wird, obwohl es dies nach der erklärten Absicht des Gesetzgebers zu vermeiden galt, bleibt abzuwarten. Bedeutsam wird vor allem sein, ob und in welcher Form der Bauträger durch Zusatzsicherheiten oder eine entsprechend hohe Eigenkapitalausstattung dieses erhöhte Ausfallsrisiko der Projektbank reduzieren kann bzw. dies ihm abverlangt wird.

3.3.3
Mehrkosten im Störungsfall: »Reibungsverluste«

Im »Störungsfall«, d. h. bei erheblichen Verzögerungen, Baueinstellungen, oder gar Insolvenz des Bauträgers waren bei bisheriger Gesetzeslage die Interessen des Erwerbers – wie die Praxis in einigen Insolvenzfällen gezeigt haben soll – angeblich durch das bisherige Modell noch nicht ausreichend geschützt. Kommt es nämlich aus einer der genannten Gründe zur Leistungsstörung, so stellte sich in der Praxis heraus, dass der Erwerber für die Veräußerung seines Miteigentumsanteils i.d.R. nicht jenen Erlös erhielt, den er für die erbrachten Bauabschnitte investiert hatte, sondern regelmäßig weniger. Oder er musste regelmäßig Mehrkosten für die Fertigstellung des Bauprojektes aufwenden, weil die mit der Fertigstellung (neu) beauftragten Professionisten bzw. der Generalunternehmer für den restlichen Arbeitsaufwand höhere Preise veranschlagen müssen, um ein Gewährleistungsrisiko und einen erhöhten Fixkostenaufwand abzudecken. Womit in jedem Fall die Gesamtaufwendungen über dem »Wert« des Wohnobjektes liegen und der Erwerber einen »Verlust« in Höhe der Mehrkosten erleidet. Die Literatur und die Teilnehmer der Arbeitsgruppen im Justizministerium für den Gesetzesentwurf haben dies als »Reibungsverlust« bezeichnet und meinen damit jene Mehraufwendungen, die der Erwerber letztendlich zu tragen hat, um das vertragskonforme Wohnobjekt zu erhalten. In extremen Fällen ist das im Bau »steckengebliebene« Objekt überhaupt unverwertbar und der Verlust beziffert sich mit den bisher investierten Baukosten. Dem wollte der Gesetzgeber durch nunmehr zwei Varianten des Ratenplanes Abhilfe schaffen:

Ratenplan A sieht neben der grundbücherlichen Absicherung eine **zusätzliche Garantie** zugunsten des Erwerbers im Ausmaß **von mindestens 10% des Kaufpreises** vor. Damit sollen Mehrkosten der Fertigstellung (oder Verluste bei Verkauf des teilfertigen Objektes) abgegolten werden können.

Ratenplan B sieht eine im Vergleich zum Baufortschritt extrem **verzögerte Zahlungspflicht des Erwerbers** vor, sodass er, selbst bei erheblichen Werteinbußen des teilfertigen Objektes, keinen Verlust erleidet, weil er bis zu diesem Zeitpunkt im Verhältnis zum Baufortschritt nur geringe Zahlungen geleistet hat.

Beide Ratenplan-Varianten sind für den Erwerber im Vergleich zur bisherigen Rechtslage günstiger.

3.3.4
Lastenfreistellungsverpflichtung (§ 9 Abs. 3)

Der Gesetzgeber reagierte mit diesen Änderungen auch auf bisher in der Praxis verwendete, zum Teil völlig untaugliche, Lastenfreistellungsverpflichtungen von Kreditinstituten, die in manchen Fällen unverständlicherweise von Treuhändern akzeptiert wurden, den Erwerberschutz aber nicht ausrechend respektierten. So wurde z.B. die Lastenfreistellung zwar hinsichtlich der vom Erwerber bezahlten Teilbeträge zugesichert (was auch im Sinne des Gesetzes war), es wurde aber die Hypothekenfreistellung hinsichtlich aller noch nicht errichteten (!) Bauabschnitte versagt. Dies führte im Ergebnis dazu, dass der Erwerber zwar Eigentum am Objekt erhielt, dieses aber nur teilfertig und unbenutzbar, und zusätzlich mit den Pfandrechten des Hypothekarglaübigers belastet war, was im rechnerischen Ergebnis dazu führte, dass der Erwerber damit seine Anzahlungen auf diesem Umweg wiederum verlor. Damit war der Schutzzweck dieser gesetzlichen Bestimmung ad absurdum geführt. Dass der Gesetzgeber auf eine gesetzwidrige Praxis einiger Marktteilnehmer statt mit der Verhängung von Sanktionen mit einer Verschärfung von Vorschriften für gesetzestreues Verhalten reagierte, ist treuherzig, aber verfehlt.

Um dem BTVG zu entsprechen, muss **zwischen dem Hypothekargläubiger und Bauträger zugunsten des Erwerbers (vorweg!) vereinbart sein, dass der Anteil des Erwerbers lastenfrei gestellt wird.** Was insofern verständlich ist, weil der Erwerber in seinem Interesse des Eigentumserwerbs nur dann ausreichend geschützt ist, wenn er dieses auch lastenfrei erwirbt. Es ist dabei keineswegs erforderlich, dass bei Abschluss des Bauträgervertrages der Anteil des Erwerbers schon lastenfrei ist, noch ist erforderlich, dass der Treuhänder bereits löschungsfähige Pfandfreilassungsurkunden in Händen hält. Es genügt bei Abschluss des Bauträgervertrages das Vorliegen der obligatorischen Verpflichtung des Hypothekargläubigers. Sie kann **nicht widerrufen** werden, auch nicht im Einvernehmen mit dem Bauträger.

Dies widerspricht nicht dem Erfordernis der Sicherung der Erlangung der vereinbarten Rechtsstellung. Diese ist natürlich erst dann gesichert, wenn Pfandfreilassungserklärungen dem Treuhänder zur Verfügung stehen, doch muss dies nicht zwingend schon bei Abschluss des Vertrages mit dem Erwerber der Fall sein. Der Hypothekargläubiger ist nicht berechtigt (und war dies bei korrekter Auslegung schon nach der bisherigen Rechtslage vor der Novelle nicht), die Aufrechterhaltung der Hypothek zu verlangen bzw. sich zu weigern, die Lastenfreistellung vorzunehmen, weil er gegen den Bauträger etwa noch (weitere) andere offene Forderungen aus der Projektfinanzierung besitzt.

3.3.5
Lastenfreistellung und »Fälligkeit« der Erwerberanzahlungen

Dazu hat der Gesetzgeber in der Novelle eine Klarstellung versucht:
Er verpflichtet den Hypothekargläubiger nunmehr ausdrücklich »grundsätzlich zur Lastenfreistellung« (§ 9 Abs. 3), (EB »der Gläubiger muss den Erwerber grundsätzlich von allen Lasten freistellen«). Eine Ausnahme darf nur insoweit gemacht werden, als der Erwerber seine Zahlungen **trotz Fälligkeit noch nicht geleistet hat.**

Was unter **»Fälligkeit«** zu verstehen ist, ist genau zu erläutern. Keineswegs kann damit nur die Fälligkeit der Teilzahlungen gemäß den Ratenplanabschnitten A und B gemeint sein.

Es ist auch keineswegs erforderlich, dass bei Abschluss jedes Bauteilabschnittes gemäß Ratenplan der Treuhänder sofort die (Teil-)Freistellung im Grundbuch vornimmt. Dies ist vom Gesetz nicht gefordert und zur Absicherung des Erwerbers auch gar nicht nötig. Neben der äußerst aufwändigen administrativen grundbuchstechnischen Abwicklung, kann dies im Störungsfall zu unerwünschten Ergebnissen, mit bösen Haftungsfolgen für den Treuhänder, führen.[352]

Bei **störungsfreiem Projektablauf** und letztendlich Übergabe des vertragskonformen Objektes an den Erwerber ist der grundbücherliche Interessenskonflikt einwandfrei zur Zufriedenheit aller Beteiligten lösbar. Der Erwerber erhält gegen Bezahlung des fälligen, vollständigen Kaufpreises lastenfreies Eigentum und der Hypothekargläubiger wird durch die Kaufpreiszahlungen des Erwerbers befriedigt (per saldo zumindest, auch wenn die Anzahlungen der Erwerber vorerst in den Bau fließen). Die restlich verbleibenden Kreditforderungen müssen in den unverkauften Anteilen Deckung finden. Die Lastenfreistellung wird nicht bereits während der Bauphase, sondern am Ende der Abwicklung des Bauprojektes vorgenommen, womit die Interessen des Erwerbers ausreichend gewahrt sind.

Im Falle der **Leistungsstörung** und Einstellung des Bauvorhabens ergeben sich jedoch bedeutsame Problemstellungen:

Völlig irrig wäre es zu meinen, dass der Erwerber, wenn der Leistungsstörungsfall eintritt, sofort Anspruch auf Lastenfreistellung besitzt, sofern er nur die im jeweiligen Ratenplan vorgesehenen Teilzahlungen für die fertigen Bauabschnitte bezahlt hat. Es ist zu berücksichtigen, dass er nicht den Wert der Teilabschnitte selbst bezahlt hat, sondern nur den im Gesetz für diesen Teilabschnitt vorgesehenen Prozentsatz des Kaufpreises. Die Prozentsätze des Ratenplans haben nur bei aufrechter, weitergeführter Projektabwicklung die Bedeutung einer fälligen Kaufpreiszahlung. Sie wurden durch die Novelle zum Schutz des Erwerbers deutlich gesenkt und stellen bewusst nicht das Äquivalent der baulichen Gegenleistung dar. Im Störungsfall ist daher die Fälligkeit der Leistungen des Erwerbers neu zu beurteilen, wie im Folgenden gleich zu zeigen ist.

---

352 Nämlich dann, wenn der Treuhänder das Pfandrecht des Hypothekargläubigers vorzeitig beseitigt, und in weiterer Folge der Kaufvertrag rückabgewickelt wird oder ein Verwertungserlös des teilfertigen Objektes mehr als die Anzahlungen des Erwerbers ergibt, hat der Hypothekargläubiger mangels dinglicher Sicherheit keine Möglichkeit mehr Befriedigung seiner Kreditforderung aus dem Projekt zu erlangen und hat nur mehr eine obligatorische Forderung gegen Bauträger. Eine neuerliche Begründung des Pfandrechtes wird im Falle der Insolvenz des Bauträgers scheitern. Ein automatisches »Wiederaufleben« des Pfandrechtes ist gesetzlich nicht möglich. Der Treuhänder haftet für den Ausfall, den die Bank allenfalls hieraus erleidet. Dass ein Rücktritt vom Vertrag auch nach Eigentumseinverleibung des Erwerbers, aber vor Übergabe des Objektes möglich ist, bejaht der OGH in der Entscheidung 6 Ob 89/04 p in bbl 2004, 203/144.

Die Rechtsansicht, es bestünde die Pflicht zur sofortigen Lastenfreistellung würde nämlich im Einzelfall zu völlig verfehlten Konsequenzen für den Hypothekargläubiger führen:

Man überlege nur folgende Fallkonstellation: Im Ratenplan B dürfen gemäß § 10 Abs. 2 Z 2 lit. a maximal 10 % des Preises nach rechtskräftiger Baubewilligung bezahlt werden; gemäß lit. b werden die folgenden 30 % des Gesamtpreises erst bei Rohbaufertigstellung inkl. Dachfertigstellung fällig. Wenn der »Störungsfall« im Bauvorhaben nun z. B. knapp vor Rohbaufertigstellung eintritt (etwa weil die Spenglerarbeiten am Dach noch nicht gemacht wurden), bedeutet dies nach dem Gesetz folgendes: der Hypothekargläubiger muss lastenfrei stellen, obwohl er u. U. den Grundankauf inkl Nebenkosten, die Kosten der gesamten Planung, die bisherigen Kosten des Rohbaues (welche naturgemäß einen erheblichen Teil der Gesamtbaukosten ausmachen) vorfinanziert hat und der Erwerber »erhält« seinen teilfertiggestellten Anteil um 10 % der Gesamtkosten. Selbst wenn man die bereits erwähnten »Reibungsverluste« in beträchtlicher Höhe annimmt, die dem Erwerber Mehrkosten für die Fertigstellung verursachen, werden die Kosten für die verbleibenden Fertigstellungsarbeiten in so einem Fall niemals 90 % der Gesamtkosten für die Bauabschnitte gemäß lit. c bis f ausmachen. Dies führt am Ende zum unbilligen Ergebnis, dass der Erwerber theoretisch zu Lasten des Hypothekargläubigers weniger für sein Vertragsobjekt aufwenden muss, als bei störungsfreier Leistungserbringung, oder die Masse um die nicht sichergestellten Kaufpreisteile »bereichert« ist.

Die Lösung des Problems kann nur in folgender wörtlicher und dem Sinn des Gesetzes entsprechenden Interpretation der Lastenfreistellungsverpflichtung liegen: Unzweifelhaft ist, dass der Erwerber einen lastenfreien Eigentumsanteil erwerben soll, wenn er seinerseits alle fälligen Forderungen entrichtet hat. Im normalen Leistungsfall ist das kein Problem wie oben gezeigt wurde. Im Störungsfall stellt sich die Frage, **was unter fälligen Zahlungen zu verstehen ist.** Jedenfalls die (Teilkaufpreis-)Zahlungen im Ausmaß als sie für die fertiggestellten Bauabschnitte gemäß § 10 Abs. 2 vorgesehen sind. Dann ist allerdings zu beachten, wie im Störungsfall weiter vorgegangen wird. Zweifellos schuldet der Erwerber der Masse noch einen Teil des Restkaufpreises. Nämlich jenen Teil für teilfertiggestellte Bauabschnitte, die mangels Vollendung (und Prüfung durch den Sachverständigen) zwar noch nicht zur Zahlung fällig sind, aber zum Vorteil des Erwerbers in seinem Miteigentumsanteil »entstanden« sind. Der Vorschlag, diesen Mehrwert durch einen Sachverständigen bewerten zu lassen und als »fällige« Forderung, die der Erwerber entrichten muss, zu behandeln, ist ein möglicher Lösungsweg.[353] Dabei sind aber natürlich die sogenannten »Reibungsverluste« (s. o.), die der Erwerber in der Folge zu erleiden droht, immer zu berücksichtigen.

---

[353] H. Böhm: Lücken im Erwerberschutz beim Wohnungskauf?, S. 94 ff.;
Schmidinger / Aumann: Sicherungsmodelle und Bankdienstleistungen, in FGW (Hrsg.):
Das Bauträgervertragsgesetz in der Praxis (1997), S. 69 ff. (S. 87 ff.).

Wenn nun der Erwerber gemeinsam mit den anderen Wohnungseigentumswerbern gemäß § 44 WEG die Fortsetzung des Baues beschließt und durchführt, hat er anteilige Aufwendungen für die Fertigstellung des Bauwerkes bzw. seines Anteiles. Er hat allenfalls Mehrkosten für diese Fertigstellung (s. o.) und eventuell aus der verzögerten Übergabe zusätzliche Kosten (für längere Finanzierung, Wohnungskosten für verzögerte Übersiedlung u. v. m.). Alle diese Kosten darf er dem Kaufpreisanspruch des Masseverwalters kompensationsweise entgegenhalten. Damit reduziert sich die verbleibende Kaufpreisforderung des Masseverwalters um eben diese Beträge. Liegt die Gesamtsumme der verbleibenden Restforderung über jenem Betrag, den der Erwerber für die fertigen Bauabschnitte des Ratenplanes bisher bezahlt hat, ist er verpflichtet diese Differenz (abzüglich des Haftrücklasses) anlässlich der Übertragung des Vertragsobjektes infolge Fälligkeit zu bezahlen. **Dieser Differenzbetrag dient zur Befriedigung des Hypothekargläubigers.** Erst danach ist der Hypothekargläubiger verpflichtet, das Grundbuch endgültig lastenfrei zu stellen. Nicht früher, weil sonst ginge der restliche Kaufpreisanspruch, der unzweifelhaft besteht und für die Tilgung der Hypothek vorgesehen ist, für den Hypothekargläubiger verloren.[354]

Setzt der Erwerber den Bau nicht fort und tritt vom Vertrag zurück, erhält er den Erlös für seinen Anteil, der sich entweder aus der Bewertung durch einen Sachverständigen ergeben wird oder den am Markt erzielten Preis aus der Veräußerung des teilfertigen Miteigentumsobjektes, wenn die Masse das Gesamtprojekt verkauft. Wenn der Veräußerungserlös über der Summe der geleisteten Erwerberanzahlungen liegt, fließt dieser Mehrbetrag dem Hypothekargläubiger zur Deckung seiner hypothekarisch noch immer im Grundbuch abgesicherten Forderung zu.

Verkauft der Erwerber vor Fertigstellung seinen Miteigentumsanteil in Eigenregie, ist die Verteilung der Erlöse in derselben gedanklichen Logik zu lösen.

Wie hoch der dem Hypothekargläubiger zufließende Restbetrag tatsächlich sein wird, **hängt von den Zusatzaufwendungen des Erwerbers** ab und muss für jeden Einzelfall berechnet werden. Im Extremfall beträgt er Null und das Kreditinstitut muss ohne (weitere) Rückzahlung lastenfrei stellen. Dies allerdings erst zu dem Zeitpunkt als das Ergebnis der Berechnung feststeht.

Die in einem Vorentwurf der Gesetzwerdung vorgesehene, sehr klarstellende Bestimmung, wonach der Erwerber »die vom Bauträger bereits erbrachten, aber noch nicht entgoltenen Bauleistungen« zu bezahlen hätte, wurde, aus logisch nicht nachvollziehbaren Bedenken, nicht realisiert.

---

354 Eine überzeugende Darstellung mit gleichem inhaltlichem Ergebnis liefert H. Böhm: Die Freistellungsverpflichtung nach § 9 Abs. 3 BTVG, immolex 1998, S. 270 (S. 274 ff.).

Ob sich Kreditinstitute generell auf das Risiko einlassen werden, unter Anwendung des Ratenplanes B, eine weitgehende Blankofinanzierung des Projektes (vor allem in der Anfangsphase des Vorhabens) in Kauf zu nehmen, bleibt abzuwarten. Selbst wenn durch penible Gestion sichergestellt ist, dass alle Zahlungen nur in das finanzierte Bauprojekt fließen, der gesamte Zahlungskreislauf und alle Baufortschritte lückenlos überwacht werden, kann es aufgrund von außerhalb des Projektes liegenden Ursachen zu langwierigen Verzögerungen oder zur Insolvenz des Bauträgers, und damit zum Störungsfall kommen. Damit tritt das Ausfallsrisiko ein, das nunmehr vollständig zu Lasten der Bank geht, soferne nicht ergänzende Sicherheiten vorhanden sind.

3.3.6
Zession der Kaufpreisansprüche als zusätzliche Sicherheit?

Überlegungen, die eben geschilderte Problematik durch eine Zession der Kaufpreisansprüche an die Bank zu verbessern, führen zwar nicht zu einem anderen Ergebnis, wohl aber zu einer wertvollen Rechtsposition der Bank, wenn die Hypothek aus irgendwelchen Gründen »abhanden kommt«.

Da im Störungsfall der Erwerber dem Bauträger alle Kosten, die er zusätzlich für die Erlangung des vertragskonformen Objektes aufwenden muss und die ihm aus der Verzögerung oder dem Scheitern des Projektes entstehen, der Kaufpreisforderung rechtswirksam entgegenhalten kann, wirkt diese Kompensation auch gegenüber der Bank. Der Erwerber muss letztendlich nur **jene Kaufpreisteile zahlen, denen nicht kompensationsweise Gegenforderungen gegenüber stehen.** Im Falle der Rückabwicklung des Kaufvertrages ist die Forderungsabtretung auch für die Bank nur bedingt wertvoll.

Dennoch bietet die Abtretung der Kaufpreise für die Bank eine zusätzliche Sicherheit, die fälligen (Rest-)Kaufpreise doch zu erhalten. In Fällen, wo das Pfandrecht der projektfinanzierenden Bank absichtlich oder irrtümlich vorzeitig gelöscht wurde und daher aus dem Titel des Grundpfandrechtes kein Kredittilgungsanspruch mehr bestünde, tritt an dessen Stelle der Zessionsanspruch.[355]

Des weiteren wird auch die oben erwähnte Diskussion um den Zeitpunkt der Verpflichtung zur Lastenfreistellung weitgehend überflüssig, weil die Ansprüche gegen die Erwerber auch ohne Hypothek fortbestehen. Probleme können aber allenfalls bei erst kurz vor Eröffnung des Konkursverfahrens abgeschlossenen Kaufverträgen entstehen, da das Verfügungsgeschäft, nämlich die Drittschuldnerverständigung des Erwerbers, unter Umständen in der Anfechtungsfrist des § 31 KO vorgenommen wurde.

---

355 Eine voreilig vom Vertragserrichter beantragte Löschung des Bankpfandrechtes führt zwar zum Schadenersatzanspruch gegen den Vertragserrichter. Dessen Realisierung mag aber in Projekten, wo dann viele einzelne Wohnobjekte von der gleichen Problematik betroffen sind, mangels Liquidität oder nicht ausreichendem Haftpflichtschutz des Vertragserrichters unsicher sein.

Vertragstechnisch kann die Zessionsvereinbarung zwischen Bauträger und Bank in einem **»Globalzessionsvertrag«** für alle (zukünftigen) Kaufpreisforderungen gegen Erwerber rechtswirksam vereinbart werden. Die für die Rechtswirksamkeit erforderliche **Drittschuldnerverständigung** kann zweckmäßigerweise im **Kaufvertrag** erfolgen. Dies hat den Vorteil, dass der vertragserrichtende Treuhänder, der üblicherweise mit der Abwicklung der Zahlungstransaktionen betraut ist, diesen Umstand bei der Vertragserrichtung bereits berücksichtigen und den Erwerber anlässlich der Beratung über das Sicherungsmodell hierüber aufklären kann und dann in weiterer Folge die Zahlungen direkt an die Zessionarin weiterleitet.

Insgesamt gesehen muss die Zession der Kaufpreisansprüche durch den Bauträger an die projektfinanzierende Bank dringend empfohlen werden. Die Zession ist auch mit keinerlei Kosten oder Beschwernissen für den Erwerber verbunden.

3.3.7
Gewährleistungsgarantie gemäß § 9 Abs. 4

Die zusätzliche Garantie muss **alle** Vermögensnachteile ersetzen, die aus einer Verzögerung oder Einstellung des Bauvorhabens dem Erwerber entstanden sind. Darunter fallen z. B. Wohnkosten (in der bisherigen Wohnmöglichkeit oder wenn diese schon aufgegeben war, in einer Ersatzwohnung), die Kosten für eine rechtsfreundliche Vertretung, Sachverständigenkosten für die Bewertung etc.

Die Garantie muss jedenfalls eine Laufzeit **bis zum Ende der Sicherstellungsverpflichtung** aufweisen.

Gewährleistungsansprüche werden damit nicht gedeckt. Diese sind durch den Haftrücklass bzw. die Garantie gemäß § 4 Abs. 4 gesichert.

Die Kosten der Sonderausstattung und die Abgaben und Gebühren für die Vertragserrichtung und Eigentumsbegründung fallen nicht in die **Bemessungsgrundlage** für die Garantie. Nach dem Wortlaut des § 4 Abs. 1 Z 3 wird nämlich zwischen Preis und den genannten Nebenkosten unterschieden, § 9 Abs. 4 spricht vom »zu entrichtenden Preis«.

Die Kosten dieser Garantie bemessen sich, wie jene gemäß § 8, nach Höhe und Laufzeit und werden bis zu 2 % p. a. der Garantiesumme betragen und vom Bauträger in den Kaufpreis einkalkuliert werden.

Anders als die Garantie gemäß § 8 kann die Garantie gemäß § 9 Abs. 4 aber **nicht im Projekt selbst sichergestellt** werden. Das Kreditinstitut ist ja gerade zur Lastenfreistellung verpflichtet, soweit der Erwerber seine fälligen Verpflichtungen bezahlt hat. Er muss eine weitere Belastung auf seinem Liegenschaftsanteil nicht dulden. Damit steht der Bauträger vor der Aufgabe, diese Garantie aus seinem sonstigen freien Vermögen bzw. Eigenkapital zu besichern. Ist ihm das nicht möglich, kann er die Variante des Ratenplanes A nicht anwenden Das bisweilen vorgebrachte Argument, dass ein Bauträger immerhin in der Lage sein müsste, diese Garantie durch eigene Bonität zu besichern, widrigenfalls ihm die Kreditwürdigkeit ohnehin abzusprechen sei und er besser »aus dem Verkehr gezogen werden sollte«, ist nicht zutreffend. Einerseits ist das BTVG kein Schutzgesetz zur Bereinigung von eigenkapitalschwachen Unternehmen. Ob dies noch dazu Aufgabe der Kreditwirtschaft sein sollte, ist mehr als zweifelhaft. Außerdem wird zu bedenken sein, dass viele Bauträger mehrere Projekte, wenn auch in unterschiedlichen Stadien, gleichzeitig in Abwicklung haben. In der Praxis wird der Bauträger bei jeder Projektfinanzierung ohnehin einen Teil des Projektvolumens (und sei es durch Vorfinanzierung der Eigenleistungen) aus Eigenmitteln aufbringen müssen, um die Bedingungen für die Erlangung der Bankfinanzierung überhaupt zu erfüllen. Und dabei ist zu bedenken, dass sich bei mehreren gleichzeitig laufenden Projekten, der Aufwand des Bauträgers für die Sicherstellung vieler Garantien somit vervielfacht. Dass Kreditinstitute dieses Risiko vorweg auf sich nehmen werden, darf bezweifelt werden, kommt es doch einer absoluten Blankofinanzierung im Ausmaß von 10 % des Projektvolumens gleich. Damit wird die Häufigkeit der Anwendung des Ratenplanes A in der Praxis wohl eher bescheiden ausfallen bzw. überhaupt totes Recht bleiben. Alleine die Zusatzkosten und der Zusatzaufwand der Abwicklung (auch wenn, wie im Falle der § 8-Garantien, eine zentrale Gestion durch den Treuhänder zulässig sein wird) werden Bauträger abhalten, dieses Modell zu wählen.

Für den Fall der **Inanspruchnahme** stellt sich überdies die Frage, ob und welche formalen Voraussetzungen für die Auszahlung bedungen werden dürfen. Einen besonders aufwändigen detaillierten Nachweis der tatsächlich entstandenen Mehrkosten für die Mängelbeseitigung werden die Kreditinstitute aus administrativen Gründen schon nicht verlangen können bzw. wird eine solche Vorgehensweise wohl die gleiche Kritik ernten, wie die früher bei den § 8 Garantien vorgesehenen Bedingungen der Vorlage eines Gerichtsurteiles etc. Unberechtigt abgerufene Garantiebeträge unterliegen der Rückforderung durch den Bauträger oder den Masseverwalter.

3.3.8
Kostenproblematik im 7-stufigen Ratenplan

Ein weiterer Punkt lässt die seltene Anwendung des Ratenplanes in Zukunft wahrscheinlich werden. In beiden Ratenplänen sind nunmehr **je sieben (!) Abstufungen** für die Zahlungen vorgesehen, deren Leistungsbereiche sich in der Praxis des tatsächlichen Baugeschehens oftmals überschneiden werden. Damit wird es einigermaßen verwirrend, ob und welcher Bauabschnitt gerade schon oder noch nicht fertiggestellt ist. Neben der permanenten Beschäftigung des Sachverständigen mit der Kontrolle der tatsächlich erreichten Baufortschrittsstufen kommt noch die Kontrolle und Abwicklung des umfangreichen Zahlungsverkehrs dazu. Ob dieser nicht unbeträchtliche Aufwand auf die Dauer allen Beteiligten Freude bereitet, sei dahingestellt. Deutlich einfacher und zu bevorzugen, insbesondere bei Fällen, in denen frühzeitig Verkaufsvertragsabschlüsse vorkommen, ist die Absicherung mit Garantien oder, wie noch zu zeigen sein wird, mit dem Kontomodell gemäß § 7 Abs. 6 Z 2.

3.4
Pfandrechtliche Sicherung (§ 11)

Diese wird im Rahmen dieser Ausführungen nicht betrachtet, weil ihr für Bankinstitute – mit Ausnahme der Rolle als Hypothekargläubiger auf den in Betracht kommenden Liegenschaften – keine besondere Bedeutung zukommt.

3.5
Bauträger-Treuhandkonto, »Sperrkontomodell« (§ 7 Abs. 6 Z 2)

3.5.1
Grundsätzliches

In der bisherigen Praxis eher ein Schattendasein geführt hat das Sicherungsmodell mit dem **»gesperrten Treuhandkonto«,** nunmehr, allerdings mit nahezu identem Wortlaut, in § 7 Abs. 6 **Z 2** (bisher Z 4) geregelt. Systematisch nicht einmal bei den möglichen Sicherungsmodellen im § 7 Abs. 2 erwähnt, sondern »nur« ersatzweise die Sicherungspflicht »auch« erfüllend (§ 7 Abs. 6, 1. Satz), bietet es, als Gegensatz zu den immer komplexer werdenden Sicherungsmodellen der §§ 8 bis 11, eine interessante Alternative.

Durch den Erlag der Anzahlungen auf einem gesperrten Konto, können die Anzahlungen des Erwerbers im »Störungsfall« nicht verloren gehen, weil sie dem Bauträger vor Projektabschluss überhaupt noch nicht zukommen. Während der gesamten »unsicheren« Phase der Errichtung des Bauprojektes (unsicher in dem Sinne, ob der Erwerber tatsächlich das vertraglich vereinbarte Objekt inklusive der vereinbarten Rechtsstellung zum vertraglich festgelegten Zeitpunkt erhalten wird) **verbleiben die Anzahlungen »gesperrt« auf einem Konto.** Nach dem Wortlaut des Gesetzes ist dies zwar ein Konto des Bauträgers (er ist also Kontoinhaber und damit Eigentümer des Geldes, was in der Folge für eine allfällige Berechnung und Abfuhr der Kapitalertragssteuer von Bedeutung ist), die Verfügung ist ihm allerdings solange verwehrt, als der Erwerber noch nicht die vertragskonforme Leistung erhalten hat. Zu diesem Zweck wird das Kreditinstitut (nur bei einem solchen kann ein gesetzeskonformes Konto der geforderten Ausprägung geführt werden) in die Pflicht genommen. Es ist **»eine Vereinbarung zugunsten des Erwerbers«** zu treffen, die eine frühzeitige und damit unrechtmäßige Verfügung durch den Bauträger oder Dritte hindert. Das Kreditinstitut hat sich in dieser

Vereinbarung zu Kontrolldiensten zu verpflichten und damit die Interessen des Erwerbers zu wahren.

3.5.2
Rechtsnatur des »Treuhandkontos«

Das Konto, auf dem die Zahlungen zukünftig einlangen werden, ist ein **Konto des Bauträgers**. Der Bauträger hat daher den Kontoeröffnungsantrag zu unterfertigen. Er ist Berechtigter und Verpflichteter aus dieser Kontoverbindung, allerdings mit den gemäß § 7 Abs. 6 Z 2 vorgesehenen gesetzlichen Einschränkungen und besonderen Auflagen und Bedingungen. Diese gehören zweckmäßigerweise in den Kontoeröffnungsantrag bzw. in die Kontobedingungen, welche im Verhältnis zwischen Bauträger und Bank rechtswirksam werden, aufgenommen. Damit werden sie Vertragsbestandteil im Verhältnis zwischen Bank und Bauträger.

Folgt man der einschlägigen Literatur,[356] lässt sich dieses Konto entweder als **offengelegtes Vollrechtstreuhandkonto** oder als **Sperrkonto** einordnen. Für ersteres spricht die Wortfolge »[...] treuhändig für Rechnung des Erwerbers [...]«. Allerdings stellt der Zahlungsfluss der Erwerberanzahlungen, wie auch der gesamte Ablauf bei plangemäßer Vertragserfüllung, nicht unbedingt die typischen Elemente einer Treuhandschaft dar. Das Wesen einer solchen liegt ja gerade darin, dass ein unabhängiger Dritter (der Treuhänder) im Rahmen vorher festgelegter Aufträge oder Anweisungen des Treugebers bei Eintritt definierter Bedingungen mit dem Treugut in bestimmter Weise verfährt und i. d. R. dieses dem Vertragspartner des Treugebers letztendlich zuwendet (und nicht selbst vereinnahmen bzw. beanspruchen darf). Mit dem Wort »treuhändig« wollte der Gesetzgeber offensichtlich und unmissverständlich nur eines erreichen, nämlich einen gesetzlich wirksamen Schutz des Erwerbers für seine Anzahlungen, wenn gegen den Bauträger von dritter Seite Exekution geführt oder über dessen Vermögen die Insolvenz eröffnet wird. Zum gleichen Ergebnis des Erwerberschutzes gelangt man aber auch, wenn man das Konto als **»Sperrkonto«** qualifiziert, was m. E. zutreffender ist. Beim Sperrkonto ist der Kontoinhaber jedenfalls bereits Eigentümer des erliegenden Betrages, aufgrund gesetzlicher oder vertraglicher Beschränkungen aber (bis zum Eintritt gewisser Bedingungen oder durch Zeitablauf) an der Verfügung des Guthabens gehindert. Die Situation ist ähnlich gelagert wie bei Konten im Konkursverfahren oder einem laufenden Verlassenschaftsverfahren.[357] Genau dies war auch die Absicht des Gesetzgebers. Das Entgelt aus dem Bauträgervertrag soll dem Bauträger »wirtschaftlich« wohl schon in der Bauphase zufließen, bis zur vollständigen Vertragserfüllung zur Sicherheit des Erwerbers für allfällige Rückzahlungen aber gesperrt bleiben.[358]

---

356 Insb. Iro in Avancini / Iro / Koziol: Österreichisches Bankvertragsrecht I (1987), Rz 4 / 151 ff.
357 Iro in Avancini / Iro / Koziol: Österreichisches Bankvertragsrecht I (1987), Rz 4 / 2011 ff.
358 Darauf deutet auch der Bericht des JA, der für den Bauträger günstigere Finanzierungskonditionen bei gleichzeitigem Erlag auf dem Sperrkonto zutreffend vermuten lässt.

Guthaben auf einem Sperrkonto sind zwar nicht in allen Fällen per se pfändungs- und insolvenzgeschützt, durch die gesetzliche Anordnung »treuhändig«[359] ist dieser Schutz des Erwerbers aber damit eindeutig gegeben. Damit erscheint eine Diskussion, um welche »Art« von Konto es sich handelt, eigentlich überflüssig. Bei richtiger Betrachtung als Sperrkonto ergeben sich aber wichtige Konsequenzen für Bilanzierung (Verbuchung als Anzahlung) und für die Kapitalertragssteuerpflicht (diese tritt beim Bauträger ein, beim Erwerber nur im Falle der Rückzahlung aufgrund Vertragsrückabwicklung). Aus diesem Grund wird in der vorliegenden Abhandlung dieses Sicherungsmodell auch **Bauträger-Sperrkonto** bezeichnet.

Die auf diesem Konto erliegenden Zahlungsbeträge sind damit Aussonderungsgut in der Exekution bzw. Insolvenz des Bauträgers. Damit läuft der Erwerber nicht Gefahr, dass seine Zahlungen dem Zugriff der Gläubiger des Bauträgers ausgesetzt sind. Die Bank hat wie bei einem Treuhanderlag die gesetzlichen Auskunfts- und Widerspruchsrechte zugunsten des Erwerbers wahrzunehmen.

Allfällige Forderungen oder Aufrechnungserklärungen der Bank gegen den Bauträger können nur »nachrangig« nach den Rechten der Erwerber bestehen bzw. geltend gemacht werden. D.h. sie sind nicht ausgeschlossen, kommen aber nur zum Tragen, wenn der Erwerber seine Rückzahlungsansprüche wegen vollständiger Vertragserfüllung endgültig nicht mehr geltend machen kann.

Es besteht **keine zwingende Verpflichtung für jeden einzelnen Erwerber ein eigenes (Treuhand-)Konto** zu eröffnen. Es wird in der Praxis zweckmäßig sein, nicht für alle Käufer des Bauträgers aus allen Projekten nur ein Konto zu führen, sondern für jedes Bauprojekt ein separates Konto (wo die Adresse des Projektes zur leichteren Unterscheidbarkeit im Untertitel des Kontowortlautes aufgenommen werden kann), auf dem die Anzahlungen aller Käufer von diesem Projekt gebucht werden. Selbstverständlich ist in der Folge sicher zu stellen, dass bei jedem einzelnen Käufer individuell geprüft werden kann, ob die Voraussetzungen für die Freigabe der Anzahlungen an den Bauträger gegeben sind. Eine pauschale Freigabe aller erliegenden Anzahlungen in einem Akt, ohne Detailprüfung der Sach- und Rechtslage jedes Käufers, wäre unzulässig.

---

[359] Was wohl einer vertraglichen Guthabensverpfändung in der Rechtswirkung mindestens gleichzusetzen ist, und diese begründet einen Schutz des »Pfandgläubigers« in der Exekution bzw. Insolvenz des Kontoinhabers.

3.5.3
Voraussetzungen für die Freigabe des Treuhandbetrages

Voraussetzungen für die Freigabe des Treuhandbetrages sind, dass die »tatsächliche Übergabe des fertiggestellten eigentlichen Vertragsgegenstandes« stattgefunden **hat** (»[...] nach Übergabe [...]«) und die Sicherung der Erlangung der vereinbarten Rechtsstellung gegeben ist. Diese Voraussetzungen hat das Kreditinstitut festzustellen und gegebenenfalls die freie Verfügung des Bauträgers (hinsichtlich der Anzahlungen des »geprüften« Erwerbers!) zuzulassen oder eben zu verweigern.

Nun erscheinen dies auf den ersten Blick unzumutbare administrative Aufwände für das Kreditinstitut zu sein. Wie soll denn die Bank feststellen, ob der Vertragsgegenstand schon übergeben ist? Und noch komplizierter: ob die vereinbarte Rechtsstellung schon verschafft, oder zumindest gesichert ist? Dies bedürfte des Studiums jedes einzelnen Bauträgervertrages inkludierend das Risiko einer fehlerhaften rechtlichen Beurteilung mit Schadenersatzpflichten gegenüber dem Erwerber. Dem Kreditinstitut kann von einer eigenmächtigen Vorgangsweise nur dringend abgeraten werden. Es bietet sich, wie schon bei der Bankgarantie gemäß § 8, die Zusammenarbeit mit dem vertragserrichtenden Treuhänder an (siehe oben, 3.1.1.8).

3.5.4
Inhalt der Sicherstellungsvereinbarung (§ 7 Abs. 6 Z 2) zugunsten des Erwerbers

Selbstverständlich kann mit jedem Erwerber einzeln die geforderte Sicherstellungsvereinbarung abgeschlossen werden. Abwicklungstechnisch einfacher ist die **Zusammenarbeit mit dem Vertragserrichter,** der i.d.R. ja auch eine Treuhandfunktion (wenn auch nicht unbedingt zwingend jene gemäß Ratenplanmodell) im Verhältnis Bauträger – Erwerber innehaben wird. Mit dem Treuhänder wird vereinbart, die Zahlungstransaktionen für alle Erwerber auf das Bauträgersperrkonto zu überweisen. Mit dieser Zusage ist der Treuhänder in der Lage, die Sicherungsabwicklung über das gesperrte Konto (und damit die Erfüllung der gesetzlichen Rechte) vorzunehmen und den Erwerbern namens der Bank verbindlich und unwiderruflich zuzusagen. Während die Vereinbarung zugunsten der Erwerber in einem einzigen Schriftstück an den Treuhänder erfolgen wird, kann die »Weitergabe« dieser Zusicherung an den Erwerber im Treuhandauftrag, den der Erwerber üblicherweise dem Treuhänder erteilt, enthalten sein. Der Text der Vereinbarung zugunsten des Erwerbers muss diesem eine Woche vor Vertragserklärung bekannt gegeben worden sein.

In jenen, praktisch äußerst seltenen Fällen, in denen überhaupt kein Vertragserrichter und Treuhänder involviert ist, etwa weil der Bauträger die Vertragserrichtung und -abwicklung eigenständig administriert, bleibt nichts anderes übrig, als die Vereinbarung seitens der Bank entweder mit jedem einzelnen Erwerber abzuschließen oder direkt zwischen Bauträger und Kreditinstitut. Hier reicht der Kontovertrag, soferne er zwingend die zusätzliche Bedingung enthält, dass diese Vereinbarung unwiderruflich ist, jedenfalls gegenüber jenen Erwerbern und ab dem Zeitpunkt als sie bereits Zahlungen auf das Konto geleistet haben. Der Bauträger muss gemäß § 5 Abs. Z 2 jedem Erwerber eine Woche vor Vertragsabschluss den vorgesehenen Wortlaut der Vereinbarung mit dem Kreditinstitut zur Verfügung stellen. Für die Bestätigung der Erlangung der Rechtsstellung allerdings, wird sich das Bankinstitut, alleine schon aus Haftungs- und Sicherheitsgründen, eines Vertreters der Freien Rechtsberatenden Berufe bedienen müssen.

3.5.5
Störungsfall und Rückzahlungen an die Erwerber

Während die Abwicklung des Sperrkontomodells bei funktionierendem Projektablauf unproblematisch einfach erscheint, stellen sich für den »Störungsfall« allerdings wiederum einige offene Fragen:

Das Gesetz sagt eigentlich nur, dass vor Übergabe und Verschaffung der Rechtsstellung nicht über die geleisteten Zahlungen durch den Bauträger verfügt werden darf. Keine ausdrückliche Regelung existiert für den Fall von Leistungsstörungen, Verzögerungen, Baustopp, Insolvenz des Bauträgers etc.

Unter welchen **Voraussetzungen sind dem Erwerber seine Anzahlungen rück zu erstatten,** weil die Vertragserfüllung unmöglich, unwahrscheinlich, bloß verzögert worden ist oder doch nur zumindest selbiges behauptet wird?

Relativ eindeutig sind jene Fallkonstellationen, in denen die **Vertragspartner Bauträger** (bzw. Masseverwalter) und **Erwerber Einigkeit** darüber haben, dass der Bauträgervertrag nicht erfüllt wird und daher die Leistungen rück abwickeln. Was nichts anderes bedeutet, als dass dem Erwerber auftrags des Kontoinhabers »Bauträger« vom gesperrten Konto ein Geldbetrag in Höhe seiner Anzahlungen rücküberwiesen wird. Das Kreditinstitut hat damit dem Auftrag des Kontoinhabers zu entsprechen. Es ist dies wohl die einzig zulässige Form eines Überweisungsauftrages durch den Bauträger, dem das Kreditinstitut (vor Übergabe und Erlangung der Rechtsstellung) Folge leisten darf.

Schwieriger wird die Rechtslage dann, wenn der **Erwerber im Widerspruch zum Bauträger** behauptet, die Vertragserfüllung scheitere und er erhebt Anspruch auf die Rückzahlung der von ihm geleisteten Anzahlungen. Da sich sämtliche Gelder in der »treuhändigen« Verwahrung des Bauträgers auf einem ihm »gehörenden« Konto befinden, kann das Kreditinstitut einer Zahlungsanweisung des Erwerbers auf Rückzahlung nicht so einfach Folge leisten. Die Situation um das weitere Schicksal der auf dem Treuhandkonto liegenden Gelder scheint blockiert. Eine Auszahlung an den Bauträger kommt mangels Erfüllung der Bedingungen gemäß § 7 Abs. 5 nicht in Betracht, die Rückleitung der Gelder an den Erwerber unterbleibt mangels Auftrag des Kontoinhabers bzw. einer eindeutigen gesetzlichen Regelung. Keinesfalls kann von der Bank erwartet werden, in dieser Situation die Rolle eines Schiedsgerichtes zu übernehmen und zu prüfen, ob die Rückleitung der Anzahlungen an die Erwerber aufgrund der materiellen Rechtslage nunmehr vorzunehmen sei oder nicht. Neben dem Studium von rechtsrelevanten Schriftstücken wäre quasi ein »gerichtsähnliches« Beweisverfahren durchzuführen, in dessen Rahmen das Kreditinstitut seine Entscheidung zu treffen hätte.

Eine Lösung das Problems kann nur darin bestehen, **in der Vereinbarung zugunsten des Erwerbers (§ 7 Abs. 6 Z 2) bereits jene Voraussetzungen festzulegen,** bei deren Eintritt und Nachweis, das Kreditinstitut berechtigt und verpflichtet ist, die Rückzahlung der Gelder an den Erwerber vorzunehmen. Dabei ist man allerdings gut beraten, ein ausgewogenes Maß an Anforderungen zu definieren, um nicht in die gleiche Problematik wie bei den Anforderungsvoraussetzungen für die Inanspruchnahme der Garantie vor der Novelle zu verfallen. Es dürfen m. E. aber auch zusätzliche Bedingungen vorgesehen werden, da das Treuhandsperrkonto nicht den Charakter eines abstrakten Zahlungsversprechens besitzt wie eine Bankgarantie.

Denkbar wären z. B. **folgende Bedingungen,** die klarerweise unterschiedliche »Schärfegrade« besitzen und in der Vereinbarung festgehalten, und somit dem Bauträger bekannt, sind:

- Es genügt die bloße – aus Beweisgründen schriftliche – (Rückzahlungs-) **Anforderung durch den Erwerber.** Dies setzt zwar den Bauträger der Gefahr des »jederzeitigen« Abzugs des Treuhandgeldes auch gegen seinen Willen aus, schafft aber für die Bank eine klare Rechtslage. Der Bauträger hat dann nur die Möglichkeit auf einen »ungerechtfertigten« Abzug der Anzahlungen mit Klage auf Einhaltung des Bauträgervertrages und Bezahlung des Kaufpreises zu reagieren. Empfehlenswert ist es jedenfalls, vorweg zu vereinbaren, dass (ähnlich wie es das Gesetz im § 8 Abs. 5 für Garantien vorsieht) die Rückforderung der Anzahlung durch den Erwerber gleichzeitig eine Vertragsauflösung darstellt. Weitergehende Schadenersatzansprüche kann sich der Bauträger vorbehalten. Diese Lösung hätte wegen der nahezu gleichwertigen Behandlung wie beim Garantiemodell den Vorteil, dass sie mit Sicherheit als gesetzeskonform angesehen wird. Für den Erwerber hat sie den Vorteil, dass keine administrativen Aufwände notwendig sind, für den Bauträger allerdings die Problematik des ungehinderten Zugriffes des Erwerbers auf »sein« Konto. Die Erklärung des Erwerbers muss dem Kreditinstitut zugehen, es kann aber die Abgabe auch via Bauträger oder Treuhänder vorgesehen sein.
- Die **Eröffnung eines Insolvenzverfahrens** (oder Abweisung mangels kostendeckenden Vermögens) über das Vermögen des Bauträgers. Damit wäre eine für den Erwerber formal leicht nachweisbare Bedingung geschaffen.

Aufgrund des Insolvenzverfahrens spricht vieles für die Wahrscheinlichkeit der Leistungsstörung bzw. -unmöglichkeit und damit die Berechtigung zur Vertragsauflösung seitens des Erwerbers. Selbstverständlich sollte die Rücküberweisung nicht automatisch und jedenfalls bei Insolvenzeröffnung erfolgen, der Erwerber sollte die Möglichkeit haben, mit dem Bauträger (Masseverwalter), den Vertrag beidseitig zu erfüllen.

- Vorlage eines **rechtskräftigen Gerichtsurteils,** das den Erwerber zur Rückforderung seiner Zahlung berechtigt: Diese Bedingung ist zwar im Gesetz nicht ausgeschlossen, im Ergebnis und im Lichte der stattgefundenen Diskussion zu den Auflagen bei der Garantieinanspruchnahme **nicht unproblematisch.** Wenn man dem Erwerber schon bei der Garantie nicht zumuten will, dass er seine Ansprüche durch ein länger dauerndes Gerichtsverfahren blockiert hat, wird dies auch für das Modell »Treuhandsperrkonto« gelten. Es kann dem Kreditinstitut nicht empfohlen werden, dieses oder für den Erwerber ähnlich belastende Beweismittel vorzuschreiben. Im wesentlichen gelten die in der Literatur und den EB zur Inanspruchnahme der Garantie gemachten Ausführungen, die auch zu Recht eine weitgehende Gleichbehandlung beim Sperrkonto rechtfertigen.

3.5.6
Kosten beim Bauträger-Sperrkonto

Das Sperrkontomodell hat in der Vergangenheit wenig praktische Bedeutung erlangt. Dies hat mehrere Gründe. Zum einen ist wegen des häufig vorgesehenen Einschreitens eines Vertragsverfassers und Treuhänders das Ratenplanmodell dominierend, zum anderen scheuen viele Bauträger und auch Banken die Anwendung, weil in jedem Fall unabhängig von der Vorabverkaufsquote, die gesamten, nicht durch Eigenmittel und Wohnbauförderung gedeckten Kosten des Bauprojektes kreditfinanziert werden müssen. Das heißt, dass im Ausmaß der Kreditfinanzierung **Gebührenpflicht und Sicherstellungskosten** (und auf den ersten Blick auch höhere Zinsaufwendungen) zusätzlich anfallen.

Dem gegenüber steht eine Kostenersparnis, weil keine Garantieprovisionen oder Kosten der Begutachtung gemäß § 13 anfallen.

Es gibt aber auch weitere Einsparungsmöglichkeiten. Höhere Zinsaufwendungen können vermieden werden, wenn das Kreditinstitut das Instrument der **»Zinskompensation«** anbietet. Dabei werden zwei oder mehrere Konten mit Soll- und Habenständen abgeglichen und für die in betragsmäßig gleicher Höhe vorhandenen Stände werden Sollzinsen und Habenzinsen weitgehendst (eventuell geringe Margendifferenz wegen Liquiditätsaufschlägen) kompensiert. Im wirtschaftlichen Ergebnis hat dies für den Bauträger den gleichen Effekt, als ob die Anzahlungen der Erwerber direkt in das Projekt geflossen wären. Eine allfällig geringe Differenz in der Zinskompensation zwischen Kredit- und Treuhandkonto hat für den Bauträger, im Vergleich zum Garantiemodell, deshalb keinen Nachteil, weil die Kosten für die Führung des Treuhandkontos wesentlich billiger sind, als die Garantieprovisionen ausmachen würden. Die Sollzinsen auf dem Kreditkonto für jene Betragssummen, die über jenen des Treuhandkontos liegen, sind im Kalkulationsvergleich insofern unbeachtlich, weil sich dieser Kreditstandssaldo auch in jedem anderen Modell rechnerisch so ergeben hätte.

Zu beachten ist in diesem Zusammenhang die Verpflichtung zur Zahlung der **Kapitalertragssteuer.** Bei Anwendung der Zinskompensation wie eben beschrieben, sprechen alle Gründe dafür, dass KESt. (welche die Habenzinserträge schmälern würde) auf Seiten des Bauträgers anfällt (mit der Möglichkeit der Anrechnung auf ESt. bzw. KöSt.). Nur im Falle der Rücküberweisung an den Erwerber ist das Kreditinstitut zur Berechnung und Abfuhr der KESt. (diese Steuerpflicht tritt ja dann auf Seiten des Erwerbers ein) verpflichtet.

Es verbleibt noch die Frage der erhöhten Rechtsgebühren für Kreditverträge und damit zusammenhängend für die korrespondierenden Sicherstellungsverträge im Grundbuch. Wenn im Ratenplan- bzw. Garantiemodell absehbar ist, dass – aufgrund der Einzahlung und Verwendung der Erwerbergelder im Projekt – nicht die gesamten Projektkosten durch Kredit finanziert werden müssen, unterbleibt selbstverständlich auch die schriftliche (gebührenpflichtige) Kreditvereinbarung über den nicht mehr zu finanzierenden Restbetrag. Ebenso ist hiefür keine Sicherstellung mehr erforderlich.[360]

Damit fällt im Ausmaß der nicht mehr beurkundeten Kreditverträge eine Ersparnis von 0,8 % an und für die nicht mehr sicherzustellenden Kreditteile im Ratenplanmodell 1,2 %.

Hier gibt es für das Treuhandkontomodell folgende gebührenschonende Möglichkeiten:

Wenn das Kreditinstitut nicht Blankolinien eröffnen will, verbleibt zur Sicherstellung der Finanzierungsbeträge für die letzte Phase des Bauvorhabens das Institut der Rangordnung für die beabsichtigte Verpfändung.[361]

Oder es wird zugunsten der Bank die **Verpfändung der auf dem Treuhandkonto erliegenden Gelder** vereinbart. Diese Verpfändung ist selbstverständlich nur bedingt wirksam, als es zu keiner Rücküberweisung der Anzahlungen an Erwerber kommt. Sie gilt daher nur **subsidiär** nach den Ansprüchen der Erwerber. Kommen diese nicht zum

---

[360] Für das Garantiemodell stimmt selbst diese Annahme nicht, weil das Kreditinstitut richtigerweise die gesamten Projektkosten im Grundbuch sicherstellen sollte, weil ja entweder über Kredit oder Garantie finanziert wird und beides sicherzustellen wäre. In der Praxis wird oft nur der Kreditbetrag hypothekarisch besichert, die Garantien überhaupt nicht oder erst, wenn diese gezogen werden, was nach Eröffnung eines Konkursverfahrens gar nicht mehr möglich ist, bei Eintragung in der kritischen Frist vor Konkurseröffnung mit Anfechtungsgefahr behaftet ist. Dieses Risiko wird in der Kreditwirtschaft vielfach übersehen, ändert jedoch nichts daran, dass die grundbücherlichen Sicherstellungskosten im Garantiemodell bei richtiger Anwendung gleich hoch wie im Sperrkontomodell sind.
[361] Damit können die zusätzlichen Sicherstellungskosten um 0,6 % reduziert werden.

Tragen, besteht der Anspruch des Kreditinstitutes, diese Beträge, zur Kredittilgung zu verwenden. In Höhe dieser Beträge kann theoretisch die grundbücherliche Sicherstellung gänzlich entfallen. Begehrt ein Erwerber jedoch die Rückzahlung, kann ersatzweise die hypothekarische Sicherstellung vorgenommen werden. Diese Vorgangsweise ist allerdings nur bei Rücktritten einzelner Erwerber erfolgreich, im Falle einer Insolvenzgefahr des Bauträgers jedoch höchst riskant. Im schlechtesten Fall ist nämlich nach Rückforderung der Gelder durch Erwerber keine Pfandrechtsbegründung wegen Insolvenz des Bauträgers mehr möglich oder wird ein bestelltes Pfandrecht erfolgreich angefochten. Daher kann diese Vorgangsweise nur bei bonitätsmäßig äußerst guten Bauträgern empfohlen werden.

Eine Vermeidung der staatlichen Kreditgebühr ist nicht möglich, sofern nicht ein gebührenfreies Bauspardarlehen gewählt wird.

Damit ergibt sich die kuriose Situation, dass die oftmals geäußerte Intention des Gesetzgebers nach einer für den Konsumenten möglichst effektiven und gleichzeitig kostengünstigen Abwicklung gerade durch die öffentliche Hand konterkariert wird. Eine Verbesserung der gebührenrechtlichen Problematik wäre dringend geboten.

3.5.7
Vorteilsanalyse des Bauträger-Sperrkontomodells

Zusammenfassend ist zu sagen, dass das Treuhandsperrkontomodell eine Reihe von Vorteilen für alle Beteiligten bieten kann:
- Einfache unbürokratische Abwicklung.
- Bei allen Erwerbsarten (Kauf; Miete, Baurecht, sonstige Nutzungsrechte) anzuwenden.
- Keine grundbuchstechnisch erforderlichen komplizierten Zwischeneintragungen sowohl auf Erwerber- als auch auf Hypothekargläubigerseite; die vertraglich vereinbarten Rechte werden bei Abschluss des Projektes in einem Zug begründet bzw. gelöscht.
- Insbesondere bei Einschaltung des Treuhänders hohe Rechtssicherheit und Transparenz.
- Klarer Haftungsumfang (Anzahlungen und Zinsen), keine Haftungspflicht des Bauträgers für »Reibungsverluste«.
- Trotz erhöhter staatlicher Gebührenpflicht in Summe Kostenneutralität gegenüber anderen Sicherungsmodellen; im Einzelfall abhängig von Projektdauer und Verkaufserfolg sowie Vereinbarung über den Zeitpunkt der Leistung der Anzahlung.
- Für den Erwerber die Sicherheit von Bargeld (und nicht bloß Miteigentum an einem teilfertigen Bauprojekt).
- Für den Treuhänder die in vielen Belangen einfachere Abwicklung des eigentumsrechtlichen Überganges und der pfandrechtlichen Sicherstellungen der Projektbank und der Hausbank des Erwerbers.

Schwierig kann die Absicherung der Zahlungen für Sonder- oder Zusatzausstattungen sein, wenn diese im direkten Wege mit den ausführenden Subunternehmern / Handwerkern verrechnet und auch bezahlt werden. Insoweit diese Zahlungen direkt an die Handwerker und nicht auf das Treuhandkonto geleistet werden, unterliegen sie auch nicht der Rückzahlungspflicht und können für den Erwerber verloren sein. Diese Gefahr besteht aber auch im Garantiemodell, wenn die Zahlungen nicht über das in der Garantie genannte Konto geleitet werden.[362] In der Praxis werden Sonderausstattungswünsche allerdings erst gegen Ende des Bauvorhabens beauftragt und (bisweilen in Teilbeträgen) erst nach Übergabe bezahlt. Das Risiko des Erwerbers hiefür dürfte überschaubar bleiben.

Die Praxis wird zeigen, inwieweit sich die Anwendung des Treuhandsperrkontomodells bewähren wird. Insbesondere im Vergleich zu den nach der Novelle in der Anwendung komplizierter und für das Kreditinstitut deutlich risikoreicher gewordenen Sicherungsmodellen entbehrt es nicht einer gewissen Attraktivität.

4
Kombinationsmöglichkeiten von Sicherungsmodellen

Gemäß § 7 Abs. 3 können die Sicherungen auch nebeneinander eingesetzt werden, soweit der Sicherungszweck dadurch nicht beeinträchtigt wird (was an sich selbstverständlich ist). Theoretisch denkbar ist eine Vielzahl von Kombinationsmöglichkeiten, in der Praxis scheint folgende empfehlenswert:
   Ratenplan mit Garantiemodell

Problematik im Ratenplan B: dieser sieht, wie bereits erwähnt, eine deutlich verzögerte Zahlungspflicht des Erwerbers im Verhältnis zum tatsächlich erbrachten Baufortschritt vor. Die Schwierigkeit für den Bauträger liegt hier vor allem im Erfordernis des **höheren Zwischenfinanzierungsbedarfes.** Er muss deutlich mehr Kreditmittel beanspruchen (auch wenn er gute Vorwegverkaufsergebnisse erzielt), da seinerseits Baurechnungen nach Baufortschritt fällig und zu bezahlen sind. Damit wird ein höherer Kreditsaldo auf längere Zeit in Anspruch genommen werden müssen und zu erhöhten Zinsaufwendungen führen. Will der Bauträger diese Konsequenzen vermeiden, kann er die Kombination mit dem Sicherungsmodell gemäß § 8 wählen und höhere Anzahlungen der Erwerber (trotz fehlendem Baufortschritt, rechtmäßig) inkassieren, die, wenn

---

362 Die generelle Problematik der Absicherung von Zahlungen für Sonder- und Zusatzausstattungen, die in vielen Varianten in- und außerhalb des »Projektzahlungskreislaufes« vorkommen können, sprengt den Volumen dieses Beitrages und müsste in eigenen Abhandlungen dargestellt werden.

sie den Bauabschnitten gemäß dem Ratenplan »vorauseilen«, durch Rückzahlungsgarantien im »Störungsfall« abgesichert werden. Dies bedingt für den Bauträger zwar eine Kostenbelastung durch Garantieprovisionen, führt aber zu geringerem Zinsaufwand, der die Kosten für die Garantien i.d.R. (über-)kompensieren wird. Dieser Variante ist höchstwahrscheinlich der Vorzug gegenüber dem Ratenplan A zu geben. Die textliche Ausgestaltung der Garantie ist sinnvoller Weise mit dem Vertragserrichter abzustimmen. Diese Garantie wird über die gesamte Kaufsumme ausgestellt werden, aber insofern die Einschränkung enthalten, dass sie ihre Wirksamkeit sukzessive verliert, als geprüfte Bauabschnitte nach Ratenplan B vorliegen und Zahlungen des Erwerbers daher fällig werden. Selbstverständlich wird die Wirksamkeit der Garantie auch in diesem Fall vom Einlangen der Anzahlungen auf einem Konto des Bauträgers beim Garanten abhängig gemacht werden.

5
Finanzierung des Erwerbers

Üblicherweise finanzieren Erwerber die Anschaffung ihrer Wohnimmobilie ebenfalls zum Teil durch Hypothekarkredite. Dabei tritt ein weiterer Beteiligter, nämlich die **Hausbank des Erwerbers** in das ohnehin schon komplizierte Vertrags- und Besicherungsgeflecht ein. Da die Anzahlungen der Erwerber bereits aus der Kreditvaluta der Hausbank bezahlt werden, benötigt diese ebenfalls Sicherungsrechte. Während dies bei störungsfreier Abwicklung unproblematisch ist – der vertragserrichtende Treuhänder veranlasst nach Projektabschluß sowohl die Eintragung des Eigentumsrechts des Erwerbers als auch des Pfandrechtes seiner Hausbank auf den eben erworbenen Miteigentumsanteilen – müssen die Sicherungsmodelle für Fälle der **Rückabwicklung** auf ihre Praxistauglichkeit auch in diesem Punkt geprüft werden.

Die Bank des Erwerbers leistet vereinbarungsgemäß Zahlungen aufgrund ihrer Kreditzusage. Anders als beim Kauf eines fertigen Objektes erfolgt im Rahmen des BTVG üblicherweise keine Zug-um-Zug-Abwicklung, sondern hängt die Besicherung der »Erwerberbank« eine Zeit lang »in der Luft«. Für eine Blankofinanzierung ohne Besicherung auf dem Objekt des Erwerbers wird die alleinige Bonität des Erwerbers nicht ausreichen. Es ist daher im Rahmen von **Vereinbarungen mit dem vertragserrichtenden Treuhänder** vorzusehen, dass **entweder** die **Sicherheitenbegründung** gewährleistet ist **oder** die **Rückzahlung der ausgezahlten Mittel** ausschließlich **an die Erwerberbank** zur Rückführung des Kredites erfolgt.

Bei den einzelnen Sicherungsmodellen ist daher von der Hausbank des Erwerbers zu vereinbaren (die Ausführungen erfolgen aus Gründen des beschränkten Umfanges dieses Beitrages lediglich stichwortartig):

Garantiemodell
- Im Kreditvertrag mit dem Erwerber die Zession der Rückforderungsansprüche aus dem Bauträgervertrag und aus der Garantie.
- Verständigung der Garantiebank und deren bestätigende Zustimmung zur Abtretung der Garantieansprüche an die Erwerberbank oder Vollmachtskonstruktion (mit Insolvenzrisiko des Erwerbers!).

Ratenplanmodell
- Verpflichtung des Treuhänders zur Begründung des Pfandrechtes der Erwerberbank, gleichzeitig Löschungsverpflichtung gem. § 9 Abs. 3 einzuholen.

Sperrkontomodell
- Im Kreditvertrag mit dem Erwerber: Zession der Rückforderungsansprüche aus dem Bauträgervertrag mit Offenlegung gegenüber Projektfinanzierungsbank und
- gesteuerte Rückzahlungsverpflichtung der Bauträgerbank inkl. Recht zur Inanspruchnahme der Rückforderung durch Erwerberbank, dieses muss von der Projektbank auch akzeptiert sein!

Bloße Zahlungszusage
- Unproblematisch, da Zahlungen erst bei fertiggestelltem Objekt fließen und Zug-um-Zug-Abwicklung erfolgt, eigentlich kein Fall des BTVG.

Kombinationsmodelle
- Die Behandlung wäre im gegenständlichen Rahmen zu ausufernd, im Wesentlichen mit Zession und Offenlegung und Akzept der Projektbank zu lösen.

Schuldübernahme: Identität von Projektbank und Erwerberbank.
- Ideallösung, weil »Finanzierungsrisiko« in einer (Bank-)Hand, überdies im Regelfall noch Ersparnis bei Kredit- und Grundbuchseintragungsgebühren.

Treuhandschaft und Bauträgerkonkurs

MAG. REINHARD BRUNAR

1
Einleitung

Das klare Bekenntnis des Gesetzgebers zur Beibehaltung des grundbücherlichen Sicherungsmodells in Verbindung mit der Zahlung nach Ratenplan entspricht dem Bedürfnis der Praxis, dieses Sicherungsmodell anzuwenden. Freilich ist es eines der wesentlichen Ziele der Gesetzesnovelle, den rechtlichen Schutz der Erwerber zu verbessern. Die gesetzlichen Anforderungen, die dieses Sicherungsmodell betreffen, sollen dazu führen, dass Problemen bei diesem vielfach funktionierenden Sicherungsmodell begegnet wird.

Gegenstand der folgenden Ausführungen soll daher jenes Sicherungsmodell sein und die Betrachtung der gesetzlichen Regelungen, die im Falle eines Konkurses des Bauträgers das weitere Schicksal des Bauträgervertrages bestimmen. Zur Abwicklung des Bauträgervertrages soll ein Treuhänder tätig werden, dessen Aufgabe es ist, sowohl die grundbücherliche Sicherstellung als auch die Zahlung nach Ratenplan vorzunehmen.

Hervorzuheben ist, dass der Bauträger den Erwerber gegen den Verlust der von diesem aufgrund des Bauträgervertrages geleisteten Zahlungen (§ 1 Abs. 1 BTVG) mit Ausnahme der Abgaben und Vertragserrichtungskosten zu sichern hat (§ 7 Abs. 1 BTVG). Die grundbücherliche Sicherstellung des Rechtserwerbs in Verbindung mit der Zahlung nach Ratenplan sieht der Gesetzgeber als eine Möglichkeit der Sicherstellung an.

Die grundbücherliche Sicherstellung in Verbindung mit der Zahlung nach Ratenplan unterscheidet sich von den anderen Sicherungsmodellen des BTVG schon durch seine Zielsetzung. Beim grundbücherlichen Sicherungsmodell nach § 9 BTVG wird nicht der Rückforderungsanspruch des Erwerbers für den Fall, dass es zu einer Rückabwicklung des Bauverträgervertrages kommt, gesichert. Die Sicherung des Rückforderungsanspruches ist bei diesem Modell auch gar nicht die Intention des Gesetzgebers. Nach dem bisherigen Ratenplanmodell des BTVG (BTVG alt) wurde die Fälligkeit der Zahlungen des Erwerbers so festgelegt, dass sie in etwa dem Wert der vom Bauträger bereits erbrachten Leistungen entsprechen. Die Vorauszahlungen des Erwerbers sollten damit wirtschaftlich abgesichert werden.

Durch die zwei neuen Ratenplanmodelle (Ratenplan A und Ratenplan B) wird die wirtschaftliche Absicherung des Erwerbers durch eine Verschärfung der Gestaltung des bisherigen Ratenplans gestärkt. Von der These, dass die Zahlungen des Erwerbers in etwa dem Wert der vom Bauträger bereits erbrachten Leistungen entsprechen, wird zugunsten des Erwerbers abgegangen. Beide Ratenplanmodelle stellen aus der Sicht des Bauträgers eine Verschlechterung dar, weil die fällig werdenden Zahlungen regelmäßig unter dem Wert der bereits erbrachten Leistungen liegen.

Für die weitere Betrachtung ist daher von Interesse, welche Voraussetzungen gemeinsam mit der vereinbarten Zahlung nach Ratenplan für eine grundbücherliche Sicherstellung erfüllt sein müssen (Punkt 2) und welche Auswirkungen die Eröffnung eines Konkursverfahrens über das Vermögen des Bauträgers bzw. welche Auswirkung die Tätigkeit des Masseverwalters auf den Bauträgervertrag und den Auftrag an den Treuhänder hat (Punkt 3).

2
Die grundbücherliche Sicherung in Verbindung mit der Zahlung nach Ratenplan

Die Sicherstellungsverpflichtung des Bauträgers nach § 7 Abs. 1 BTVG kann entweder durch schuldrechtliche Sicherung (§ 8), durch grundbücherliche Sicherstellung des Rechtserwerbs auf der zu bebauenden Liegenschaft in Verbindung mit der Zahlung nach Ratenplan (§§ 9 und 10) oder durch pfandrechtliche Sicherung (§ 11) erfolgen.

Bei der grundbücherlichen Sicherstellung steht die Sicherstellung des Rechtserwerbes auf der zu bebauenden Liegenschaft im Vordergrund. Zentrale Aufgabe des Treuhänders ist es sohin,
- eine ausreichende bücherliche Sicherstellung des Erwerbers vorzusehen,
- die künftige Lastenfreistellung des Anteils des Erwerbers zu sichern und
- die Zahlung nach Ratenplan nach Feststellung des Abschlusses des jeweiligen Bauabschnittes vorzusehen.

Auf die weiteren Voraussetzungen für die ausreichende Sicherstellung des Rechtserwerbes verweist bereits Böhm.[363]

---

[363] Vgl. Böhm / Pletzer in Schwimann: ABGB² § 9 BTVG Rz 7 ff., und Böhm: Die Rangsicherung im GBG, WEG und BTVG (Teil I, immolex 1999, S. 117; Böhm führt aus, dass zur Sicherstellung des Rechtserwerbes auch die Bestellung eines Treuhänders, die behördliche Baubewilligung und das Vorliegen einer einverleibungsfähigen Titelurkunde notwendig sind.

2.1 Grundbücherliche Sicherstellung

Das BTVG sieht vor, dass bei einem Bauträgervertrag über den Erwerb von Wohnungseigentum die Anmerkung der Einräumung von Wohnungseigentum gemäß § 40 Abs. 2 WEG 2002 eine ausreichende bücherliche Sicherstellung des Erwerbers darstellt. Diese Sicherstellung wird auch gerne vom Bauträger gewählt. Auch die unmittelbar nach Vertragsunterfertigung vorgesehene Einverleibung eines schlichten (vorläufigen) Miteigentumsanteils, die Vormerkung des Eigentumsrechtes (§§ 35 ff. GBG) und die Anmerkung der Rangordnung für die beabsichtigte Veräußerung nach § 53 GBG kommen als grundbücherliche Sicherstellung in Betracht.[364]

2.2 Lastenfreiheit

Soweit nicht im Bauträgervertrag die Übernahme bestimmter Lasten vereinbart ist, muss die Lastenfreiheit der Liegenschaft hergestellt oder die künftige Lastenfreiheit gesichert sein. Diese Lastenfreiheit hat durch eine Vereinbarung zwischen dem Hypothekargläubiger und dem Bauträger zugunsten des Erwerbers zu erfolgen. Es ist daher die Aufgabe des Bauträgers, mit der das Projekt finanzierenden Bank die Löschung der zugunsten der Bank einverleibten Hypothek entsprechend den Vorgaben des BTVG zu vereinbaren. Zu achten ist dabei insbesondere auf die vorgenommene Klarstellung im Gesetz, dass die Liegenschaft oder der Anteil des Erwerbers pfandlastenfrei gestellt werden muss, selbst wenn der Erwerber noch nicht den gesamten Kaufpreis bezahlt hat. Die Pfandbelastung kann auf den Anteilen des Erwerbers nur in jenem Umfang aufrecht bleiben, der einer nicht erfüllten Zahlungsverpflichtung des Erwerbers entspricht. Soweit also der Erwerber bei Fälligkeit der einzelnen Bauabschnitte die Zahlung nach Ratenplan vorgenommen hat, ist im Falle des Konkurses des Bauträgers eine gänzliche Lastenfreistellung der Anteile des Erwerbers vorzusehen (§ 9 Abs. 3 BTVG).

Von der Lastenfreistellung kann nur jener Wert ausgenommen werden, der den Leistungen entspricht, die der Bauträger vor Konkurseröffnung bereits für den nächsten Bauabschnitt erbracht hat. Das ist zwar in § 9 BTVG nicht ausdrücklich geregelt, entspricht aber einer wirtschaftlich sinnvollen Abwicklung des Bauträgervertrages, ohne dass der Erwerber ungebührlich belastet werden würde und entspricht somit dem Zweck der gesetzlichen Regelung. Selbst im Falle einer Baueinstellung oder eines Konkurses besteht keine Veranlassung, eine Sicherstellung für Leistungen, die der Bauträger bereits

---

364 Zu den einzelnen grundbücherlichen Eintragungen vgl. Böhm: Die Rangsicherung im GBG, WEG und BTVG, immolex 1999, S. 117, S. 146, S. 172 und Böhm / Pletzer in Schwimann: ABGB² § 9 BTVG).

für den nächsten Bauabschnitt erbracht hat, abzulehnen. Der Bauträger ist im Rahmen der Ratenplanmodelle A und B im Hinblick auf die Erbringung von Bauleistungen jeweils zur Vorleistung angehalten. Durch die Leistungen des Bauträgers, die er für den nächsten Bauabschnitt erbringt, ist der Erwerber – die Erlangung der ihm zugedachten Rechtsposition vorausgesetzt – bereichert. Das stimmt natürlich nur insoweit, als dem Erwerber nicht aufgrund der Baueinstellung oder des Konkurses Kosten erwachsen oder Schäden entstehen. Es muss daher sichergestellt werden, dass die Lastenfreistellung auch dann erfolgt, wenn die Leistungen für den nächsten Bauabschnitt zwar nicht mittels Zahlung des Erwerbers abgegolten werden, aber durch Aufrechnung der Kosten und Schäden des Erwerbers mit dem Wert der diesbezüglichen Leistungen des Bauträgers.

Für den Treuhänder bedeutet das, dass er im Rahmen seiner Verpflichtungen auch die Sicherstellung der künftigen Lastenfreiheit zu überwachen hat. Das schließt auch die Prüfung mit ein, ob die zwischen dem Bauträger und dem Hypothekargläubiger getroffene Vereinbarung die vom Gesetzgeber vorausgesetzte Freistellungspflicht erfüllt.

2.3
Ratenplan

Die Parteien können im Bauträgervertrag die Zahlung nach Ratenplan A oder nach Ratenplan B (§ 10 Abs. 2 Z 2 + 3 BTVG) vereinbaren. Der Treuhänder kann sich bei Feststellung des Abschlusses des jeweiligen Bauabschnittes, der dem Ratenplan zugrunde liegt, eines für den Hochbau zuständigen Ziviltechnikers, eines allgemein beeideten und gerichtlich zertifizierten Sachverständigen für das Bauwesen oder einer im Rahmen der Förderung des Vorhabens tätigen inländischen Gebietskörperschaft bedienen.

Der Treuhänder haftet für die Hilfspersonen nur nach § 1315 ABGB. Das bedeutet, dass der Treuhänder für das Verschulden der Hilfsperson nicht wie für eigenes Verschulden einzustehen hat. Die Haftung für ein Fehlverhalten des Gehilfen ist darauf beschränkt, dass die ausgewählte Hilfsperson habituell untüchtig ist, oder der Treuhänder sich wissentlich einer gefährlichen Person bedient. BÖHM / PLETZER[365] wollen diese Haftung noch weiter einschränken und verweisen auf die EB (25) zum BTVG (alt), die von einer Haftung des Treuhänders für Auswahlverschulden sprechen. Da für den habituell untüchtigen Gehilfen auch ohne Verschulden gehaftet wird, verbleibt nur die kaum relevante Haftung für den gefährlichen Gehilfen.

---

365 BÖHM / PLETZER in SCHWIMANN: ABGB² § 13 BTVG.

3
Das Wahlrecht des Masseverwalters (§ 21 KO)

3.1
Die Auswirkungen der Konkurseröffnung

Mit der Eröffnung des Konkurses verliert der Gemeinschuldner die Möglichkeit, über die Konkursmasse zu verfügen. Zur Konkursmasse gehört sämtliches Vermögen, das dem Gemeinschuldner zur Zeit der Eröffnung des Konkurses gehört oder das er während des Konkurses erlangt.

Die Rechtswirkungen der Konkurseröffnung treten mit dem Tag ein, der der öffentlichen Bekanntmachung des Konkursediktes folgt. Mit der Eröffnung des Konkurses werden nicht nur Rechtshandlungen des Gemeinschuldners unwirksam. Die Konkursordnung regelt auch die Auswirkung der Konkurseröffnung auf anhängige Rechtsstreitigkeiten des Gemeinschuldners, auf die Möglichkeit der Aufrechnung mit der Konkursmasse und regelt u.a. das Anfechtungsrecht des Masseverwalters und wie mit zweiseitigen Verträgen, die vom Gemeinschuldner und dem Erwerber zur Zeit der Konkurseröffnung noch nicht oder nicht vollständig erfüllt worden sind, umgegangen wird (§ 21 KO). Die letztgenannte Bestimmung ist auch für Bauträgerverträge relevant.

Die Vorgangsweise des Masseverwalters muss sich dabei an der ihm von der Konkursordnung vorgegebenen Aufgabenstellung orientieren. Die Aufgabe des Masseverwalters ist es, im Interesse aller Gläubiger für die Einbringung und Sicherstellung der Aktiven, also dem Vermögen, das dem Gemeinschuldner im Zeitpunkt der Konkurseröffnung gehört, Sorge zu tragen. Von Interesse ist dabei auch, ob der Masseverwalter durch Anwendung des Rücktrittsrechtes nach § 21 KO Vermögen, z.B. das Eigentum an einer Wohnung, deren Verkauf in einem Bauträgervertrag geregelt wird, für die Masse »retten« kann.

§ 21 KO regelt das dem Masseverwalter im Konkurs zur Verfügung stehende Wahlrecht, Verpflichtungen aus zweiseitigen Rechtsgeschäften entweder anstelle des Gemeinschuldners zu erfüllen oder vom Vertrag zurückzutreten. Dieses Wahlrecht kann der Masseverwalter nur im Rahmen der durch § 21 KO vorgegebenen Voraussetzungen ausüben. Es kommt dem Masseverwalter nur dann zu, wenn ein zweiseitiger Vertrag, gegenständlich ein Bauträgervertrag, von dem Gemeinschuldner und dem Erwerber zur Zeit der Konkurseröffnung noch nicht oder nicht vollständig erfüllt worden ist. Maßgeblicher Zeitpunkt für die Beurteilung des Abwicklungsstadiums des zweiseitigen Rechtsgeschäftes ist der Zeitpunkt der Konkurseröffnung.

Soweit sich die Vertragsparteien entscheiden, bei der Verfassung des Bauträgervertrages das grundbücherliche Sicherungsmodell zu wählen, ist daher ein wesentlicher Aspekt für den Erwerber, inwieweit er zu diesem Modell seine Zustimmung geben kann, ohne im Fall eines Konkurses mit unvorhergesehenen Risiken rechnen zu müssen. Für den Erwerber ist dabei insbesondere von Relevanz, welche Folgen ein Konkursverfahren des Bauträgers während der Bauphase hat. Für die weiteren Betrachtungen soll daher von folgendem Sachverhalt ausgegangen werden:

»Das Projekt des Bauträgers sieht vor, auf einer Liegenschaft ein Gebäude mit mehreren wohnungseigentumstauglichen Objekten zu errichten. Der Bauträger hat laut Bauträgervertrag die Verpflichtung übernommen, für den Erwerber das vertragsgegenständliche Objekt (den eigentlichen Vertragsgegenstand) zu errichten; weiters schuldet er die Errichtung der Gesamtanlage und die Verschaffung von Wohnungseigentum an dem Vertragsobjekt. Die Wohnung ist zum Zeitpunkt der Konkurseröffnung noch nicht fertig gebaut und auch noch nicht übergeben. Der Rohbau und das Dach sind fertig gestellt, jedoch nicht die Rohinstallationen. Entsprechend der Regelung im Bauträgervertrag wurde als grundbücherliche Sicherstellung die Anmerkung der Einräumung von Wohnungseigentum gemäß § 40 Abs. 2 WEG 2002 im Grundbuch erwirkt. Der Erwerber hat seinerseits bis zur Konkurseröffnung die fälligen Teilzahlungen im Sinne des Ratenplans erbracht.«

Die Anmerkung der Einräumung von Wohnungseigentum nach § 40 Abs. 2 WEG 2002 ist zwingend im Bauträgervertrag vorzusehen, da der Bauträger vor der Erwirkung der Anmerkung keine Zahlungen des Erwerbers fordern oder annehmen darf (§ 37 Abs. 1 WEG 2002). Eine Vereinbarung, nach der **auch vor Erwirkung der Anmerkung** der beabsichtigten Begründung von Wohnungseigentum bzw. unabhängig von einer solchen Anmerkung, **Zahlungen an einen Treuhänder** auf ein Treuhandkonto – somit nicht in die Verfügungsmacht des Wohnungseigentumsorganisators – zu leisten sind, ist **zulässig** (zuletzt OGH 5 Ob 151/06 a, m. w. N.). Diese Auslegung wird auch durch die Regelung des § 7 Abs. 6 Z 2 BTVG gestützt. Auch hier sind Zahlungen auf das bei einem Kreditinstitut für Rechnung des Erwerbers geführte Konto des Bauträgers vorgesehen und zulässig. Freilich muss sichergestellt sein, dass der Bauträger über diese Zahlungen und die angewachsenen Zinsen erst nach der tatsächlichen Übergabe und der Sicherung der Erlangung der vereinbarten Rechtsstellung verfügen kann.

Für den oben dargestellten Sachverhalt sind nun die bisherigen Stellungnahmen in der Literatur und Judikatur von Interesse.

3.2
Bisherige Auseinandersetzung mit § 21 KO

3.2.1

Der OGH hat in 6 Ob 509/93 den Sachverhalt einer mehrseitigen Treuhandschaft zu beurteilen gehabt. Als Grundsatz für die Vorgangsweise des Treuhänders wurde oberstgerichtlich festgehalten, dass Dispositionen lediglich eines Treugebers (hier des Bauträgers bzw. des Masseverwalters), die dem Erwerber zum Nachteil gereichen müssten, unberücksichtigt zu bleiben haben. Grundsätzlich erlischt gemäß § 26 KO mit Konkurseröffnung über das Vermögen des nunmehrigen Gemeinschuldners der von diesem erteilte Treuhandauftrag. In dem zu beurteilenden Sachverhalt hat der Masseverwalter auf die Erfüllung des Kaufvertrages beharrt, was zu dem Ergebnis führte, dass auch der Masseverwalter an den vereinbarten Treuhand-Abwicklungsmodus gebunden ist. In dieser Entscheidung befasst sich der OGH nicht weiter mit der Ansicht von SCHUMACHER[366], wonach § 26 KO nicht anwendbar sei, wenn dritte Personen vor Konkurseröffnung Rechte aus der Auftragserteilung erworben haben.

3.2.2

KÖNIG[367] betont, dass der OGH in dieser Entscheidung als wesentliche Voraussetzung für die Bindung an den »Treuhand-Abwicklungsmodus« definiert hat, dass der Vertrag bei Konkurseröffnung bereits erfüllt war oder vom Masseverwalter Erfüllung gewählt wurde. Damit ist aber noch keine Aussage darüber getroffen worden, wann ein Kaufvertrag als von (einer der) Vertragsparteien erfüllt anzusehen ist. Nach KÖNIG (a.a.O.) ist der Kaufvertrag von keinem der beiden Vertragspartner erfüllt, bis nicht entweder
- der Kaufpreis in Händen des Treuhänders ist und mittels der eingelieferten Urkunden die Einverleibung beantragt ist oder
- der Kaufpreis in Händen des Treuhänders ist und die zur Einverleibung befähigenden Urkunden samt »offenem« Rangordnungsbeschluss beim Treuhänder eingeliefert sind, wenn daraufhin die Einverleibung im Rang des Rangordungsbeschlusses erfolgt.

Die Auffassung KÖNIGS (a.a.O.) basiert darauf, dass von der Erfüllung einer der Vertragsparteien nicht schon deshalb gesprochen werden kann, weil Urkunden an den Treuhänder übergeben werden bzw. die Bezahlung des Kaufpreises an den Treuhänder erfolgt. Erst wenn der Treuhänder diese einseitige Leistung an den Vertragspartner weiterleitet, kann von einer Erfüllung des einen Vertragspartners gesprochen werden. Solange die oben dargestellten Voraussetzungen nicht vorliegen, bestehe daher stets ein Rücktrittsrecht des Masseverwalters nach § 21 KO.

---

366 SCHUMACHER: Konkurseröffnung, Treuhand- und Liegenschaftsverkehr, NZ 1991, S. 5.
367 KÖNIG: Treuhand und Liegenschaftskauf im Konkurs, JBl 1994, S. 38.

König (a.a.O.) beschäftigt sich weiters mit der Lastenfreistellung von Pfandrechten der finanzierenden Bank des Verkäufers. Die Löschung des Pfandrechts soll durch die Veranlassung der Zahlung durch den Treuhänder mittels Verwendung des treuhändig erlegten Kaufpreises erfolgen. König (a.a.O.) weist zu dieser Thematik darauf hin, dass der Treuhänder die Anweisung des Verkäufers, aus der eingehenden Zahlung die Lastenfreistellung vorzunehmen, dem Hypothekargläubiger gegenüber nicht abstrakt annimmt. Die Annahme erfolgt vielmehr unter der – für den Anweisungsempfänger erkennbaren – Bedingung, dass der Treuhänder die Zahlungsverpflichtung nur annimmt, wenn er die Zahlungsmittel in Händen hat.

3.2.3

Bollenberger [368] erwidert, dass bei einem konkursfesten Anwartschaftsrecht des Käufers der Masseverwalter über die Liegenschaft nicht mehr verfügen kann. Die Besonderheit an der Entscheidung des OGH 6 Ob 509/93 sieht Bollenberger darin, dass der Masseverwalter an die »vereinbarte Treuhand-Abwicklung« gebunden ist, selbst wenn lediglich eine der Vertragsparteien, nämlich der Erwerber, vollständig erfüllt hat.

Bei der Frage, wann der Verkäufer vollständig erfüllt hat, kommt Bollenberger (a.a.O.) zu dem Ergebnis, dass der Vertrag – unabhängig von Besitzübertragung und Kaufpreiszahlung – immer dann durchzuführen ist, wenn die grundbücherliche Durchführung des Erwerbsvorganges durch die beim Treuhänder vorliegenden Unterlagen konkursfest ist. Die grundbücherliche Durchführung ist konkursfest, wenn gemäß § 13 KO Einverleibungs- und Vormerkungsgesuche, die zwar allenfalls nach der Konkurseröffnung bewilligt werden, beim Grundbuchsgericht vor dem Tag der Konkurseröffnung eingelangt sind (§ 29 GBG). Weiters ist nach § 56 Abs. 3 GBG, falls die Kaufurkunde vor Konkurseröffnung mit beglaubigtem Datum ausgefertigt wurde und der Käufer über einen Rangordnungsbeschluss verfügt, trotz Konkurs des Verkäufers, die Eintragung im angemerkten Rang zu bewilligen.

Im Ergebnis bringen die unterschiedlichen Ansichten in jener Fallvariante unterschiedliche Ergebnisse, bei der ein Teilkaufpreis noch nicht beim Treuhänder erlegt wurde, dieser aber vereinbarungsgemäß die Löschung des Vorpfandrechtes bereits veranlasst hat. Soweit der Masseverwalter bereits alle Unterlagen übergeben hat, ist der Vertrag einseitig erfüllt, so dass kein Rücktritt vom Vertrag möglich ist. Laut König wäre der Rücktritt vom Vertrag möglich, so dass der Masseverwalter die lastenfreie Liegenschaft erhält.

---

368 Bollenberger: Treuhand und Liegenschaftskauf im Konkurs: Wunschvorstellungen und geltende Rechtslage, JBl 1995, S. 398.

BOLLENBERGER (a.a.O.) beschäftigt sich auch mit der Frage, unter welchen Voraussetzungen der Hypothekargläubiger vom Treuhänder, der zur Löschung des Pfandrechtes angewiesen wurde, Zahlung fordern kann. Die selbständige Zahlungsverpflichtung des Treuhänders gegenüber der Hypothekarbank ist als bedingt anzusehen. Nur wenn die Hypothek gelöscht wird, hat der Treuhänder gegenüber dem Hypothekargläubiger eine Zahlungsverpflichtung. Das gilt unabhängig davon, ob die Abwicklung des Kaufvertrages scheitert. Der Treuhänder wird daher, wenn er von der Zug-um-Zug-Abwicklung der Löschung einerseits und der Kaufpreiszahlung an den Hypothekar andererseits abweicht, ersatzpflichtig.

Tatsächlich lässt sich der Inhalt der Treuhandverpflichtung nur aufgrund der konkreten Vereinbarung eruieren. Inhalt und Umfang von Treuhandverträgen, wie auch die Frage der Beendigung eines Treuhandverhältnisses, sind jeweils im Einzelfall anhand der konkreten Vertragsbestimmungen zu prüfen (6 Ob 265/98 h, RIS-Justiz RS0107573 und RS0010444). Der OGH (6 Ob 150/06 m) hat in einem Fall des Käuferkonkurses im Zusammenhang mit der üblicherweise zwischen Hypothekargläubiger und Treuhänder getroffenen Vereinbarung eine Auslegung gebilligt, die den Treuhänder sogar eine verschuldensunabhängige Haftung aufbürdet. Die Erklärung des Treuhänders gegenüber der Bank, er hafte persönlich für die Einhaltung der Treuhandbedingungen, wurde als persönliche verschuldensunabhängige Haftungserklärung angesehen.

3.2.4

BÖHM / PLETZER[369] haben umfangreich zu den Varianten der »Bewährung« der Sicherung im Konkurs des Bauträgers Stellung genommen. Die Ausführungen gehen auf die Untersuchungen von BÖHM in wobl 1999, S. 69 ff.[370] und S. 109 ff.[371] zurück. Die Fallvariante, die gegenständlich von Interesse ist, ist der auch von BÖHM als Hauptfall bezeichnete Sachverhalt: Sowohl der Bauträger als auch der Erwerber haben noch nicht vollständig erfüllt.

BÖHM / PLETZER (a.a.O.) führen aus, dass das Rücktrittsrecht des Masseverwalters aufgrund des Zwecks des § 21 KO bzw. aufgrund des Zwecks der Vorschriften über die Möglichkeiten »vorkonkurslicher« Rangsicherung auch in Fällen ausgeschlossen ist, in denen vollständige Erfüllung im Sinne des § 1412 ABGB noch nicht anzunehmen ist. Hinsichtlich der Verschaffung der dinglichen Rechtstellung ist der Erwerber auf die korrekte »vorkonkurslicheSicherung angewiesen. Diese ermöglicht den Rechtserwerb trotz der Konkurseröffnung über das Vermögen des Vertragspartners. Als Maßnahmen der grundbücherlichen Sicherstellung kommen neben der vom BTVG vorgesehenen

---

[369] BÖHM / PLETZER in SCHWIMANN: ABGB² § 7 BTVG.
[370] BÖHM: Der einseitig erfüllte Bauträgervertrag im Konkurs des Bauträgers, wobl 1999, S. 69 ff.
[371] BÖHM: Der beiderseits erfüllte Bauträgervertrag im Konkurs des Bauträgers, wobl 1999, S. 109 ff.

Anmerkung der Einverleibung von Wohnungseigentum die Einverleibung des Miteigentumsrechtes, die Vormerkung des Eigentumsrechtes und die Erwirkung eines Rangordnungsbeschlusses für die beabsichtigte Veräußerung gemeinsam mit einer Titelurkunde, die vor der Eröffnung des Konkurses datiert, in Betracht.[372]

3.2.5

Als Resümee ergibt sich für den unter Punkt 3.1 dargestellten Sachverhalt, dass in der Praxis für den Fall, dass ein Wohnungseigentumsobjekt erworben werden soll, wegen § 37 WEG 2002 jedenfalls die Anmerkung der Einverleibung des Wohnungseigentums zugunsten des Erwerbers im Bauträgervertrag vorzusehen ist.[373]

Eine solche grundbücherliche Sicherstellung entspricht bei Einhaltung der übrigen Voraussetzungen[374] (oben Punkt 2) der vom BTVG geforderten ausreichenden bücherlichen Sicherstellung. Der Treuhänder kann in diesem Fall die Einverleibung der Miteigentumsanteile im Range der Anmerkung unter Berufung auf die Regelung des § 13 KO durchführen. Die Einverleibung des Eigentumsrechtes richtet sich nach dem Rang der Anmerkung gem. § 40 Abs. 2 WEG 2002, wodurch trotz Konkurseröffnung die Einverleibung gemäß § 13 KO möglich ist (OGH 5 Ob 259/06 h).

3.3
Die Rechtswirkung des Rücktritts nach § 21 KO

Es gibt sohin unterschiedliche Möglichkeiten, den gesetzlichen Voraussetzungen für eine grundbücherliche Sicherstellung nach dem BTVG zu entsprechen. Damit ist aber für den Bauträgervertrag noch nicht abschließend ausgesprochen, dass eine solche grundbücherliche Sicherstellung auch jedenfalls ein Rücktrittsrecht des Masseverwalters ausschließt. Betrachtet man die oben im Sachverhalt festgehaltenen Leistungsverpflichtungen des Bauträgers, so umfassen diese nicht nur die Verpflichtung zur Verschaffung der vereinbarten Rechtsstellung samt Begründung von Wohnungseigentum, sondern auch die Fertigstellung des eigentlichen Vertragsgegenstandes, die Fertigstellung der Gesamtanlage sowie die Übergabe der Wohnung.

---

372 Vgl. BÖHM / PLETZER: a. a. O. § 9 BTVG, Rz 16 ff.
373 Hingewiesen sei darauf, dass der Bauträgervertrag aber auch so gestaltet werden kann, dass unmittelbar nach Vertragsunterzeichnung die Miteigentumsanteile samt Wohnungseigentum aufgrund eines (vorläufigen) Nutzwertgutachtens im Grundbuch eingetragen werden.
374 Zu beachten ist die bei BÖHM / PLETZER in SCHWIMANN: ABGB² § 9 BTVG, Rz 13 ff. referierte Voraussetzung, dass eine einverleibungsfähige Titelurkunde vorliegen müsse. Nur eine solche Titelurkunde ermöglicht die Einverleibung des Eigentumsrechtes zugunsten des Erwerbers. Eine Aufsandungserklärung müsse der Masseverwalter nach Konkurseröffnung nicht mehr abgeben (a. A. WILHELM: ecolex 1997, S. 557, wobei WILHELM dies nicht nur mit dem damals im WEG vorgesehenen Aussonderungsrecht begründet, sondern mit »dem Zeitpunkt der Anmerkung und dem durch die Anmerkung bevorrangten Vertrag«).

Selbst wenn der Bauträger seine Verpflichtung einer grundbücherlichen Sicherstellung erfüllt hat und der Treuhänder eine entsprechende konkurssichere grundbücherliche Eintragung erwirkt hat, bleibt im Sinne der dargestellten Fallvariante die Tatsache, dass der Gemeinschuldner zum Zeitpunkt der Konkurseröffnung seine Bauleistungen nicht vollständig erfüllt hat. Das führt aber zu dem Ergebnis, dass der Masseverwalter in dieser praxisrelevanten Fallgestaltung immer die Möglichkeit hat, gemäß § 21 KO vom Bauträgervertrag zurückzutreten. Eine dem BTVG entsprechende grundbücherliche Sicherstellung des Rechtserwerbs ändert sohin nichts an der Anwendbarkeit des § 21 KO.

Damit stellt sich aber die Frage, **welche Auswirkung** das dem Masseverwalter zukommende Rücktrittsrecht gemäß § 21 KO hat.

3.3.1

Wenn die Voraussetzungen für eine Rücktrittserklärung des Masseverwalters nach § 21 KO vorliegen, führt der Rücktritt nach herrschender Ansicht **nicht zur Aufhebung des Vertrages. Es unterbleibt lediglich die weitere Erfüllung des Vertrages.** Der Leistungsanspruch des Gläubigers wird in einen Schadenersatzanspruch umgewandelt, der auf einer verschuldensunabhängigen Eingriffshaftung beruht. Die ständige Rechtsprechung ist diesem Verständnis des § 21 KO auch zuletzt treu geblieben (OGH 1 Ob 51/05 i, 8 Ob 71/02 b).

Für den Bauträgervertrag bedeutet das, dass dem Masseverwalter aufgrund seiner Rücktrittserklärung, mit der er eine Erfüllung des Vertrages ablehnt, bezüglich der (Bau-)Leistungen, die der Gemeinschuldner an den Erwerber erbracht hat, kein Rückforderungsrecht zusteht. Es unterbleibt sohin lediglich die weitere Erfüllung der vom Bauträger übernommenen Verpflichtung zur Bauausführung. Im Falle einer Bereicherung des Erwerbers, die unter Berücksichtigung der von beiden Teilen bisher erbrachten Leistungen zu beurteilen ist, würde dem Masseverwalter ein Bereicherungsanspruch gegen den Erwerber zustehen. Eine Bereicherung kann insbesondere dann vorliegen, wenn die Gemeinschuldnerin vor Konkurseröffnung weitere Leistungen erbracht hat, die über den Bauabschnitt, der gemäß Ratenplan vom Erwerber bereits abzugelten war, hinausgehen. Diesem Bereicherungsanspruch des Masseverwalters kann der Erwerber den Ersatz des ihm verursachten Schadens entgegen halten (§ 21 Abs. 2 Satz 3 KO). Damit kommt es zu einer Aufrechnung der wechselseitigen Ansprüche. Diese Aufrechnung wird je nach der konkreten Fallgestaltung entweder dazu führen, dass sich entweder ein Saldo zugunsten des Masseverwalters oder ein Saldo zugunsten des Erwerbers ergibt.

3.3.2

Böhm / Pletzer[375] weisen darauf hin, dass entgegen der überwiegenden Lehre und ständigen Rechtsprechung maßgebliche Gründe dagegen sprechen, dass dem Rücktritt des Masseverwalters eine ex nunc-Wirkung zukommen soll. Der Rücktritt des Masseverwalters habe keinen von den allgemein zivilrechtlichen Rücktrittsfolgen der §§ 918 ff. ABGB abweichenden Inhalt. Böhm / Pletzer (a. a. O.) weisen auf die Unvereinbarkeit der herrschenden Ansicht mit dem Sicherungskonzept des BTVG hin. Bei den Sicherungsmodellen mit Ausnahme des grundbücherlichen wird gerade der Rückforderungsanspruch des Erwerbers gesichert.

Stünde im Falle des Rücktritts durch den Masseverwalter ein solcher Rückforderungsanspruch dem Erwerber nicht zu, müsste sich der Erwerber auf die Geltendmachung von Schadenersatzansprüchen zurückziehen. Diese sind aber durch die schuldrechtliche Sicherung nicht umfasst. Die schuldrechtliche Sicherung der Rückforderungsansprüche würden eben nur (bereicherungsrechtliche) Rückforderungsansprüche im Falle der Rückabwicklung des Bauträgervertrages umfassen, nicht jedoch bloße Schadenersatzansprüche.

Freilich kommen Böhm / Pletzer (a. a. O.) unter Anwendung des § 21 Abs. 4 KO, der den Teilrücktritt des Masseverwalters regelt, zum gleichen Ergebnis wie die ständige Rechtsprechung. Bauträgerleistungen seien unter bestimmten Voraussetzungen[376] als teilbar anzusehen, so dass ein Rücktrittsrecht ohnedies nur im Sinne eines **Teilrücktrittes für die vom Gemeinschuldner noch nicht erbrachten Leistungen** in Frage kommt.

3.4
§ 21 KO und die Auswirkung auf ein mehrseitiges Treuhandverhältnis

Während also eine BTVG-gemäße konkursfeste grundbücherliche Sicherstellung trotz Konkurseröffnung zur Einverleibung zugunsten des Erwerbers führt, gleichzeitig aber das Rücktrittsrecht des Masseverwalters (in einem bestimmten Umfang) zur Anwendung kommt, bleibt die Frage offen, wie sich die Konkurseröffnung und § 21 KO auf den an den Treuhänder erteilten Treuhandauftrag auswirken.

---

375 Böhm / Pletzer in Schwimann: ABGB² § 7 BTVG, Rz 96 ff.
376 Die Teilbarkeit der Leistungen liege vor, »wenn dies im Vertrag – etwa durch Zugrundelegung der ÖNORM B 2110 – vereinbart wurde. Zum anderen wandelt sich die anfängliche Unteilbarkeit bei diesem Modell in Teilbarkeit, sobald der Erwerber seine vorkonkursliche Sicherung [...] im Wege der grundbücherlichen Durchführung des Bauträgervertrages nach Konkurseröffnung ausnützt und damit zu erkennen gibt, dass er nunmehr aus Sicherungsgründen auch an der Teilleistung interessiert ist.«

Die grundbücherliche Sicherung in Verbindung mit der Zahlung nach Ratenplan wird in aller Regel durch die Bestellung eines Treuhänders bewerkstelligt, der über die in § 12 BTVG vorgesehenen Verpflichtungen hinausgehend auch die Abwicklung der grundbücherlichen Sicherstellung und die Auszahlung fälliger Kaufpreisteile nach dem Ratenplan übernimmt. Grundlage für die Tätigkeit des Treuhänders ist die in den Bauträgervertrag aufgenommene Bestellung des Treuhänders durch beide Vertragsparteien. Gleichzeitig werden dem Treuhänder allenfalls in einer gesonderten Treuhandvereinbarung die konkreten, einseitig unwiderruflichen Aufträge erteilt, wie er einerseits mit den in Verwahrung genommenen Original-Urkunden umzugehen hat, und andererseits wird er mit der Verwahrung bei ihm treuhändig erlegter Geldbeträge und deren späteren Ausfolgung für den Fall des Eintritts ein oder mehrerer vorher bestimmter Bedingungen beauftragt. Nach außen tritt der Treuhänder stets im eigenen Namen auf, mit der Bindung im Innenverhältnis zu dem / den Treugeber/n in einer bestimmten Weise zu agieren. Der Treuhänder erhält sohin die Rechte übertragen, die er im eigenen Namen, wenn auch auf fremde Rechnung bzw. im fremden Auftrag, ausführt.

Bei dem mehrseitigen Treuhandverhältnis übernimmt der Treuhänder gegenüber mehreren Treugebern die Abwicklung der übernommenen Verpflichtungen. Als Treugeber kommen nicht nur die Vertragsparteien, sondern das / die finanzierende(n) Kreditinstitut(e) in Betracht. Der das Innenverhältnis zwischen Treugeber und Treuhänder regelnde Treuhandauftrag bedarf einer gesonderten Betrachtung im Hinblick auf die Konkurseröffnung. Nach § 26 Abs. 1 KO (bzw. § 1024 ABGB für Bevollmächtigungsverträge) gilt nämlich für vom Gemeinschuldner erteilte Aufträge, dass Auftrag und Vollmacht mit Eröffnung des Konkursverfahrens erlöschen.

Bei einer mehrseitigen Treuhandschaft hat allerdings die Eröffnung des Konkurses über einen Treugeber vorerst keinen Einfluss auf den Abwicklungsmodus des Treuhandverhältnisses (zuletzt 4 Ob 163/06 h). **Die Bindung an den Treuhandauftrag bleibt auch für den Gemeinschuldner aufrecht,** wenn entweder kein Rücktrittsrecht gemäß § 21 KO mehr besteht oder der Masseverwalter sich für die Erfüllung des zugrunde liegenden Vertrages entscheidet.

Die Begründung für die Bindung an den Abwicklungsmodus liegt bei **aufrecht bleibendem Grundvertrag** im Zweck der mehrseitigen Treuhand: **Soll die Treuhand die Abwicklung des bereits vor Konkurseröffnung geschlossenen Vertrages zwischen den Parteien ersetzen, muss sie von der Konkurseröffnung unberührt bleiben.**[377] Der Zweck der Regelung des § 26 KO und des § 1024 ABGB liegt nur darin,

---

377 OGH 4 Ob 163/06 h in ÖBA 2007, S. 566 unter Verweis auf BOLLENBERGER: JBl 1995, S. 400 und RECHBERGER: Die Treuhandschaft bei Insolvenz und Exekution in APATHY (Hrsg.): Die Treuhandschaft (1995), S. 178 (S. 187 f).

eine Tätigkeit des Beauftragten (Treuhänders) zu verhindern, die zu neuen Ansprüchen gegen die Masse führt.

Die Rechtsprechung nimmt den Fall, in dem der Masseverwalter das Rücktrittsrecht ausübt, von diesem Grundsatz aus. Dabei ist jedenfalls für das BTVG die Frage zu stellen, ob der durch die Rechtsprechung betonte Zweck der mehrseitigen Treuhandschaft nicht auch für einen Bauträgervertrag gilt, selbst wenn sich der Masseverwalter für die Ausübung des Rücktrittsrechtes entscheidet.

Böhm / Pletzer [378] finden im Rahmen der Anwendung des BTVG eine andere Begründung dafür, dass die korrekte vorkonkursliche Sicherung das Rücktrittsrecht des Masseverwalters ausschließt. Der Ausschluss des Rücktritts betrifft »nur den Rücktritt vom »Liegenschaftserwerbsteil« des Bauträgervertrages; von der Verpflichtung zur Ausführung bestimmter Bauleistungen kann er [der Masseverwalter] zurücktreten [...].«

Soweit also der »Liegenschaftserwerbsteil« vom Rücktritt des Masseverwalters unberührt bleibt, müsste konsequenterweise auch die von der Rechtsprechung entwickelte zweckbestimmte Lösung gelten, nämlich, dass auch die Bindung an den Treuhandauftrag aufrecht bleibt. Offen ist, ob das Zerlegen des Bauträgervertrages in einen Erwerbsteil, der unter Umständen von Seiten des Bauträgers erfüllt ist, und in einen Werkvertrag, von dem der Masseverwalter zurücktreten kann, gerechtfertigt ist.

Neben dieser Erklärung, die von einer unterschiedlichen Betrachtung des Liegenschaftserwerbes einerseits und der Bauleistung andererseits ausgeht, gibt aber auch die Rechtsprechung einen Lösungsansatz. Mit der ständigen Rechtsprechung ist davon auszugehen, dass durch den Rücktritt des Masseverwalters ohnedies **keine Rückabwicklung ex tunc** erfolgt, sondern **lediglich die weitere Erfüllung durch den Masseverwalter beendet** wird. **Der Rücktritt des Masseverwalters führt nicht zur Aufhebung des Vertrages** (zuletzt OGH 5 Ob 51/05 i, 5 Ob 135/05 t). Der Masseverwalter kann bezüglich des vom Gemeinschuldner dem Erwerber Geleisteten kein Rückforderungsrecht ableiten. Mangels einer Rückabwicklung bleiben aber bereits von der Gemeinschuldnerin erfüllte Verpflichtungen im Zusammenhang mit der Erwirkung einer grundbücherlichen Sicherstellung unangetastet. Der Treuhänder kann, wenn er bereits vor Konkurseröffnung eine grundbücherliche Sicherstellung erwirkt hat, den Rechtserwerb zugunsten des Erwerbers vollenden. Dem steht auch nicht die Regelung des § 1024 ABGB oder § 26 KO entgegen.

Das Ziel des § 1024 ABGB und des § 26 KO ist es, dem Masseverwalter eine möglichst umfassende Befugnis zur Verwaltung und Verwertung der Masse zu geben (OGH 4 Ob 163/06 h mit weiteren Nachweisen). Dieser Befugnis des Masseverwalters

---

[378] Böhm / Pletzer: a. a. O., § 7 BTVG, Rz 106.

widerspricht es nicht, wenn die bereits vor Konkurseröffnung entstandenen Rechte und Pflichten aus einem Treuhandauftrag unberührt bleiben. Auftrag und Vollmacht fallen daher nicht rückwirkend weg. Da auch der Grundvertrag aufrecht bleibt, wenngleich aufgrund des Rücktritts des Masseverwalters die weitere Erfüllung beendet wird, kann die Entscheidungsgrundlage aus 4 Ob 163/06 h auch auf den Bauträgervertrag angewendet werden. Wenn also die Abwicklung durch den Treuhänder fachgerecht vorgesehen und durchgeführt wird, soll auch der Gemeinschuldner an die weitere Abwicklung, die im Treuhandauftrag festgelegt worden ist, gebunden bleiben. Der Treuhandauftrag wurde ja gerade deshalb in der gesetzlich vorgesehenen Form gewählt, um damit die Abwicklung der Rechte und Pflichten aus dem Bauträgervertrag zu ermöglichen. Die Treuhandvereinbarung muss daher auch bei einem Bauträgervertrag, aufgrund dessen der Erwerber **eine konkursfeste grundbücherliche Sicherstellung**[379] **erlangt hat,** von der Konkurseröffnung unberührt bleiben.

Für den vorangestellten Sachverhalt bedeutet das, dass mit der Konkurseröffnung über das Vermögen des Bauträgers über das weitere Schicksal des Bauvorhabens zu entscheiden ist. Der Masseverwalter wird gemeinsam mit der das Projekt finanzierenden Bank eine Möglichkeit suchen, das Bauprojekt fertig zu stellen. Eine Fertigstellung wird in der Regel auch den Interessen der finanzierenden Bank entsprechen, die aufgrund der verpflichtenden Lastenfreistellung[380] über keine pfandrechtliche Sicherstellung ihrer Ansprüche auf dem Liegenschaftsanteil des Erwerbers verfügt und weitere Zahlungen nur bei Erfüllung des nächsten Bauabschnittes gemäß Ratenplan erwarten kann. Eine Fertigstellung kann dabei über Veranlassung des Masseverwalters erfolgen, oder durch die Überbindung der Verpflichtungen auf einen anderen Bauträger, die die Einbindung der Erwerber voraussetzt. Bei einem Rücktritt des Masseverwalters vom Bauträgervertrag kann der Erwerber den Rechtserwerb im Falle einer grundbücherlichen Sicherstellung vor Konkurseröffnung auch ohne Zutun des Masseverwalters durchsetzen. Um eine wirtschaftlich sinnvolle Fertigstellung des Bauprojektes zu erreichen, bedarf es aber eines gemeinsamen Vorgehens der Erwerber mit dem Masseverwalter und der das Projekt finanzierenden Bank. Dabei ist die Stellung des Erwerbers – abgesehen von den sonstigen Unannehmlichkeiten – durch die verpflichtende Lastenfreistellung und durch das Ratenplanmodell gestärkt, weil seine gemäß Ratenplan bereits geleisteten Beträge regelmäßig nicht den Wert der vom Bauträger bereits erbrachten Bauleistungen erreichen. Er kann daher damit rechnen, dass für ihn die Baufertigstellung mit keinen zusätzlichen finanziellen Belastungen verbunden ist, die über die Zahlungen gemäß Ratenplan hinausgehen.

---

379 Siehe Punkt 2.1.
380 Siehe Punkt 2.2.

4
Auswirkung der Änderung des BTVG auf den Bauträgerkonkurs

Die inhaltlichen Änderungen im BTVG im Zusammenhang mit der Gestaltung des Ratenplanmodells A und des Ratenplanmodells B haben auch wesentliche Bedeutung im Zusammenhang mit einem Bauträgerkonkurs. Die inhaltlichen Änderungen im BTVG betreffen zwar nicht die Auswirkung der Konkurseröffnung und auch nicht die Frage der Anwendbarkeit des Rücktrittsrechtes des Masseverwalters. Der Erwerber ist aber in der Phase, in der die Bauleistungen noch nicht fertig gestellt sind, im Falle des Bauträgerkonkurses nunmehr besser gestellt, weil die nach Ratenplan bezahlten Beträge regelmäßig den Wert der vom Bauträger bereits erbrachten Bauleistungen nicht erreichen werden. Der Bauträger ist in diesem Sinne vorleistungspflichtig, während durch den Erwerber keine Kreditierung der noch zu erbringenden Bauleistungen erfolgt.

Für den Treuhänder ist insbesondere die Klarstellung der gesetzlichen Vorgaben für die Sicherstellung der Lastenfreistellung zugunsten des Erwerbers (§ 9 Abs. 3 BTVG) von Bedeutung. Der Treuhänder hat den klaren gesetzlichen Auftrag, zu überprüfen, ob die zwischen dem Bauträger und dem Kreditinstitut vereinbarte Lastenfreistellung zugunsten des Erwerbers den gesetzlichen Vorgaben entspricht. Durch die zusätzlichen Anforderungen des § 12 BTVG, der die Aufklärungspflichten des Treuhänders erweitert, werden die Vertragsverfasser sowohl die Aufklärung vor der Vertragsgestaltung als auch die Vertragsgestaltung selbst, in wesentlichen Punkten an die Änderungen des BTVG anzupassen haben.[381]

---

[381] Siehe dazu auch das Muster in Abschnitt III von GARTNER, S. 349 ff.

Schematischer Überblick über das BTVG

MAG. NADJA SHAH, MAS

Normalerweise vermutet man einen schematische Übersicht am Anfang eines Lehrbuches, doch hat es durchaus seine Berechtigung einen derartigen Überblick erst an den Schluss zu setzen.

Übersichten leben von der Kürze und dem Weglassen, was aber die Gefahr in sich birgt, dass die LeserInnen annehmen, der Blick auf die Übersicht reicht, um über ausreichendes Wissen zu verfügen. Gerade im Rechtsbereich ist das eine trügerische Sicherheit, die wir hier gar nicht aufkommen lassen wollten.

Die nachfolgende Übersicht soll daher vielmehr in Stichworten in Erinnerung rufen, was Sie die letzten rund 200 Seiten über das Bauträgervertragsgesetz erfahren konnten. Um die Übersichtlichkeit zu wahren, wurde jedoch einiges weggelassen.

Keine näheren Ausführungen gibt es z. B. zur pfandrechtlichen Sicherstellung (Bewertung) oder zum vertraglichen Rücktrittsrecht des Bauträgers, da in der Praxis diese Regelungen bislang keine große Bedeutung erfahren haben. Auch die Freistellungsvereinbarung zwischen Hypothekargläubiger und Bauträger ist optisch nicht dargestellt. Die alternativen Sicherungspflichten nach § 7 Abs. 6 erlitten das gleiche Schicksal.

Dennoch hoffen wir, dass die stichwortartige Darstellung Ihnen eine Hilfestellung bietet, um bereits Gelesenes bzw. Gehörtes wieder in Erinnerung zu rufen, und im Alltag eine Unterstützug für Ihre Projektplanung ist – sei es als ErwerberIn oder BauträgerIn.

SCHEMATISCHER ÜBERBLICK ÜBER DAS BTVG

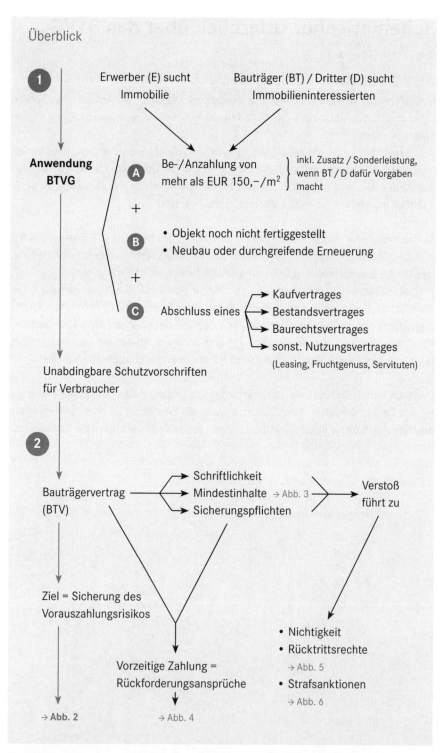

Abbildung 1

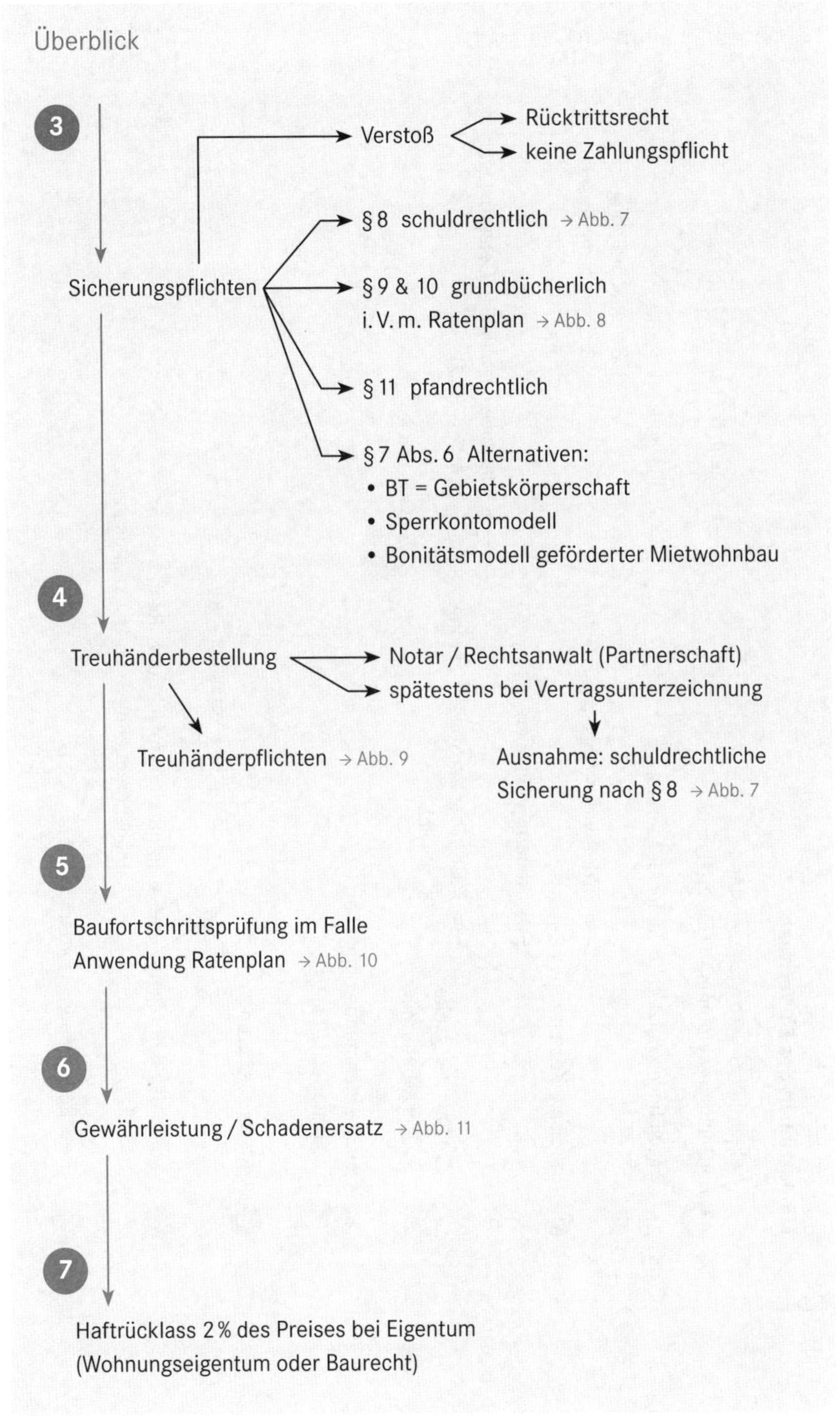

Überblick

3 → Verstoß → Rücktrittsrecht / keine Zahlungspflicht

Sicherungspflichten:
- § 8 schuldrechtlich → Abb. 7
- § 9 & 10 grundbücherlich i. V. m. Ratenplan → Abb. 8
- § 11 pfandrechtlich
- § 7 Abs. 6 Alternativen:
  - BT = Gebietskörperschaft
  - Sperrkontomodell
  - Bonitätsmodell geförderter Mietwohnbau

4

Treuhänderbestellung → Notar / Rechtsanwalt (Partnerschaft) / spätestens bei Vertragsunterzeichnung

Treuhänderpflichten → Abb. 9   Ausnahme: schuldrechtliche Sicherung nach § 8 → Abb. 7

5

Baufortschrittsprüfung im Falle Anwendung Ratenplan → Abb. 10

6

Gewährleistung / Schadenersatz → Abb. 11

7

Haftrücklass 2 % des Preises bei Eigentum (Wohnungseigentum oder Baurecht)

Abbildung 2

SCHEMATISCHER ÜBERBLICK ÜBER DAS BTVG

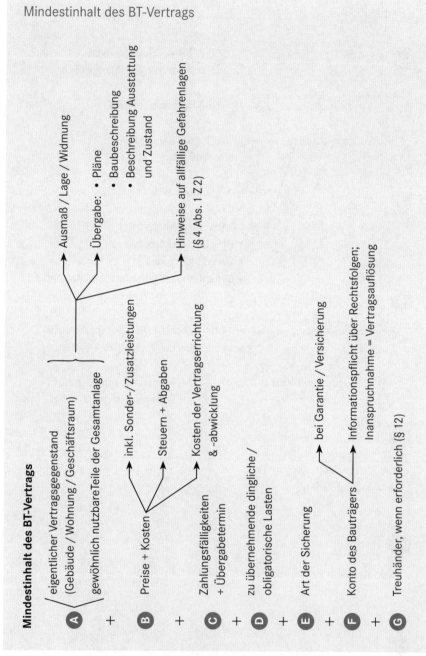

Abbildung 3

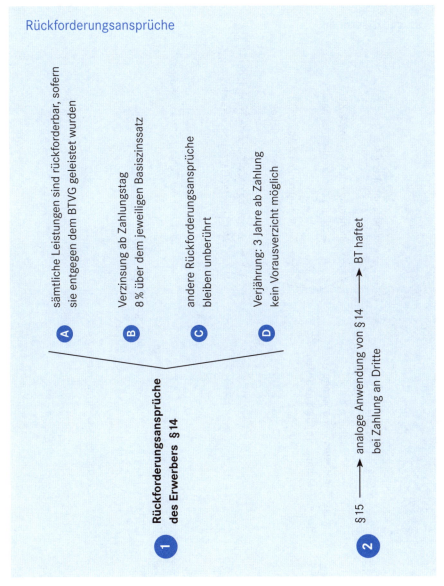

Abbildung 4

SCHEMATISCHER ÜBERBLICK ÜBER DAS BTVG

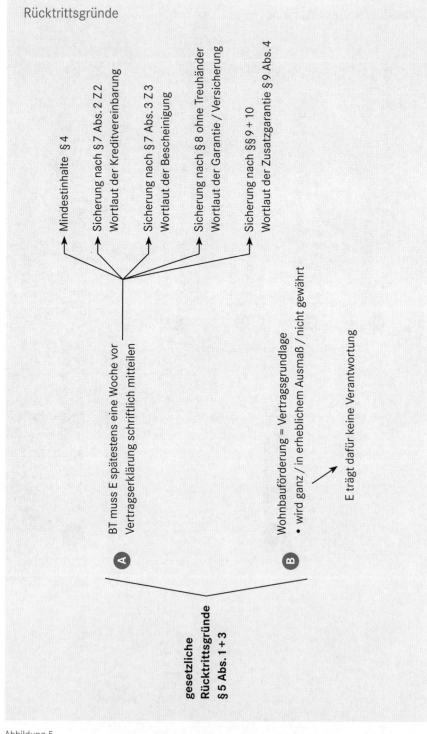

Abbildung 5

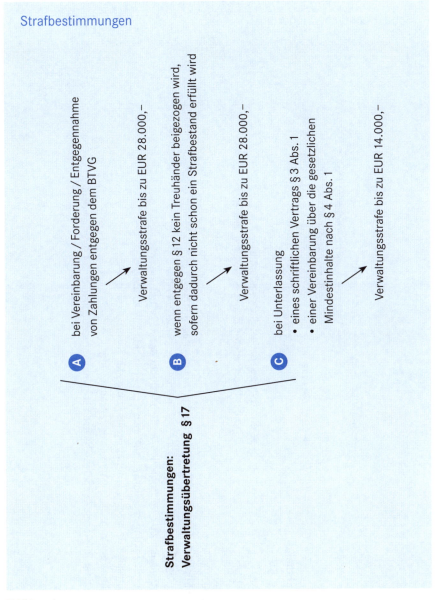

Abbildung 6

SCHEMATISCHER ÜBERBLICK ÜBER DAS BTVG

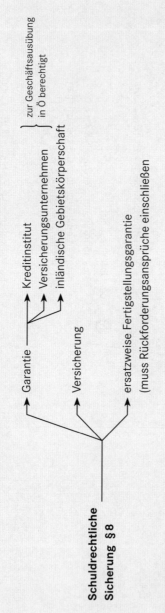

Abbildung 7

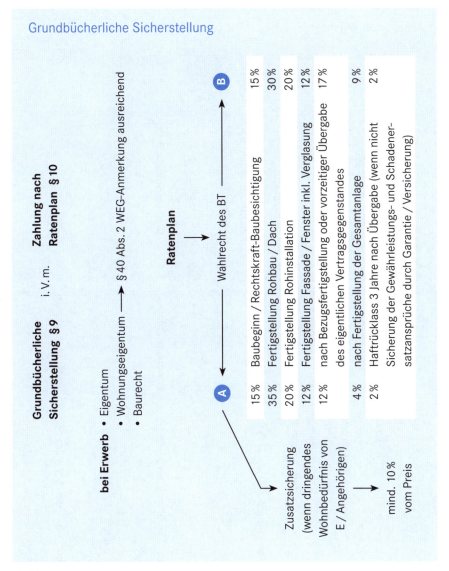

Abbildung 8

SCHEMATISCHER ÜBERBLICK ÜBER DAS BTVG

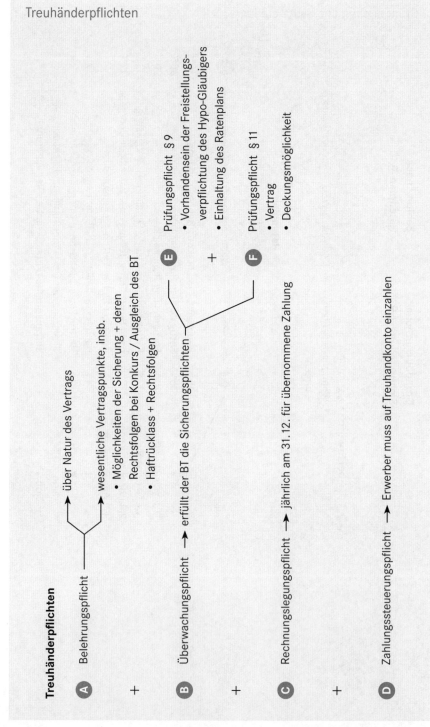

Abbildung 9

Baufortschrittsprüfung

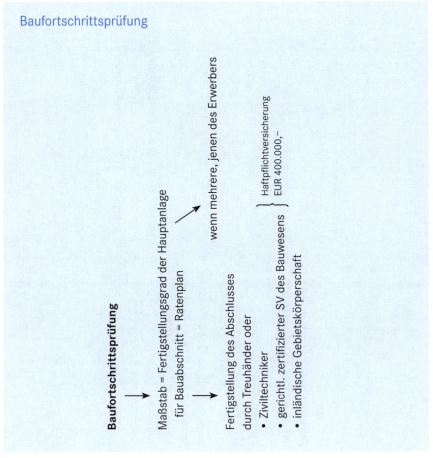

Abbildung 10

SCHEMATISCHER ÜBERBLICK ÜBER DAS BTVG

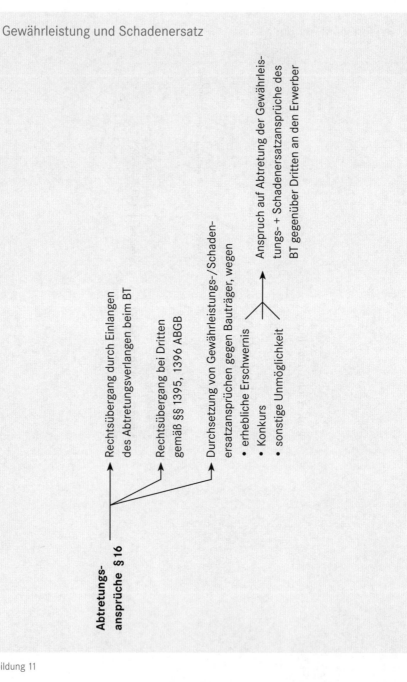

Abbildung 11

Abschnitt III
Kommentierte Vertragsmuster

GARTNER	
Einleitung	311

GARTNER	
Kaufvertrag	314

GARTNER	
Auftrag und Honorarvereinbarung	348

GARTNER	
Muster für eine Belehrung nach § 12 BTVG	349

Einleitung

Bauträgerverträge sind in den vergangenen Jahren zunehmend ins Kreuzfeuer der Kritik der Konsumentenschutzorganisationen und auch der Gerichte geraten.

Im Frühjahr 2007 wurde eine Studie der Arbeiterkammer Wien veröffentlicht, in welcher unter dem Titel »Gesetzwidrige Vertragsbestimmungen in Bauträgerverträgen, im speziellen in Kaufverträgen über Neubau-Eigentumswohnungen« eine juristische Analyse von Kaufvertragsformularen privater Bauträger vorgenommen wurde.

Die Verfasser, RA Dr. Walter Reichholf und Mag. Walter Rosifka – AK Wien –, überprüften in dieser Studie 18 Bauträgerverträge ausschließlich privater Bauträger aus Wien, der Steiermark, Oberösterreich, Salzburg und Tirol, die den Erwerb neu zu errichtender Eigentumswohnungen regeln sollten.

In dieser Studie kamen die Verfasser zu dem bemerkenswerten Ergebnis, dass in jedem der untersuchten Kaufvertragstexte eine mehr oder minder große Anzahl von Bestimmungen enthalten waren, die die Rechte der Verbraucher in rechtswidriger Weise einschränkten oder sogar aufhoben.

Sowohl die teilweise durchaus berechtigten Kritikpunkte der oben zitierten Studie als auch die Novelle zum BTVG 2008 machen eine durchgreifende Überarbeitung und Umgestaltung bisheriger Bauträgervertragsmuster erforderlich, einerseits um der Novelle Rechnung zu tragen, andererseits die Gefahr zu verringern, durch Verwendung von Vertragsklauseln, die gegen das KSchG, gegen das BTVG, gegen das WEG oder auch gegen § 879 Abs. 3 ABGB verstoßen, Beklagter in einem Verbandprozess zu werden.

Ziel sollte sein, diese Klauseln aus Verträgen zu entfernen oder zumindest so zu formulieren, dass sie keine oder eine möglichst geringe Angriffsfläche für Verbandsklagen gemäß § 28 KSchG oder auch für Anfechtungen im Rahmen von individuellen Prozessen zwischen Bauträger und Erwerber zu bieten.

Nachfolgend wurde versucht, Mustervertragsbestimmungen für einen Bauträgervertrag zu formulieren, die einerseits der berechtigten Kritik der Konsumentenschutzorganisationen Rechnung tragen, andererseits die bisherigen Erfahrungen und die einschlägige Judikatur des Obersten Gerichtshofes zu den einschlägigen konsumentenschutzrechtlichen Bestimmungen berücksichtigen.

Es sei ausdrücklich darauf hingewiesen, dass diese Mustervertragsbestimmungen in erster Linie eine »Checkliste« für jene Bereiche des Bauträgervertrages darstellen sollen, die nach dem gesetzlichen Gebot des § 4 Abs. 1 BTVG unbedingt geregelt werden müssen.

Es sei aber ausdrücklich davor gewarnt, diese Musterbestimmungen zu übernehmen, ohne sie an das konkrete Bauträgerprojekt und dessen Erfordernisse anzupassen.

Soweit im Rahmen dieses Buches bzw. des konkreten Abschnittes sinnvoll, wird der geschätzte Leser und Anwender auf mögliche Gefahren bestimmter Formulierungen hingewiesen, der vorliegende Abschnitt des Buches enthebt den Verfasser eines Bauträgervertrages jedoch nicht davon, den Gesetzestext und dazu ergangene Judikatur bzw. Kommentarmeinungen bei der Erstellung seines konkreten Vertrages zu studieren und anzuwenden.

Die nachstehenden Vertragsregelungen verstehen sich ausdrücklich nur als abstrakte Anwendungsregeln, die mit entsprechender Umsicht und juristischer Kritikfähigkeit an die konkreten Gegebenheiten angepasst werden sollten.

Vertragserrichter mögen dringend beachten, dass die von ihnen für einen Bauträger erstellten Vertragsurkunden im Regelfall wohl **Vertragsformblätter** darstellen, auch wenn sie über EDV für den einzelnen Käufer konkret mit dessen Daten ergänzt und ausgedruckt werden, somit kommen auf diese Verträge jedenfalls die Bestimmungen über die Inhaltskontrolle gemäß § 879 Abs. 3 und über die Geltungskontrolle gemäß § 864 a ABGB zur Anwendung, weiters die Bestimmungen des § 6 KSchG und selbstverständlich die Bestimmungen des BTVG und auch des WEG, insbesondere die §§ 37 f. WEG. (Zur Frage des Charakters eines Bauträgervertrages als Vertragsformblatt, siehe die Ausführungen Krejcis: KSchG, in Rummel: ABGB³ Rz 27 und 28 zu § 864 a).

Darüber hinaus seien die Vertragserrichter vor einer allzu freien Gestaltung ihrer Musterklauseln nach dem Motto »ein wenig zu viel, schadet nicht« gewarnt, sollte die konkrete Vertragsurkunde Gegenstand eines **Verbandsprozesses** gemäß § 28 KSchG werden, so ist eine sogenannte »geltungserhaltende Reduktion« der geprüften Bestimmung nicht vorzunehmen, sondern es ist immer die »kundenfeindlichste, objektive Auslegung der Klausel zugrunde zu legen und zu prüfen, ob schon bei dieser kundenfeindlichsten Auslegung die Klausel durch ihren Regelungsinhalt gegen ein gesetzliches Verbot verstößt. (Siehe zuletzt die beiden »Mietrechtsentscheidungen« 1 Ob 241/06 g und 7 Ob 78/06 f). Ergibt diese Prüfung eine – wenn auch nur geringfügige – Überschreitung der zulässigen Formulierungsbandbreite zum denkbaren Nachteil des Konsumenten, so ist die Klausel nicht auf einen theoretisch gültigen »Regelungskern zu reduzieren«, sondern in ihrer Gesamtheit ungültig.

Im **Individualprozess** zwischen Bauträger und Erwerber über die Gültigkeit einer bestimmten vertraglichen Regelung, wird derzeit üblicherweise eine geltungserhaltende Reduktion einer überschießend formulierten Klausel vorgenommen, es ist aber keineswegs ausgeschlossen, dass sich der OGH auch in diesen individuellen Fällen dazu durchringt, eine **geltungserhaltende Reduktion** einer solchen Klausel nicht (mehr) vorzunehmen, sondern diese Klausel für – insgesamt – nichtig, weil gröblich benachteiligend und damit gesetzwidrig anzusehen.

Die Folgen einer derartigen Rechtsmeinung können für den Bauträger fatal sein: Beispielsweise wird in einer Vertragsklausel ein Änderungsrecht des Bauträgers im Projekt so weitgehend formuliert, dass sie gegen § 6 Abs. 2 Z 3 KSchG verstößt, weil sie dem Bauträger Änderungen zugesteht, die dem Konsumenten nicht mehr zumutbar sind, insbesondere weil sie nicht mehr geringfügig und nicht mehr sachlich gerechtfertigt sind.

Ist eine solche Änderungsklausel insgesamt – und nicht nur in ihrem überschießenden Teil – unzulässig, so steht dem Bauträger überhaupt kein Änderungsrecht in seinem gesamten Projekt zu, er hat die Anlage so zu errichten, wie sie bei Vertragsabschluss durch die Pläne und die Bau- und Ausstattungsbeschreibung definiert wurde.

All dies muss von einem sorgfältigen Vertragserrichter berücksichtigt werden, der den Wünschen des Bauträgers nach möglichster Vertragsfreiheit und möglichster Einräumung entsprechender Gestaltungsrechte entgegentreten sollte, um Verstöße gegen konsumentenschutzrechtliche Bestimmungen bzw. Regelungen des BTVG, des WEG und des ABGB zu verhindern, die massive Auswirkungen auf den Vertrag und die Rechte und Pflichten der Vertragspartner haben könnten.

Kaufvertrag

abgeschlossen am unten bezeichneten Tage zwischen
Bauträger GmbH
im Folgenden »Verkäuferin« genannt einerseits und
Erwerber
im Folgenden »kaufende Partei« genannt, andererseits, wie folgt:

Präambel

1. Die Verkäuferin ist Eigentümerin der Liegenschaft EZ ___ des Grundbuches KG 0 ___ mit der Liegenschaftsadresse ___ .

   Die Verkäuferin errichtet auf dieser Liegenschaft ein Wohnhaus / eine Reihenhausanlage und soll auf der Liegenschaft bzw. an den Objekten Wohnungseigentum begründet werden. Nach dem derzeitigen Planungsstand werden ___ Wohnungseigentumsobjekte (___ Wohnungen samt Zugehör und ___ Kfz Abstellplätze in der Tiefgarage) errichtet, an denen Wohnungseigentum begründet wird.

   Der vorliegende Vertrag wird zu dem Zweck abgeschlossen, um dem Erwerber Wohnungseigentum an der Wohnung Top ___ und am Kfz-Abstellplatz ___ und den nachfolgend angeführten Liegenschaftsanteilen und nach der Errichtung das alleinige Nutzungsrecht an der im beiliegenden Plan ersichtlichen Wohnungseigentumseinheit Wohnung Top Nr. ___ und Kellerabteil Nr. ___ zu verschaffen.
   Die Vertragsparteien verpflichten sich unwiderruflich, gemeinsam mit den übrigen Liegenschaftseigentümern bzw. Wohnungseigentumsbewerbern Wohnungseigentum auf der Liegenschaft und an den wohnungseigentumstauglichen Objekten zu begründen.

2. Die auf Basis des nach dem derzeitigen Planungsstand erstellten Nutzwertgutachtens lediglich provisorisch berechneten Liegenschaftsanteile können sich durch Umgestaltungsmaßnahmen im Gesamtprojekt, insbesondere aufgrund von Käuferwünschen noch ändern. In diesem Fall wird von der Verkäuferin eine Korrektur des Nutzwertgutachtens und eine Anpassung an den endgültigen Planungsstand veranlasst und stellt dieses endgültige Nutzwertgutachten die Basis für eine Nutzwertfestsetzung und Wohnungseigentumsbegründung dar.

> Die Vertragsparteien treten für den Fall einer aus diesen Gründen notwendig gewordenen Änderung der provisorischen Miteigentumsanteile jeweils so viele Anteile ab, bzw. übernehmen so viele Miteigentumsanteile, wie notwendig sind, um die derzeit lediglich provisorisch berechneten Miteigentumsanteile in die endgültigen Nutzwertanteile bei der Wohnungseigentumsbegründung zu ändern.
>
> Diese notwendigen Berichtigungen der provisorischen Miteigentumsanteile in die endgültigen Nutzwertanteile erfolgen ohne weiteres und ohne Wertausgleich, da sie lediglich Ausfluss und Ergebnis der mit einem Bauträgerprojekt notwendigerweise verbundenen Flexibilität in der Gestaltung der zur Verwertung gelangenden Wohnungseigentumsobjekte und Anlagen sind.
>
> Sollte sich somit durch diese Maßnahmen im Zuge der Verwertung der Wohnungseigentumsobjekte durch den Bauträger das Verhältnis der endgültigen Nutzwerte der endgültig gestalteten Wohnungseigentumsobjekte zu den Nutzwerten der ursprünglich geplanten Wohnungseigentumsobjekte rechnerisch ändern, kann sich somit auch der Nutzwert für die von der kaufenden Partei erworbenen Objekte rechnerisch ändern. Diese rechnerische Änderung hat auf den Kaufpreis oder die nach Maßgabe dieses Vertrages vereinbarten Rechte und Pflichten der Vertragsparteien keinen Einfluss.
>
> 3. Gemäß § 4 Abs. 1 Z 2 BTVG wird die kaufende Partei darauf hingewiesen, dass das Vertragsobjekt in keiner Gefahrenzone / in folgender Gefahrenzone _____ gelegen ist.

Gem. § 4 Abs. 1 Z 1 BTVG muss der Bauträgervertrag eine genaue Beschreibung des Gebäudes, der Wohnung oder des Geschäftsraumes samt Zugehör (des eigentlichen Vertragsgegenstandes) und die vom Erwerber gewöhnlich nutzbaren Teile der Gesamtanlage enthalten.

Es empfiehlt sich eine generelle Beschreibung samt Hinweis auf die in den Vertrag zu integrierenden »aussagekräftigen Pläne, Baubeschreibungen«, die im Vertragsmuster unter Punkt 3 a bis d, näher bezeichnet sind.

Entgegen früherer gesetzlicher Anordnung müssen Pläne und Baubeschreibungen nicht in die Vertragsurkunde selbst »einbezogen« werden, um Probleme mit Plänen, die nicht mehr sinnvoll eingescannt werden können, zu verhindern. Sie müssen aber, um dem Schriftformgebot des § 3 Abs. 1 BTVG zu entsprechen, jedenfalls vom Erwerber und Bauträger unterfertigt sein.

KAUFVERTRAG

In der Praxis empfiehlt sich, auch der grundbuchsfähigen Urkunde eine verkleinerte Ausfertigung des Wohnungsplanes bzw. auch allfälliger Kellerpläne und Garagenpläne anzuschließen und einzubinden, nicht zuletzt um auch zu verhindern, dass der Grundbuchsführer einen Antrag auf Anmerkung der Zusage der Einräumung von Wohnungseigentum gemäß § 40 Abs. 2 WEG abweist, weil aus der Grundbuchsurkunde die genaue Individualisierung des Wohnungseigentumsobjektes innerhalb der Gesamtanlage nicht hervorgeht.

Diesem Muster liegt die Begründung von Wohnungseigentum im Bauträgerprojekt zugrunde.

Der Hinweis auf die Gefahrenzone gemäß der gesetzlichen Anordnung des § 4 Abs. 1 Z 2 ist unbedingt in den Vertrag aufzunehmen! Liegt die Anlage nicht in einer der im Gesetz genannten Gefahrenzone, so könnte auf den negativen Hinweis verzichtet werden.

1. Gegenstand

1.1 Kaufobjekt sind somit vorerst (siehe Präambel, 2.) ___ Anteile an der Liegenschaft EZ ___ des Grundbuches KG 0 ___ verbunden mit dem ausschließlichen Recht auf Nutzung und Verfügung der in der Beilage __/1 näher ersichtlich gemachten Wohnungseigentumseinheit in der Stiege Nr. ___ Top Nr. ___ samt Kellerabteil Nr. ___ im Folgenden kurz Wohnungseigentumsobjekt genannt und weiters

___ Anteile an der Liegenschaft, verbunden mit dem ausschließlichen Recht auf Nutzung und Verfügung des in der Beilage __/2 näher ersichtlich gemachten Kfz-Abstellplatzes Nr. ___.

Die Verkäuferin verkauft und die kaufende Partei kauft somit die in Punkt 1.1 ausgewiesenen Vertragsgegenstände.

1.2 Die kaufende Partei nimmt zur Kenntnis, dass von der Verkäuferin die auf der Liegenschaft geplanten Wohnungseigentumseinheiten mit gleichartigen Verträgen an Käufer bzw. Wohnungseigentumsbewerber verkauft werden. Ungeachtet der Verpflichtung der Verkäuferin zur mängelfreien Herstellung des Vertragsobjekts, ist der kaufenden Partei bekannt, dass die Verkäuferin diese Baulichkeiten nicht selbst errichtet, sondern damit gewerberechtlich befugte Fachfirmen beauftragt.

Der Hinweis auf die Gleichartigkeit der Kaufverträge empfiehlt sich, da nur eine einheitliche Behandlung entsprechend gleichartiger Verträge eine rationelle juristische Vertragsabwicklung für den Vertragserrichter und Treuhänder zulässt.

Der Hinweis auf die »beauftragten gewerberechtlich befugten Unternehmen« verweist auch auf die Sonderwunschregelung des Punktes 5 (»Änderungen und Zusatzaufträge«) die gemäß der Neuregelung des § 1 Abs. 1, bzw. § 7 Abs. 1 BTVG, ebenfalls in die »Besicherungspflicht« des Bauträgers fallen können (siehe dort).

> 1.3 Einvernehmlich wird weiters festgehalten, dass auf diesen Vertrag die Regeln des BTVG zur Anwendung kommen und die Verkäuferin Herrn / Frau RA / Notar _____ zum Treuhänder gemäß § 12 Bauträgervertragsgesetz (BTVG) bestellt hat.
>
> Die kaufende Partei nimmt zur Kenntnis, dass es dem Treuhänder aus Standesgründen verboten ist, einen Vertragspartner **gegen** den anderen zu vertreten oder zu beraten.

Die Bestellung des Treuhänders ist für den Fall des Sicherungsmodells »Grundbücherliche Sicherstellung samt Ratenplanmethode« gemäß den §§ 9 und 10 BTVG sowie für den Fall der Sicherung durch Pfandrecht gemäß § 11 BTVG obligatorisch.

> 1.4 Ob der Liegenschaft EZ ___ sind folgende Belastungen im Grundbuch eingetragen: _____.
>
> Hinsichtlich des unter C-LNr. ___ einverleibten Pfandrechts für die X-Bank wird einvernehmlich festgehalten, dass beim Vertragserrichter und Treuhänder _____ eine unwiderrufliche Erklärung dieses Pfandgläubigers erliegt, wonach dieser jene ideellen Miteigentumsanteile, mit denen Wohnungseigentum an den unter 1.1 genannten Vertragsgegenständen für die kaufende Partei einverleibt wird, von seinem Pfandrecht lastenfrei stellt, sofern die kaufende Partei ihren Kaufpreiszahlungsverpflichtungen hinsichtlich der fällig gewordenen Raten und ihren Besicherungsverpflichtungen hinsichtlich der noch nicht fällig gewordenen Ratenzahlungen gemäß Punkt 2 nachgekommen ist.

Zu den zentralen Verpflichtungen des Bauträgers, wie auch eines allenfalls bestellten Treuhänders gehört die Regelung bzw. Gewährleistung der Lastenfreistellung der an die jeweilige kaufende Partei veräußerten ideellen Miteigentumsanteile.

Für den Treuhänder und damit auch für den Bauträger empfiehlt sich eine vorsichtige Regelung im Vertrag dahingehend, dass die Pfandgläubiger des Bauträgers vorweg eine entsprechende Erklärung abgeben, dass sie jedenfalls schon gegen Bezahlung der bei Vertragsabschluss fälligen oder nach Herbeiführung der entsprechenden grundbücherlichen Sicherung fällig werdenden Ratenbeträge und Überprüfung der vom Erwerber für den gesamten Kaufpreis vorzulegenden Finanzierungssicherstellung vorweg in die Lastenfreistellung der verkauften Anteile einwilligen.

Die nach der früheren Rechtslage geltende Möglichkeit, dass der Pfandgläubiger nur insoweit in die Lastenfreistellung einwilligen musste, als der Käufer Kaufpreiszahlungen tatsächlich geleistet hatte, brachte für den Käufer und damit wohl auch für den Treuhänder beträchtliche Risken mit sich, denn gerechtfertigte Forderungen des Erwerbers auf Zurückbehaltung oder Minderung des Kaufpreises wegen Gewährleistungsmängeln hätten für ihn bedeutet, entweder wählen zu können, den gesamten Kaufpreis dennoch zur Lastenfreistellung seiner Anteile an die Gläubigerbank zu entrichten und damit keine Finanzierung der Kosten für die die Behebung von Baumängeln aus dem zurückbehaltenen Kaufpreis mehr zur Verfügung zu haben oder den zurückbehaltenen Teil des Kaufpreises zur Finanzierung der Mängelbehebung anstelle des Bauträgers zu verwenden und sich dann mit der Pfandgläubigerbank auseinanderzusetzen zu müssen, um die Lastenfreistellung zu bewirken, trotzdem gerechtfertigt nicht der gesamte Kaufpreis an den Bauträger bzw. die Pfandgläubigerbank bezahlt wurde.

Durch die Neuregelung des § 9 Abs. 3 BTVG ist hier eine Besserstellung des Erwerbers eingetreten, da die Gläubigerbank nur solche Teile des Kaufpreises von der Lastenfreistellung ausnehmen kann, die der Erwerber **trotz Fälligkeit** noch nicht entrichtet hat.[382]

Teilbeträge des Kaufpreises, die nach Maßgabe des Ratenplanes noch gar nicht fällig sind, weil der entsprechende Baufortschritt noch nicht erreicht ist, sind von Erwerber beim Treuhänder zu hinterlegen oder zu besichern, sodass der Bauträger die Gewähr hat, dass sie bei Fälligwerden wirtschaftlich auch tatsächlich vorhanden sind und bezahlt werden. Insoweit ersetzt der erlegte Kaufpreis oder der durch Garantie oder Finanzierungszusage besicherte Kaufpreisauszahlungsanspruch des Bauträgers auf die nach Maßgabe des geprüften Baufortschritts fällig werdenden Raten, den durch Anteilsverkauf und Löschung des Pfandrechts der Bauträgerfinanzierungsbank von den gültig verkauften Miteigentumsanteilen der kaufenden Partei verringerten Haftungsfonds der Bank. Der Treuhänder wird dies zu beachten haben, wenn er im Zuge der

---

382 Zum Zeitpunkt der Lastenfreistellung siehe Beitrag AUMANN, 3.3.4–3.3.6 (S. 261 f.).

Kaufvertragserrichtung und -abwicklung für die Bank des Erwerbers, die den Kaufpreis oder einen Teil davon finanziert und im Regelfall dafür die Bedingung setzt, dass ein Pfandrecht zu ihren Gunsten erstrangig auf den verkauften Miteigentumsanteilen des Erwerbers einverleibt wird, die Treuhandschaft übernimmt.

> 1.5 Für das gegenständliche Wohnhausprojekt wurde zu GZ ___ eine rechtskräftige Baubewilligung erteilt.

Die Erteilung der Baubewilligung ist unabdingbare Voraussetzung für die Fälligkeit der ersten Kaufpreisrate beim Ratenplanmodell gemäß § 10 Abs. 2 BTVG. Sollte eine schuldrechtliche Sicherung gestellt werden, so entfällt sowohl das Erfordernis, einen Treuhänder zu bestellen als auch das Erfordernis einer rechtskräftigen Baubewilligung für die Auszahlung von beliebig zu vereinbarenden Kaufpreisbeträgen.

Der Bauträger hat allerdings bei einem Wohnungseigentumsprojekt auch im Falle der Bestellung einer schuldrechtlichen Sicherheit die Verpflichtung, zugunsten des Erwerbers eine Anmerkung gemäß § 40 Abs. 2 WEG zu veranlassen, da vor Erwirkung dieser Anmerkung gemäß § 37 WEG Zahlungen des Wohnungseigentumsbewerbers überhaupt nicht fällig werden, auch wenn zu ihrer Besicherung eine Bankgarantie gemäß BTVG übergeben wurde.

2. Kaufpreis, Zahlung nach Ratenplan gemäß § 10 BTVG

Der vereinbarte Kaufpreis für den Kaufgegenstand beträgt   EUR ___0.000,00
(in Worten: Euro _____tausend)
und ist, wie nachfolgend näher geregelt, zur Zahlung fällig:

Alternative I

Die Sicherung der kaufenden Partei erfolgt durch grundbücherliche Sicherstellung der Rechte der kaufenden Partei in Verbindung mit einer Zahlung nach Ratenplan B ohne Zusatzsicherung gemäß § 10 Abs. 2 Z 2 BTVG.

KAUFVERTRAG

2.1 Ein Teilbetrag von 10 %, das sind   EUR ___ 00,00
wird bei / binnen acht Tagen nach Vertragsabschluß auf dem Anderkonto des Vertragserrichters _____ bei der Bank _____, Konto Nr. _____ erlegt, mit dem einvernehmlich unwiderruflichen Treuhandauftrag, diesen

- nach Vorlage einer unwiderruflichen Finanzierungszusage gemäß Punkt 2.7 in seiner Kanzlei,
- nach Baubeginn und
- Anmerkung der Zusage der Einräumung des Wohnungseigentums gemäß § 40 Abs. 2 WEG 2002 für die kaufende Partei

an die Verkäuferin auf das Konto Nr. _____, BLZ _____ zur Überweisung zu bringen.

2.2 Ein Teilbetrag von 30 %, das sind   EUR ___ 00,00
wird nach Einlangen einer schriftlichen Bestätigung eines Baufortschrittsprüfers gemäß § 13 BTVG, mit welcher die Fertigstellung des Baufortschrittes »Rohbau mit Dach inkl. Dacheindeckung« nach den Regeln des BTVG festgestellt wird, zur Zahlung an die Verkäuferin fällig, sofern zu diesem Zeitpunkt bereits die Fälligkeit der Rate gemäß Punkt 2.1 eingetreten ist.

2.3 Ein Teilbetrag von 20 %, das sind   EUR ___ 00,00
wird nach Einlangen einer schriftlichen Bestätigung eines Baufortschrittsprüfers gemäß § 13 BTVG, mit welcher die Fertigstellung des Baufortschrittes »Rohinstallationen« in den allgemeinen Teilen und im vertragsgegenständlichen Wohnungseigentumsobjekt Top ___ gemäß den Kriterien des BTVG festgestellt wird, zur Zahlung an die Verkäuferin der kaufgegenständlichen Wohnungseigentumseinheit fällig, sofern zu diesem Zeitpunkt bereits die Fälligkeit der Rate gemäß Punkt 2.1 eingetreten ist.

2.4	Ein Teilbetrag von 12 %, das sind wird nach Einlangen einer schriftlichen Bestätigung eines Baufortschrittsprüfers gemäß § 13 BTVG, mit welcher die Fertigstellung des Baufortschrittes »Fassade und des Einbaues der Fenster inkl. Verglasung« in sämtlichen neu geschaffenen Wohnungseigentumsobjekten gemäß den Kriterien des BTVG festgestellt wird, zur Zahlung an die Verkäuferin fällig, sofern zu diesem Zeitpunkt bereits die Fälligkeit der Rate gemäß Punkt 2.1 eingetreten ist.	EUR ___00,00
2.5	Ein Teilbetrag von 17 %, das sind wird nach Einlangen einer schriftlichen Bestätigung eines Baufortschrittsprüfers gemäß § 13 BTVG, mit welcher die Fertigstellung des Baufortschrittes »Bezugsfertigstellung« des vertragsgegenständlichen Wohnungseigentumsobjekts Top ___ gemäß den Kriterien des BTVG festgestellt wird, zur Zahlung an die Verkäuferin fällig, sofern zu diesem Zeitpunkt bereits die Fälligkeit der Rate gemäß Punkt 2.1 eingetreten ist.	EUR ___00,00
2.6	Ein Teilbetrag von 9 %, das sind wird nach Einlangen einer schriftlichen Bestätigung eines Baufortschrittsprüfers gemäß § 13 BTVG, mit welcher die Fertigstellung des Baufortschrittes »Fertigstellung der Gesamtanlage i.S. des § 4 Abs. Z 1 BTVG«, somit der für die kaufende Partei gewöhnlich nutzbaren Teile der Gesamtanlage gemäß den Kriterien des BTVG festgestellt wird, zur Zahlung an die Verkäuferin fällig, sofern zu diesem Zeitpunkt bereits die Fälligkeit der Rate gemäß Punkt 2.1 eingetreten ist.	EUR ___00,00
2.7	Der Restbetrag von 2 %, das sind dient als Haftrücklass und wird nach Maßgabe des Vertragspunktes 2.9 zur Zahlung fällig.	EUR ___00,00

KAUFVERTRAG

> Die kaufende Partei nimmt zur Kenntnis, dass diese Baufortschritte dem Ratenplan gemäß § 10 Abs. 2 (Ratenplan B) BTVG entsprechen.

Diese Vertragsbestimmung setzt die bauträgervertragsrechtliche Sicherung gemäß § 9 (grundbücherliche Sicherstellung) in Verbindung mit der Zahlung nach Ratenplan voraus. In diesem Fall gibt der Bauträger keine Zusatzsicherung gemäß § 9 Abs. 4. und hat er sohin den Ratenplan B anzuwenden.

Alternative II

Die Sicherung der kaufenden Partei erfolgt durch grundbücherliche Sicherstellung der Rechte der kaufenden Partei in Verbindung mit einer Zahlung nach Ratenplan A mit Zusatzsicherung gemäß § 10 Abs. 2 Z 1 BTVG

2.1 Ein Teilbetrag von 15 %, das sind   EUR ___00,00
wird binnen acht Tagen nach Vertragsabschluß auf dem Anderkonto des Vertragserrichters _____ bei der Bank _____, Konto Nr. _____ erlegt, mit dem einvernehmlich unwiderruflichen Treuhandauftrag, diesen

- nach Vorlage einer unwiderruflichen Finanzierungszusage gemäß 2.7 in seiner Kanzlei und
- Baubeginn sowie
- nach Anmerkung der Zusage der Einräumung des Wohnungseigentums gemäß § 40 Abs. 2 WEG 2002 für die kaufende Partei und
- Übergabe der Zusatzsicherung gemäß § 9 Abs. 4 BTVG an die kaufende Partei

an die Verkäuferin auf das Konto Nr. _____, BLZ _____ zur Überweisung zu bringen.

2.2 Die weiteren Ratenfälligkeitsbestimmungen ergeben sich analog zur Alternative 1, aber mit den Prozentsätzen gemäß § 10 Abs. 2 Z 1 BTVG.

Die kaufende Partei nimmt zur Kenntnis, dass diese Baufortschritte dem Ratenplan mit Zusatzsicherung gem. § 10 Abs. 2 Z 1 (Ratenplan A) BTVG entsprechen.

Die kaufende Partei erklärt, dass der Erwerb des Vertragsobjekts ihrem dringenden Wohnbedürfnis dienen soll, somit übergibt die Verkäuferin vor Fälligkeit der ersten Rate gemäß Punkt 2.1 eine Garantie der _____ Bank über einen Betrag von _____. Diese Garantie sichert alle vermögenswerten Nachteile, die der kaufenden Partei aus der Verzögerung oder der Einstellung des Bauvorhabens aufgrund der Eröffnung eines Konkurs- oder Ausgleichsverfahrens über das Vermögen der Verkäuferin oder aufgrund der Abweisung eines Antrags auf Eröffnung eines Konkursverfahrens mangels kostendeckenden Vermögens erwachsen, und darf von der kaufenden Partei nach diesen Kriterien in Anspruch genommen werden. Nach Erreichung des Baufortschritts 2.6 ist diese Garantie umgehend an die garantierende Bank zurückzustellen.

Erwirbt der Käufer das gegenständliche Objekt zur Befriedigung des dringenden Wohnbedürfnisses, so kann der Bauträger vereinbaren, entsprechende Zahlungen des Erwerbers »früher« zu erhalten, wenn er rechtzeitig vor Fälligkeit der ersten entsprechenden Rate dem Erwerber eine Bankgarantie gemäß § 9 Abs. 4 BTVG übergibt, die diesen in die Lage versetzt, Schäden, die durch eine insolvenzbedingte Bauverzögerung oder Baueinstellung entstehen, zu decken.

Alternative III (schuldrechtliche Sicherung)

Der Kaufpreis ist am _____ zur Zahlung an den Bauträger auf dessen Konto _____ bei der _____ fällig, sobald der Bauträger Zug um Zug eine Bankgarantie der _____ über einen Betrag von _____ an die kaufende Partei übergeben hat, die eine Laufzeit bis zum _____ hat. Die kaufende Partei wird ausdrücklich darauf hingewiesen, dass sie die Zahlung des Kaufpreises ausschließlich auf das in der Garantie genannte Konto der garantiegebenden Bank zu leisten hat, andernfalls die Bank berechtigt wäre, im Falle der Inanspruchnahme der Garantie die Auszahlung solcher Beträge zu verweigern, die nicht auf dieses Konto geleistet wurden.

Die kaufende Partei darf von dieser Garantie Gebrauch machen, wenn ihr ein Rückforderungsanspruch gemäß BTVG zusteht und sie den Rücktritt vom Bauträgervertrag erklärt.

KAUFVERTRAG

> Die kaufende Partei nimmt vereinbarungsgemäß zur Kenntnis, dass die garantierende Bank die Auszahlung der Garantiesumme davon abhängig macht, dass die kaufende Partei eine grundbuchsfähige Löschungserklärung hinsichtlich der zu Ihren Gunsten im Grundbuch der Liegenschaft eingetragenen Rechte (Einverleibung oder Vormerkung des Eigentums oder Wohnungseigentums, Anmerkung gemäß § 40 Abs. 2 WEG) im Original übergibt und aufgrund dieser Urkunde diese Rechte zugunsten der kaufenden Partei im Grundbuch gelöscht wurden.

Im Hinblick darauf, dass der Gesetzgeber die Möglichkeit einer Bankbürgschaft als Sicherungsinstrument beseitigt hat, muss die Bankgarantie den »verkehrsüblichen Kriterien« entsprechen, **also abstrakt sein.**

Sie muss der Höhe nach zumindest einen, die vom Erwerber geleisteten Zahlungen zuzüglich Zinsen für drei Jahre in einem den Basiszinssatz um 8 % übersteigenden Ausmaß, entsprechenden Betrag absichern.

Es ist zulässig, dass der Treuhänder die Bankgarantie verwahrt, Herausgabebeschränkungen, wie etwa die Bindung an bestimmte weitergehende Bedingungen, z. B. die Erwirkung eines Urteils über die Rückforderungsansprüche (die sogenannte Urteilsklausel) würden jedoch dem Zweck der abstrakten Bankgarantie widersprechen und sind nicht (mehr) zulässig.

Der Bauträger und die garantierende Bank können sich nur dadurch vor einer missbräuchlichen Inanspruchnahme der Bankgarantie schützen, indem die Zahlung der garantierten Summe unter Hinweis auf vorhandene liquide Beweismittel, aus denen die ungerechtfertigte Inanspruchnahme der Garantiesumme durch den Erwerber leicht beweisbar hervorkommen, verweigert wird, bzw. vom Bauträger diesbezüglich eine einstweilige Verfügung erwirkt wird.

Die Bindung der Auszahlung der Garantiesumme an die vorherige Einzahlung auf ein in der Garantie genanntes Konto der Bank und die Abgabe einer entsprechenden Rücktrittserklärung bzw. die Übergabe von Urkunden, die die Löschung von Eintragungen zugunsten des Erwerbers im Grundbuch der Projektliegenschaft ermöglichen, entspricht der Neufassung des § 8 Abs. 5 BTVG.

2.8 Die kaufende Partei verpflichtet sich, jene Kaufpreisteile, die nicht gemäß Punkt 2.1 sofort zur Einzahlung auf das Anderkonto fällig werden, spätestens bei Vertragsabschluß durch Hinterlegung einer Finanzierungszusage einer zur Geschäftsausübung im Inland berechtigten Bank oder Bausparkasse beim Treuhänder zu besichern. Diese Finanzierungszusage muss den Treuhänder in die Lage versetzen, die jeweilig nach Maßgabe der Bestimmungen dieses Vertrages und des BTVG fällig werdenden Baufortschrittszahlungen gemäß den Punkten 2.2 – 2.6 ohne Zutun der kaufenden Partei jeweils nach Vorliegen einer entsprechenden schriftlichen Baufortschrittbestätigung eines gemäß § 13 BTVG bestellten Baufortschrittsprüfers vom jeweiligen Finanzierungsinstitut der kaufenden Partei abzurufen und an die Verkäuferin weiterzuleiten.

Die Sicherstellung der Zahlung des Kaufpreises durch den Erwerber, bildet das entsprechende Gegengewicht zu den Rechten des Erwerbers auf Lastenfreistellung bzw. zur »nachschüssigen« Zahlung nach Ratenplan.

Zur Qualität der Baufortschrittsprüfung durch den sachverständigen Baufortschrittsprüfer siehe die entsprechenden Ausführungen in den Kommentaren zu § 13 BTVG.

2.9 Die kaufende Partei ist berechtigt, den oben unter Vertragspunkt 2.7 genannten Kaufpreisteilbetrag (Haftrücklass) zur Sicherung allfälliger Gewährleistungs- und Schadenersatzansprüche aufgrund mangelhafter Bauleistung für die Dauer von drei Jahren ab der Übergabe der kaufgegenständlichen Eigentumswohnung (des eigentlichen Vertragsgegenstandes) einzubehalten.

Dieser Betrag wird aber vorzeitig zur Zahlung fällig, sobald die Verkäuferin der kaufenden Partei eine Bankgarantie eines zur Geschäftsausübung im Inland berechtigten Bankinstituts über einen gleich hohen Betrag und mit gleicher Laufzeit übergibt, durch die die kaufende Partei in die Lage versetzt wird, anstelle des einbehaltenen Kaufpreisteilbetrages den durch die Garantie gesicherten Betrag im erforderlichen konkreten Ausmaß zur Befriedigung der oben genannten Gewährleistungs- und Schadenersatzansprüche von der Bank abzurufen und entsprechend zu verwenden.

Die kaufende Partei darf von dieser Garantie Gebrauch machen, sofern die Verkäuferin ihren Gewährleistungs- und Schadenersatz-

KAUFVERTRAG

> verpflichtungen gemäß den §§ 922–933a ABGB trotz schriftlicher Aufforderung der kaufenden Partei unter Fristsetzung nicht rechtzeitig nachgekommen ist.
>
> Die Inanspruchnahme der Garantie ist mit jenem Betrag begrenzt, der zur Bezahlung der gerechtfertigten Gewährleistungs- und Schadenersatzansprüche der kaufenden Partei notwendig ist, sollten diese gerechtfertigten Ansprüche geringer sein als der Garantiebetrag.

Der verpflichtende Haftrücklass, den der Bauträger dem Erwerber einzuräumen, bzw. zu gewähren hat, stellt eine wichtige Neuerung in der Novelle 2008 dar.

Der Haftrücklass beträgt zumindest 2 % der im Bauträgervertrag vereinbarten Summe (lt. EB zur Novelle einschließlich allenfalls später erteilter Zusatzaufträge und Sonderwunschzahlungen an gemäß § 1 Abs. 1 BTVG »vorgegebene Professionisten« des Bauträgers, die entweder im Rahmen der Ratenplanmethode oder durch schuldrechtliche Sicherheit im Sinne des § 8 BTVG zu besichern sind).

Der Bauträger kann für diesen Haftrücklassbetrag eine Bankgarantie übergeben, die nicht »abstrakt« sein muss, sondern deren Geltendmachung durchaus an die Einhaltung eines bestimmten Procederes, oder sogar von der Vorlage eines Sachverständigengutachtens abhängig gemacht werden könnte.

> **2.10.** Sollte die kaufende Partei eine Besicherung des Restkaufpreises gemäß Punkt 2.8 nicht beibringen, so nimmt sie zur Kenntnis, dass sie gemäß § 37 Abs. 2 WEG 2002 das Recht auf Übergabe des Kaufgegenstandes und auf Einverleibung des geldlastenfreien Mit- und Wohnungseigentums erst nach Bezahlung oder Gerichtserlag des fälligen Kaufpreisrestes erwirbt und auch jene Urkunden, die zur Einverleibung des Eigentums der kaufenden Partei bereits errichtet wurden, erst dann zur Einverleibung des Eigentums der kaufenden Partei verwendet werden.
>
> Der Treuhänder wird in diesem Fall unwiderruflich beauftragt, diese Vertragsurkunde im gemeinsamen Interesse beider Vertragsparteien zu verwahren und sie nur und erst dann zur Einverleibung des Eigentums der kaufenden Partei zu verwenden, sobald ihm die Bezahlung des gesamten Kaufpreises, oder im Falle des Auftretens von Streitigkeiten zwischen den Parteien über die Höhe und Fälligkeit eines zu bezahlenden Restkaufpreises, die gerichtliche Hinterlegung der von der

kaufenden Partei noch nicht bezahlten Differenz auf den Gesamtkaufpreis gemäß Punkt 2 nachgewiesen wurde.

2.11. Die Vertragsparteien sind unwiderruflich damit einverstanden, dass beim Treuhänder für die Zahlungen laut diesem Vertrag ein Anderkonto bei der Bank _____ eingerichtet wird und die treuhändige Abwicklung des Zahlungsverkehrs den Regeln des »Elektronischen Anwaltlichen Treuhandbuches« _____ / der notariellen Abwicklung von Geldtreuhandschaften, unterliegt.

Der Bauträgervertrag hat vorzusehen, dass Zahlungen des Erwerbers nur über ein nach den standesrechtlichen Vorschriften der beteiligten Berufsgruppen »gesichertes« Treuhandkonto abgewickelt werden (§ 12 Abs. 3 Z 4 BTVG).

2.12. Sofern Zahlungen der kaufenden Partei gemäß Punkt 2.1 bis 2.7 zu leisten sind, haben sie nur dann schuldbefreiende Wirkung, sofern sie tatsächlich auf dem vorstehend genannten Anderkonto eingehen, umgekehrt hat die kaufende Partei ihre Zahlungsverpflichtungen aus diesem Vertrag erfüllt, sobald sie die ihr nach dem Vertrag obliegenden Zahlungen tatsächlich auf dieses Anderkonto des Treuhänders geleistet hat.
Zinsen auf diesem Anderkonto gemäß Punkt 2.11 kommen der Verkäuferin zugute, soweit sie über die Kontoführungsspesen, die von ihr zu tragen sind, hinausgehen.

2.13. Die Verkäuferin hat den ihrer Meinung nach erreichten Baufortschritt Punkt 2.2 bis 2.6 durch Übermittlung einer schriftlichen Baufortschrittsbestätigung des sachverständigen Baufortschrittsprüfers samt Zahlungsanforderung sowohl an die kaufende Partei als auch an den Vertragserrichter bekanntzugeben und ist der Vertragserrichter unwiderruflich beauftragt, den jeweiligen Baufortschrittsbetrag aus den bei ihm zu erlegenden Kaufpreiszahlungen an die Verkäuferin, bzw. deren Finanzierungsbank weiterzuleiten, sofern aus der Bestätigung hervorgeht, dass der bekannt gegebene Baufortschritt tatsächlich erreicht wurde und sie keinen Hinweis darauf enthält, dass die Bauleistungen, die für die Erreichung dieses Bauabschnitts zu erbringen sind, mit erkennbaren gravierenden Mängeln im Sinne des BTVG behaftet sind.

Bei der Sicherung mittels Zahlung nach Ratenplanmethode kommt der Überprüfung der Erreichung des entsprechenden Baufortschritts entscheidende Bedeutung zu.

Eine genaue Regelung der Prüfungskriterien anhand des Gesetzes bzw. der Erläuternden Bemerkungen ist zu empfehlen, insbesondere auch deshalb, da die Baufortschrittsprüfung keine »Qualitätsprüfung« nach gewährleistungsrechtlichen Grundsätzen bedeutet, sondern lediglich die vom Gesetzgeber vorgegebene Wertrelation zwischen dem Wert der Bauleistung und dem Wert der vom Erwerber geleisteten Zahlungen berücksichtigen und bestätigen soll.

Die jeweiligen Baufortschrittsleistungen müssen keinesfalls mängelfrei sein, sie dürfen nur keine »gravierenden Mängel« aufweisen, die auf diese geschilderte Wertrelation Einfluss haben.

Die Begriffe »wesentlicher Mangel« bzw. »geringfügiger Mangel« (§ 932 Abs. 4 ABGB) im Sinne des Gewährleistungsrechtes und »gravierender Mangel« im Sinne der Baufortschrittsprüfung nach BTVG decken sich nicht.

Beispiel: Eine leicht behebbare Funktionsstörung bei einer Heizungsanlage, die aber dennoch ein Nichtfunktionieren der Heizungsanlage bewirkt, ist ein »wesentlicher« Mangel im Sinne des Gewährleistungsrechts, da sie ein Funktionieren des Objekts verhindert (die Heizung funktioniert insgesamt nicht), dieser Mangel ist jedoch nicht »gravierend« im Sinne des BTVG, da er mit einem Aufwand von 5 Minuten leicht behoben werden kann.

Um für den Treuhänder, wie auch für die Vertragsparteien Klarheit zu schaffen, sollte vereinbart werden, dass die Beurteilung des Baufortschritts als »erreicht« unter Anwendung der Kriterien des BTVG und im Sinne des § 10 BTVG erfolgt, und insoweit für die Vertragsparteien und auch für den Treuhänder verbindlich ist, zumal der mit der Baufortschrittsprüfung beauftragte Zivilingenieur bzw. Sachverständige, nach der Novelle 2008, eine entsprechend hohe Haftpflichtversicherung einzudecken hat, und dem jeweiligen Erwerber direkt haftet.

Der Sachverständige haftet bei der Baufortschrittsprüfung nach BTVG im Ergebnis nur für eine unrichtige Beurteilung der entsprechenden Wertrelation zwischen dem Wert der tatsächlich erbrachten Bauleistung (mit optisch erkennbaren »gravierenden Mängeln im Sinne des BTVG«) und den bis dahin geleisteten Ratenzahlungen, wenn der Erwerber im Falle des Steckenbleiben des Baus durch Insolvenz des Bauträgers höhere Fertigstellungskosten aufwenden muss, als im Vertrag als Kaufpreis vorgesehen ist.

Dies ist dann der Fall, wenn trotz des gesetzlich gewünschten »Zurückbleibens« der jeweiligen Ratenzahlung gegenüber dem gesetzlich definierten Baufortschritt, durch schuldhaft unentdeckt gebliebene »gravierende Mängel«, die bei einer üblichen optischen Prüfung eines Sachverständigen nach Bekanntgabe der Erreichung des entsprechenden Baufortschritts durch den Bauträger, erkannt werden hätten können, Mehrkosten aufgewendet werden müssen, um den Bau vereinbarungskonform fertig zustellen.

> 2.14. Der Treuhänder wird sich zur Überprüfung des Baufortschrittes eines Zivilingenieurs für Hochbau oder eines gerichtlich beeideten, zertifizierten Sachverständigen aus dem Baufach gemäß § 13 Abs. 2 BTVG bedienen und ist dessen Beurteilung der Erreichung eines Baufortschrittes gemäß dem Ratenplan laut BTVG und diesem Vertrag, soweit dadurch die Fälligkeit der jeweiligen Baufortschrittsrate gemäß BTVG eintritt, für die Vertragsparteien und insbesondere für den Treuhänder verbindlich.
>
> Die kaufende Partei nimmt als Belehrung des Treuhänders gemäß § 12 BTVG zur Kenntnis, dass der sachverständige Baufortschrittsprüfer seine Tätigkeit nur nach Maßgabe des BTVG ausübt und nach den gesetzlichen Bestimmungen die Baustelle nur zur Vornahme der optischen Prüfung des Baufortschrittes in Übereinstimmung mit dem Kriterien des Ratenplans gemäß § 10 BTVG betritt, sobald ihm die Erreichung eines entsprechenden Baufortschritts von der Verkäuferin angezeigt wird.
> Seine Aufgabe ist es, durch Augenschein, ohne Vornahme von Materialprüfungen etc. zu beurteilen, ob die nach den üblichen Regeln des Baugewerbes zum Zeitpunkt der Begehung der Baustelle bei Einhaltung eines branchenüblichen Bauablaufs sinnvoll und technisch zweckmäßig herzustellenden Bauleistungen, jedenfalls aber die Bauleistungen laut »Leistungsliste« (Beilage __/5) bereits erbracht wurden und ob diese Bauleistungen laut Liste der Beilage __/5 mit »gravierenden« Mängeln im Sinne des BTVG, die schon allein durch optische Begutachtung erkennbar sind, behaftet sind.
> Die kaufende Partei nimmt zur Kenntnis, dass die jeweiligen Bauleistungen, die zum jeweiligen Zeitpunkt der Prüfung vorhanden sein müssen, solche Mängel aufweisen können, die üblicherweise ihm Zuge der Weiterführung des Baus routinemäßig behoben werden, derartige Mängel sind nicht »gravierend« im Sinne des BTVG.

Wie bereits ausgeführt, ist die Belehrung des Erwerbers über die »Qualität« der Baufortschrittsprüfung nach BTVG von wesentlicher Bedeutung.

Im Rahmen des vorliegenden »Praxishandbuchs« wurde versucht, die üblicherweise mit den jeweiligen »Baufortschritten« gemäß Ratenplan verbundenen, im Gesetz nicht näher genannten Bauleistungen, detailliert zu beschreiben und insoweit einen »Standard für die Baufortschrittsprüfer« zu entwickeln.

KAUFVERTRAG

Im Vorfeld zu diesem Buch wurde die im Beitrag von MEZERA / STEINBATZ genannte Liste an möglichst viele Bausachverständige und Bautechniker versendet, mit der Bitte, zu überprüfen, ob üblicherweise die darin genannten detaillierten Bauleistungen tatsächlich zum jeweiligen Baufortschritt gemäß BTVG gehören.

Diese Liste im Beitrag MEZERA / STEINBATZ stellt einen repräsentativen Querschnitt der Meinungen der kontaktierten Techniker dar und könnte insoweit als Definition der im Baugewerbe üblichen Bauabfolge angesehen werden.

Sollte im konkreten Fall beim konkreten Bauwerk aus bestimmten Gründen eine andere Bauabfolge sinnvoll und notwendig sein, so wird diese »Liste Beilage __/5« entsprechend zu modifizieren sein, wobei sich diese Modifikationsmöglichkeit weiterhin an der »üblicherweise gewählten Abfolge der Bauleistungen« orientieren muss, bzw. innerhalb einer entsprechenden Bandbreite liegen muss. Dies wird insbesondere dann der Fall sein, wenn der Bauträger vereinbarungsgemäß nicht ein schlüsselfertiges Objekt liefern soll, sondern beispielsweise nur einen in bestimmter Weise gestalteten »Edelrohbau« oder ähnliches. Auch dann, wenn Vertragsgegenstand eine »durchgreifend zu erneuernden Altbauwohnung« ist, wird mit der »Standardliste __/5« nicht das Auslangen gefunden werden können.

Für den Bauträger und den Sachverständigen wird aber immer zu beachten sein, dass der Wert der jeweiligen Bauleistung zum Zeitpunkt der Prüfung entsprechend höher sein muss, als der vom Erwerber bis dahin gezahlte Kaufpreis um für den Erwerber zu gewährleisten, dass allfällige »Reibungsverluste« gedeckt sind.

2.15. Durch diese Vereinbarung wird in die Verpflichtungen des sachverständigen Baufortschrittsprüfers zur Durchführung der Baufortschrittsprüfung gemäß den Regeln des BTVG nicht eingegriffen, der Baufortschrittsprüfer hat diese Prüfung gesetzeskonform vorzunehmen und haftet der kaufenden Partei für die Übereinstimmung seiner Tätigkeit mit den gesetzlichen Regeln.

Sollte der kaufenden Partei durch eine unrichtige Baufortschrittsprüfung des sachverständigen Baufortschrittsprüfers ein Schaden entstehen, was vor allem dann der Fall sein kann, wenn im Fall der Insolvenz des Bauträgers oder der Notwendigkeit, das Bauvorhaben durch von der kaufenden Partei, allenfalls zusammen mit den übrigen Wohnungseigentumsbewerbern und Miteigentümern im Projekt direkt zu beauftragenden Professionisten fertig stellen zu lassen, die vom Gesetzgeber gewünschte Wertrelation zwischen dem Bauwert der jeweiligen bis dahin geprüften Baufortschrittsetappen und der Summe der bis dahin von der kaufenden Partei bezahlten Kaufpreisraten von

> sachverständigen Baufortschrittsprüfer schuldhaft unrichtig beurteilt wurde, so haftet der sachverständige Baufortschrittsprüfer der kaufenden Partei.
>
> Der sachverständige Baufortschrittsprüfer hat im Rahmen seiner Tätigkeit eine Haftpflichtversicherung mit einer Versicherungssumme von EUR 400.000,– abgeschlossen.
>
> Sollte der Bauträger bereits Vorleistungen erbracht haben, sollten somit Bauleistungen sichtbar sein, die üblicherweise erst bei einer der nächsten, nicht zur konkreten Baufortschrittsprüfung vorgesehenen Baufortschrittsetappe erbracht sein müssen, so sind diese Bauleistungen bei der Beurteilung des Leistungsgrades des jeweils zur Prüfung anstehenden Baufortschritts nicht heranzuziehen, es ist aber selbstverständlich Sache des Bauträgers, diese vorzeitig erbrachten Bauleistungen bis zu dem Zeitpunkt – frei von »gravierenden« Mängeln – fertig stellen zu lassen, zu dem der nächste Baufortschritt zur Prüfung ansteht.

Durch diese Regelung soll verhindert werden, dass der Bauträger, der »Voraus leistet«, also bereits Bauleistungen begonnen hat, die erst bei einer späteren Bauetappe fertig gestellt und geprüft werden, gleichsam dafür bestraft wird, wenn sie bei einer »früheren« Baufortschrittsprüfung als nicht fertig gestellt oder sogar mit »gravierenden Mängeln« behaftet angesehen werden könnten und somit eine Beurteilung des jeweiligen Baufortschritt als »fertig gestellt« hindern würden.

> 2.16. Durch diese Vereinbarung wird in die Verpflichtungen des sachverständigen Baufortschrittsprüfers zur Durchführung der Baufortschrittsprüfung gemäß den Regeln des BTVG nicht eingegriffen, der Baufortschrittsprüfer hat diese Prüfung gesetzeskonform vorzunehmen und haftet der kaufenden Partei direkt für die Übereinstimmung seiner Tätigkeit mit den gesetzlichen Regeln.
>
> 2.17. Die Zählergebühren für Gas, Strom, Telefon sind im Kaufpreis nicht enthalten und werden von der kaufenden Partei nach der zwischen der kaufenden Partei und den Versorgungsunternehmen direkt zu treffenden Regelung und Vorschreibung durch die Versorgungsunternehmen zusätzlich zum Kaufpreis direkt an diese bezahlt.

3. Ausstattung

Die Gestaltung der vertragsgegenständlichen Wohnungseigentumseinheiten und des Gesamtprojektes ergibt sich aus folgenden beigeschlossenen Urkunden:

a) Wohnungsplan und Kellerplan (Beilage __/1)
b) Garagenplan (Beilage __/2)
c) Bau- und Ausstattungsbeschreibung (Beilage __/3)
d) Lageplan hinsichtlich der von der kaufenden Partei gewöhnlich nutzbaren Teile der Liegenschaft (Beilage __/4)

Die Verkäuferin behält sich vor, die Lage der Ver- und Entsorgungsleitungen sowie die Ausgestaltung der gemeinsamen Anlagen geringfügig zu ändern, sofern dies zur besseren Gestaltung der Gesamtanlage erforderlich ist und den Erwerbern der neu geschaffenen Vertragsobjekte zumutbar ist.

Wie bereits oben ausgeführt, stellen die entsprechenden aussagekräftigen Pläne, die Bau- und Ausstattungsbeschreibung und der jeweils aussagekräftige Lageplan über die vom Erwerber gewöhnlich nutzbaren Teile der Liegenschaft, wesentliche Vertragsbestandteile dar, deren Fehlen den Vertrag entweder überhaupt nichtig macht oder zumindest dem Erwerber die Möglichkeit bietet, eine zu seinen Gunsten geltende relative Nichtigkeit geltend zu machen und allfällige Zahlungen samt entsprechend hoher Zinsen zurückzuverlangen.

Der Vertragserrichter ist angehalten, die Vorschriften hinsichtlich des Vertragsinhaltes des Bauträgervertrages, die in § 4 Abs. 1 BTVG festgehalten sind, peinlich genau zu beachten, um hier nicht selbst haftpflichtig zu werden

Das Änderungsrecht des Bauträgers im Bereich der allgemein genutzten Teile der Liegenschaft wird durch § 6 Abs. 2 Z 3 KSchG beschränkt. Denkbar wäre es allenfalls, bereits in der Vertragsurkunde konkrete »Änderungspläne« des Bauträgers möglichst konkret zu vereinbaren und somit zum Vertragsinhalt zu machen. Dies setzt naturgemäß voraus, dass der Bauträger derartige Änderungspläne oder Erfordernisse vorhersieht und entsprechend regeln kann.

Derartige genau definierte Änderungen könnten in diesem Ausnahmefall und bei Nachweis entsprechender Verhandlungen sogar als »gesondert ausgehandelt« im Sinne des KSchG angesehen werden und somit nicht der (Inhalts-)Kontrolle nach § 6 Abs. 2 und 3 KSchG unterliegen. Andernfalls bleibt nur eine generelle Beschreibung des Änderungsrechts und dessen Beschränkung durch das Erfordernis der Zumutbarkeit für den Verbraucher, insbesondere weil die vom Bauträger beabsichtigten Änderungen für ihn geringfügig und sachlich gerechtfertigt sind.

4. Baubeginn, Bauzeit, Übergabe

4.1 Baubeginn ist der _____ Die Übergabe der kaufgegenständlichen Wohnung an die kaufende Partei im Zustand laut Bau- und Ausstattungsbeschreibung (Beilage __/3) hat spätestens bis _____ zu erfolgen. Die Fertigstellung der allgemeinen Teile und der Außenanlagen gemäß Beilage __/4 hat bis spätestens _____ zu erfolgen.

Der Fertigstellungstermin ist ein unbedingt festzulegender Vertragsbestandteil gemäß § 4 Abs. 1 Z 5 BTVG.

4.2 Streiks oder sonstige Ereignisse höherer Gewalt, die von der Verkäuferin nicht zu beeinflussen sind und den Bauablauf nicht nur vorübergehend verzögern, berechtigen die Verkäuferin zur entsprechenden angemessenen Verlängerung der Bauzeit.

4.3 Die Verkäuferin wird der kaufenden Partei den beabsichtigten Übergabetermin der Wohnung bzw. des Kfz-Abstellplatzes mindestens zwei Wochen vorher vorschlagen. Sollte die kaufende Partei zu diesem bekannt gegebenen Termin verhindert sein, so wird sie dies ehestens der Verkäuferin mitteilen und mit ihr einen neuen Übergabetermin vereinbaren. Falls die kaufende Partei oder ein von ihr bevollmächtigter Vertreter einen vereinbarten Übergabetermin ohne wichtigen Grund nicht wahrnimmt oder nicht rechtzeitig einen anderen Übergabetermin vereinbart und auch sonst kein Grund vorliegt, die Übernahme zu verweigern, gilt die vertragsgegenständliche Wohnung zum vereinbarten oder rechtzeitig bekannt gegebenen Termin als übergeben.

4.4 Bei Übergabe der Wohnung festgestellte Baumängel sind in dem von der Verkäuferin angefertigten Übergabeprotokoll zu vermerken. Der kaufenden Partei steht das Recht zu, eigene Eintragungen im Übergabeprotokoll vorzunehmen.

KAUFVERTRAG

> Die kaufende Partei nimmt zur Kenntnis, dass es für sie von Vorteil ist, offene Mängel des Kaufobjekts, die bei der Übergabe von der kaufenden Partei leicht festgestellt werden konnten, im Übergabeprotokoll zu vermerken oder sonst sofort schriftlich zu rügen.

Regelungen über die Übergabe des fertig gestellten Vertragsgegenstandes sollten sorgfältig formuliert werden. Zu weit gehende Rechte des Bauträgers bzw. allzu strenge Übergaberegelungen zu Lasten eines Verbrauchers verstoßen gegen § 879 Abs. 3 ABGB.

Ob der Erwerber in Annahmeverzug ist, ist anhand objektiver Kriterien zu beurteilen. Derartige Bestimmungen sind auch immer unter dem Gesichtspunkt der Einschränkung von Gewährleistungsansprüchen des Verbrauchers bzw. allenfalls der Einschränkung der Zurückbehaltungsrechte des Verbrauchers zu sehen. Aus Sicherheitsgründen empfiehlt sich eine entsprechend »moderate« Gestaltung der vertraglichen Regelungen.

Einschränkungen des Zurückbehaltungsrechts des Erwerbers bzw. Regelungen, wonach der Erwerber die Wohnung auch mit »Mängeln« übernehmen muss, verstoßen im Regelfall gegen § 9 KSchG (Einschränkungen der Gewährleistungsrechte des Erwerbers) oder gegen § 6 Abs. 1 Z 6 und 7 KSchG.

Zu beachten ist weiters, dass Bestätigungen des Erwerbers, die Wohnung im ordnungsgemäßen Zustand übernommen zu haben und dgl. im Regelfall gegen § 6 Abs. 1 Z 11 KSchG verstoßen, da sie dem Erwerber eine Beweislast auferlegen, die ihn von Gesetzes wegen nicht trifft.

Zulässig sind derartige Tatsachenbestätigungen nur dann, wenn sie ausschließlich eine objektive Tatsache dartun, etwa dass der Erwerber an einem bestimmten Tag eine bestimmte Urkunde oder die Schlüssel erhalten hat.

Wenn jedoch die Tatsachenbestätigung des Erwerbers dazu dient, aus dieser Erklärung Rechtsfolgen abzuleiten, (der Verbraucher hat die Wohnung in »ordnungsgemäßen« Zustand übernommen, er wurde »ausreichend« belehrt etc.), so müsste sich der Verbraucher im Streitfall »frei beweisen«, was gemäß § 6 Abs. 1 Z 11 KSchG unzulässig ist.

5. Änderungen und Zusatzaufträge

5.1 Sollte die kaufende Partei vor Übergabe des Vertragsgegenstandes Änderungen gegenüber der Standardausführung laut Bau- und Ausstattungsbeschreibung (Beilage __/3) vornehmen wollen, so dürfen mit diesen Änderungswünschen und Zusatzaufträgen nur die Verkäuferin oder solche Unternehmen beauftragt werden, die von der Verkäuferin vertraglich zur Errichtung und Ausgestaltung der Wohnhausanlage verpflichtet werden und müssen dabei von der kaufenden Partei die nachfolgenden Regeln unbedingt eingehalten werden.

Die kaufende Partei ist verpflichtet, die Verkäuferin vor der Erteilung eines entsprechenden Auftrages an einen vorgegebenen Professionisten, über Art und Umfang des Sonderwunsches der kaufenden Partei sowie des mit dem Professionisten vereinbarten Preises dieses Sonderwunsches oder dieser Ausstattungsänderung schriftlich zu verständigen und hat die Verkäuferin das Recht, der kaufenden Partei bzw. dem jeweiligen Professionisten die Durchführung solcher Sonderwünsche oder gewünschter baulicher Änderungen oder Ausstattungsänderungen vor Übergabe des Vertragsgegenstandes an die kaufende Partei zu untersagen,

- von denen die Verkäuferin nicht rechtzeitig verständigt wurde, oder
- die eine bauliche Änderung an der Außenseite des Hauses, eine Änderung der Gestaltung der von außen sichtbaren Gebäudeteile bedeuten, und / oder
- eine Änderung jener Mauern und Einrichtungen bedeuten, die das Wohnungseigentumsobjekt der kaufenden Partei von den Gangflächen oder sonstigen allgemeinen Teilen des Hauses oder von anderen Wohnungseigentumsobjekten abtrennen, oder
- sonst eine Beeinträchtigung der Interessen anderer Wohnungseigentümer im Sinne des § 16 WEG bewirken können und von den übrigen Wohnungseigentümern untersagt werden dürften.

5.2 Die kaufende Partei nimmt zur Kenntnis, dass die Verkäuferin gemäß § 1 Abs. 1 sowie § 9 BTVG verpflichtet ist, die kaufende Partei gegen den Verlust jener Beträge zu sichern, die der Bezahlung derartiger Zusatz- und / oder Änderungswünsche dienen.
Im vorliegenden Fall erfolgt die Besicherung durch eine allfällig notwendige Anpassung der Raten gemäß den Vertragspunkten 2.2 bis 2.7.

Dies setzt aber voraus, dass die Verkäuferin sowohl von der Tatsache der Absicht der Erteilung eines solchen Auftrages, seines Umfangs und Inhalts und der mit dem Professionisten besprochenen Zahlungsmodalitäten rechtzeitig informiert wird.

Die kaufende Partei nimmt zur Kenntnis, dass aufgrund der gesetzlichen Verpflichtung der Verkäuferin, auch die Zahlungen für Sonderwunschaufträge an derartige Professionisten zu sichern, Zahlungen an diese Professionisten für Sonderwunschaufträge nur nach Maßgabe des Ratenplans laut diesem Vertrag und des jeweils erreichten Baufortschritts geleistet werden dürfen.

5.3 Aufgrund der für den Treuhänder gemäß § 12 Abs. 3 Z 4 BTVG bestehenden Verpflichtung, dafür zu sorgen, dass Zahlungen der kaufenden Partei, die im Rahmen des Bauträgervertrags geleistet werden, nur auf das in diesem Vertrag genannte Anderkonto überwiesen werden und von dort an die jeweiligen Zahlungsempfänger weitergeleitet werden, wird diesbezüglich vereinbart, dass die kaufende Partei die Zahlungen für Sonderwunschaufträge auf das in diesem Vertrag genannte Anderkonto des Treuhänders oder auf ein gesondert für den jeweiligen Sonderwunschauftrag neu eröffnetes Anderkonto des Treuhänders erlegt, und der Treuhänder von der kaufenden Partei unwiderruflich angewiesen ist, diese Zahlung an den jeweiligen Auftragnehmer der kaufenden Partei weiterzuleiten, sobald der sachverständige Baufortschrittsprüfer bestätigt hat, dass dieser Sonderwunschauftrag nach den Kriterien des BTVG frei von gravierenden Mängeln hergestellt wurde, spätestens jedoch zusammen mit der Baufortschrittszahlung gemäß Punkt 2.6, wobei ein Abzug eines zweiprozentigen Haftrücklasses vorzunehmen ist, der gleich zu behandeln ist, wie die Baufortschrittszahlung gemäß Punkt 2.7.

5.4 Die kaufende Partei trägt der Verkäuferin und den übrigen Wohnungseigentumsbewerbern / Miteigentümern gegenüber Sorge dafür, dass durch die von ihr gewünschten Änderungen die fristgerechte Errichtung der Gesamtanlage und der übrigen Wohnungseigentumsobjekte nicht behindert wird.

Eine entscheidende Änderung hat die Novelle 2008 im Bereich der »Zusatzaufträge und Sonderwünsche« gebracht.

Dürfen diese Änderungen vor Übergabe des Vertragsgegenstandes nur von jenen Professionisten durchgeführt werden, die vom Bauträger mit der Erbringung der »Standardleistung« beauftragt wurden, so handelt es sich dabei um »vorgegebene« Professionisten, im Sinne des § 1 Abs. 1 BTVG.

Zahlungen, die der Erwerber an derartige Professionisten für derartige Zusatzleistungen und Sonderwünsche bezahlt, sind Kraft neuer gesetzlicher Anordnung im § 7 Abs. 1 BTVG entsprechend zu besichern. Dies bedeutet, dass im Falle der grundbücherlichen Sicherung der Ratenplan anzupassen ist, im Falle der schuldrechtlichen Sicherheit, die Bankgarantie des Bauträgers oder die Versicherung um jene Beträge auszuweiten ist, die auf die Sonderwunschzahlungen entfallen.

Hier bedarf es unbedingt auch entsprechender vertraglicher Vereinbarungen zwischen dem Bauträger und den von ihm beauftragten Professionisten, damit der Bauträger seiner Sicherungspflicht nachkommen kann.

Die Konsequenz von Fehlern in diesem Bereich ist »teuer«, der Erwerber kann Zahlungen, für die der Bauträger keine Sicherheit gegeben hat, zurückverlangen und die geleisteten Zahlungen mit dem Strafzinssatz gemäß § 14 BTVG (8 % über dem Basiszinssatz) zurückfordern.

Die Alternative für den Bauträger wäre, Sonderwünsche vor Übergabe an den Erwerber entweder überhaupt nicht zuzulassen, oder Sonderwünsche und Zusatzaufträge im eingeschränkten Umfang zuzulassen und für den Erwerber **auch** die Möglichkeit offen zu lassen, andere Professionisten zu beauftragen, ihm jedoch gleichzeitig vor Augen zu führen, dass die »eigenen« Professionisten des Bauträgers zu ortsüblichen Bedingungen die Zusatzleistungen auch erbringen würden und in diesem Fall die »Schnittstellenproblematik« sowie allfällige beträchtliche Gewährleistungsprobleme vermieden werden könnten. In einem solchen Fall wäre auch der Professionist des Bauträgers nicht »vorgegeben« und die Zahlungen nicht in das Sicherungssystem einzubeziehen. Theoretisch wäre auch denkbar, keine »Sonderwunschregelung« in den Vertrag aufzunehmen und es dem Erwerber zu überlassen, nach eigenem Gutdünken Professionisten zu beauftragen, was naturgemäß beträchtliche Probleme in der Koordination der Standardaufträge mit den Sonderwunschaufträgen auf der Baustelle bedeuten würde.

Hier bedarf es vorab einer Entscheidung des Bauträgers, welchen Weg er gehen möchte, es gehört zum Wesen des Bauträgervertrages, dem Erwerber eine entsprechende Flexibilität in der Gestaltung seines Objektes einzuräumen, somit auch hinsichtlich der Erteilung von Sonderwünschen und Zusatzaufträgen bzw. hinsichtlich der Änderung der »Standardleistung«.

Möchte der Bauträger derartige flexible Änderungen zulassen, so empfiehlt es sich, zwecks besserer Koordination und Abwicklung, mit dem Erwerber zu vereinbaren, dass derartige Sonderwünsche nur an den Bauträger selbst erteilt werden können, der Bauträger hat dann die Möglichkeit, zu entscheiden, ob er diesem Sonderwunsch nachkommen möchte und »seine« Professionisten damit beauftragen möchte, oder ob er die Durchführung des Sonderwunsches ablehnt.

Jedenfalls sollte eine »Sanktion« für jenen Erwerber vorgesehen werden, der Sonderwünsche beauftragt, ohne den Bauträger davon zu verständigen, er muss darüber – sinnvollerweise im Vertrag – belehrt werden, dass er in diesem Fall seiner Sicherung im Rahmen des grundbücherlichen oder schuldrechtlichen Sicherungsmodells verlustig geht, da der Bauträger naturgemäß nur solche Sonderwunschzahlungen in sein »Sicherungsprogramm« aufnehmen kann, die ihm tatsächlich bekannt gegeben wurden.

Beachtung muss auch der Umstand finden, dass für derartige Sonderwunschaufträge, die an »vorgegebene Professionisten« erteilt werden, eine Anzeige beim Finanzamt für Gebühren und Verkehrssteuern erforderlich ist und zu einer Nachversteuerung im Rahmen des Grunderwerbssteuergesetzes führen.

6. Gewährleistung

6.1 Die Verkäuferin leistet Gewähr dafür, dass die kaufgegenständlichen Liegenschaftsanteile mit Ausnahme der aus dem Grundbuch ersichtlichen Dienstbarkeiten frei von bücherlichen und außerbücherlichen Geldlasten ins Eigentum der kaufenden Partei übergehen.

Ebenso leistet die Verkäuferin im Rahmen der gesetzlichen Bestimmungen Gewähr für die mängelfreie Herstellung der kaufgegenständlichen Wohnungseigentumsobjekte und der damit in Zusammenhang stehenden allgemeinen Teile des Hauses und der von der kaufenden Partei gewöhnlich genutzten allgemeinen Teile der Liegenschaft laut der Bau- und Ausstattungsbeschreibung.

6.2 Die Verkäuferin haftet nicht für die Qualität und Vertragskonformität der von der kaufenden Partei direkt an Professionisten erteilten Aufträge zur Herstellung von Sonderwünschen und / oder Ausstattungsänderungen, diesbezüglich hat sich die kaufende Partei mit ihren Auftragnehmern auseinanderzusetzen.

Die Haftung der Verkäuferin nach BTVG für die Sicherung der Zahlungen für Sonderwunschaufträge der kaufenden Partei berührt das Werkvertragsverhältnis zwischen der kaufenden Partei und dem jeweils von ihr gesondert beauftragten Professionisten zur Herstellung der Sonderwünsche und / oder Ausstattungsänderungen sowie deren Qualität und die entsprechenden gesetzlichen Gewährleistungsverpflichtungen der Professionisten für diese Sonderwünsche und Ausstattungsänderungen ausdrücklich nicht.

> Gewährleistungsansprüche und Schadenersatzansprüche wegen mangelhafter Herstellung dieser Sonderwünsche und Ausstattungsänderungen sind von der kaufenden Partei gegen die jeweils von ihr beauftragten Professionisten auf eigenes Risiko und Gefahr geltend zu machen.

Es empfiehlt sich, auf allzu detaillierte Gewährleistungsregeln zu verzichten, da derartige Regeln die Gefahr in sich tragen, gegen § 9 KSchG zu verstoßen, bzw. gemäß § 6 Abs. 3 KSchG intransparent und unklar zu sein.

Die Einschränkung gesetzlicher Gewährleistungsansprüche des Verbrauchers ist ohnehin unzulässig, zulässig wäre m. E. die Einschränkung der Haftung auf solche Leistungen, die tatsächlich beim Bauträger beauftragt wurden, nicht jedoch für solche Sonderwünsche, die ohne Zutun des Bauträgers mit den Professionisten verhandelt werden und an diese auch beauftragt werden, es existieren aber Kommentarmeinungen, die den Bauträger auch für diese Sonderwunschaufträge haften lassen wollen.

7. Nutzungsrecht

7.1 Die Verkäuferin räumt der kaufenden Partei ab dem Zeitpunkt der jeweiligen Übergabe bis zum Abschluss des Wohnungseigentumsvertrages gemäß Punkt 8. das ausschließliche Nutzungs- und alleinige Verfügungsrecht über die kaufgegenständlichen Wohnungseigentumsobjekte und das Mitbenutzungsrecht an den fertiggestellten allgemeinen Teilen der Liegenschaft ein.

7.2 Die kaufende Partei darf die kaufgegenständliche Wohnung zu Wohnzwecken und zur Ausübung solcher unternehmerischer Tätigkeiten verwenden, die üblicherweise in Wohnungen ausgeübt werden.

Die kaufende Partei nimmt zur Kenntnis, dass auch die übrigen in der Wohnhaus / Reihenhausanlage errichteten Wohnungseigentumsobjekte, soweit sie nicht ausdrücklich baurechtlich als Geschäftslokale gewidmet sind, zu Wohnzwecken **und** zur Durchführung solcher unternehmerischer Tätigkeiten benützt werden dürfen, die üblicherweise in Wohnungen ausgeübt werden (Bürotätigkeiten aller Art, ärztliche Tätigkeiten, sonstige Tätigkeiten der Gesundheitsvorsorge, wie Heilmassage etc.).

Soweit mit unternehmerischen Tätigkeiten in den Wohnungseigentumsobjekten Kunden- oder Patientenverkehr in den allgemeinen Teilen der Liegenschaft verbunden ist, so sind die Zeiten, in denen Kunden oder Patienten den jeweiligen Kaufgegenstand aufsuchen können, auf den Zeitraum zwischen 8.00 und 20.00 Uhr zu beschränken und hat der jeweilige Wohnungseigentümer dafür Sorge zu tragen, dass seine Besucher auf die ortsüblichen Gegebenheiten in einem überwiegend zu Wohnzwecken dienenden Gebäude Rücksicht nehmen.

7.3 Die Verkäuferin behält sich das ausschließliche Nutzungs und Verfügungsrecht über die restlichen Wohnungseigentumsobjekte vor, solange diese nicht an andere Käufer veräußert wurden. Gleiches gilt für das Mitbenutzungsrecht der allgemeinen Teile der Liegenschaft durch die Verkäuferin bis zum Verkauf der letzten in ihrem Eigentum stehenden Wohnungseigentumsobjekte.

Die kaufende Partei hat kein Recht auf Beteiligung am Ertrag der von der Verkäuferin vermieteten eigenen Wohnungseigentumsobjekte, die Verkäuferin trifft aber auch die alleinige Verpflichtung, sich mit ihren Mietern auseinanderzusetzen und verpflichtet sich die Verkäuferin, die übrigen Miteigentümer diesbezüglich schad- und klaglos zu halten

7.4 Bis zum Abschluss des Wohnungseigentumsvertrages werden die Betriebskosten der Liegenschaft und für die Wohnungseigentumsobjekte nach Nutzflächenschlüssel gemäß MRG verrechnet, soweit diese Kosten nicht von jedem Wohnungseigentumsbewerber allein zu tragen sind.

Gem. § 4 Abs. 1 Z 1 BTVG muss ein Hinweis auf die »Widmung« des eigentlichen Vertragsgegenstandes und der Anlage im Bauträgervertrag enthalten sein.

Eigentlicher Vertragsgegenstand ist die Wohnung oder das Geschäftslokal, im Sinne einer größtmöglichen Flexibilität des Erwerbers und auch des Bauträgers ist zu überlegen, dem Erwerber entsprechende Gestaltungsrechte hinsichtlich der Benützung und der Widmung des von ihm erworbenen Objektes einzuräumen. Dabei ist aber jedenfalls klarzustellen, dass der Erwerber auch akzeptieren muss, dass auch andere Wohnungseigentumsbewerber bzw. Käufer vom Bauträger dieselben Rechte hinsichtlich der Benützung und Widmung des jeweiligen Objektes eingeräumt erhalten.

Wenn daher einem Erwerber das Recht zusteht, in seinem Objekt eine Arztordination zu betreiben, so muss er zur Kenntnis nehmen, dass ein anderer Wohnungseigentümer in seinem Objekt ein Architekturbüro, eine Anwaltskanzlei oder ebenfalls eine Arztordination betreibt.

Im Interesse einer möglichst geordneten und problemlosen Benützung einer entsprechenden Wohnhausanlage ist aber durchaus zu überlegen, die Benützungsmöglichkeit entsprechend einzuschränken. Es entspricht der allgemeinen Lebenserfahrung und den üblichen Erwartungen, dass in Wohnhausanlagen üblicherweise bestimmte Berufe ausgeübt werden, sollten in der Wohnhausanlage ein Gastronomielokal betrieben werden oder Verkaufsgeschäfte eröffnet werden, so ist der jeweilige Erwerber darauf hinzuweisen, da es sich dabei um die »Widmung« der Anlage im Sinne des § 4 Abs. 1 Z 1 BTVG handelt.

8. Wohnungseigentum

Die Verkäuferin und die kaufende Partei verpflichten sich, nach Vorliegen aller dazu erforderlichen Unterlagen, einschließlich des Nutzwertgutachtens, den fertig gestellten Wohnungseigentumsvertrag betreffend die vertragsgegenständlichen Wohnungseigentumsobjekte und die restliche Liegenschaft beglaubigt zu unterfertigen. Der Wohnungseigentumsvertragstext wird nach Ergänzung durch die technischen Daten laut Nutzwertgutachten vom Vertragserrichter bei Notar _____ zur beglaubigten Unterfertigung aufgelegt und wird das Wohnungseigentum der Vertragsparteien nach allseitiger beglaubigter Unterfertigung durch alle Miteigentümer und Wohnungseigentumsbewerber nach Maßgabe dieser Vereinbarung grundbücherlich einverleibt.

Mit der Erstellung des Nutzwertgutachtens wurde Herr /Frau DI _____ beauftragt. Die anteiligen Kosten der Erstellung des Nutzwertgutachtens für das vertragsgegenständliche Wohnungseigentumsobjekt trägt _____.

Der künftige Wohnungseigentumsvertrag wurde in einer Textfassung ohne konkrete Daten der kaufenden Partei übergeben.

Es empfiehlt sich von Beginn an, einen Wohnungseigentumsvertragstextentwurf vorzubereiten, um spätere Diskussionen möglichst zu vermeiden. Ob eine Wohnungseigentumsbegründung möglichst früh oder möglichst spät stattzufinden hat, ist jeweils anhand der konkreten Gegebenheiten des Projektes zu überprüfen.

Eine frühe Wohnungseigentumsbegründung hat den Vorteil einer frühzeitigen Abwicklungssicherheit der Verträge und der grundbücherlichen Eintragungen, sie hat jedoch den Nachteil, dass für den Fall von Änderungen in Objekten, die den Nutzwert beeinflussen würden, unter Umständen die Neufestsetzung der Nutzwerte und eine entsprechende Änderung des Wohnungseigentumsvertrages notwendig wird.

Eine entsprechend späte Wohnungseigentumsbegründung belässt dem Bauträger und den Erwerbern die entsprechende Flexibilität in der Gestaltung ihrer Objekte im Rahmen des Bauträgervertrages, erhöht jedoch den Aufwand anlässlich der Gestaltung und Fertigstellung der Wohnungseigentumsvertragsurkunde bzw. deren Verbücherung in beträchtlichem Ausmaß.

Darüber hinaus kann die Aufrechterhaltung einer möglichst langen Wirkung der Anmerkung gemäß § 40 Abs. 2 WEG zugunsten der Erwerber bzw. Erwirkung einer Treuhänderrangordnung gemäß § 42 WEG im Interesse der Verwertung des Projekts sein.

Für den Bauträger und damit durchaus auch für die Erwerber kann es von entscheidender Bedeutung sein, dass die Möglichkeit zur Verwertung des Projekts trotz vorhandener exekutiver Pfandrechte gegen den Bauträger durch die gesetzliche Möglichkeit, Anmerkungen gemäß § 40 Abs. 2 WEG im Rang der Treuhänderrangordnung gemäß § 42 WEG eintragen zu lassen und damit durch die Wohnungseigentumsbegründung rangmäßig jüngere / spätere exekutive Pfandrechte ohne weiteres löschen zu können (siehe dazu die Kommentarmeinungen zu Wirkungsweise der §§ 40 Abs. 2 bzw. 42 WEG), möglichst lange aufrecht erhalten wird.

9. Teilungsverzicht

Die Vertragspartner verzichten auf
- die Teilung der Liegenschaft und
- die Teilung der Erträgnisse der im Eigentum des jeweils anderen Vertragspartners stehenden Liegenschaftsanteile und Wohnungseigentumsobjekte, über welche diese alleine nutzungs- und verfügungsberechtigt sind.

10. Aufsandung

a) Die Verkäuferin erteilt ihre ausdrückliche und unwiderrufliche Zustimmung, dass aufgrund dieses Vertrages ohne ihr weiteres Wissen und Einvernehmen, jedoch nicht auf ihre Kosten, ob der der Liegenschaft EZ ___ des Grundbuches KG _____ das Eigentumsrecht für _____ zu _____ Anteilen in Ansehung der gesamten Liegenschaft einverleibt werde.

b) Die Verkäuferin erteilt weiters ihre Einwilligung zur Anmerkung der Einräumung des Wohnungseigentums gemäß § 40 Abs. 2 WEG hinsichtlich Stiege ___ Wohnung Top Nr. ___ und Kfz-Abstellplatz Nr. ___

11. Diverses

11.1 Die Parteien verpflichten sich, sämtliche ihnen aus diesem Vertrag auferlegten Verpflichtungen, auch auf ihre Rechtsnachfolger im Eigentum der vertragsgegenständlichen Liegenschaft bzw. als Eigentümer der Rechte als Wohnungseigentumsbewerber zu übertragen und diese ihrerseits zu verpflichten, die Verpflichtungen auch auf alle weiteren Nachfolger zu überbinden.

11.2 Die kaufende Partei trägt folgende Kosten und Abgaben, die im Zusammenhang mit der Errichtung und Verbücherung des Wohnungseigentumsvertrages entstehen:

- die Kosten der Errichtung und grundbücherlichen Durchführung dieses Vertrages sowie der anteiligen Kosten der Errichtung und grundbücherlichen Durchführung des Wohnungseigentumsvertrages, welche laut gesonderter Honorarvereinbarung mit EUR _____ pauschaliert werden,

- die Kosten der Beglaubigung der Unterschriften auf diesem Vertrag sowie der Beglaubigung der Unterschrift der kaufenden Partei auf dem Wohnungseigentumsvertrag, die von dem Notar, der die Unterschriften beglaubigt, jeweils nach Maßgabe der Tarifsätze des Notariatstarifgesetzes oder TG errechnet werden,

- die Grunderwerbsteuer und die gerichtliche Eintragungsgebühr gemäß Punkt 11.3.

Vom vorstehend vereinbarten Pauschalhonorar ausdrücklich nicht umfasst sind die Kosten der Tätigkeit des Treuhänders im Rahmen der Verwahrung und Verwaltung der Zahlungen für Sonderwunschaufträge, die für jeden Sonderwunschauftrag, der vom Treuhänder abzuwickeln ist, mit EUR _____ inklusive Umsatzsteuer pauschaliert werden.

KAUFVERTRAG

Im Vertrag ist zwingend über die Abgaben und Steuern sowie die Kosten der Vertragserrichtung und Abwicklung gemäß § 4 Abs. 1 Z 3 BTVG zu informieren.

Auch aus § 6 Abs. 3 KSchG ergibt sich eine entsprechende Verpflichtung des Bauträgers bzw. auch des Treuhänders und Vertragserrichters, entsprechend detaillierte Kostenvereinbarungen zu treffen, bzw. Informationen über Steuern und Abgaben zu erteilen.

In der Judikatur, (insbesondere 7 Ob 78/06) sind die früher gebräuchlichen »globalen« Kostentragungsregeln (der Erwerber trägt sämtliche mit der Vertragserrichtung und grundbücherlichen Durchführung verbundenen Kosten welcher Art immer u. s. w.) als unzulässig erkannt worden.

Das Transparenzgebot gemäß § 6 Abs. 3 KSchG verpflichtet sowohl den Bauträger als auch den Treuhänder zu entsprechender Kostenwahrheit und detaillierten Information.

11.3 Die kaufende Partei verpflichtet sich, die auf Basis des Kaufpreises gemäß Punkt 2 ohne Sonderwunschaufträge errechnete Grunderwerbsteuer und Eintragungsgebühr in der Höhe von EUR ___ 00,00 binnen acht Tagen nach Vertragsunterfertigung auf das Konto des Vertragserrichters, _____, bei der _____ zur Einzahlung zu bringen und wird der Vertragserrichter ermächtigt, nach Eingang dieses Betrages auf diesem Konto, die steuerliche Selbstberechnungserklärung gemäß § 11 GrEStG 1987 abzugeben und die Grunderwerbsteuer und Eintragungsgebühr bei Fälligkeit sofort an die Republik Österreich abzuführen. Anderkontozinsen aus diesem Erlag werden nicht verrechnet, dafür werden auch keine Verwahrungs- und Überweisungsspesen verrechnet. Sollte der Erlag nicht erfolgen, so ist der Vertrag dem zuständigen Finanzamt anzuzeigen.

Die kaufende Partei nimmt zur Kenntnis, dass Zahlungen für Sonderwunschaufträge, die vor Übergabe im Rahmen dieses Vertrages an vom Bauträger **vorgegebene** Professionisten geleistet werden sollen, jedenfalls die Bemessungsgrundlage für die Grunderwerbsteuer und Eintragungsgebühr entsprechend erhöhen und der Treuhänder verpflichtet und unwiderruflich beauftragt ist, diese ihm schriftlich mitgeteilten Sonderwunschaufträge beim zuständigen Gebührenfinanzamt anzuzeigen.

Vereinbart wird, dass die kaufende Partei die für die von ihr erteilten Sonderwunschaufträge bzw. -zahlungen jeweils gesondert zur Vorschreibung gelangende Grunderwerbsteuer und Eintragungsgebühr in Höhe von 3,5 % bzw. 1 % allein bezahlt und diesbezüglich den Bauträger schad- und klaglos hält.

11.4 Die kaufende Partei erklärt an Eides statt, österreichischer Staatsbürger zu sein.

Sollte die kaufende Partei die Genehmigung dieses Vertrages durch die _____ Ausländergrundverkehrsbehörde benötigen, so erteilen die Vertragsparteien dem Vertragserrichter den einvernehmlich unwiderruflichen Auftrag, die erforderlichen Schritte zur Erlangung der Genehmigung zu setzen. Die mit der Erteilung dieser Genehmigung verbundenen Kosten und Gebühren trägt die kaufende Partei zusätzlich und wird das diesbezügliche Verfahren auf Risiko der kaufenden Partei geführt.

Sollte zum Zeitpunkt der Übergabe des Kaufobjektes an die kaufende Partei eine solche Bewilligung noch nicht vorliegen, so verpflichtet sich die kaufende Partei den Bauträger wirtschaftlich so zu stellen, als ob die Voraussetzungen für die Fälligkeit des Kaufpreises oder entsprechender Teile davon bei Übergabe eingetreten wären.

Für den Bauträger empfiehlt es sich, mit ausländischen Erwerbern entsprechende Vereinbarungen darüber zu treffen, wer das Risiko der Verzögerung der Rechtswirksamkeit eines Kaufvertrages zu tragen hat. Die entsprechenden Genehmigungsverfahren nach den Grundverkehrsgesetzen der Länder können durchaus Wochen in Anspruch nehmen, während dieser Zeit ist das gegenständliche Bauträgerobjekt (Wohnung, KFZ-Abstellplatz) für den Bauträger blockiert.

11.5 Der Bauträger bzw. andere Miteigentümer bzw. Wohnungseigentumsbewerber sind auch nach Wohnungseigentumsbegründung berechtigt, in ihren Wohnungseigentumsobjekten Umplanungen und Umbauten udgl. vorzunehmen, und verpflichtet sich die kaufende Partei derartigen Maßnahmen bzw. Anträgen zuzustimmen, sofern dadurch nicht die von der kaufenden Partei erworbenen Wohnungseigentumsobjekte in ihrem Ausmaß und Zustand laut Bau- und Ausstattungsbeschreibung (Beilage __/4 [inkl. allfälliger Änderungen und Zusatzaufträge laut Punkt 5]) betroffen und der Zugang dazu und ihre Benützung nicht erschwert wird. Auch die Gestaltung und Verwendung der von der kaufenden Partei gewöhnlich genutzten Teile der Gesamtanlage darf durch diese Änderungen nicht in einer für die kaufende Partei unzumutbaren Weise beeinträchtigt werden. Die Rechte der übrigen Wohnungseigentumsbewerber und Wohnungseigentümer gemäß § 16 WEG sind jedenfalls zu beachten.

Die vorstehende Regelung ist unter dem Gesichtspunkt der Kollision einer gewünschten Flexibilität im Projekt mit einer möglichen »Intransparenz« im Sinne des § 6 Abs. 3 KSchG und einem möglicherweise zu weit gehendenn Änderungsvorbehalt in der Praxis zu betrachten und mit größter Vorsicht zu formatieren und anzuwenden.

Es wird am Beginn des Vertrages weder dem Bauträger noch dem jeweiligen Erwerber bekannt sein, welche Änderungen sie in ihrem Objekt vornehmen wollen.

Wie bereits ausgeführt, gehört es aber zu den Wesensmerkmalen eines Bauträgerprojektes, den jeweiligen Erwerbern entsprechend flexible Rechte einzuräumen. Sollten die Gestaltungsmöglichkeiten konkret bekannt sein, so sollten sie im Vertrag vereinbart sein, »generelle« Regelungen tragen die Gefahr des »Scheiterns« infolge Intransparenz in sich.

M. E. sollte aber im Vertrag mit jedem Erwerber dennoch eine derartige Regelung enthalten sein, schon allein um ihn darauf hinzuweisen, dass die genannte Flexibilität besteht und allseits gewünscht ist.

Die zwingenden Rechtsnormen des § 16 WEG bzw. auch die Regeln des Konsumentenschutzgesetzes können durch eine derartige Vereinbarung nicht außer Kraft gesetzt werden.

Diese Bestimmung stellt den Versuch dar, den gesetzlichen Vorgaben des § 6 Abs. 2 Z 3 Rechnung zu tragen, im Verhältnis zu den übrigen Wohnungseigentumsbewerbern bzw. Wohnungseigentümern gilt die Beschränkung des § 6 Abs. 2 Z 3 KSchG nicht, da die diesbezüglichen Regelungen kein Verbrauchergeschäft darstellen, freilich ist der § 16 WEG immer zu beachten.

12. Vollmacht

Die Parteien erteilen dem Treuhänder _____ unwiderruflich Auftrag und Vollmacht zur Verwahrung, Abwicklung und grundbücherlichen Durchführung dieses Vertrags und zur beglaubigten Unterfertigung, Abwicklung und grundbücherlichen Durchführung des Wohnungseigentumsvertrages gemäß Punkt 8 nach Maßgabe der in diesen Verträgen getroffenen Vereinbarungen sowie zur Vornahme solcher Ergänzungen dieser Verträge die zu deren grundbücherlichen Durchführung erforderlich sein sollten.

Die kaufende Partei bevollmächtigt den Vertragserrichter, zugunsten anderer Wohnungseigentumsbewerber die Zustimmung zur Anmerkung der Zusage der Einräumung von Wohnungseigentum gemäß § 40 Abs. 2 WEG und erforderlichenfalls zum Erwerb eines weiteren Kfz-Abstellplatzes zu erteilen.

Für eine problemlose Abwicklung derartig komplexer Verträge wie Bauträgerverträge und Wohnungseigentumsverträge im Grundbuch ist eine entsprechende Vollmacht unumgänglich.

Sollten Vertragsurkunden Schreibfehler, Zahlenstürze etc. aufweisen, die die Einverleibung der entsprechenden Rechte im Grundbuch hindern, so ist eine den Treuhändern erteilte Vollmacht im Regelfall eine taugliche Möglichkeit, auch für Erwerber unnütze Zeitverzögerungen zu vermeiden, indem verhindert werden kann, dass eine Vertragsurkunde neuerlich durch eine entsprechende Anzahl von Wohnungseigentümern bzw. Wohnungseigentumsbewerbern unterfertigt werden muss.

Die Beschränkung auf solche Fälle, in denen die Korrektur lediglich der Ermöglichung der grundbücherlichen Durchführung dient, ist sachgerecht und stellt keine Beeinträchtigung der Rechte der Verbraucher dar.

Eingriffe in materielle Rechtsgüter bzw. materielle Vereinbarungen zwischen Erwerbern und Bauträger sind dadurch nicht möglich.

Sollte der Treuhänder keine Rangordnung gemäß § 42 WEG eingetragen haben, und sollten ideelle Miteigentumsanteile zugunsten der Erwerber vor Wohnungseigentumsbegründung eingetragen werden, so muss jeder Erwerber der Eintragung einer Anmerkung gemäß § 40 Abs. 2 WEG zugunsten eines weiteren Erwerbers zustimmen.

13. Verwaltung

Die Verwaltung der Liegenschaft wird zu ortsüblichen Bedingungen durch _____ erfolgen. Die kaufende Partei verpflichtet sich zur Legitimation nach außen, eine branchenübliche entsprechende Verwaltungsvollmacht zu unterfertigen.

Auftrag und Honorarvereinbarung

Ich (wir) beauftrage(n) hiermit Herrn / Frau _____ zur Erbringung folgender Leistungen:

- Errichtung eines Kaufvertrages und Wohnungseigentumsvertrages
- Verfassung und Überreichung einer Abgabenerklärung gemäß § 10 GrEStG hinsichtlich des Kaufvertrages
- grundbücherliche Durchführung des Kaufvertrages einschließlich der Verbücherung der Anmerkung gemäß § 40 Abs. 2 WEG und des Wohnungseigentumsvertrages
- Führung eines Treuhandkontos gemäß den Richtlinien des elektronischen Anwaltlichen Treuhandbuchs

Für diese Leistungen ist ein pauschaliertes Honorar in der Höhe von

pauschal	EUR ___0,00
zuzüglich 20 % USt.	EUR ___0,00
sohin insgesamt	**EUR ___0,00**

vereinbart.

Das Honorar ist innerhalb von 14 Tagen ab beglaubigter Vertragsunterfertigung fällig.

In diesem Honorarbetrag sind **nicht** enthalten: die Kosten der Beglaubigung von Unterschriften, die Übernahme von Treuhandschaften gegenüber Banken, die Eintragung von Pfandrechten und Erstellung von Vorrangseinräumungserklärungen und deren grundbücherliche Eintragung. Diese Kosten sind nach Maßgabe des tatsächlichen Auftrages und Aufwands zu ermitteln, zu vereinbaren und zu bezahlen.
    Der Vertragserrichter übernimmt keinerlei Haftung für die Höhe der tatsächlich zur Vorschreibung gelangenden Grunderwerbssteuer.

Ich (wir) nehme(n) zustimmend zur Kenntnis, dass die Verwahrung und Weiterleitung der bei _____ erlegten Kaufpreisbeträge nur nach Maßgabe der Regelungen des _____ (Treuhandkontenregelungen der Kammern) erfolgt.

Muster für eine Belehrung nach § 12 BTVG

Im Hinblick auf die durch die Novelle 2008 verschärften Aufklärungspflichten des Bauträgers und vor allem des Treuhänders, der gemäß § 12 BTVG vom Bauträger bestellt wurde, empfiehlt es sich für den Treuhänder, dem Erwerber eine schriftliche Zusammenfassung der Belehrung zu übergeben. Damit wird das Risiko vermindert, vom Erwerber vorgeworfen zu erhalten, die gesetzlich gebotenen Belehrungen nicht oder nicht ausreichend erteilt zu haben.

Nachfolgend wurde versucht, ein solches »Belehrungsformular« zu entwickeln, das vom jeweiligen Treuhänder naturgemäß an das jeweilige konkrete Projekt angepasst werden muss!

Es ist empfehlenswert, eine derartige schriftliche Belehrung bereits zusammen mit den Vertragsentwürfen und sonstigen Texten an den Erwerber zu übergeben und sich die Übernahme dieser schriftlichen Dokumente einzeln vom Erwerber bestätigen zu lassen.

Diese schriftliche »Belehrung« kann und soll die dem Treuhänder im Einzelfall immer obliegende ausführliche Belehrung eines konkreten Erwerbers nicht ersetzen. Diese konkrete Belehrung muss an den Informationsstand, die erkennbaren intellektuellen Fähigkeiten und die Ausbildung des jeweiligen Erwerbers angepasst werden **und für diesen auch verständlich sein!**
 Es wurde versucht, weitgehend umgangssprachliche Formulierungen zu verwenden, jeder Treuhänder muss diese aber erläutern.

Obwohl die Treuhänderbestellung nur beim grundbücherlichen Sicherungsmodell verpflichtend ist, kann der Bauträger auch beim schuldrechtlichen Modell einen Treuhänder bestellen, bzw. bleibt die Belehrungsverpflichtung des Bauträgers oder des »einfachen« Vertragserrichters jedenfalls gegeben, sodass auch eine kurze spezifische Belehrung für das schuldrechtliche Sicherungssystem entworfen wurde, die mit den allgemeinen Belehrungen kombiniert werden könnte.

Informationen
zur Abwicklung eines Bauträgervertrages gemäß BTVG

Sehr geehrter Kunde!
Sehr geehrte Kundin!

Sie beabsichtigen den Erwerb einer Eigentumswohnung / eines Reihenhauses / eines Einfamilienhauses, welches unter Anwendung der Bestimmungen des BTVG (Bauträgervertragsgesetz) errichtet werden soll und an dem Wohnungseigentum im Sinne des WEG 2002 (Wohnungseigentumsgesetz) begründet werden soll.

Der Bauträger und der im vorliegenden Fall zum Treuhänder gemäß § 12 BTVG bestellte Rechtsanwalt / Notar sind gesetzlich verpflichtet, Sie über das Wesen des Bauträgervertrages, die damit verbundenen Sicherungsinstrumente und über Ihre Rechte und Pflichten aus dem abzuschließenden Bauträgervertrag zu belehren.

Die vorliegende schriftliche zusammenfassende Information soll Ihnen, neben dem Ihnen gleichzeitig übergebenen Text des abzuschließenden Bauträgervertrages, der ebenfalls entsprechende Informationen enthält, und den sonstigen Vertragsbeilagen, eine rechtliche Grundlage für Ihre Entscheidung bieten, das von Ihnen gewünschte Objekt zu erwerben.

Das gegenständliche Dokument wurde ebenso wie der Bauträgervertrag und auch der Ihnen übergebene Textentwurf des Wohnungseigentumsvertrages vom Vertragserrichter Rechtsanwalt / Notar _____ verfasst.
Sie werden ersucht, die Ihnen übergebenen Dokumente sorgfältig zu studieren.
    Ziel all dieser Informationen soll es sein, Ihnen die Vorteile, aber auch die Risken, die mit dem Abschluss eines derartigen Vertrages verbunden sind, vor Augen zu führen.

1. Rechtsgrundlagen

Im gegenständlichen Bauträgerprojekt werden Wohnungen, Geschäftslokale und KFZ-Abstellplätze auf der Liegenschaft errichtet, und daneben auch alle Infrastruktureinrichtungen, wie Zu- und Ableitungen, Zugangswege, Zufahrtswege, Räume, die der allgemeinen Nutzung dienen etc.

Die nähere Ausgestaltung des gesamten Bauträgerprojektes finden Sie in der Bau- und Ausstattungsbeschreibung und den Ihnen zur Verfügung gestellten Plänen.

An dem/n von Ihnen zu erwerbenden Objekt(en) (Wohnung / Geschäftslokal / Reihenhaus / KFZ-Abstellplatz etc.) wird ebenso Wohnungseigentum begründet, wie an allen übrigen wohnungseigentumsfähigen Objekten auf der Liegenschaft.

Wohnungseigentum bedeutet die Einräumung des ausschließlichen Nutzungs- und Verfügungsrechtes über ein bestimmtes wohnungseigentumsfähiges Objekt (Wohnung / Geschäftslokal / Reihenhaus / KFZ-Abstellplatz etc.) nach Maßgabe des konkreten Vertrages, das rechtlich untrennbar mit einen ideellen Miteigentumsanteil an der Gesamtliegenschaft verbunden ist. Jeder andere Käufer / Wohnungseigentumsbewerber, erwirbt ebenfalls vergleichbare Rechte an dem/n von ihm ins Auge gefasste(n) Objekt(en). Alle Wohnungseigentumsbewerber und der Bauträger / Liegenschaftsverkäufer räumen einander im Zuge der Begründung von Wohnungseigentum diese ausschließlichen Nutzungs- und Verfügungsrechte ein und sind diese rechtlich mit ideellen Miteigentumsanteilen an der Liegenschaft verbunden, die nach Maßgabe des – von einem Sachverständigen erstellten – sogenannten Nutzwertgutachtens bemessen werden.

Soweit Sie im Kaufvertrag zunächst nur »provisorische« Miteigentumsanteile erwerben, stellen diese nur eine »Rechnungsgröße« dar, die dann durch das Nutzwertgutachten für jedes Wohnungseigentumsobjekt auf der Liegenschaft und durch Vereinbarung im Wohnungseigentumsvertrag in die endgültigen Miteigentumsanteile berichtigt werden.

Diese Anteilsberichtigung stellt tatsächlich nur einen formalen Vorgang dar, ohne dass sich dadurch Ihre Rechte an dem/n von Ihnen erworbenen Objekt(en) in irgendeiner Weise ändern. Daher findet zwischen den Wohnungseigentumsbewerbern und dem Bauträger kein wertmäßiger Ausgleich statt, sollten sich die »provisorischen« Anteile im Zuge der Begründung von Wohnungseigentum in die »endgültigen« Anteile vergrößern oder verkleinern.

In der provisorischen Phase – bis zur Begründung von Wohnungseigentum – werden Ihre Erwerberrechte durch die sogenannte Anmerkung der Zusage der Einräumung von Wohnungseigentum gemäß § 40 Abs. 2 WEG 2002 gesichert.

Nach den gesetzlichen Bestimmungen darf der Bauträger Kaufpreiszahlungen erst dann entgegennehmen, wenn diese Anmerkung der Zusage der Einräumung von Wohnungseigentum gemäß § 40 Abs. 2 WEG 2002 im Grundbuch eingetragen ist.

Diese Eintragung sichert Ihre Rechte gegen den Bauträger auf Übertragung entsprechender Miteigentumsanteile an der Liegenschaft auch im Falle der Insolvenz des Liegenschaftseigentümers / Bauträgers.

2. Vertragsabwicklung

Nach beglaubigter Unterfertigung der Kaufvertragsurkunde **und Sicherstellung Ihrer Kaufpreiszahlungsverpflichtung laut Vertrag** wird die Anmerkung der Zusage der Einräumung von Wohnungseigentum gemäß § 40 Abs. 2 WEG 2002 vom Treuhänder im Grundbuch veranlasst. Nach Eintragung im Grundbuch und nach Vorliegen der entsprechenden Baubewilligung ist die erste Rate nach Vertrag und Ratenplan zur Zahlung fällig.

Sobald es die rechtlichen Gegebenheiten zulassen, wird der Treuhänder den Wohnungseigentumsvertrag auf Basis des eingeholten Nutzwertgutachtens fertig stellen und zur allseitigen beglaubigten Unterfertigung auflegen.

Diesbezügliche nähere Informationen werden Sie zeitgerecht erhalten.

Nach Eintragung des Wohnungseigentums im Grundbuch und nach Übergabe Ihres fertig gestellten Objekts und der allgemeinen Teile der Liegenschaft ist der Bauträgervertrag abgewickelt.

3. Das Sicherungssystem

Das vorliegende Bauträgerprojekt wird unter Anwendung der sogenannten »grundbücherlichen Sicherstellung in Verbindung mit der Zahlung nach Ratenplan« abgewickelt.

Voraussetzung dafür ist einerseits die Eintragung Ihrer Rechte im Grundbuch (Anmerkung der Zusage der Einräumung von Wohnungseigentum gemäß § 40 Abs. 2 WEG 2002 und / oder Einverleibung eines ideellen Miteigentumsanteils an der Liegenschaft) andererseits die Zahlung des Kaufpreises nach Maßgabe des Baufortschritts laut Ratenplan (beachten Sie diesbezüglich bitte den Text des Kaufvertrages).

Dies bedeutet in der Praxis, dass Sie Zahlungen erst dann leisten müssen, wenn einerseits Ihre Rechte im Grundbuch eingetragen sind, und andererseits, wenn der Bauträger die entsprechenden Bauleistungen in Etappen vereinbarungsgemäß und gesetzeskonform hergestellt hat.

Die Fertigstellung der jeweiligen Bauabschnitte wird durch einen gerichtlich beeideten Sachverständigen aus dem Baufach / einem Zivilingenieur für Hochbau festgestellt, wobei Sie ausdrücklich darauf hingewiesen werden, dass diese Baufortschrittsbestätigung keine detaillierte »Qualitätsprüfung« oder »Mängelfeststellung« beinhaltet, sondern lediglich eine fachliche Überprüfung, ob nach den gängigen Kriterien einer ordnungsgemäßen Bauabwicklung jeweils ein entsprechend definierter Baufortschritt erreicht ist.

Zweck der Tätigkeit des Sachverständigen ist es nach dem BTVG nur, die Einhaltung einer entsprechenden Wertrelation zwischen dem bis dahin vom Bauträger erbrachten Bauwert und den von Ihnen bezahlten Kaufpreisraten zu überprüfen.

Der Baufortschritt muss »erreicht« sein, somit müssen die wesentlichen Bauleistungen in diesem Abschnitt hergestellt worden sein, es ist jedoch nicht möglich, bzw. erforderlich, dass »Mängelfreiheit« dieser Leistungen in der Bauphase gegeben ist, vielmehr gehört es zur normalen Bauabwicklung, dass die bereits als erbracht anzusehenden Bauleistungen erst routinemäßig vervollständigt werden. Aufgabe des Baufortschrittsprüfers ist es somit, die Baustelle nur **optisch** auf erkennbare grobe Mängel oder zu diesem Bauabschnitt gehörende, aber konkret fehlende Bauleistungen zu überprüfen.

Erst das nach Maßgabe der vertraglichen Vereinbarungen »fertiggestellte« Objekt muss sich bei Übergabe in vereinbartem Zustand befinden.

Sofern der Baufortschrittsprüfer dem Treuhänder eine entsprechend positive Baufortschrittsbestätigung abgibt, ist dieser nach Maßgabe des Vertrages unwiderruflich beauftragt, die jeweilig fällig gewordene Baufortschrittsrate an den Bauträger oder dessen Finanzierungsbank weiterzuleiten (näheres dazu ersehen Sie bitte aus der Vertragsurkunde).

4. Insolvenz des Bauträgers in der Bauphase

Das vom Bauträger gewählte Sicherungsmodell soll auch im Falle der Insolvenz des Bauträgers einerseits die grundbücherliche Sicherstellung Ihrer Erwerberrechte gewährleisten, andererseits die Möglichkeit schaffen, mit dem noch nicht bezahlten Kaufpreisteil zusammen mit den übrigen Erwerbern und einem für den Bauträger bestellten Masseverwalter die Fertigstellung des Objekts durch andere Firmen durchführen zu lassen.

Der Gesetzgeber hat den Ratenplan so gestaltet, dass der jeweils nach Ratenplan bezahlte Betrag wertmäßig hinter der vom Bauträger erbrachten Bauleistung zurückbleiben soll, somit auch spätere Preiserhöhungen von im Krisenfall zu beauftragenden Ersatzfirmen wirtschaftlich »abgefangen« werden können.

Sollte über das Vermögen des Bauträgers der Konkurs eröffnet werden, so können Sie bei diesem Sicherungssystem im Regelfall bereits bezahlte Beträge vom Masseverwalter nicht zurückbekommen, sondern wird durch dieses System bezweckt, dass Ihnen zusammen mit den übrigen Erwerbern ausreichende Geldmittel zur Fertigstellung des Projekts erhalten bleiben.

5. Haftrücklass

Im Bauträgervertrag finden Sie eine Regelung zum »Haftrücklass«.
    Der Gesetzgeber hat vorgesehen, dass Ihnen mindestens 2 % vom Gesamtkaufpreis als Haftrücklass einzuräumen sind.

Nach Maßgabe der im Vertrag getroffenen Vereinbarungen steht Ihnen das Recht zu, diesen Betrag vom Kaufpreis einzubehalten, Sie müssen ihn nur dann an den Bauträger bezahlen, wenn er Ihnen Zug um Zug eine entsprechende Bankgarantie in gleicher Höhe übergibt.

Diese Bankgarantie bzw. der Haftrücklass sollen einen wirtschaftlichen »Haftungsfonds« dafür darstellen, dass während der Gewährleistungsfrist von drei Jahren ab Übergabe erkennbar werdende Baumängel behoben werden.
    Es wird aber dringend empfohlen, dass Sie vor Inanspruchnahme der Haftrücklassgarantie, bei Auftreten von Mängeln nach Übergabe die vertraglichen Vereinbarungen genau einhalten, eine »sofortige« Geltendmachung eines Preisminderungsanspruchs, indem Sie sofort einfach die Bankgarantie ziehen, könnte letztlich den Verlust Ihrer Gewährleistungsansprüche bewirken.

6. Sonderwünsche

Sollten Sie gegenüber dem im Bauträgervertrag vereinbarten Leistungsvolumen des Bauträgers Änderungen wünschen, so ist dies **nur** nach **Maßgabe der vertraglichen Regelungen im Bauträgervertrag möglich.**

Sie sollten jedoch beachten, dass die diesbezüglichen Regelungen im Vertrag unbedingt eingehalten werden müssen. Sie haben das Recht, dass Ihre vertragskonform zu leistenden »Sonderwunschzahlungen« an vom Bauträger **vorgegebene** Professionisten in das Sicherungssystem laut BTVG aufgenommen werden. Dazu ist es aber erforderlich, dass Sie den Bauträger davon informieren, wenn Sie Änderungsaufträge an solche Professionisten erteilen, die vom Bauträger mit der Erbringung der Standardleistung beauftragt wurden.

Derartige Sonderwünsche sind, wenn sie eine Erhöhung des Gesamtpreises für das Objekt bedeuten, jedenfalls grunderwerbsteuerpflichtig, es ist daher erforderlich, dass Sie diese Sonderwunschaufträge in Abstimmung mit dem Treuhänder und dem Bauträger auch dem Finanzamt für Gebühren und Verkehrssteuern bekannt geben und die dafür auflaufende Grunderwerbsteuer in der Höhe von 3,5 % und die zusätzliche Eintragungsgebühr in der Höhe von 1 % des Zusatzauftragspreises an die Republik Österreich bezahlen.

Sollten Sie den Bauträger und / oder Treuhänder Ihre »Sonderwünsche« nicht bekannt geben, so können diese auch nicht im Sicherungssystem berücksichtigt werden, wodurch Ihnen im Fall der Insolvenz ein wirtschaftlicher Nachteil entstehen kann.

Information über die schuldrechtliche Sicherheit

Der Bauträger gewährt Ihnen als Sicherungssystem gemäß BTVG die »schuldrechtliche Sicherung«. Sie erhalten somit nach Maßgabe des Kaufvertrages für die von Ihnen geleisteten Zahlungen eine Bankgarantie, die einerseits den von Ihnen bezahlten Betrag, andererseits dreijährig rückständig kalkulierte Zinsen beinhaltet. Durch dieses Sicherungssystem wird sohin Ihr Rückforderungsanspruch auf bezahlte Kaufpreisteile bzw. Kaufpreise gesichert. Sollte ein Grund auftreten, der Sie zur Rückforderung der Kaufpreise berechtigt (Möglichkeit zum Vertragsrücktritt aus wichtigem Grund wegen Vertragsverstoßes durch den Bauträger, wegen Irrtums oder Wegfall der Geschäftsgrundlage etc.), so erhalten Sie Ihre geleisteten Kaufpreiszahlungen einschließlich einer entsprechenden Verzinsung zurück.

MUSTER FÜR EINE BELEHRUNG NACH § 12 BTVG

Die Ihnen übergebene Bankgarantie berechtigt Sie zur Realisierung dieses Rückforderungsanspruches, Sie werden jedoch ausdrücklich darauf hingewiesen, dass eine ungerechtfertigte Geltendmachung der Bankgarantie einen Vertragsverstoß darstellen würde, der den Bauträger zur Geltendmachung entsprechender Schadenersatzansprüche berechtigt.

Sollte der Bauträger insolvent werden, gegenüber dem Fertigstellungstermin in Verzug geraten und trotz Nachfristsetzung die Übergabetermine nicht einhalten, so können Sie den Rücktritt vom Vertrag erklären, die Geltendmachung der Ansprüche aus der Bankgarantie bedeutet »automatisch« den Rücktritt vom Vertrag. Sie sollten diesen Schritt sohin sorgfältig überlegen und überprüfen.

Soweit die Bankgarantie vom Vertragserrichter verwahrt wird, geschieht dies im Hinblick darauf, dass Sie für Ihre Kaufpreiszahlungsverpflichtung eine Bankfinanzierung in Anspruch genommen haben und der Vertragserrichter mit Ihrer Finanzierungsbank eine Treuhandvereinbarung dahingehend abgeschlossen hat, dass er sich verpflichtet, Ihre Rechte im Grundbuch und auch ein Pfandrecht für die Finanzierungsbank einzutragen.

Sollten Sie berechtigt den Rücktritt vom Vertrag erklären, so muss naturgemäß sichergestellt werden, dass die von Ihnen bezahlten Beträge insoweit an die Finanzierungsbank zurückfließen können. Es ist daher Sache des Vertragserrichters im Anlassfall Ihre Ansprüche aus der Garantie gegenüber dem Bauträger oder dessen Masseverwalter geltend zu machen und die auf diese Weise zurück erlangten Beträge im notwendigen Ausmaß an Ihre Finanzierungsbank zurück zu überweisen.

Literaturverzeichnis

BÖHM, HELMUT: Das neue Bauträger-Vertragsrecht. immolex 1997, S. 50.
BÖHM, HELMUT / PLETZER, RENATE in SCHWIMANN (Hrsg.):
    Praxiskommentar zum ABGB² Band IV (2001).
BÖHM, HELMUT: Die Freistellungsverpflichtung nach
    § 9 Abs. 3 BTVG. immolex 1998, S. 270.
BÖHM, HELMUT: Der einseitig erfüllte Bauträgervertrag im
    Konkurs des Bauträgers. wobl 1999, S. 69.
BÖHM, HELMUT: Der beiderseits erfüllte Bauträgervertrag im
    Konkurs des Bauträgers. wobl 1999, S. 109.
BÖHM, HELMUT: Die Rangsicherung im GBG, WEG und BTVG.
    immolex 1999, S. 117 (Teil I), S. 146, (Teil II), S. 172 (Teil III).
BÖHM, HELMUT: Lücken im Erwerberschutz beim Wohnungskauf? (2004).
BOLLENBERGER, RAIMUND: Treuhand und Liegenschaftskauf im Konkurs:
    Wunschvorstellungen und geltende Rechtslage. JBl 1995, S. 398.
BYDLINSKI, PETER: Telefaxbürgschaft: OGH folgt dem BGH. RdW 1996, S. 196.
BYDLINSKI, SONJA: Bauträgervertragsgesetz (1997).
ENGIN-DENIZ, EGON: BTVG-Kurzkommentar² (1999).
FELLNER, GERNOT: Die Sicherung des Erwerbers durch Bestellung eines
    Treuhänders i. V. m. der grundbücherlichen oder pfandrechtlichen
    Sicherstellung i. S. d. §§ 9 bis 13 BTVG unter besonderer Berücksichtigung
    der Richtlinien der Österreichischen Notariatskammer für notarielle
    Treuhandschaften vom 20. 12. 1994 i. d. F. vom 23. 10. 1997. NZ 1999, S. 3.
FROMHERZ, WOLFGANG: Kommentar zum MaklerG (1997).
GARTNER, HERBERT: Der Treuhänder nach Bauträgervertragsgesetz
    – Haftungen und Risken. immolex 2002, S. 265.
GARTNER, HERBERT: Unzulässige Klauseln in Bauträgerverträgen. wobl 2008, S. 1.
IRO, GERT in AVANCINI / IRO / KOZIOL (Hrsg.):
    Österreichisches Bankvertragsrecht Band I (1987).
IRO, GERT / RISS, OLAF: Der Haftrücklass im Bauträgervertrag. wobl 2007, S. 266.
KALLINGER, WINFRIED: Definition, Rechte und Pflichten
    des Bauträgers. immolex 2002, S. 259.
KEPPLINGER, HENRIETTE-C. / DUURSMA, DIETER: Rücktritt des
    Masseverwalters vom Bauvertrag gem § 21 KO. wobl 2001, S. 33.
KIENDL, DORIS: Das Bauträgervertragsgesetz, in JESSER / KIENDL / SCHWARZENEGGER
    (Hrsg.): Das neue Konsumentenschutzrecht (1999), S. 223 ff.
KÖNIG, BERNHARD: Treuhand und Liegenschaftskauf im Konkurs. JBl 1994, S. 38.
KOZIOL, HELMUT / WELSER, RUDOLF: Bürgerliches Recht[13]
    Band I (2006) und Band II (2007).
KOZIOL, HELMUT: Entscheidungsanmerkung zu OGH 1 Ob 620/95. ÖBA 1996, S. 477.
KREJCI, HEINZ in RUMMEL (Hrsg.): ABGB³ Band II/4 (2002).
LANGER, HANS: Bauträgervertragsgesetz – Kurzkommentar (1997).

OFNER, HELMUT in SCHWIMANN (Hrsg.): Praxiskommentar zum ABGB² Band IV (2001).
OSTERMAYER, JOSEF / SCHUSTER, GERHARD: Maklerrecht (1996).
PERNER, STEFAN: ABGB-Gefahrtragungsregeln zugunsten von Verbrauchern zwingend. RdW 2005, S. 590.
REBHAHN, ROBERT / KIETAIBL, CHRISTOPH in SCHWIMANN (Hrsg.): Praxiskommentar zum ABGB² Ergänzungsband³ (2007).
RECHBERGER, WALTER: Die Treuhandschaft bei Insolvenz und Exekution, in APATHY (Hrsg.): Die Treuhandschaft (1995), S. 178.
REICHHOLF, WALTER / ROSIFKA, WALTER: Gesetzwidrige Vertragsbestimmungen in Bauträgerverträgen (2006).
RISS, OLAF: Sicherung von Gewährleistungsansprüchen in der Insolvenz des Werkunternehmers. ÖBA 2008, S. 18.
SCHMIDINGER, JOSEF / AUMANN, REINHARD: Sicherungsmodelle und Bankdienstleistungen, in FGW – FORSCHUNGSGESELLSCHAFT FÜR WOHNEN, BAUEN UND PLANEN (Hrsg.): Das Bauträgervertragsgesetz in der Praxis (1997), S. 69 ff.
SCHUHMACHER, HUBERTUS: Konkurseröffnung, Treuhand und Liegenschafsverkehr. NZ 1991, S. 5.
TREFIL, PHILIPP: Der Bauträger nach der Gewerbeordnung 1994. wobl 2007, S. 153.
VONKILCH, ANDREAS in HAUSMANN / VONKILCH (Hrsg.): Österreichisches Wohnrecht (2007).
WILHELM, GEORG: Vom angemerkten Wohnungseigentum zur Anmerkung der Rangordnung und wieder zurück – Anmerkungen zum konkursfesten Immobiliarerwerb. ecolex 1997, S. 557.
WÜRTH, HELMUT in RUMMEL (Hrsg.): ABGB³ Band II/5 (2002).

Abkürzungsverzeichnis

a. A.	andere Ansicht, am Anfang	BGBl	Bundesgesetzblatt
a. a. O.	am angeführten Ort	BeilNR, BlgNR	Beilage(n) zu den Stenographischen Protokollen des Nationalrates
ABGB	Allgemeines Bürgerliches Gesetzbuch		
Abs.	Absatz	BMJ	Bundesministerium für Justiz
AK	Arbeiterkammer	BT	Bauträger
Anm.	Anmerkung(en)	BTVG	Bauträgervertragsgesetz
ao. Univ-Prof.	außerordentliche(r) Universitätsprofessor(in)	BWG	Bankwesengesetz
		d. h.	das heißt
Art.	Artikel	DI	Diplomingenieur
bbl	Baurechtliche Blätter	Dr.	Doktor
BGH	deutscher Bundesgerichtshof	EB	Erläuternde Bemerkungen
B-VG	Bundes-Verfassungsgesetz	EDV	Elektronische Datenverarbeitung

EG	Europäische Gemeinschaft	ÖBA	Österreichisches BankArchiv
Erläut	Erläuterung(en)	ÖJZ	Österreichische Juristenzeitung
ErgBd	Ergänzungsband	ÖVI	Österreichischer Verband
ESt.	Einkommensteuer		der Immobilientreuhänder
EU	Europäische Union	Pkt.	Punkt
EvBl	Evidenzblatt	RA	Rechtsanwalt
EZ	Einlagezahl	RdW	Österreichisches Recht
f.	folgende		der Wirtschaft
ff.	fortfolgende	RIS	Rechtsinformationssystem
FGW	Forschungsgesellschaft für	Rsp.	Rechtsprechung
	Wohnen, Bauen und Planen	RV	Regierungsvorlage
FN	Fußnote	Rz	Randziffer
GBG	Allgemeines Grundbuchsgesetz	S.	Seite
GP	Gesetzgebungsperiode	s. o.	siehe oben
GrEStG	Grunderwerbsteuergesetz	STA	Staatsanwalt
GZ	Gerichtszeitung, Geschäftszahl	SZ	Sammlung Zivilsachen
HaRÄG	Handelsrechts-Änderungsgesetz	u. Ä.	und Ähnliche(s)
Hon.-Prof.	Honorarprofessor	u. U.	unter Umständen
Hrsg.	Herausgeber	u. v. m.	und vieles mehr
i. d. F.	in der Fassung	UGB	Unternehmensgesetzbuch
i. d. R.	in der Regel	UWG	Bundesgesetz gegen den
i. V. m.	in Verbindung mit		unlauteren Wettbewerb
IRÄG	Insolvenzrechtsänderungsgesetz	UEPC	European Union of Developers and
JA	Juristische Arbeitsblätter,		House Builders (Europäische Union
	Justizausschuss		der Freien Wohnungsunternehmen)
JAB	Justizausschussbericht	vgl.	vergleiche
JBl	Juristische Blätter	WÄG	Wohnrechtsänderungsgesetz
KESt	Kapitalertragssteuer	WEG	Wohnungseigentumsgesetz
KFZ	Kraftfahrzeug	wobl	Wohnrechtliche Blätter
KG	Katastralgemeinde	WohnR	Wohnrecht
KO	Konkursordnung	WRG	Wasserrechtsgesetz
KöSt.	Körperschaftssteuer	Z	Ziffer
KRES	Konsumentenrecht-	z. B.	zum Beispiel
	Entscheidungssammlung	ZivRÄG	Zivilrechts-Änderungsgesetz
KSchG	Konsumentenschutzgesetz	ZT	Ziviltechniker
LGZ	Landesgericht für Zivilrechtssachen		
lit.	litera		
LL. M.	Master of Laws		
LNr.	laufende Nummer		
m. E.	meines Erachtens		
m. w. H.	mit weiteren Hinweisen		
m. w. N.	mit weiteren Nachweisen		
Mag.	Magister		
MAS	Master of Advanced Studies		
MietSlg	Mietrechtliche Entscheidungen		
MRG	Mietrechtsgesetz		
Nr.	Nummer		
NZ	Österreichische		
	Nationalrats-Zeitung		
OGH	Oberster Gerichtshof		
OLG	Oberlandesgericht		

Stichwortverzeichnis

A

Abgaben 39, 51, 54, 75, 91, 93, 151, 344
  → *Steuern*
  – Bauabgaben 45
Abschlussprüfer 77
  – Haftung 77
Absonderungsrecht 87
Abstellflächen 51
Abtretung von Ansprüchen
  – aufgrund mangelnder Leistunger 142
  – wegen Schlechterfüllung 53, 119
Akzessorietät 82
Allgemeine Geschäftsbedingungen 163
Allgemeines bürgerliches Gesetzbuch (ABGB) 185
Allgemeine Teile der Liegenschaft 50, 51, 96
Altbau 94, 95, 97
Altlasten 151
  – Altlastenatlas 51, 149, 151
Anmerkung → *Grundbuch*
  – der Einräumung von Wohnungseigentum → *Wohnungseigentum*
  – der Rangordnung der beabsichtigten Veräußerung 88, 129
  – der Rangordnung für die beabsichtige Verpfändung 99
Annahme
  – Annahmeverbot 22, 70
  – Annahmeverzug 49, 334
Anweisung 118
Arbeiterkammer 29
Aufklärungspflicht 27, 49, 104, 108, 349
  – vorvertragliche 57
Aufschließungskosten 20, 39, 45, 46
Ausfallsrisiko 238
Außenanlagen 36
Aussonderungsrecht 73, 75
  → *Insolvenz* → *Konkurs*
Ausstattung
  – Ausstattungsbeschreibung 48, 148, 332
  – Ausstattungsqualitäten 226
  – Bauausstattung 51
Auswahlverschulden 111, 112, 221

B

Bank 20, 49, 70, 75, 87, 88 → *Kreditinstitut*
Bankgarantie 40, 59, 72, 82, 324, 326
Basispreis 46, 52, 152

Bau
  – Bauabschnitt 87, 93, 217
  – Baubeginn 68, 94, 96, 124, 219, 229
  – baubehördliches Verfahren 46
  – Baubeschreibung 48, 51, 315, 332
  – Baubetreuungsvertrag 37
  – Baubewilligung 50, 68, 69, 95, 96, 97, 319
  – Baugrundrisiko 45
  – Baupläne 51
  – Baupreisindex 48
  – Baustopp 30, 31, 87, 91, 323
  – Bauverzögerung 323
  – Bauzustand 51
Baufortschritt 20, 24, 90, 101, 105, 106, 112, 217, 318, 328
  – Baufortschrittsanzeige 112, 221
  – Baufortschrittskontrolle 96, 112
  – Baufortschrittsprüfung 307, 325, 329
Bauhandwerkersicherung 26
Baukostenzuschuss 86, 99, 101
Bauorganisator 38
Baurecht 24, 37, 74, 77, 86, 96, 99, 101
Bausachverständiger 113, 330
Bauträger 37
  – gemeinnütziger 21, 37, 50
  – i. S. d. GewO 1994 37
Bauträgerkonto 68, 76 → *Treuhand-Baukonto*
Bauträgervertrag
  – Auflösung 83, 156, 211
  – Bedingung 65
  – Begriffsbestimmungen 33
  – Beilage 48
  – Einverleibungsfähigkeit 85
  – Form 41, 133
  – Inhalt 43, 50, 133, 143, 193
  – Inkrafttreten 123
  – Legaldefinition 36
  – Mindestinhalt 300
  – Mindeststandard 21, 30, 32, 44, 50, 71
  – Nichtigkeit 41, 44, 45, 47, 56, 85, 103, 114
  – Schriftlichkeit 23, 41, 42
  – Unbestimmtheit 47
  – zwingender Inhalt 58
Bauträgervertragsgesetz (BTVG) 130
  – Anwendungsbereich 23, 29, 35, 75
  – Entstehungsgeschichte 22, 29, 127

– Flucht aus dem BTVG 39
– Ziele 30
Bauwerkvertrag 178, 179, 180
Bebauungsdichte 97
Bekanntgabe des Preises 151 → Preis
Belehrungsformular 349
Belehrungspflicht 28, 32, 42, 59, 60, 91, 104, 105, 108
Beratung 42
Berufshaftpflichtversicherung 107
Bescheinigung 209
Besorgungsgehilfe 111
Bestandrecht 22, 24, 37, 38, 77, 86, 87, 99
Bestätigungsvermerk 77
Beweislast 197, 334
Bewertung
– der Liegenschaft 45, 97
– des Pfandrechts 112
Bindungswirkung 185
Bodenbeschaffenheit 45
Bonitätserklärung 77, 210
Bürgschaft 24, 30, 82, 83, 105, 140

D

Dach 35, 37
Dachbodenausbau 97
Darlehen → Landesdarlehen
– zinsgestütztes 74
Depurierungspflicht 45
Disziplinargerichtsbarkeit 105
dringendes Wohnbedürfnis 30, 86, 90, 91, 98, 323
Dritter i. S. d. § 15 BTVG 117
Drittes Wohnrechtsänderungsgesetz 22, 23, 130
Durchgangsweg 51
durchgreifende Erneuerung 35, 37, 38, 94, 95, 97, 117, 225

E

Ehegatte 86
Eigenkapitalausstattung 77
eigentlicher Vertragsgegenstand 50, 65, 76, 134, 144, 315, 340
Einrede des nicht gehörig erfüllten Vertrags 94
→ Leistungsverweigerungsrecht
→ Zurückbehaltungsrecht
– Zurückbehaltungsrecht 123
Einreichplan 48
Einsichtnahme 209

Einverleibung 87
– Grundbuch 123
Entgelt 45, 51, 151 → Fixpreis → Preis
– Preis 123
Entgeltsausgliederung 132
Erdarbeiten 96
Erfüllung 197
Erfüllungsanspruch 119
Erfüllungsgehilfe 94, 104, 111, 112
Erlangung der vereinbarten Rechtsstellung → Sicherung
Erneuerung → durchgreifende Erneuerung
Ersatzvornahme 175, 176
Erwerb
– von Dritten 38, 71
– von Wohnungseigentum 144
Erwerber 38
– Erwerberschutz vor dem BTVG 21
Erwerberschutz
– Ausbau 129
essentialia negotii 44
Euro-Umstellung 39
Exekution → Insolvenz → Konkurs
– Exekutionstitel 100
– Exekutionsverfahren 100
Exzindierungsanspruch 75
→ Exekution → Insolvenz → Konkurs

F

Fälligkeit 35, 51, 58, 59, 68, 71, 72, 86, 93, 96, 114, 115, 153, 318
– der ersten Rate 94, 96, 97
– der Zahlungen des Erwerbers 153
Fassade 219
Fern-Finanzdienstleistungsgesetz 185
Fernwärmeanschluss 45
Fertigstellung 20, 36, 69, 96
– Bezugsfertigstellung 36, 69, 96, 219, 223
– der Außenanlagen 36
– der Gesamtanlage 134, 235
– der Wohnung 140
– des selbständigen Bauwerk 112
Fertigstellungsgarantie 25, 68
– Begrenzung 81
– Rückforderungsanspruch 81
Fertigstellungsgrad 94, 217
Fertigstellungstermin 51, 134, 333
Finanzdienstleistungen 61

STICHWORTVERZEICHNIS

Finanzierung
- Finanzierungsplan **209**
- Finanzierungszusage **64**
- Fremdfinanzierung **58**

Fixpreis 48, 52 → *Preis*

flexibler Preis 44, 46, 52 → *Preis*

Förderung
- Förderungswürdigkeit **59**
- Förderungszusicherung **209**

Forderungsexekution 118 → *Exekution*

Forderungsübergang 121

Fortbestehungsprognose 77

Fortstechnischer Dienst 150

Freistellungsvereinbarung 107

Freistellungsverpflichtungserklärung
- Inhalt **141**

Fristen
- Beginn des Fristenlaufes **135**
- Fristenproblematik **135**

Fruchtgenussrecht 37

G

Garagengebäude 111

Garant 24
- Verständigungspflicht des Garanten **83**

Garantie 24, 25, 53, 68, 76, 82, 83, 90, 105, 156, 205, 211 → *Bankgarantie*
→ *Fertigstellungsgarantie*
→ *Haftrücklassgarantie* → *Sammelgarantie*
- Einlösung **211**
- Garantiezusage **241**
- Laufzeit **140**
- Schwächen des Garantiemodells **138**
- Umfang **82**

Gebietskörperschaft 20, 21, 24, 28, 30, 53, 58, 73, 74, 112
- Haftung **112**

Gebühren 39, 75

Gefahrenzone 44, 51, 149, 316
- Gefahrenzonenplan **150**

geförderter Wohnbau 74
→ *Wohnbauförderung*

Gehsteigerrichtung 45

Geldentwertung 39

Geldlasten 49, 88, 89
- Übernahme **85, 97**

Geldstrafe 122

Geld-Zurück-Garantie 208, 211

Geltungskontrolle 312

gemeinnützige Bauvereinigung 153

Gemeinschaftsraum 111

Gemeinschaftsrecht 32

Gemeinschuldner 293

Generalklausel des § 38 Abs. 1 WEG 159

Gerichtsgebühren 51

Gesamtanlage 50, 51, 65, 76, 96, 168, 180, 181, 223, 315
- Mangel **53**

Gesamtfinanzierungskonzept 239

Geschäftsgrundlage 57, 59

Geschäftsraum 27, 29, 37, 51

Geschwister 86

Gewährleistung 112, 119, 120, 308
- Bestandvertrag **53**
- gegen Professionisten **53**
- Gewährleistungsansprüche **339**
- Gewährleistungsrechte **159, 161**
- Gewährleistungsregel **339**
- Gewährleistungsrisiko **52**
- Gewährleistungs- und Schadenersatzansprüche **169, 170, 176, 181**
- Sicherung **30, 31, 32**
- Sondergewährleistungsrecht **24, 26**

Gewerberecht 124

Gewerke 230

Gläubigergleichbehandlung 25, 119

Gleichrangigkeit von Garantie und Versicherung 170

Globalabtretung 119
- Abtretung **119**

Grundbuch 157
- allgemeines Grundbuchsrecht **129**
- Grundbucheintragung **42**
- grundbücherliche Sicherstellung **20, 24, 31, 68, 71, 74, 77, 82, 86, 87, 90, 103, 105, 106, 112, 217, 283, 289, 305, 322**
- grundbücherliche Sicherstellung in Verbindung mit Ratenplan **258**

Grundkosten 95, 96

Grundsicherungsmodell 68

Grünflächen 51

Gutachten 177, 179

H

Haftpflichtversicherung 107, 113

Haftrücklass 46, 47, 53, 54, 96, 108, 120, 155, 165, 326, 354
- Bedingung **47, 53**
- Bemessungsgrundlage **53**
- Ratenplan **54**

Haftrücklassgarantie 53, 54

Haftrücklassversicherung 54

Haftungserklärung 194
Hauptanlage 111, 217
Haustürgeschäft 61
Hausverwaltung 174, 178
Hobbyraum 51
Hochwasser 150
– Hochwasserabflussgebiet 51, 149, 150
– Hochwasserzone 51
Hypothek
– Höchstbetragshypothek 101
– Hypothekargläubiger 69, 85, 88, 89, 99
– Kollektivhypothek 101
Hypothekargläubiger 100, 101

I
Inanspruchnahme 245
Informationspflicht 23, 32, 56, 91, 104, 105, 198
Inhaltskontrolle 312
– Maßstab der Inhaltskontrolle 143
Insolvenz 22, 47, 75, 197
→ Exekution → Konkurs
– der Bank 132
– des Bauträgers 354
– des Treuhänders 132
Insolvenzrechtsänderungsgesetz 21, 22, 130
Insolvenzrisiko 31
Irrtumsanfechtung 44, 57, 85

J
Jahresabschluss 77

K
Kanalisation 45
Kapitalertragssteuer 276
Komplettierung 231
Konditionen 209
Konkurs 21, 29, 32, 36, 47, 70, 74, 75, 87, 121, 285 → Exekution → Insolvenz
– Auswirkungen 285
– Konkurseröffnung 293
– Konkursfestigkeit 73
– Konkursordnung 185
Konsumentenschutz 94
Konsumentenschutzgesetz (KSchG) 129
Konto 156 → Treuhand-Baukonto
– Kontoangabe 52
– Kontoinhaber 70
– Kontosperre 73, 75

Kontrolle
– begleitende 230
– des Landes 74, 76, 77
Konventionalstrafe 56, 60, 159
Kosten 182, 183
– Errichtungskosten 54
– Fertigstellungskosten 328
– Kostenfaktoren 48, 52
– Nebenkosten 51
– Planungskosten 54
– Verbücherungskosten 45
– Verfahrenskosten 82
Kostenvereinbarungen 344
Kreditinstitut 24, 53, 58, 73, 82, 90, 105
→ Bank
Kreditvergabe 237
KSchG 185

L
laesio enormis → Verkürzung über die Hälfte
Landesdarlehen 74
landesrechtliches Sicherungsmodell 138
Landesregierung 59
Lasten 49, 52, 154
– öffentlich-rechtliche 52
Lastenfreiheit 88, 283
– Lastenfreistellung 69, 85, 89, 283, 295, 318
– Lastenfreistellungsverpflichtung 261
Lawinenzone 51, 149
Lebensgefährte 86
Legisvakanz 124
Leistungsänderungsvorbehalte 161
Leistungsfortschritt 217, 226
Leistungsverweigerungsrecht 94, 96, 120
Leistungsverzug 50
Liegenschaftseigentümer
– Bauträger 74, 87
– Dritter 71, 117, 118
Lohnsteigerungsraten 48
Löschung 83
– Löschungsquittung 85, 100
– von Pfandrechten 89

M
Mangel 52, 53, 69, 112, 120, 219
– am eigentlichen Vertragsgegenstand 53
– an allgemeinen Teilen 53
– an der Gesamtanlage 53
– geringfügiger 57, 93, 95, 328

STICHWORTVERZEICHNIS

- gravierender 94, 95, 328
- wesentlicher 328

Mängelbehebung 166, 167, 173, 174, 175, 178, 179
Masseverwalter 75, 82, 119, 121, 285
→ Exekution → Insolvenz → Konkurs
Mietrecht → Bestandrecht
Mietvertrag → Bestandrecht
Mietwohnungsbau 74, 101
Mietzins
- Mietzinsminderung 53, 167
- Mietzinsvorauszahlung 86, 99

Mindestanteil 72
Mindestkapitalausstattung 25
Mindeststandard 21, 30, 32, 44, 48, 50, 71
Miteigentum 35, 36, 69, 72, 96
Mitwirkungspflichten des Erwerbers 63

N

nahe Angehörige 90
Nebenanlage 111, 217
Nichtigkeit 196 → Bauträgervertrag
Notar 25, 31, 42, 103, 105, 107, 113
- Haftpflichtversicherung 107
- Honorar 51
- Notariatsakt 42
- Notar-Partnerschaft 108

Nutzfläche 36, 40
Nutzungsrecht 21, 22, 23, 72, 86, 87, 99
- genossenschaftliches 77
- obligatorisches 24

Nutzungsvorbehalte des Bauträgers 159
Nutzwert
- Nutzwertfeststellung 72
- Nutzwertgutachten 69

O

Objektförderung 56
ÖNORM 47, 50, 53

P

Pachtrecht → Bestandvertrag
par conditio creditorum 119
Parifizierung
- Parifizierungskosten 45
- Parifizierungsverfahren 74, 88

Parkflächen 51
Pattsituation 85
Pfandgläubiger 318 → Hypothekargläubiger

Pfandrecht 20, 72, 99, 100, 101, 112, 317
- Drittpfand 100
- gesetzliches 22, 75, 86
- pfandrechtliche Sicherung → Sicherung

Pfändung 75
Pläne 48, 145, 315
Prämienverzug 82
Preis 51, 93, 169 → Fixpreis → flexibler Preis
- Bestimmbarkeit 48, 52
- Obergrenze 46, 48, 52
- Preisbildungsklauseln 152
- Preisgefahr 46
- Preisgleitklausel 152
- Preisvereinbarung 196

Privatautonomie 25, 26
Professionisten 30, 34, 39, 40, 53, 72, 117, 118
Projektfinanzierung 20, 32, 58, 59, 73, 88, 106, 107

Q

Qualitätskontrolle 112, 236
Qualitätsprüfung 328

R

Rangordnung für die beabsichtigte Veräußerung 283
Ratenplan 24, 27, 30, 31, 32, 68, 71, 74, 82, 85, 86, 87, 88, 89, 90, 93, 94, 97, 98, 106, 112, 128, 137, 196, 282, 284, 322
- Aufsplittung des Ratenplans 141
- normale Ratenplanregelung 213
- Ratenplan A 212
- Ratenplan B 212, 213
- Verschärfung des Ratenplans 141

Ratenplanmodell 201, 218, 281, 295, 317
Rechnungslegungspflicht 105, 106
Rechtsanwalt 25, 31, 42, 103, 105, 107, 113
- Rechtsanwaltshonorar 51
- Rechtsanwaltskammer 102
- Rechtsanwalts-Partnerschaft 108

rechtsunwirksame Vereinbarungen 158
Regierungsprogramm 20, 29
Reibungsverluste 30, 31, 98, 213, 260, 330
Reihenhaus 22, 110
Renovierung → durchgreifende Erneuerung
Reugeld 56, 60
Revisionsverband 77
Revisor 77
Rohbau 35, 37, 97

Rohinstallation 219, 231
Rückabwicklung 85, 188
Rückforderungsanspruch 24, 25, 38, 58, 73, 74, 75, 82, 85, 87, 100, 101, 112, 117, 301, 324
- Passivlegitimation 115
- Unabdingbarkeit 116
- Verjährung 115
- Verzicht 115
- Verzinsung 115

Rücktritt 35, 38, 73, 97, 114
- Ausschluss 60
- Behauptungs- und Beweislast 56
- bei Nichteintritt maßgeblicher Umstände 58, 186
- Belehrung 349
- des Masseverwalters 97, 294
- Rücktrittserklärung 188
- Rücktrittsfrist 32, 61, 62, 135, 190
- Rücktrittsgründe 302
- Rücktrittswille 188
- Teilrücktritt 186
- vom Haustürgeschäft 186
- vom Immobiliengeschäft 57, 186

Rücktrittsrecht 23, 27, 29, 30, 42, 56, 59, 64, 65, 73, 105, 157, 185, 291
- des Bauträgers 193, 194
- des Gläubigers 186
- des Masseverwalters 290

S

Sachverständiger 94, 100, 106, 112, 113, 176, 177, 179, 180, 183, 230, 328
- Gutachten 47, 97
- Haftung 46, 104, 110
- Verschuldensmaßstab 111

Sammelgarantie 241
Sanierung 22, 35, 38, 94, 95, 97
→ *durchgreifende Erneuerung*
Schadenersatz 60, 308
- Schadenersatzrecht 160
- wegen mangelhafter Leistung 52, 120

Schriftformgebot 35, 41, 73, 315
→ *Bauträgervertrag*
Schuldnerverzug 35, 50, 57, 65, 185
- Rücktrittsrecht 46
- Schadenersatz 46

schuldrechtliche Sicherung 52
Schuldübernahme 85, 97
Schutzlücke 117, 120, 131, 132
Schutzwürdigkeit 185

Schutzzweck 165, 196
Schwebezustand 59, 61, 62
selbständiges Bauwerk 110, 218
Sicherheit 193
- bescheinigte Sicherheit im geförderten Mietwohnungsbau 138

Sicherheitsreserve 213
Sicherstellung
- durch Ratenplan 212
- Sicherstellungsvereinbarung 272

Sicherung
- Art der Sicherung 155
- klassische Sicherungsmittel 212
- pfandrechtliche 24, 68, 71, 97, 100, 103, 105, 106, 107, 317
- schuldrechtliche 24, 52, 58, 71, 78, 82, 86, 93, 97, 100, 105, 106, 196, 240, 304, 355
- Sicherung des Erwerbers 155
- Sicherungsmodell 58, 60, 71, 137
  → *landesrechtliches Sicherungsmodell*
- Sicherungszweck 76, 82
- Sicherungszweck bei der Kombination von Sicherungsmodellen 138
- Sondersicherungsmodell 68, 76, 77

Sicherungspflicht 38, 72, 73, 132, 137, 194
- Ende 72, 73, 74

Sittenwidrigkeit 115
Sonder- und Zusatzleistungen 39, 54, 91, 93, 169, 226
Sonderwünsche 336, 339, 355
Sonderwunschzahlungen 326
Sozialpartner 23
Sperrkonto 270 → *Konto*
- Sperrkontomodell 207, 208, 209

Spielplatz 51
Standesvorschriften 103
Steuern 39, 51, 54, 91, 93, 344 → *Abgaben*
Strafbestimmungen 303
Stromanschluss 45
Subjektförderung 56, 60
Synallagma 68

T

Teilnutzungsgesetz 185
Teilungsverzicht 342
Teilzeitnutzungsrecht 42, 108
Telefax 41
Transparenzgebot 21, 34, 46, 108, 163, 344

STICHWORTVERZEICHNIS

Treuhand
- Treuhandauftrag **106, 292, 293**
- Treuhand-Baukonto **70, 117**
- Treuhandbuch der Rechtsanwaltskammer **109**
- Treuhandhypothek **101**
- Treuhandkonto **73, 75, 106, 286**
- Treuhandschaft **287, 293**

Treuhänder **20, 21, 25, 31, 42, 49, 58, 69, 72, 73, 74, 82, 87, 88, 89, 91, 93, 94, 95, 97, 100, 106, 111, 112, 117, 157, 178, 220, 292, 296, 317, 324**
- Abwicklungstreuhänder **85, 104**
- als Begünstigter **82**
- Aufklärungspflicht **27, 104, 108**
- Belehrungspflicht **104, 105**
- Beziehung zum Erwerber **49**
- Ende der Tätigkeit **72**
- Gehilfenzurechnung **111**
- Haftpflichtversicherung **107**
- Haftung **112**
- Haftungsprivileg **111**
- Kontrolle **106**
- Kreditabwicklung **49**
- mehrseitiges Treuhandverhältnis **292**
- Mehrzahl **49**
- Nennung im Bauträgervertrag **49**
- obligatorischer **24, 85, 100, 103, 105**
- Prüfung der Fälligkeit **97**
- Rechnungslegungspflicht **105, 106**
- Substitution **112**
- Treuhänderbestellungspflicht **138**
- Treuhänderpfandrecht **100, 101, 107**
- Treuhänderpflichten **306**
- Überwachungspflicht **24, 104, 105, 106**
- Überwachungstreuhänder **104**
- Verhinderung **107**
- Vertragserrichtung **104, 106**
- Veruntreuungsrisiko **31**
- Verwahrung durch Treuhänder **82**
- Weiterleitung von Zahlungen **69, 106**

U

Übereilungsschutz **23, 41, 42, 56, 58**
Übergabe **69**
- Übergabetermin **49, 51, 154**

Übergangsregel **123**
Übernahmeprotokoll **251**
Überwachung der Leistungsfortschritte **220**

Überwachungspflicht **52, 70, 105, 106**
→ *Treuhänder*
Umbau **35**
Umgehungsgeschäft **37**
Umsatzsteuer **34** → *Vorauszahlungen*
Umweltbundesamt **150**
uneingeschränkter Bestätigungsvermerk **209**
ungesicherte Zahlungen nach Fertigstellung **131**
unteilbare Leistung **197**
Unternehmer **160**
- Unternehmensreorganisationsgesetz **77**
- Unternehmergeschäft **60**
- unternehmerisches Risiko **48**

Urkunde **69**
Urteilsklausel **83**

V

Veräußerungs- und Belastungsverbot **75**
Verbesserung **167**
Verbraucher **160, 185**
- Verbrauchergeschäft **53, 60, 61, 94, 195**
- Verbraucherrecht **47**
- Verbraucherschutz **21, 23, 36**
Verdachtsflächen **150**
- Verdachtsflächenkataster **51, 149**
Verjährung **114**
Verkaufsgeschäft **341**
Verkehrsauffassung **93, 95, 96, 112, 221**
Verkürzung über die Hälfte **57, 115**
Versicherer **81**
Versicherung **20, 24, 47, 53, 68, 90, 105, 156**
- Berufshaftplicht- **107**
- Haftpflicht- **112, 113, 328**
- Vertrauensschadens- **107**
Vertrag
- Altverträge **124**
- mit Schutzwirkung zugunsten Dritter **70, 85, 89, 105, 111**
- Vertragsabwicklung **39, 75, 104, 105**
- Vertragsabwicklungskosten **45, 91, 93**
- Vertragserrichtung **36, 39, 75, 104**
- Vertragserrichtungskosten **45, 54, 91, 93**
- Vertragsformblätter **162, 163, 312**
- Vertragsfreiheit **36**
- Vertragsobjekt **20, 50**
- Vertragsverfasser **106**
Veruntreuung **132**

Verwahrer 178
Verwahrung der Garantieurkunde
  durch den Treuhänder 140
Verwaltung 347
Verwaltungsübertretung 24, 41, 45, 69, 72,
  122, 124
Verwandte in gerader Linie 86
verzögerte Bauausführung 197
Verzugsfolgen 46
Vollmacht 346
Vorauszahlungen 19, 21, 22, 24, 27, 29,
  30, 31, 36, 39, 40, 58, 70, 71, 73, 74, 76,
  195 → Zahlungen an Dritte
Vorauszahlungsrisiko 24, 27, 30, 72
Vorfinanzierung 23, 73, 87
vorgegebener Professionist 337
Vormerkung des Eigentumsrechtes
  129, 283
Vorübergabe 251
Vorvertrag 41, 42

W

Wahlkinder 86
Wandlung 57
Wasseranschluss 45
Wasserbuch 150
Werkvertrag 45
Werterhöhung 95
Wertrelation 328
Wettbewerbsverzerrungen 71
Widerrufsrecht 185
Widmung 340
  – anderer Vertragsgegenstände 147
  – des Vertragsgegenstandes 51
Wildbach 149
wirtschaftliche Einheit 35, 38, 71, 117
Wohnbauförderung 22, 23, 30, 56, 57, 59,
  60, 61, 62, 112, 135, 182, 194
Wohnbauförderungsstelle 68, 76, 77
Wohnrecht
  – dingliches Wohnrecht 37
Wohnrechtsänderungsgesetz
  → Drittes Wohnrechtsänderungsgesetz
Wohnungseigentum 24, 34, 37, 72, 74, 77,
  78, 86, 94, 99, 101
  – Anmerkung der Einräumung 22, 34, 42,
    67, 70, 72, 74, 78, 87, 88, 100
  – Einverleibung nach Fertigstellung 88
  – Wohnungseigentumsbegründung 341
  – Wohnungseigentumsbewerber 21, 22, 25,
    34, 67, 88, 158

  – Wohnungseigentumsgesetz (WEG) 1975
    129
  – wWohnungseigentumsorganisator 22, 35,
    38, 67, 87, 158, 286
  – Wohnungseigentumsvertrag 69
Wohnungsplan 316

Z

Zahlstelle 117
Zahlungen
  – an Dritte 30, 35, 39, 45, 51, 75, 115, 117
  – nach Ratenplan 201
  – vor Fälligkeit 68
  – Zahlungsplan 204
  – Zahlungsverzug 65
Zession der Kaufpreisansprüche 266
Zinsen 69, 100, 114
  – Basiszinssatz 247, 324, 337
  – gesetzliche 115
  – Habenzinsen 73, 208
  – Sollzinsen 208
  – Zinsendifferenz zwischen
    Soll und Haben 208
Zivilingenieur 328
Ziviltechniker 112, 113
Zug-um-Zug-Einrede 85
Zurückbehaltungsrecht 94, 334
Zusatzaufträge 317, 326, 335, 336
Zusatzleistungen 169
  → Sonder- und Zusatzleistungen
Zusatzsicherheit 61, 108
Zusatzsicherung 30, 31, 91, 98, 322
zwingendes Recht 20, 23, 34, 36, 47, 56,
  71, 94, 103, 120